魂の論理的生命

心理学の厳密な概念に向けて

ヴォルフガング・ギーゲリッヒ [著]
田中康裕 [訳]

創元社

The Soul's Logical Life: Towards a Rigorous Notion of Psychology
4th revised edition
by Wolfgang Giegerich
Copyright © 2008 Wolfgang Giegerich
Japanese translation rights arranged directly with the author
through Tuttle-Mori Agency, Inc., Tokyo

本書の日本語版翻訳権は、株式会社創元社がこれを保有する。
本書の一部あるいは全部についていかなる形においても
出版社の許可なくこれを使用・転載することを禁止する。

序文

　アイスランドに一人の引きこもりの若者を主人公にした古くから伝わるお話がある。この話のなかで、母親は息子の様子を見るに見かねて、辛辣な言葉で彼を奮い立たせようとする。そして、ついには母親の思いが届き、その若者は長い間腰を下ろしていたストーブの後ろから立ち上がる。自分の槍を手に取り家を出た彼は、槍を力の限り遠くに投げ、その槍が突き刺さった地点まで走ってそれを取りに行く。さらに、その新しい地点から彼は再びできるだけ前方に槍を投げその後を追う。彼はこのことを繰り返した。このように、この若者は、自分が槍を投げた後それに追いつかねばならない。彼は、これら文字通りの「投げ出し（projections）」によって居心地のいい家から外側の世界へと向かう道を自らつくり出したのだ[1]。

　この本を書き進めるに当たって、筆者はこの若者のやり方に倣おうと思う。本書は二重に折り重なった目的をもっている。本書の目指すところは、心理学という一つの厳密な概念に向かう道筋の整備を試みることである。それは同時に、魂の生命は根底において論理的なものであるという（おそらくは驚くべき）考えを述べることでもあるが、「概念」と「論理」の密接な関係が示唆するように、一見別々に見えるこれら二つの目的は、実際には単一の目的の二つの側面にしかすぎない。20世紀において、こころは何よりもまず、性的なリビドーや願望、情緒、感情等として理解されてきた。また、魂はイメージであるという考えも存在していた。それゆえ、ここに示される、魂は根底において論理的な生命であり思考である、というテーゼは直ちに、あらゆる種類の誤解や感情的な偏見を喚起することだろう。本書の目的は、このテーゼをいかにして理解すべきかを明らかにすることなのだが、この時点、この序文においては、おそらくは不可解であろう以下

---

1)　*Grönländer und Färinger Geschichten*, Thule vol. 13, Düsseldorf (Diederich) 1965, p. 143. 筆者がこのお話を知ったのは、以下の文献による。Heino Gehrts, "Vom Wesen des Speeres," in: *Hestia 1984/85*, Bonn (Bouvier) 1985, pp. 71-103, esp. p. 73 with note 7 on p. 100.

のようなヒントを読者に与えるのみで事足りることを願いたい。すなわち、錬金術的な心理学が約束した事柄をようやく果たし、心理学的な概念としてのディオニュソス的なものを公平に扱いうるのは、論理的な生命としての魂というテーゼに他ならない、ということである。

歴史におけるわれわれの時代とそこでわれわれが直面している途方もない問題は、魂の最も内奥の本質が論理的なものである（思考である）という洞察や心理学という厳密な概念へと歩みを進めることなしには、われわれには如何ともし難い類のものである。ユングが述べたように[2]、本当の問題は、現在から先行き不透明な未来に至るまで変わらず、常に心理学的なものなのだろう。この言葉は、心理学が厳密な意味での思考の原理であると理解された時にだけ、そして、心理学の実際の主題が人間の内側に進行しているものにすぎないという幻想が克服された時にだけ、その意味が正しく理解されるように思える。

先に述べたような二重の目的をプロジェクトが実現するための道筋を切り開いてゆく際、筆者は自らの槍を今いる地点よりもはるか先に投げ出そうと思う。大胆ではあるが、自分が現時点でそうするにふさわしい人間かどうか、この先そうでありうるのかどうか、ということをとりあえず顧慮することなく、時に筆者は断定し基準を定立するだろう。もし心理学が、現在の家での居心地のいい引きこもりから脱し、外へ出て、魂という真の世界へ到達しようとするなら、おそらくそのような文字通りの「投げ出し」によって作業するしか他に道はないからだ。数年前に書いたある論文で示したように[3]、投げ出し（プロジェクション）は、それに追いつくために後から走り、飛びかかるという目的をもって存在する。家を建てる時に青写真が最初に出来上がるのとちょうど同じで、ここでもまた投げ出し（プロジェクション）が最初にあるのだが、それは全体のプロジェクトの前半部にしかすぎない（そして本書もまた、他でもないこの前半部であることを意図している）。そしてその後にだけ、その投げ出し（プロジェクション）を引き戻し、そこに本当の生命を注入することで、筆者は、あるいは読者のうちの誰かがその後半部をも習得できるか否かという問いが初めて生起する。それゆ

---

2) C. G. Jung, *Letters 2*, p. 498, to Werner Bruecher, 12 April 1959.

3) Wolfgang Giegerich, "Der Sprung nach dem Wurf. Über das Einholen der Projektion und den Ursprung der Psychologie," in: *GORGO* 1/1979, pp. 49-71.

え、この問いに対する答えは、本書の埒外に存在している。

このプロジェクトの性質上、筆者は時折、現在の心理学が留まっている地点に対して厳しい批判を呈することになるだろう。引きこもり状態にある心理学が根を張っていると思われる家から引っ張り出すためには、心理学を絶え間なく自らの過ちに直面させる必要があるからだ。しかしながら、読者には、筆者の批判は「すべての心理学者はこうである、ああである」という形をとるものではないということを心に留めておいてもらいたい。筆者は個々の心理学者について云々しているわけでも、心理学者すべてについて集合的に云々しているわけでもなく、よりよい心理学の概念を発展させるべく、貧困な、あるいは誤った類の心理学の正体を暴こうとしているのであり、それらについて検討しようとしているだけである。それゆえ、すべての批判は、個人ではなく、概念のレベルでの、ある特定の概念化や一般的な物事の見方に対するものであり、悪い心理学の「(マックス・ウェーバーが言う意味での) 理念型」とでも呼ぶべきものに向けられている、と考えてもらいたい。実際に誰がこの方法を考えているのか (あるいはどれくらい多くの人がそうしているのか) はここでは問題にならない。また、心理学の著者の特定の名前を挙げる場合でさえも、それらはある特定の考え方の具体的な例としてだけ、そして、心理学が不適切な考え方から抜け出すことで本領を発揮するという目的のためにだけ用いられている。つまり、それら自体が標的であるわけではないのだ。「心理学者」「ユング派」等について云々する時、筆者はむろん、それぞれのグループのすべての人が考えたり行ったりすることを承知している、と言っているのではない。こういう形式の文章は、実際に観察されうる一般的な傾向に関するものであり、すべての心理学者と読者は、その傾向のなかの何らかの部分が自分に存在しているのかどうか、そして、そうだとすればそれはどのように存在しているのかを自ら見極めなければならないのである。

先に紹介したお話の若者の場合、事は単純で、彼は家に引きこもっていて、世界へと出て行かなければならなかった。つまり、出発点と到達点、家と世界とは明確に対立していた。しかし、心理学の置かれた状況ははるかに複雑である。確かに筆者は心理学を引きこもりと称したが、心理学が引きこもっているのは、正確に言えば、心理学がいまだ自分自身に立ち帰っていないゆえである。心理学は流浪の状態でいることを好み、自分自身からのまさにその疎外において本当にわ

が家にいるように感じているのだ。けれども、このことは、心理学の課題が単純に反対方向の、つまり、外の世界から自分の家へという運動であるということを意味していない。心理学とは、家から出ないで引きこもっているという現在のあり方のままで世界へと参入し、生命のリアリティーに触れなければならないという奇妙な修練である。しかし他方で、そのような修練にとって、まさにそうした外への動きは、自らへの無条件の内面化という形をとらなければならない。つまり、この内面化は、生命のリアリティーへの確かな動きと等しくなければならないのであり、単に字義的な内面性への引きこもりであってはならないのだ。心理学は、これらの矛盾とともに、そしてその矛盾の内側で生きなければならない。そのような矛盾は、心理学が陥っている苦境であり、同時に心理学がもつ優越性でもある。それらの矛盾へと入り込む道を見出すことは、これから続く議論の課題となるだろう。

　これから筆者が行う論考の道筋はいわば、同心円を描いて進んでゆく。第1章では、日常的な意識と心理学的な意識との関係に関する問いが提起される。つまり、いかにして前者から後者へと到達することができるのか、ということである。第2章では、何ゆえユングが、20世紀の多くの重要な心理学者、そして様々な心理学の学派のなかから、われわれの心理学の厳密な概念の探究のための基盤や出発点として選ばれなければならないのかを明らかにすることが試みられる。そして、その後に続く三つの章においてなされるのは、最初にユングの、次に伝統的なユング派の、最後に元型的心理学のもつ、心理学の厳密な概念に対する妥当性についての批判的な検証である。そこでは、これらの三段階が、基点から中間的な状態を経て頂点へという直線的な上昇という文脈では考えられないことが明らかにされるだろう。むしろ、伝統的なユング派の状況は、ユングが成し遂げたことよりもはるかに後退しているように思えるし、元型的心理学は大きな前進ではあったが、それとても（イメージの偏重という点で）根本的な批判に曝される必要があるからだ。心理学の厳密な概念に到達するために、われわれはイマジナルなものを超えてゆかねばならない。そして、最終章は、アクタイオンとアルテミスの神話の広範な分析によって、心理学の〈概念〉（あるいは少なくともそのあらまし）を明らかにすることに費やされることになる。

序文　5

　本書で示される考えのうちのいくつかは、日本の大学院生や心理療法の専門家のために筆者が毎年開いていたセミナーの参加者の前で最初に発表したものである。彼らは筆者の考えをよく受け入れてくれた。本書を彼らと、京都大学で教鞭をとる友人、河合俊雄に捧げたい。これらのセミナーを立ち上げ、オーガナイズしてくれたのは彼である。また、彼との意見交換は常に刺激的で、本書を書き上げるよういつも励ましてくれた。ここに記して深謝したい。

目次

序文　1

第1章 「立ち入り禁止!」:
心理学への入口と心理学の語らいのスタイル　9

a) 心理学の語らいにおける「誰が」　15

b) 心理学の語らいにおける「どのように」　28

c) 心理学の語らいにおける「何が」　37

第2章 なぜユングなのか?　47

a) 魂の〈概念〉　48

b) 思索者　53

c) 内包的思考 vs. 明示的思考　56

d) 一つの思想体系に対する略号としての「ユング」という名称　63

e) 内包的思考の利点　66

第3章 ユング:
〈概念〉に根差すこと　71

a) 猫でない猫　72

b) 燃えさかる液状の溶岩から結晶化した石へ　80

c) 止揚された科学、止揚された宗教、止揚された医学　88

d) 「全体」に向き合うこと　97

e) 時代の問い、大いなる謎、精神の重荷　101

目次

第4章 ユング派：
概念への免疫性と失われた遺産 107

a）今日の伝統的なユング派における一般的な状況についての議論 110

b）心理学の概念なき概念化 119

    1. 観察と観念の種々雑多な集合体 119

    2. 中和 124

    3. 人の立場のもつ「奇異さ」 129

    4. 完全性についての折衷主義的ファンタジー 134

第5章 元型的心理学、あるいは…：
イマジナルなアプローチへの批判 141

a）「云々の意識をもっている人間存在」という考え 148

b）真に心理学的な神話解釈のための四つの前提 150

    1. 神話解釈は「寓意的」であるという前提 150

    2. 補説：飼い慣らされた荒野と先在性 160

    3. 神話解釈は「同語反復的」であるという前提 165

    4. 補説：心理学とは、われわれが魂の生命に対して与える名称なのか、「人々の心理」に対して与える名称なのか？ 170

    5. 神話やファンタジー・イメージは「自己充足的」であるという前提 175

    6. 神話のイメージがもつ「主観的」意味と「客観的（元型的）」意味との間には違いがあるという前提 176

c）解離 180

d）空虚な二重写し 182

e）自我心理学としてのイマジナルな心理学 183

f）補説：錬金術のイマジネーションに反する作業（*opus contra imaginationem*） 187

    1. 否定され反省されたイメージ 188

    2. 錬金術師：心理学的現実の主観性と論理的次元に対する気づき 189

    3. 最終結果に対する強迫的欲動 195

    4. 物質の化学 199

5. 投影された論理的形式としての物質の探求　206

6. 心理学主義：錬金術に関するユングの退行的解釈　212

7. 錬金術の神秘の神秘化　222

g）イマジナルなものに固有の二重性　228

h）「似ていること」：連続性という誤った感覚　235

1. 神話、神々、あるいは…：抽象的な諸形式　237

2. われわれの苦悩、あるいは…：心理学のアンティーク　246

3. 「似たもの」の関係、あるいは…：「マッチングという単純な行為」　261

i）「中間地帯」、あるいは…：間に合わせと隠蔽　267

j）心理学を止揚することと心理学を見直すこと　275

第6章　アクタイオンとアルテミス：
概念の絵画的表象と神話の（魂の論理としての）心理学的解釈　289

第一の決定　狩人、あるいは…：〈他者〉への志向性　291

第二の決定　原初の森、あるいは…：〈他者性〉に自らを曝すこと　292

第四の決定　裸のアルテミスの顕現、あるいは…：〈他者〉の最も内奥にある
真理の啓示　295

第三の決定　殺害と顕現の同一性、あるいは…：〈他者〉を理解すること　332

第五の決定　変容、あるいは…：〈他者〉との同一性を理解すること（＝〈他者〉
によってすでに理解されていること）　353

第六の決定　解体、あるいは…：〈自己〉（狩人）と〈他者〉（獲物）の〈他者性〉それ
自体（狩人という〈概念〉／心理学）への溶解　366

第7章　結びの問い　399

文献　402

人名索引　406

事項索引　408

訳者あとがき　414

第1章
「立ち入り禁止!」:
心理学への入口と心理学の語らいのスタイル

> 私は自分自身を一般的に理解されているものに
> 封じ込めておくことはできなかった。
>
> ユング[4]

　1909年の夏、アルバート・アインシュタインは、相対性理論が物理学にもたらした革命的な出来事について一冊の本を書くよう、ある科学出版社から依頼を受けたが、それを断った。その理由について彼は次のように述べている。「どのようにすれば、このような事柄を広く一般に理解されるように書くことができるのか、私には想像できない。それを理解するためには、ある程度の抽象的な思考の訓練が不可欠であるが、たいていの人は、必要性がないので、そういう訓練を受けていない」[5]と。このような彼の疑念が正当なものであることは、誰の目にも明らかだろうし、誰からも受け入れられるだろう。現代物理学を理解するためには、またそうした問題にかかわる議論に加わるためであればもちろんのこと、われわれの多くが満たしていない特定の要件を満たす必要があるということには疑問の余地はあるまい。今日物理学が取り組んでいる諸問題に向き合えるような思考のレベルに自分たちが達していないことをわれわれは知っているし、それを認めてもいる。アインシュタインは後に心変わりして、結局、広く一般に向けた物理学の新しい考えについての入門書を書いた。ただそうであっても、そのテキストは、大衆化というはっきりとした性質をもったものであって、このことに

---

4) Jung, "... daß ich mich nicht auf das Allgemeinverständliche einschränken konnte." *Erinnerungen*, p.198; *Memories*, p. 219.

5) Albrecht Fösing, "Was kostet E=mc²?" in: *Süddeutsche Zeitung* No. 300, 30 Dec. 1995, p. iii からの引用（筆者訳）。

よって彼が以前に述べた言葉の妥当性が揺らぐことはなかったと言えるだろう。つまり、本当にこれらの事柄を理解しようと思えば、ある程度の抽象的思考の訓練が必要不可欠であることに変わりはないということだ。もしアインシュタインや他の物理学者が本当に理解されたいと思うなら、昔も今も変わらず、彼らは自分たちの同僚に対して（すなわち、すべての人にではなく）「たいていの人」には理解できないような様式で自らの考えを書くことになるのだろう。

　（治療的な）心理学においては、そのような大衆化されたものと専門家向けの著作との差異に当たるものは存在していない。一方で意識的に希釈され、単純化されてきたものと、他方で当該分野の最先端の知見を適切に表現したものとの間に差異が存在しない、というのは驚くべきことである。ユングは、いまだ知られざる、あるいは簡単には理解できない体験を著作において提示しているという非難に対して次のように述べている。「繰り返し出くわすことだが、あたかもこころが最も普遍的な理解を享受したものであるかのごとく、無条件にすべての人が、そして最もそれにふさわしくない俗人でさえもが、心理学についてのあらゆることを知っていると考えるというのは、驚くべき事実である」[6] と。

　もちろん、心理学と物理学は同じではないし、双方の分野で同じ類の必要条件があるとも思えない。確かに、心理学において研究を行うためには、高等数学の訓練や物理学で求められるある種の抽象的な思考の訓練が必ずしも必要なわけではないが、本当にそこには何の必要条件も存在しないのだろうか。厳密な思考のための何らかの訓練の必要性はないのだろうか。それは道理に適っているのだろうか。

　心理学[7] の書物は、まさに「たいていの人」を対象に書かれている。日々届けられる新聞を読める人なら誰でも、心理学の領域で出版されたものの大半を読むことができる。専門家のための書物と一般人のための書物との間には本当の意味での差異は存在しない。そして、専門家によって書かれた心理学の書物と一般人によって書かれた心理学の書物の間にも本当の意味での差異は存在しない。双方

---

6)　Jung, *CW* 12, par. 2.

7)　ここに用いられているように、「心理学」とは、治療的心理学を意味していて、学問的・科学的な心理学を意味しているのではない。

第1章 「立ち入り禁止！」：
心理学への入口と心理学の語らいのスタイル

とも等しく知的でありうるし、双方とも等しく浅薄でくだらないものでありうるのだ。むろん、今日では、心理学者が自らの領域やその領域で働く人々に職業的・学問的な体裁をとらせようとするため、様々な種類の形式的・組織的な規定が存在している。つまり、心理学における職業的な訓練、すなわち、個人が受ける訓練のための分析のみならず、理論的・実践的な訓練の時間数は増加し、そこでは、厳しい倫理綱領や「全般的な質の管理」を可能にする手続きが、高い倫理的・職業的な基準を保証するという目的で確立されているのだ。それぞれの心理学の学派が有する教義の有効性を「証明する」（実証的に確かめる）ための研究が、心理学が一人前の科学というステータスを有する分野であるという印象を与えることを目論んでなされている。しかしながら、これらの組織的戦術がいかなるものであっても、それによって心理学に内在する形式が変わることはない。すなわち、すべての人がその著書を受け取る者であり、同時にその考えを著す者であるという事実は不変なのだ。現在、もし考えることや書くことに関する専門家のレベルと「たいていの人」のそれとの差異が心理学において本当に存在しないならば、心理学の専門家によって著された書物でさえ、その専門家たちの内にある「一般人」的で、「たいていの人」と共有される部分や意識によって書かれたものであると考えねばならないだろう。その意味では、心理学は、意図的にそうであるか否か、明示的にそうであるか否か、そして誰によって誰のために書かれたものであるかにかかわらず、根底においてお手軽な心理学であるように思える。けれども、心理学者の書いたものがそうなのであれば、その思考もまた不可避的に「お手軽」であるに違いない。

　心理学はこのような「お手軽な」スタイルに単に堕落したのだと人は考えるかもしれない。しかし、それは決してそうではなく、このスタイルはある一つの原理に依拠している。その背景にあるのは、心理学はごく普通の人のためにあるべきだという考えである。そこでは、心理学は一般人に理解可能であるべきものなのだ。そうした考えを推し進めると、心理学は庶民的で通俗的なものでなければならないことになる。心理学はエリート主義的であったり、（その語の真の意味において）秘教的であったりすべきではなく、心理学のもつ大衆的な性質は、意図的なものであり、誤りではなく美徳であると見なされる。その背後にあるのが、すべての人が魂をもっている、それゆえ、心理学はごく普通の人にも理解可能な

ものでなければならない、という理由づけなのだ。

　もし今ここに述べた議論が妥当だとするなら、人はすべて、病に罹り、化学と物理学の諸法則に影響を被る身体をもっているのだから、医学、生化学、そして物理学という領域においては、大衆向けの書物と専門家向けの書物との間には差異がなくて然るべきだ、ということが主張されなければならないだろう。ここでわれわれが想起するのは、ヘーゲルが哲学について述べた事柄である。それは、必要な変更を加えれば、心理学にも適用しうる。「他のあらゆる科学、芸術、技術、そして工芸の場合、学習や実践に関する複雑で骨の折れるプログラムが、それを実際に行いうる能力を身につけるためには必要であるということを疑う者はいない。しかし、哲学のこととなると、昨今ではある偏見が蔓延しているようである。目と指があって、皮と靴型を与えられた人が皆、すぐさま靴を作れるようになるわけではないのに、あたかも、すべての人が等しく、靴作りのための物差しを自分の足にもっているかのように、もって生まれた理性のなかに、人は哲学の基準をもっているのだから、誰もが即座に哲学の仕方や、哲学の評価の仕方を理解できるはずだと考えるのだ」[8]。

　それゆえ、心理学において大衆化されたものと真正のものとの間の差異をなくしているのは、著作が広く知れ渡って大当たりして欲しいという、心理学の本を書く側の個人的な願望だけではない。プロテスタント主義において、すべての俗人が司祭であるのと同様、一般人は（魂をもっているゆえ）生来的に専門家であると信じられているのだ。この現象の背後には、別のより深い原理も存在している。それは、突き詰めれば、キリスト教的思考へとおそらくは遡りうる無意識的な動機づけである。「疲れた者、重荷を背負う者は、だれでもわたしのもとに来なさい」「全世界へ行って、すべての造られたものに福音を宣べ伝えなさい」[9]。心理学の言葉は流布されねばならないのであり、あらゆる人が心理学的な洞察を享受しうるよう誘われねばならないのであり、機会を与えられねばならないのである。そこには、心理学は治療的な課題を有しているゆえ、あらゆる人に行き届く

---

8)　G. W. F. Hegel, *Phenomenology of Spirit*, transl. A. V. Miller, Oxford et al. (Oxford University Press) 1977, p. 41.

9)　Matthew 11:28 and Mark 16:15.

第1章　「立ち入り禁止！」：
心理学への入口と心理学の語らいのスタイル　13

ことはその義務でさえある、といった考えが存在している。まったくもって一面
的に、勧誘と流布こそ、心理学の書物がもつにふさわしい様式であると見なされ
ていて、そこには、それとは反対の原理、すなわち制止という原理が入り込む余
地はないのである。

　このもう一つの原理の例をカフカに見出すことができる。彼が書いた「掟の門」
という寓話では、田舎から出てきた一人の男が、掟の門前に立っている門番のと
ころにやって来て、なかに入れてくれるように頼む。けれども、門番は、今はそ
こに入ることは認められないと告げる。テキストには、田舎から出てきた男はこ
のような困難を予測していなかったと書かれている。その男は結局のところ、掟
の門は誰もが常に入ることができて当然だと考えていたのである。——モーツァ
ルトのオペラ「魔笛」において、タミーノは、智慧の神殿へと続く扉に近づくが、
「帰れ！」と彼に告げる声に迎えられる——プラトンのアカデミアの入口の上方に
は、"μηδεις ἀγεωμέτρητος εἰσίτω" という標示がしてあったという。これはおお
まかに言えば、「数学者にあらざる者、入るべからず！」、あるいは、もっと広く、
「資格のない人、お断り！」「資格なき者、立ち入り禁止！」というような意味であ
る。

　これら三つの場合いずれにおいても、新参者は悪意や不適切な意図をもつ侵入
者としてやって来ているわけではない。そうではなく、彼らは理想主義によって
動機づけられている。彼らはまさに、彼らが訪れた施設が提供するもの、つまり、
智慧や正義を獲得することを欲している。しかし、彼らの理想主義が諸手を挙げ
て迎えられることはない。それは傷つけられ挫折させられる。そこには、冷酷な
拒絶がある。気高い志への賞賛も、彼らの熱心さを活かそう、そして彼らの動機
づけを高めようという試みもそこにはない。授業料免除も後の高位もそこでは約
束されることはない。

　われわれは、東アジアの禅の老師や偉大な名匠が彼らのもとに弟子入りを望ん
でやって来る者に対してとる態度にこれとよく似たものがあることを知ってい
る。彼らの最初の出会いはしばしば、「否」という性質をもったものである。同
じように、アジアの寺院ではまず、そこを訪れた者を、ぞっとするような見かけ
をした番人の像が出迎える。それが恐ろしい悪霊の姿をしていることも多い。寺
院に入る際には、信仰心を示すために一礼をし、それによって自らの自己愛的な

感情を克服することが必要なのだ。これらの場合いずれにおいても、われわれは
制止という方策に行き当たっていると言えるだろう。そこには境界があり、障壁が
そびえ立っている。そして、ユングもまた、ある書簡で以下のように書いた時、
このような制止という方策についてはっきりと語っているように思える。「愚者
が慄き、真の学者や探求者だけがそれを享受しうるような方法でものを書くとい
うのが、実際のところ、私が意図したところであった」[10]と。興味深いことに、
聖書のなかにも同じような考えを見出すことができる。キリスト教において境界
や障壁といった観念に対応するものとして、狭い通路というものがある（「らくだ
が針の穴を通るほうがまだ易しい」）。別の話もあって、それは王家の婚宴のたとえ
で、その祝賀会に参列する者は、ずっとそうしてきたような普通の人として参列
することは許されず、普段とはまったく違った装いをしていなければならない。
「王が客を見ようと入って来ると、婚礼の礼服を着ていない者が一人いた」。言葉
を換えれば、その男は普段着だったということだ。「王は側近の者たちに言った。
『この男の手足を縛って、外の暗闇に放り出せ。そこで泣きわめいて歯ぎしりす
るだろう』」[11]。

　心理学は、元型的なイメージとして、換言すれば、自らが考察する内容として、
イニシエーション等にまつわる境界や門番、シュムプレガデス、あるいはキュア
ネアイの岩といったモチーフについて知っている。にもかかわらず、心理学は、
人々が日常から離れても、普段の古びた日常的な意識をまとおうとするのとまさ
に同じように、自らの知的なスタイルにおいて、すべての人に対して開かれたも
のであろうとする。心理学が語ったり考えたりする方法のなかの何ものも、われ
われは根本的に変わらねばならない、つまり、「装い」を変えねばならない、と
いう示唆を与えることはない。いわゆる命を賭けて超える敷居もなければ、心理
学に参入するのに先立って体験されるべき死もそこには存在しない[12]。変容や変
化について、いやそれどころか、イニシエーション、死、そして冥界について多

---

10)　Jung, *Letters 1*, p. 425, to Wilfrid Lay, 20 April 1946.

11)　Matthew 22:11-14.

12)　精神分析の訓練に新たに参入しようとする者たちに対する様々な入学や選抜の手続きは
　　（そして、大学の入学試験も）、境界という観念を単に行動化したものである。それらは
　　もはや、字義的・経験的な障壁にしかすぎない。

くを語っている時でさえ、心理学それ自体は、これらに限らず他のあらゆるテーマについてどのように語るか、あるいは書くかという点に関しては、その古びた自我の連続性が打ち壊されないよう努めている。「入るな！」、あるいは「帰れ！」に相当するような、自らの思考のスタイルに打ち込まれた根本的で論理的な障壁はそこには存在しない。心理学の書物は、獲得された洞察を広めることを、そして、できるだけたくさんの人々を味方に引き入れることを望んでいるのだ。

　このような門をめぐる状況が心理学の語らいの三つの側面に対して意味するところを以下に論じてゆきたい。

a) 心理学の語らいにおける「誰が」

　新約聖書にある王家の結婚の話は、とりわけ、以下の二つの点でわれわれの議論の助けになるだろう。第一に、装いに焦点を当てることによって、新参者に対してなされた最初の拒絶を、個人間に起きた出来事としてではなく、個人内に起きた出来事として理解する、そのようなシフトが可能となる。ここでは、特権を与えられる人も与えられない人も存在しない。制止は、ある特定の個人に向けられているのではなく、ただその人が着ている日常的な「装い」にだけ向けられている。原則において、皆等しく、ふさわしい人間であり、ふさわしくない人間である。このふさわしさとふさわしくなさとを分ける線は、すべての個人を貫いている。つまり、それはすでに心理学化されているのだ。その基準は、その人が自身の古い同一性から根本的に離れることができているかどうかという点にある。自らの同一性との断絶が、入場のための唯一の必要条件なのだ。入場を許されたい者は、自らの古い自己同一性を後にして、新しい同一性をもって、あるいは新しい同一性として入場しなければならない。それは、他の人は許されているのに、私は許されない、というのではなく、私の人格の他の何らかの部分（おそらくは私にとって未知である部分）は入場を許可されているにもかかわらず、普段着を身にまとった私の通常の自己にはそれが許されていない、ということなのである。

　それゆえ、ここでの問いは、「私のなかの誰が心理学をすることを許されるのか？」、そして、「読み手や聞き手となっている大衆のなかの誰が心理学からの語りの受け手となっているのか？」ということに集約される。われわれは、そのよ

うな自身のなかの異なる人格を名づけるために用いうる、少なくとも三つの伝統的な区別を有している。一つ目は、ユングが行った自我（あるいは自我人格）と（厳密にユング的な意味での）自己の区別である。そして、もう一つは、自我と魂の区別であり、三つ目は、最近になってヒルマンが打ち立てたもので、自我人格と内的な根源、すなわち、ダイモーン（daimon）、あるいは精霊（genius）[13] との区別である。ここでわれわれが目指すべきは、自己、魂、ダイモーン、精霊、それぞれの間の差異を明確にすることではないし、さらには、これらの概念の背景にある特別な理論を取り上げることでもない。ここで必要なのは、人格、あるいは主体性が本質的には二重であるという考えが心理学においては存在するという洞察であり、この洞察によってわれわれは、心理学を行う（そしてこの領域で語る、あるいは書く）人のなかの誰がその主体であらねばならないのか、そして聴衆各々のなかの誰がその受け手とならねばならないのか、という問いを提起せざるをえないことへの気づきだけである。

　それらの問いに対する答えは明白であろう。心理学を行う人は、新しい、あるいは他の人格でなければならない、ということである。ダイモーン、自己、魂。それらは、心理学という名にふさわしい心理学を唯一生み出しうる。われわれは自らの婚礼の装いを身にまとわなければならない。それゆえ、自我人格が「心理学」を発展させるのを許すことには端から何の意味もないだろう。自我と自己との間には橋など存在しないのだから、自我によって生み出された心理学が人々に「自らの自己を成長させなさい」と教えることには何の意味もない。自我はせいぜい、個性化（自己になること）について説教することしかできないし、われわれは、説教することがいかに無力であるかということを知っている。説教することによって、そこには常に、まさに乗り越えるべき隔たりがもたらされ、新たに設えられることになるからだ。自己を発展させたいと思うなら、その境界を超えていなければならない。言い換えれば、自我を後にして立ち去り（すべての点においてではなく、むろん、自己を発展させたいという限りにおいて）、自己がそれに取って代わることをもうすでに（完了形であることに注意！）許していなければならないのだ。自己は、自我がすでに否定されている、克服されているという限りにおいて

---

13)　James Hillman, *The Soul's Code. In Search of Character and Calling.* New York (Random House) 1996.

第1章　「立ち入り禁止！」：
心理学への入口と心理学の語らいのスタイル　17

だけリアルなのであり、敷衍すれば、自己は「自我の死体の向こう側にある」リアリティーとしてだけ存在するとさえ言えるのである。

　同じ理由で、ダイモーンのことを語っていたとしても、ダイモーンについての考えを聴衆の自我人格に伝えたり、ダイモーンの理論を買うよう自我に説得を試みたりするのでは何の意味もない。自我はあらゆる種類の理論を「買う」ことができる。けれども、心理学的に言えば、このことによっては何の差異も産み出されない。「内なる精霊」という理論を信じたり、享受したりしているような自我人格は、結局のところ「自我心理学」やその他の心理学的な信仰体系の主唱者の誰かに宣伝されたものと何ら変わりない自我人格であり続けるのだ。正しい考え（自己、魂、ダイモーン、別の場合には、人権、キリスト教、民主主義等々）を唱道し、間違った考え（人種差別、ファシズム、自我心理学等）に異を唱えるのでは十分ではない。それはあまりにも陳腐である。もっと重要なのは、自らが（一つだけ挙げれば）自己について心理学的に語るスタイルが、自ら唱道するまさにその自己に由来するものであるかどうか、そしてそのスタイルが、読み手や聴き手がそのテキストを自分の知っている自己としてすでに読んでいる、あるいは聴いているということを求めるものであるかどうか、ということである。ダイモーンが何らかの機会を得るためには、苦痛を伴う切断は不可避である。われわれが語る、あるいは書くスタイルは、非－自我の体験に聴き手を直面させるものでなければならない（すなわち、「あなたが今までずっとそうであったあなたではない」という意味で）。つまり、それは聴き手に、彼らが考えていることに関心はなく、彼らにではなく、彼らの他者に語りかけているという自己愛的な屈辱を与えるものでなければならないのだ。

　王家の婚礼のたとえからわれわれが得る二番目の助けとは、それによって暴力という契機が露骨な形で顕わになることである。この契機は、他のイメージや観念（受動的で静的な境界、カフカのどちらかと言えば優しい番人等）においてはこれほど明確ではない。この物語の招待客は、「外の暗闇にほうり出され」、「泣きわめいて歯ぎしりする」。何という極端な罰だろうか！　人はこれがあるひどい罪に対する罰であると考えるかもしれないが、本当に罪と呼びうるものはここでは何も犯されてはいない。言いうる最大のことは、その男が作法を守らず適切な衣服を身に着けていなかった、というくらいのことである。しかし、この物語において着替えないでなかに入ろうとしたことが一つのひどい罪として罰せられたという

事実は、参入するためには完全な変化が必要であることを示している。そして、「外の暗闇」への暴力的な放逐という罰は、そこで何が問われているのかを示しているのだ！ その罰がもつ暴力性は、非連続性や分割のもつ暴力性に光を当てる。それは、参入しようとする人は誰もが自らをすでに曝していなければならないものであり、物語のなかのあの男がなおざりにしたものでもある。参入することは、何らかの暴力と不可分な関係にある。それは、同一性の根本的な変化のもつ暴力性でもあり、罰という字義通りの暴力性でもある。われわれがこの聖書のたとえから学ぶべきは、参入というのは、単純な移行・変革・発達でも、よりよいもの、あるいはより以上のものへとゆっくりと成長することでも、さらには、ある人の日常的な自己が調和的に拡張してゆくことでもない、ということなのだろう。

　入場というのは、一つの越境である。そして、逆説的に言えば、あの男の罪は、本当に罪を犯さなかった、あるいは十分に罪を犯さなかった、ということなのだろう。彼は単に自らの身体を境界に横たえただけであって、このような外的な動きは、自らにとって何ら差異を生み出すものでも、自らを本当に（心理学的に、論理的に）境界を超えさせるものでもない。それは単なる偽りの越境にしかすぎないのだ。

　筆者が引用した最初のいくつかの話のなかで、理想主義的な求道者たちは門前払いをくった。新約聖書の話では、一人の姑息な人物が、必要な実存的な対価を支払うことなく、参入することがもつ利益を得んと欲し、それゆえに罰せられた。ここにもう一つ、参入するという問題にまつわる有名なたとえ話がある。しかし、今度の場合は、どこかに行くことを決して求めず、今彼らがいる慣れ親しんだ状況を離れることを望まず、それゆえに引き裂かれ、暴力的な力によって文字通り180度「方向転換」しなければならない人たちに関するものである。それはプラトンの洞窟のたとえで、これによってプラトンは、教育、とりわけ通常の意識から（心理学的ではなく）哲学的な意識へと入るためには、伝統的な従来の意識の側からの文字通り殺人的な抵抗に遭うような一つの暴力的な革命、すなわち、一つの全体的な方向転換が必要であるということを示そうとした。繰り返すと、そこにはいかなる単純な移行も連続性も調和的な成長も段階的な付加も積み上げも存在しない。ここでもまた、参入には暴力という瞬間がつきものなのである。

第1章 「立ち入り禁止！」：
心理学への入口と心理学の語らいのスタイル

これらすべてのお話やイメージのうち、どれが最もぴったりと心理学のリアリティーを示しているだろうか。それは王家の婚宴の話であるように筆者には思える。心理学は、魂、自己、個性化や全体性、創造性、個の成長、世界の魂、すべての男女のなかにいる神々、日常生活がもつ神聖なる魅力といったあらゆる種類の美しい観念を楽しみたがるが、その対価は払いたがらない。心理学は、そこに入場料というものがあることをきっぱりと否定する。心理学は、何とかごまかして入り込む方法を見出してきたし、それで何とか済ませたいと思っている。心理学は、大衆の日常的な人格に媚びへつらう。このことによって心理学は、そのような観念や洞察の精緻化とは無縁の、不可避的にお手軽な心理学となるのだ。心理学は、日常的な自我に教え、それを情緒的に動かし、説得し、慰め、そしてその支持を勝ちとろうとする。それはまるで、テレビが、スリッパを履き快適な部屋着を着てその前に座っている人たちに映像を投げかけるようで、そこでは、衣装を変える必要はない。もし、「教え」によって明示的に説かれた事柄ではなく、われわれのスタイルや実際の行動が意味するものを理解するならば、それが説くところに反して今日の心理学が発しているのは、テレビとまさに同じく、部屋着のままで、すなわち、常識的な考え方のままでよろしい、そして、そこかしこの心理学の文献や自らの内側からやってくる夢やヴィジョンが提示する、心理学的なイメージや観念（それはイニシエーション、変容、個性化等についての観念であるかもしれないが）をすべて眺めているだけでよろしい、という教えであるように思える。本当にそこに到達する必要はないし、自分自身のなかにある分割、すなわち、自らの自分自身との不一致という体験に苛まれる必要もない、と。心理学は、古びた自己同一性を保証し安定させる。つまり、心理学は（しばしば意図せずに）、自我の強固な自己保存欲求をより強めることになるのである。

けれども、ユングが知っていたように、いずれにせよ、対価は支払われねばならない。そして実際、心理学は、マタイによる福音書のたとえ話で語られていたのと同様、長い間手足を縛られた状態にあり、外の暗闇に放り出されていたのではないだろうか。外の暗闇が意味するのは、心理学が、自らの眼前に掲げたすべての美しい神話や観念を、それらがもつテレビ的性質を見抜くことなく、虚飾やテレビの映像やプラトンの洞窟のなかの影のように本当のものとして受け取っている、まさにこのような事実なのではないだろうか。

錬金術に、自然に反する作業（*opus contra naturam*）、すなわち、自然なる結合（*unio naturalis*）の溶解という考えがある。このような錬金術に倣う形で、心理学はこれらの観念については教えるが、自らは自然なる結合にしがみつこうとする。一般的に言って、心理学は通常、われわれに自然であり自発的であることを求める。数年前には、心理学の、そして社会の自発性崇拝の結果として、自分たちが「自然に」そうである、日常的な個人としてオペラハウスに入場することを望み、先に引用した聖書のなかのたとえ話が語るような何らかの「結婚式の装い」に着替えたくないということを顕示するため、自分がもっている一番古いジーンズとボロボロのTシャツでオペラに行くべきだと考える人々（結局、このこと自体、まったく自発的ではない）が少なからずいた。そして、自我や常識的な精神性へのへつらいに加えて、心理学の分析的な学派のなかにさえ広く普及していた、「科学」でありたいという願望は何なのだろう。それは、打ち破れない、打ち破られるべきではない堅固な「自然な意識」の連続性への固執以外の何なのだろうか。

心理学は、自己や内なるダイモーンについて教えるが、本当にはそこに到達することを望んでいない。そしておそらく、心理学はそのような観念について教えるがゆえに、実際にはそこに到達する必要がなく、その正しい観念を擁護することに今なお誇りをもつことができるのである。教会は「神や神の精神からわれわれを保護するための砦として役立っている」[14]とユングがかつて述べたのと同じ意味で、心理学による教えは、それが物語っているものにわれわれが実際もうすでになっている（完了形！）ことを、そしてそれゆえにそうであることを免除する、という隠された機能をもちうることについても考慮すべきなのだろう。一方の側にある、教えることや説くこと、他方の側にある、これらの教えを眺めること、覗き込むこと、信じ込むこと、そして耽溺することは、向こう側への真の意味での越境に対するアリバイになっている。すなわち、自己、魂、そしてダイモーンの心理学は、魂に対する、自己に対する、そしてダイモーンに対する強大な防衛機制として機能しているのだ。

ドイツ語に「何もないところからは何も得られない（*von nichts kommt nichts*）」という格言がある。真の意味での自己の心理学は、達成された自己から始まる必要が

---

14) Jung, *CW* 18, par. 1534.

ある。さもなければ、そこにはいかなる自己の発展もありえない。もし、自己が少しでも実現されるのであれば、自己は最初から、すなわち、自己を実現する試みに先立ってそこに存在していなければならない。これは明らかな矛盾であるが、この矛盾こそがこれまで述べてきた入場の問題の語るところである。境界を超えることは、他でもない、この前にある後 (hysteron proteron)、すなわち、この「正気ではない」時系列の逆転なのだ。時系列上で「後に (hysteron)」あるもの (ここでは、自己の実現や発見) が前に (proteron)、「より以前に」、そして「先立って」あらねばならない。「後に」あるはずのものが、自己を探求するための前提条件とならねばならないのだ。もし、そこに行き着こうと思うなら、もうすでにそこにいなければならない。辿り着きたい場所へと自分を導く道を歩き始める時には、その前にすでに辿り着いておかねばならないのである。この前にある後という要点に、心理学的な作業の現実性 (実際性)、あるいは非現実性という問題すべてが存在している。もし、それがなければ、ドアの奥から覗いているだけ、イメージを眺めているだけ、向こう側にあるものに関するメッセージを教えるだけで、決して境界の向こう側には到達することができない位置に自らを置く羽目になる。

　今やわれわれは、これまでに検討してきた入場にまつわる話のなかにあのような暴力という契機が何ゆえ存在するのかということをより理解しうる。そこでの暴力は、他者を傷つけたり罰したりすることのなかにある特別な意地の悪さや残酷な性向やサディスト的な快楽の表出ではない。そういった類のものでは決してなく、それは単に、「真の参入」のもつ論理的な矛盾、あるいは弁証法が実際にはいかなるものであるのか、というイメージ (その絵画的な表象) にすぎないのだ。真の参入は、空間における段階的な前方への動きとしてイメージされるべきではない。真の越境は、それが単に一本のラインを踏み越えることとしてイメージされるならば、理解されることはないのである。そこには、はるかに暴力的な何かが必要とされる。それはすなわち、世界の完全なる反転 (ヘーゲルの「転倒した世界」)、始まりと終わり、そして原因と結果という自然な継起の革命的な転回なのだ。神話や元型的な物語が単に、一つの境界や門といった形態で参入という問題を提示するだけでは十分でないのはこのためである。そこには、新参者に向かって情け容赦なく「入るな!」という言葉を浴びせる門番もいなければならないし、装いを変えることや方向性の完全な転換もなければならない。イマジネーション

は、論理的な矛盾を経験的な行動へと変換しなければならない。求道者の理想主義を突き返す門番の「否!」は、求道者に対して前にある後の必要性を絵画的に示そうとする一つの試みである。なぜなら、求道者はいまだ日常生活の論理に、つまり前にあるものとしての求道の理想主義は後にあるものとしての発見によって報われるべきであるという論理に留まっているからだ。その「否!」は、達成された発見を基盤として自らの探求へと踏み出すことができない限り、探求を開始することは許されないということを新参者に告げるのである。

われわれは今や、心理学は「そこに到達することを本当には望んでいない」という筆者の見解が何ゆえ正しいのかを理解することも可能となる。もし、心理学がそこに到達することを望んでいるのだとしたら、暴力という契機が、心理学のもつ語りのスタイルのなかに姿を現さなければならない。けれども、心理学は暴力を避けており、人々の感情を傷つけることを望まない。心理学は分割することを望まない。すなわち、境界であることを、そして「入るな!」と言う門番であることを望まないのだ。心理学は、説得すること（「機嫌をとること」）を、自らの洞察を「売りさばくこと」を、人々が容易に受け入れることができるような方法で、そして自らが到達したような方法で自らを表現することを好む。しかしながら、自らが述べるところを真に言わんとする心理学において、それが語り書く形式は、その言説がそれ自体として剣の切っ先であり、ある種の継続的な最後の審判であり、各々の読み手や聴き手、そして言うまでもなく話し手の内側でも、ダイモーンを自我から切り離し、前者を境界のあちら側に、後者をこちら側に割り振るものでなければならないのだろう。

このような自我の否定は、現代思想でもてはやされた単純で非弁証法的な転覆と混同されるべきではない。剣の切っ先であること、あるいは境界それ自体に身を置き続けることが意味するのは、境界の向こう側に身を置くことでもある。筆者が今語っているのは、達成された否定である。「達成された」がまずもって意味するのは、それがすでに完了された形であるということであり、すでにそこに生起している天然自然の自己の否定である、ということである。次にそれが意味するのは、否定の完遂、あるいは完成である。すなわち、あくまでも進み続け、それゆえに自らを否定することにさえ立ち止まらない（ヘーゲルの言う「否定の否定」という意味での）否定である。あくまでも進み続けるがゆえ、「達成された否定」

は、際限なく非力な転覆という行為において境界のこちら側に停滞することはない。そうではなく、真の否定性となるゆえ、本当に境界を行き過ぎ、門番と彼が吐く「入るな!」という言葉を置き去りにする。反対に、今日多くのサークルで歓迎されている転覆の類は、ある種の「攻撃者への同一化」、つまり、妨げている門番への同一化に他ならない。そこでの彼らは、その門番の「否!」を自分たちのこれまでにもっていたすべての伝統的な価値観に向ける。そのような転覆のあり方は、自らが「だめだ!」にすっかり浸されるために、自らをその「否!」に情け容赦なく曝すことによって、すなわち、そのまさに「否!」を通過することによって、自分自身に対してこの「否!」を振り向けるというチャレンジへと高められるべきものの代替である。しかし本来は、それこそが、日常慣れ親しんだスタンスの本当の意味での否定(訣別)であり、同時に本当の意味で境界を超えることなのではないだろうか。その「否!」は、参入のための入場門であり、始まりなのである!

　上記の言説のいくつかは、筆者がそれを言い表した方法で改変される必要があるだろう。ここでは、われわれが通常有している四つの幻想を検討することによってそれを行いたい。第一の幻想は、「彼らが」厳しく自らを「否!」に曝すべきであると筆者がたった今述べた時、現に動いていた人格主義的な誤謬で、人として「彼らが」、あるいは「われわれが」その門を通過しなければならない、というものである。魂の国に参入し、真の心理学になるための体験をしなければならないのは、(われわれの)心理学なのだ(われわれにとっては、魂の国に参入するための道はただ一つしかなく、それが〔字義通りの〕われわれの死であるならば、心理学を行うことのできる個人はもはや存在しない。心理学が欲するのは、われわれの字義的な死ではなく、論理的な死である)。

　二番目の幻想は、最後の審判が何らかのユートピア的な未来におけるわれわれの死後にあるという考えである。けれども、この最後の審判の時あるいは時制は、現在完了である。それは常に現在なのである。あるいはむしろ、それぞれの瞬間において、最後の審判はまさにそこにあり続けており、現在もなおそこにあるのだ。その門や「否!」は、(潜在的には)どこにでもいつでも存在している。

　三番目の幻想は、(始まりとしての、入口としての)その門と(妨げとしての)門番は、二つの別々の要因であるというものである。門番の「入るな!」は、余分で不必要な複雑化にすぎないとわれわれは考える。もし、門番がそこにいなければ、

われわれは速やかにそこに歩み入ることができたのに、と。けれども、魂という転倒した世界では、門番の「否！」こそが入口である。筆者が述べたように、それが唯一の入口なのだ。そのような妨害なしには、始まりは決してありえない。そのまさに「入るな！　帰れ！」こそが、それがなければ閉ざされていた門における唯一の「抜け穴」である。参入することが意味するのは、言うならば、否定のなかに身を浸すことなのだ。

　四番目の幻想は、門とそれが何への入口なのかというのが、二つの別個のリアリティーであるという考えである。門は、それが楽園であれ、天国や地獄であれ、オペラハウスであれ、大学であれ、球技場であれ、何であれそこに参入するために乗り越えられるべき障壁としてイメージされる。これはまさに、門が通常のリアリティーにおいてどのように機能しているかということである。しかしながら、魂という転倒した世界では、入口や始まりはそれ自体、終着点でもある。そこには、その奥にも後にも付加されるべきものは何もない。始まりはそれ自体、天国であり、そして地獄でもある。その「入るな！」や最後の審判はいわば、常に存在する心理学の生きた様相（modus vivendi）なのだ。それは、通過すべき最初の瞬間ではなく、心理学がそれによって構成される語らいの論理的な形式である。心理学は、「山羊から羊を」、地獄から天国を分け隔てる。すなわち、永遠に自我と自己（魂、ダイモーン）を別々に保持する永続的な最後の審判として存在するのだ。それは決してどちらか一方ではありえない。心理学は分割であり、差異であり、矛盾であり、別々に保持することである。けれども、その別々に保持するということは、ギリシア神話で天と地を別々に分けたアトラスと同じく、その対立物をつなげておくということでもあり、それらの間の生きた結びつきでもあるのだ。

　心理学は、その「洗礼を受ける」ために、すなわち、否定によって浸されるために、「入るな！」に必然的に伴う最後の審判の直中に進み入らねばならない。その時にのみ、心理学それ自体が最後の審判として存在することが可能となる、あるいは、もっとイマジナルでない言い方をすれば、絶対的な否定性として存在することが可能となるのだ。

　ここで検討してきた幻想はすべて、同じ源泉に由来している。つまり、それらはすべて、入口の問題を入口の手前（外側）から見ている（イメージしている）結果だ、ということである。しかし、入口の問題は、入口の内側に立つことによって

のみ理解されうる。けれども、いったん入口の内側に入ってしまえば、その入口の問題をイ・メ・ー・ジ・するという様式は失われることになる。内側から入口の問題は思・惟・されるものとなる（そうされるしかない）。一般に、イメージするというのは外在的な反省の様式である。つまり、それは、参入するに先立って、なかにあるものを「イ・メ・ー・ジ・する・」という外側からの心的予見なのだ。

　神話や神々のイメージ、自己、ダイモーンといったものに耽溺していた時代はもう過ぎ去った。われわれはもはや、意識の内容としてのイメージがわれわれにとって何らかの真理であり、そうでありえた心理学的時代には生きていない。われわれが、（ただ一つ例を挙げると）ダイモーンを理念やイ・メ・ー・ジ・として提示すればするほど、ますますそれを対象化することになり、自分たちが賛美し崇拝しうる、他の言葉で言えば、テレビの画面上で見る映像について語るのと同じように、自分たちが物語る、相対した「向こう側」のものに（意識の外側にその対象として）変えてしまうことになる。そして、これをすればするほど、われわれは自らを（眺めている、賛美している、あるいは崇拝している）自我に仕立て上げることになる。実体的なイメージや象徴としての自己、精霊、神々は時代遅れである。このような論理的無垢の時代には、真理はいまだ、象徴やイメージ、儀礼という形態で本当に生起しえたが、そんな時代はとうの昔に過ぎ去った。テレビ番組や広告の映像のなかで、われわれは、そのような「イメージ」という心理学的、あるいは論理的には時代遅れとなったものを常に想起させるものに、そして、その客観的な（「物質的な」）表象に出会う。テレビや広告、これら二つの現象は、単なる多数のなかの、ある特殊で個別的な現象なのではない。何よりもそれらは、見ているすべての人にとって、イメージに関する今日の真理が明らかにされる場所なのである。誰もイメージが時代遅れになったということについて理論を発展させたり説教したりする必要はない。つまり、時代遅れであるということは、客観的に目に見え、自らの力でそれを語るのである。

　このような時代においては、神話的イメージを普及させようとすればするほど、自己やダイモーンと結びつこうとすればするほど、われわれは自我に落ちてゆくという弁証法から逃れることができなくなる。自己の探求はそれ自体の対立物なのだ。われわれの心理学的状況が孕む論理においては、労苦の分配、あるいは分割が必然的に存在する。意識が元型的な内容に焦点を当てれば当てるほど、

意識自体は自我意識となる。今日の心理学的な問題はもはや、内容（イメージ、象徴、儀礼、神話、神々、教義）のレベルで取り扱うことはできない。われわれの問題は、意識の論理的形式の問題であり、それはずっと以前からすでにそうだったのである。

　心理学の語らいはそれ自体切っ先であらねばならない、と筆者が述べたのはこのためである。それは自我の否定としてあらねばならず、心理学者は（むろん、彼が真に心理学者であり、心理学的に語る [15] という限りにおいて）、自我人格としてははるか以前に死んだ者として語らねばならない。心理学の語らいのアートは、もうすでに死んだ者として語ることである。自我と自己の分割、入場門や境界といった実体的な考えよりももっと重要なのは、心理学のスタイルが、非同一性、分割、不一致というスタイルであるということであろう。心理学は、論理的な否定という精神の上に生起しなければならない。ダイモーンではなく、分割という論理的な形式が今日重要なのである。そして、分割という形式こそが、ダイモーンが今日、心理学において [16] リアリティーをもちうる唯一の道なのだ。

　このことは、われわれの議論を通して得られた驚くべき結論であろう。治療的心理学の課題は、自分自身に対して分割された人格、あるいは、より一般的には解離として定義される神経症を克服することではなかったのか。そうではなく、心理学はまさにその論理的構成形式においては一つの分割である（解離であると言ったほうがよいだろうか）、と筆者はここで主張しているのだ。そして、心理学とは、そのような不一致に意識的に、そして体系的に身を置き、神経症を癒す代わりに祝福する永続的な「最後の審判」として自らを打ち立てるものに他ならない、と。

―――――

15) 生きた人間として、心理学者は当然のこととして、自我人格であることに常に留まりもするだろう。100％心理学者である人は生きることはできない。一人の心理学者のなかの心理学者は常に一つの部分的人格である。けれども、この部分的人格こそが心理学の語らいの実際の著者になるべきであるし、さらには、それは「死者」であるべきなのだ。

16) 心理学において！　精霊やダイモーンがある特定の個人的体験や生命現象に対する呼び名でもありうる限り、むろん、それらはまだ以前と同じように顕現しうるだろう。しかしながら、実体的なイメージや観念として、集合的にも理論的にも、魂にとって妥当ではないような個人的体験は数多く存在する。

しかしながら、一見、（誤った、非弁証法的な）矛盾に見えるものは、矛盾なく両立する。われわれは、結合と差異、調和と分裂、連続性と分断が、両極的な対立物であるということを認識せねばならない。双方が必然であり、避けがたく結びついている。分裂や不一致もまた同様である。そして、神経症は決して分裂という単純な事実ではなく、もっと複雑な事態である。神経症的な解離とは、不一致と、さらにその否認である。右手と左手が違うことを、おそらくは正反対のことをやっているということは神経症的ではない。けれども、もし右手が左手のやっていることを知らなかったり、その逆だったりするならば、それは神経症的である。換言すれば、神経症的な解離は、自らの否認（つまり、解離の否認）によって成立しているのだ。それゆえ、それは、解離した部分的な真理それぞれが全体的な真理であると主張することによって成立しているとも言える。それゆえ、神経症の治癒は、その不一致を除去することや、この意味でわれわれがもう一度「全体」となることによっては起こりえない。このように想定するのは単に素朴であるだけでなく、正確に言えば、そのような調和や明確な同一性への一面的なこだわりこそが神経症を生み出すものでもある。分裂ではなく、非弁証法的な結合の理想が神経症の背後にはある。もし、（理論や意識として）心理学が本質的には分割を許さないものだとすると、それは不可避的に分割を外側に投影しなければならない。そうではなく、神経症の治癒は、連続性、結合、実体性、自己同一性に固着した意識の治癒によって起こる。つまり、それは、分裂が意識へと戻って来るのを許すことによって、そして、分裂が意識構成の論理的な形式に浸透するのを許すことによって起こるのである。なぜなら、そのことによって、意識は、個々の解離した部分的な真理とともに（われわれ自身のなかの、世界のなかの、生命のなかの）不一致にも適切な場所を、すなわち、一方（自我）には入場門のこちら側の場所を、他方には向こう側の場所を与えることができるようになるからだ。

それゆえ、神経症の治療に対する関心から、以下のように述べておこう。すなわち、心理学は、意識というまさにその形式において、分割する境界線上に正確に身を置き、境界を、そして脅威となる門の守り手を体現するものとして存在することで、否定と分割という精神を意識的に、そして生き生きと保たなければならない、ということである。そのことによって、自己やダイモーンは、魂の歴史のなかのこの時代においてわれわれが今いる意識の論理的なレベルに見合うだけ、

リアルであることが可能となる。自己やダイモーンは単に、それらについての美しくて教育的なテレビ番組なのではない。われわれの、そしてわれわれの世界の「全体性」は、単にイメージや観念におけるものではなく、その論理的形式における分割や改変に対する心理学の論理的な許容力にかかっているのである。

b) 心理学の語らいにおける「どのように」

アインシュタインが以前、自らの相対性理論が物理学にもたらした革命についての入門書を書くことを拒否したということから始めて、われわれは今やまったく別の地点に辿り着いたように思う。確かに、自我と自己、あるいはダイモーンとの分割や、その論理的形式が否定性に基盤をもつような心理学の必要性に関する主張は、アインシュタイン自身の関心からは遠く離れたものであろう。アインシュタインが感得した障壁は、知的に求められているもの、すなわち、必要がないゆえ、たいていの人は積んではいないが、必要不可欠である抽象的な思考の訓練にかかわっていたに違いない。心理学のあり方に対する筆者の批判は、心理学は、その成り立ちからして、科学であれば当然行っている大衆向けと専門家向けの書き物の区別に対応する区別を行っていない、ということであった。心理学は、「一般人」の通常の意識、あるいは自我人格に媚びへつらっていて、それゆえ、そこで産み出されるものは、不可避的にお手軽な心理学である、と。しかしながら、そのような筆者の批判はその知的な意味での適性にかかわるものではなかった。真の心理学へと参入するための必要条件は、先に述べたように、特定の精神修養には何のかかわりもない。「その境界で」起こるべき分割ははるかにより根本的なものである。おそらく、それは「実存的」とも言いうるもので、われわれのまさに同一性の感覚、つまり、われわれの内側の誰が心理学の語らいの「主体」、あるいは「著者」、そしてその受け手の双方であるべきかということにかかわっている。そこには、日常的な人格から非自我への、すなわち、われわれのなかの真の他者への重力（あるいは、権威と言う方が適切だろうか）の中心の根本的な移行が内包されているのだ。

結局のところ、知的に求められているものと特定の精神修養にかかわる「入るな！」という障壁には、二つ目の側面が存在している。心理学は、その作業をわ

れわれの日常的な思考とイメージ化という知的、あるいは論理的な手法で行っているという点においても、本質的にお手軽な心理学なのだ。心理学は、思考の範疇や形式に関しても、「自然な意識」に媚びへつらう。この領域においても、心理学は連続性の存在を信じている。そこには断絶もなければ、自己愛の侮辱もない。さらには、心理学に参入したいと思っている精神に対する、日常的で慣習的で、それゆえ、心地よい「論理」と袂を分かち、それを克服し、より複雑で高いレベルの、すなわち、より抽象的な思考の方法を獲得しなければならない、という要請もない。抽象化は否定の一つの形態である。心理学が自らを入れ込まねばならないような類の抽象的な思考が物理学の抽象的な思考ではありえないのは言うまでもないことだが、われわれは今や、アインシュタインが抱いていた元々の関心により近いところにいる。そのような思考は、数学的なものでも形式主義的なものでもなく、それを支配する論理的な「法則」は、形式論理の法則などではない。その「法則」はむしろ、ヘーゲルが『大論理学』のなかで発展させたような、はるかに複雑で弁証法的な論理の法則なのだ。それは、現代の魂が陥っている苦境が孕む複雑さを公正に扱うために必要とされる類の抽象的思考の一つのモデルとして役立ちうるものであろう。つまり、心理学は、「概念の仕事 (labor of the Concept)」を必要としているのだ。

　しかしながら、心理学はそのような仕事に取り組もうとはしない。われわれの時代の大いなる心理学的な現実を適切に取り扱うために、どのような思考の形態が精神には必要であるのかという問いは、心理学にとっては事実上存在しない。ゼンメルヴァイス以前の医師が、自分たちのもち込む病原菌に対する配慮なしに患者のところに赴いたのと同じように、知性の領野において、心理学は、自らが扱う個々のトピックにアプローチする際の意識の論理的なステータスに関しては完全に無意識であり無関心である。心理学は、個人としての治療者が患者の分析を行うことを許されるのに先立って、広範な個人分析を体験すべきであるということを学んできた。けれども、医師が自らのもっている感染源から患者を守らなければならないのと同じように、心理学は、自らのもつ精神の枠組みの知的な意味での不適切さから心理学的現象を守らねばならないということは学んではこなかった。その論理的前提やモデルの最低限の精査もしないままに、心理学はいわば、ちょうど脇道に逸れるように、主題の探求に邁進するのである。前もってあ

るはずの知的な意味での「手洗い」もなければ、「消毒」もない。錬金術は、礼拝室と実験室との二重性として設えられていたが、心理学は、それに当たるものを何も有していない。心理学は、心理学者を「実験室」に直接に迷い込ませたのだ。心理学においては、容易にそのような〈作業〉へと進み、それを継続することが可能であること、また、心理学に求められるタイプの知性は、ジャーナリストのそれと同じであり、日常生活における諸状況に対処する際に必要な知性と同じであるということが、当たり前のことのように思われている。ジャーナリストが書く事柄や日常的な意識が知っている事柄と異なるのは、心理学が扱っている内容、特定の考え、情報のタイプであるにすぎず、精神の基底をなす論理的なステータスではない、ということなのだ。

　通常の意識は、現象世界における体験から、そしてそれとのかかわりの体験から、自らの思考の構造と方法を発達させてきた。目に見えて手で触れうる事物、あるいは対象、人々と彼らの行動や相互作用、自然の諸過程（水の流れ、風、火、地震等）、社会的組織、情動や情感、洞察、衝動、意図といった内的な体験等、これらは生におけるあらゆるものについてのあらゆる思考にとっての準拠枠だった。基本的には、思考というのは、知覚や感覚的直感（Anschauung）が教えたと思われる事柄を雛型とした絵画的な思考だったのであり、思考は自らの基盤に立ち返るということをしてこなかった。そのような思考の基本的モデルは、人間が狩人や農耕者であった時代の間に、言い換えれば、200年前頃までに獲得されたものなのだ。

　しかしながら今、われわれは、まったく異なった抽象的なレベルのリアリティーに生きている。たとえそこに依然として自然の力が存在しているとしても、われわれが生きているレベルはもうすでに、自然の事物や諸過程のそれに、すなわち、知覚や感覚的な直感として認知されたりイメージされたりすることが可能な事柄のレベルに取って代わっているのである。しかし、われわれはこのように新しい抽象的なレベルにある生に対して依然として古いカテゴリーを用いてアプローチしようとする。一つ単純な例を挙げるとすれば、それは戦争である。「戦争」という言葉と観念は、戦いというものが一対一で剣やナイフや槍や矢をもって行われていた時代に発展したものであった。けれども現在、われわれは、長距離巡行ミサイル、衛星監視やテレコミュニケーションといったシステム、レー

ザー、レーダー、コンピューター・テクノロジーに基づいた武器、そして可能態としての原子力を用いて戦争をしている。これはまったく異なった事象であり、絶対的に新しく、比するべきもののない事態なのだが、にもかかわらず、われわれは依然として、それに対して同じ戦争という言葉を用いている。これは、どれくらいわれわれの意識や論理が、以前からずっと進行している事象に遅れをとっているのかを示す、ほんの小さな一例である。「戦争」という言葉は、戦いの本質的に新しい抽象的な状況から戦いの古い「こぢんまりした」状況を隔てる深い裂け目を覆い隠す、言葉のごまかしなのだ。生は、かつて己が生起していたレベルをすでに離れ、今や根本的に「高い」（あるいは「深い」）、はるかに抽象的なレベルで生起している。そのような言葉のごまかしの目的は、真に新しい現象に自分たちが直面しており、新たな心理学的アプローチを必要としているのだということを、その言葉のまったき意味で実感するという使命を免れることであろう。

　生というものが身を置いていた以前のレベルがすでに時代遅れのものとされており、本当に起こる事柄の、そして今日の「行為の所在」の中心は新しいレベルに存在しているということを兆候的に示す根本的な変化のすべてを概観することはここではできない。しかし、もうあといくつかの例を示すことで、生が異なる高原に放り出されたのだということを明確にできるかもしれない。物理学においては、マクロのレベルからミクロのレベル（分子、原子、亜原子粒子）への移行が、生物学においては、分子生物学や遺伝情報のレベルへの移行がなされた。物理学はもはや、実際に見ることのできるものについて語ることはなく、リアリティーの理論的モデルをつくり、それについて思案する。自然なリアリティーのレベルはもうすでに取って代わられている。世界は本当に物理学が描くようなものであるという主張はもはや存在しない。同じように、生物学が到達した情報のレベルも、論理的な関係や指令という抽象的なレベルであって、「対象関係」というような「自然な」ものではない。概して、情報や伝達の法則はますます、われわれの生の諸領域を規定し、そこに浸透している。生は、（大部分）自然のリアリティーから抜け出し、サイバースペースのヴァーチャル・リアリティーにおいて自らを確立するに至った。そこにある諸力はもはや、われわれの状況においては、昼と夜、雨と太陽、大地と海、人間の情感と興味といったような自然の力ではありえない。われわれの生は、誰も理解できないし、他の時代では知るよしもなかった、

絶対的に不気味で抽象的で不合理な力、あるいはプロセスによって支配されている。つまり、ある意味では、依然として人間の手でつくられているものであるにもかかわらず、経済全体と巨大な商業組織の双方において、そして政治においてさえも、上記のような大規模なプロセスはますます、人々の頭上にあり、人々の意思を超えた主体なき「匿名的な」プロセスに、それ自体内在的ではあるがいまだ知られていない法則に従うプロセスになる傾向にあるのだ。このことが、それらを大幅に予測不可能なものとし、それによってカオス理論の発展が必要となったのだろう。株式や通貨市場における新たな発展は、とりわけ不気味であり不合理である。デリヴァティヴによる取引というのは、数兆ドル規模のものではあるが、いかなるリアルな経済的価値にも裏打ちされておらず、堅固なかかわりももたない抽象的な「オプション」や「先物」による取引である。もし、このような領域で何かひどいトラブルが起きたとしたら、世界中の人々に悲惨な影響を与えることだろう。

　一方に人間の欲望、努力、そして失敗や罪を、他方に自然の力を置いて物事を見てゆくという伝統的な方法はもはや、このような生の新しいレベルにおいては単純に適用されえない。われわれが抱える大きな問題は、抽象化という根本的に異なる秩序に属している。その問題は、人によってつくられる部分がいくらかはあるが、主体なきものであり、大部分自律的で、人間には統御不可能、かつ理解不可能なものである。歴史上、われわれが置かれている状況と比較しうる状況はいまだかつて存在しなかった。この新しい状況は、知的にそれとおそらく同等でありうるような意識の別の論理的ステータスを必要とするのだろう。意識は、絵画的思考を超えて進み、厳密な意味での思考の抽象的なレベルへと移行してゆかねばならないのだ。

　前節で筆者は、実体的なイメージや観念のレベルにおいては、今日の魂の問題が存在する場所に対して、心理学が公正に対処することは望めないと指摘した。心理学は、そのようなイメージや観念を超えて、その論理的形式（それが扱うあらゆる内容がもつ形式）へと進まなければならない。心理学は、論理や思考へと自らを差し向けなければならないのだ。

　あるいは、われわれの足元からすでに床は引き剥がされ、生のリアリティーはすでに根本的に新しいレベルへと脱却しているにもかかわらず、われわれ、否、

心理学が依然として自然の事物の世界や人々の体験や相互作用を記述するために適切であった古い時代の論理的な手段や思考のモデルをもって機能し続けうる、と本当に想像することができるのか。心理学は、古代や中世の人々が自らの問題に対応していたのと基本的に同じ、素朴な論理的形式を用いるだけですむ、そして、新聞が読める人ならば誰でもぱっと見て何の苦労もなくわかるような近寄りやすい日常的な形式で提示されうる描写や理論だけで事足りる、と本当に想像することができるのか。われわれの抱えている問題は、その本質を精神が根本的に、そして凄まじい労苦によって、思考の古い形から脱しようとしていることにかかわっている。心理学が知的には、西洋の精神が体験してきた凄まじい論理的な複雑化、分化、洗練を無視し、西洋の魂がその知的発達において到達した水準より下に事実上留まるというのは、ありうることなのか。そして、それで本当に事足りるのか。そんなことはありえない。心理学は、一例を挙げれば、ヘーゲルの論理学において提示されたような、すでに到達された精神の境位に登りつめ、そこに留まることを徐々に学ばねばならないのである。

　今日あるあり方で生に対して公正であるためには、端的に言えば、心理学は今日的であらねばならない。すなわち、アートのようでなければならないのだ。真に最善の、そして最も発達し分化したものというだけでは十分ではない。古い形式の思考は、こころの問題の本質に対しては、まったくもって不適切である。こころは、新たなレベルのリアリティーによって規定された世界にもうすでに生きている、あるいは不可避的にそこに生きねばならない。論理的に素朴であった古きよき日々はすでに過ぎ去った。中世に使われていた粗末な道具でコンピューターのチップが修理できるだろうか。言葉を換えれば、機械仕掛けの手法でデジタル化された「情報」のレベルに到達することができるのだろうか。もちろん、そんなことは不可能である。にもかかわらず、われわれは、知的な「いつも通りの仕事」という態度や努力なしに誰でも近寄りやすい思考の知的スタイルと、もうすでに起きてしまっていて、生を信じがたいほど心理学的に複雑なものにした、世界を揺るがす尋常ならざる変化までをも見据えた知的な態度や思考のスタイルの双方が両立すると信じている。複雑になったのは単に、われわれの文明や現代的な生活の社会的組織がもつ技術的な側面だけではない。部分的には技術的・社会的な変化のゆえではあるが、結局のところ、はるかにより困難で落ち着

かなくなったのは、何にもましてわれわれが置かれた心理学的状況なのだ。非常な知的な複雑性と抽象性が、日常使われているあらゆる種類の物事に、そして、現代の生活におけるあらゆる手続きに実際に投企されたということを、また逆に、近代科学に浸透している極度に高いレベルの抽象性が魂によってもたらされたということをわれわれは実感する必要がある。抽象性はただそこにある。それを知ろうと知るまいと、認めようと認めまいと、われわれはすでにそのなかに生きている。そして、そのことは、今日の魂がどこにあるのか、どのように知的に洗練されているのかを示している。現代の世界は、多くの世代にわたる西洋の偉大な精神の知的な努力と最高度の集中力に支えられている。にもかかわらず、心理学においては、何かの宗派の祈祷書で使われるのと同じくらい、しばしば単純な、あるいは単純化された思考のスタイルが用いられてはいないだろうか。そこには、集中力や知的努力も特別には求められてはいないのだろうか。

　端的に言えば、あまりにも知的に簡単で即座に理解されうるものはもはや真実ではありえない。心理学的には、そんなものは取るに足らない、つまらないものであり、相手にすべきものではない。もしそれが、すなわち、われわれの意識がその論理的形式において、われわれのリアルな世界に、そして生活のなかの社会的な組織に投企された知的な複雑性の水準に見合うことができるようになった時にだけ、魂は真にこの世界に住まうことができる。さもなければ、心理学は、今日魂の問題が存在しているレベルをあっさりと迂回する、つまり、その下方を素通りし続けることになるので、魂はチャンスを失うことになる。そうすれば、魂は病むに違いない。心理学は、科学とテクノロジーのなかに表現されている今日のリアルな心理学的な生命のもつ広がりのすべてを切り捨てることはできないからだ。つまり、心理学は、魂の生命のある断片にだけ、すなわち、個人の情動、欲望、ファンタジーといった領域にだけ、その適性を制限することはできない。心理学は心理学的に、科学の頂点に位置しなければならないものなのであって、その下位や傍らにあるべきものではないのだ。

　それゆえここでもまた、一つの断絶が必要である。門番は、古い論理的な習慣を単純に継続しようとし、自己同一性を保持することに固執する怠惰な精神に対して、また、自らの性質や論理的なステータスに前もって注意を払うことなく、即座に自らの主題の探究を推し進めようとした精神に対して、「立ち入り禁止！」

を宣告せねばならない。門番は、この手の精神の出鼻を挫き、なかに（in medias res）入ることを禁じ、その代わりに、そのような精神を自らへと押し戻さねばならない。だからこそ、ある種の知的な「消毒法」の精神から言えば、まずもって自分自身に関して作業を行うことが強いられるのだ。そこでは、過酷な知的な作業と最大限の集中力が不可欠である。心理学は難解なものに、はるかに多くの知性を要求するものにならねばならない。それは、主義においてでもただ難解であるためでなく、「実践上の」、つまり治療的な必要性からである。心理学において、われわれの文明の客観的な発達のなかで魂が長い間取り組んできた抽象性のレベルに到達するためには、われわれは鶴のように自らの首をぐいと伸ばさねばならない。心的な過程の理論的モデルを単に発展させたり、元型的イメージを注意深く観察し惚れ惚れと眺めたり、それらを日常生活の体験に翻訳したり（あるいは、日常生活の体験を元型的イメージに翻訳したり）するだけではもはや十分ではない。それはあまりに安易である。われわれは心理学において、概念的な表現で自分たちのリアリティーを把握し、概念的で抽象的な思考の真に心理学的な様式を発展させるための試みを学んでゆかねばならないのだ。

　フランス革命の直前、パリの貴族たちの間に、アメリカの奴隷を解放する闘争にかかわっているサークルがあった。彼らは、自らのすぐ目の前にあるその容易ならぬ社会問題を見ていなかったし、取り組んでもいなかった。多くの点で比較しえないものではあるが、フランス革命以前の貴族と今日の心理学との間には共通する比較の第三項（tertium comparationis）がある。双方とも、活発で情熱的な取り組みにもかかわらず、否、それゆえにこそ、手元にある本当の問題を完全に見失っているのである。概して今日の心理学は、本当の心理学的な問題の所在に少しも気づいていない。心理学は、間違った場所にいて、間違った範疇に分類されているように見える。今日考えられている心理学や「心理学的な現実」は、本質的には依然として確固たるものではない。つまり、心理学の主題がもつ重要性の序列や現代的な状況下での心理学の課題の位置づけや位階は、いまだ把握されていないのだ。このような状況はある意味で、伝染病が不可視で想像できないウィルス感染というミクロのレベルで生起している事柄であるにもかかわらず、中世の人々がそれを人間の罪（すなわち、人間の道徳生活というマクロのレベルにおける事柄）の結果として説明しようとしたのと似ている。あるいは、物理学者が、ニュー

トン物理学が提供した定式的手法を用いて、微視物理学の諸現象を説明しようとするのにもなぞらえうる。そして、そのような物理学者と中世の人々は、少なくとも彼らがそれぞれに微視物理学の諸現象と伝染病の存在に気づいていたという意味では、魂の問題に気づいてもいない心理学に先んじてさえいたのかもしれない。心理学が取り扱っているのは、苦境それ自体にとっての苦境のもつ限定された小さな症候なのである。

　人間の感情、意図、欲望、恐れ、観念、これらは、心理学が携わるものであり、同時に心理学が魂の生命やその窮地を説明しようとする際の手段でもある。疑いもなく、人間の感情等々は、心理学の研究分野の一部ではあるが、筆者の意見を隠喩的に述べるなら、それらは、今日魂が苦しんでいる本当の「大人の」問題に比べると、「子どもの戯言」に他ならない。それらはとるに足らないものだし、結局のところ、今日の心理学的な生命を統覚しうる範疇としてはまったく役に立たない。魂の苦境を可視化し、またそれについて考え、取り扱うための古代の道具、すなわち、神話、象徴、神のイメージ、儀式、託宣、ヴィジョンその他も、現代の道具（共感、解釈学的な理解、主体的な告解、自由連想、夢分析、転移分析等）も、今日の魂の所在を真に見出すことはできない。心理学的な精神は、自らのために（心理学的な）「ミクロのレベル」、すなわち、抽象的思考というレベルを獲得しなければならない。さもなければ、このような精神は、喩えて言うなら、ラジオの内側にニュースを読んでいる小人を探す人のようである。この人にはラジオ電波という概念がない。彼のリアリティーの観念は、人間の目が見ることができ、人間の手が触ることができるものに閉じ込められていて、その観念が一つの変革を体験することを拒否するゆえに、彼にはラジオ電波という概念が存在しないのである。

　このような抽象的思考が今日の魂が必要としているものである。魂こそがより高度な知性を要求しているのだ。魂は、感情や情動やボディワークをもう必要としていない。これらすべては自我の戯言である。今日の心理学的な状況下において、魂の生命は、最高度の、そして最も厳密な抽象的思考を通してだけ、「捉える」ことができる。言うまでもなく、それは抽象的な心理学的思考である。

c) 心理学の語らいにおける「何が」

　入口の問題という視点から、われわれは今のところ、心理学の語らいの二つの側面に目を向けてきた。すなわち、語らいにおける「誰が」（誰が語り聞く者であるべきか）と「どのように」（語らいが生起する論理的ステータス）である。しかし、考察すべきもう一つの契機がある。それは「何が」（何が語られるのか。つまり、その語らいの内容、あるいは実質）である。否定（「帰れ！」）をもった門番はここにはいかにしてふさわしいのだろうか。

　門や境界のイメージは、二への分割を生み出す。このような二要素性は、前節までの議論いずれにおいても明白であった。「誰が」に関して言えば、われわれはより「空間的な」分割を問題にしていた。すなわち、外側から内側への、表層から深層への、因習的な人格から本質的な人格への移行である（ここではすでにその分割は、二つの人間の集団間に存在する外的なものではないにせよ）。「どのように」に関して言えば、その分割はより時間的なものであった。すなわち、魂の問題の論理的ステータスが古い時代のものと新しいものとでは異なっているということである。どちらの場合も、明確に分けられた二つのもの（二つの人格、二つの意識のステータス）があり、一方は、後を引き継ぐべき他方が選ばれたゆえに、克服され置き去りにされなければならなかった。別の言い方をすれば、われわれには、はっきりとした選択肢があったということである。語らいにおける「何が」という領野における分割はそうではない。それは、空間的、あるいは時間的な表現では、すなわち、広がりという見方では表しえないものである。そして、それゆえ、われわれが他の二つの場合に見てきたような一方から他方への動きや他方による一方の置き換えの類は存在しない。境界や門のイメージ（それは否定のイメージである）はここではもはや機能しない。それはそれ自体論理的に否定され（否定の否定）、それゆえ、自らを反省し、つまり、自らに差し返され、自らへと内在化されなければならないのである。ここには二者択一は存在しない。この違いは、「徹底的な」「意図された」ものとなる。このことが意味する事柄は、後にはより明確にされねばならないだろう。

　ひとまず、われわれはここでもまた、状況を描写する適切な形式に向かう道筋に沿って作業を進めてゆくことができるよう、ある一つの二側面性から出発しな

ければならない。語らいにおける「何が」という領域での最初の差異は、語ることと沈黙すること、開示することと隠すこと、明かすことと秘めることの間のものである。ある20世紀の哲学者が、おそらくは門番が言わねばならなかったであろうことを口にしている。ヴィトゲンシュタインである。彼は、『論理哲学論考』を「語りえぬものについては沈黙しなければならない」という有名な（最後の）一文で締めくくった。そこには明らかに、二つのグループの主題、すなわち、語りうるものと語りえぬものとの間に存在する不明瞭ではない分割や二者択一についての含意がある。後者のグループにかかわらねばならない時、人は沈黙しなければならないのだ。

　門番が言うことは常に本質的である。しかし、もしこの言葉を文字通りにとるとしたら、心理学への参入は、文字通りの沈黙をわれわれに強いることになる。本来の心理学は、人が語りえぬものだけにかかわるものである。魂とその生命は、目に見えぬものであり、触れえぬものであり、そして、知るということが実体的な（実証的な）概念である限りにおいて、知りえぬものであり、それゆえに語りえぬものなのだ。

　心理学に参入しにやって来て、語ることと沈黙することについて門番が言わねばならぬことを聞き、ショックを受けた者が誰しもとりがちな三つの防衛がある。最初の防衛は、ある種の評決としてその門番の言葉を単に受け入れ、（カフカの物語での表現に置き換えるなら）田舎者である自分にとっては、掟の門のこともろとも忘れ、今後はただただ土地の耕作やその他の実際的な関心に自らを差し向けるため、家に戻ることが最善なのだという結論を導き出すことである。換言すれば、心理学というプロジェクトは放棄し、農夫や化学者やエンジニアや教師のような合理的で実体のある何かになる、ということだ。

　二番目の防衛は、門番の言ったことを単に無視し、ともかく心理学をすることを続け、語りえぬものについて語ることである。これは、あの聖書のなかのたとえ話で招待客がしようとしたこと、すなわち、装いを変えずに結婚披露宴に紛れ込もうとしたことに似ている。これは一般によく見られる現象で、とりわけ、狭義でのお手軽な心理学や、ニューエイジ心理学、秘教的な心理学等の特徴でもある。ここでは、あらゆる男女のなかに住まう神々や女神たちを、さらには、輪廻転生、魔術、偉大な象徴や神秘を、実体として語ることが自由にできると人は感

じているのだ。

　三番目の防衛は、ある意味でより正直であるが、一つの欺瞞でもある。つまり、そこでは、門番の言葉は心には留められるが、心理学というプロジェクトは放棄されない。そして、それが可能となるよう、心理学の定義や目的を単に変えるというトリックが用いられる。もし、語りえぬものについては沈黙しなければならず、なおかつ、心理学をしたいと望むことが物事について語ることであるならば、その解決のためには、心理学はもはや語りえぬ魂やその生命にかかわるものではないと述べるしかない。それは今や、Ｆ・Ａ・ランゲ（1866）の有名な言い回しを用いれば、「魂なき心理学」と定義されなければならず、実証的に観察可能な行動に関する心理学となるのである。これは特殊な例だが、このことが当てはまるのは、何もアカデミックな心理学に限ったことではない。心理学への入り口にやって来た新参者はこの三番目の選択によって、カフカの物語のなかのあの田舎から来た男と多くにおいて同じように振る舞うことになる。つまり、偽りの実体性によって、境界のまさに目の前で自分の人生のすべてを無駄にするのである。そこでの彼は、合理的で（真に実体化しうる）科学的な主題（物質的なリアリティー）に自らの身を捧げるわけでも、その境界を越えたものからしか訪れない自らの元来の目的の実現に参与しているわけでもない。

　心理学における「何の」、あるいは「何について」は、取り決められるものではない。心理学は、魂の生命に関するものである。しかし、心理学はまた、心理学がかかわるものについて語るものでもなければならない。心理学は、自らの主題である語りえぬものについて語らねばならないのである。このジレンマこそ、否定の否定が立ち働く場所である。われわれはもはや、主題のうちの一方のグループに対して「実体として語ること」を、他方のグループに対してその否定（語らないこと、沈黙すること）を取り置いておくことはできない。このような非弁証法的な対立の実体性そのものが否定されねばならない。そして、対立物は、互いのなかへと崩壊し、自らの外側にあって独立している（実体的な）可能性としてではなく、自らの内側に自らの否定（沈黙）を有する（実体的な）語りへと帰着しなければならない。境界はもはや、文字通りに二つの状態や行動を分割しない。それぞれを一方の側に、他方からきっちりと切り離して置いておくわけではないのだ。そこでは、空間的、あるいは時間的な、それゆえ実体的なイメージは解体される。

そのようなイメージは、語ることと沈黙すること、知ることと秘することという純粋に論理的な対立が孕む否定性に自らの場所を明け渡す。そして、そのような対立は心理学的な語りの内側で弁証法的な運動となる。心理学的な語りは、それ自体とその対立物との結合なのだ。

ヘラクレイトスは「デルフォイに神託所をもつ主たる神は、自らの趣意を語りも隠しもせず、それを一つのしるしによって示す」（断章93）と述べた。筆者には、ヘラクレイトスが言いたかったのは、趣意を語ることと隠すこととは別の第三の選択についてではなかったように思える。彼の意図したのはむしろ、単に最初の二つの対立するものを隔絶から自由にすることであり、相互の生きた弁証法的関係のなかに、脈打つ論理的な生命、あるいは一方から他方への、そして他方から一方へと行きつ戻りつする動きがもはや人為的に妨げられていない状況のなかにそれら二つを導き入れることであったのだろう。このことから生まれるのは、詳細に説明したり、確定したりするのではなく、むしろ喚起する語りである。論理的なものであるゆえ、このような動きは、継時的に（こっちの次は向こうといった具合に）生起するのではなく、まったく同一の（真に心理学的な）語りに内在する論理として生起する。それが語るものは、感覚によっては知覚されえず、イメージもされず、思考のなかでしか統覚されえないのである。

ここでは、門番自身が、まさにその語りの（あるいは、沈黙の）形式となる。彼は完全に内在化され（er-innert）、自分自身のなかに（語っている個人のなかにではなく）招き入れられる。このことによって、彼は語りの論理的形式として立ち現れることになる。そして、彼はもはや、他の何か、あるいは誰かを二つのものに（個人を自我と自己に、意識を古いステータスと新たなステータスに）分割しない。彼が行う分割はもはや、他の誰か、あるいは何かに対して執行する行為ではなくなるのだ。

ある意味では、このような真に心理学的な語りは、少なくともユングの評価に従えば、フロイトにおいて実現していたと言うことができる。この心理学的な語りという考えを伝えることに関心があるだけなので、ここでは、ユングの評価が正しかったか否かという問いやフロイトを実際のところどのように見るべきかという問いにかかわるつもりはない。ユングはフロイトについて、「…彼は偉大だった。そして、さらに言えば、自らのダイモーンに捕らえられていた」（"ein Ergriffener"）[17]と述べている。フロイトは「虜」だった。なぜなら、性欲という考え

に「彼は憑依されていた」からだ。フロイトにとって、「性欲は疑いもなくヌミノースであった」。「彼がそれについて語る際の感情的な様子」は、「彼の内側で反響しているより深い要素の存在を示していた」(p. 152)。ユングがフロイトについてわれわれに語ることは、フロイトは（沈黙を守るというよりも）魂の生命の一つの側面については語っていたが、同時に彼の述べたことは、彼が語っていたリアリティーを余すところなく扱っていたわけではない、ということであろう。そこには、述べられていた、そして述べられえたものより多くのものがあったのだが、この「より多く」は、秘密にされていた付加的な事実なのではない。それは、述べられた事柄の内側にある語りえぬ深み、「彼の内側で反響している」深みであった。フロイトの主題は、オープンに議論されたにもかかわらず、ヌミノースであり続け、神秘であり続けたのである。

とは言え、フロイトの語り口は、もしユングの解釈に再び従えば、心理学の語らいのよい例とは本当には見なされえない。フロイトの語りに見出される過誤は、彼の取り上げたトピックのヌミノース性を示すのが、まさに「彼がそれについて語る際の感情的な様子」、すなわち、話すことに単に付随している個人的な心理状態のみであって、彼の語りの論理的な形式に真に内在しているものではないということである。フロイトだけが個人的に「虜」であることを許されたのであり、彼の語らい自体がそうであったわけではない、とも言えるだろう。語る（語りえるもの）という契機と沈黙（語りえないもの、秘密、ヌミノース）という契機は依然として切り離されており、体系的に区分された状態にある。そこでは、語りえぬものは個人的な感情のために取り置かれ、語らいは「述べうる（見える、示しうる）もの」という実体性のために取り置かれているのだ。ユングは言う。「基本的に彼〔フロイト〕が教えたかったのは、…内側から見れば〔すなわち、心理学的には：挿入筆者〕、性欲は霊性を包含し、固有の意味をもっているということだった。しかし、彼の具象主義的な用語法は、このような考えを表現するにはあまりにも偏狭すぎたのだろう。彼を見ていていると、彼は根底において自分自身の目標に抗って仕事をしているという印象を私はもった…」(ibid.)。フロイトの語らいは、そうしたあらゆる体験を「単なる性欲」に還元するものであった (cf. p. 176)。その

---

17)　Jung, *Memories*, p. 153.

具象主義的な用語法は、性欲に固有の霊的な、そして意味深き側面を表現するにはあまりにも偏狭であった——この定式化によって、われわれには次のことが明らかになる。すなわち、彼の語りは、それ自体の内側にある沈黙（まさに同じ主題に対する）を懐に抱きうるほど広くはなかったし、論理的に複雑でもなかった、と。フロイトは、自分が語っている事柄がそれ自体語りえぬものであることを意識的には知らなかったし、認めてもいなかった。性欲を「単なる性欲」と、心理－生物学的現象と考えることによって、彼は性欲を単なる語りうるものというステータスに位置づけることになってしまったのである。

　それにもかかわらず、フロイトは「虜」であった。そして、彼の語らいの形態ではないにせよ、少なくとも性欲への固着をもった彼の業績には全体として、系統的に排除され抹消されてきた神秘があったに違いない、ということがどういうわけか依然として感じられる。けれども、フロイトの後継者たちは大部分において、性欲について語る際、神秘という意味合いを欠いているように思える。そうだとしたら、彼らの語らいはまったく心理学的でないことになる。なぜなら、心理学は、語りえぬことを語るという矛盾であり、その語りは語りえぬことを示すのだが、まさにその示すことによってその秘密を守るような方法でそれを示すからである。生物学的動因、すなわち、経験的な欲望や行動と見なされる性欲は決して心理学のトピックではない。性欲は、それ自体の内側に固有の「霊的な」意味や神秘を潤沢に包含する経験的なリアリティーであると見なされた瞬間に心理学のトピックとなる（この「霊的 (spiritual)」という言葉に筆者はこだわっていない。単に他にいい言葉が見つからなかったため、この言葉を先の引用でのユングの語法に従って用いただけである）。

　今日一般的に言って、心理学的な語りは、自らの内側にいかなる沈黙も秘密も有さないという傾向がある。心理学の言語は論理的な、恥知らずさ (shamelessness)に特徴づけられていると言えるだろう。筆者が言う論理的な恥知らずさとは、他の社会的な文脈ではおそらく不適切なものであろう人々の性生活や精神病理の詳細に関する自由な議論について云々するものではない。ここで問題にしている恥知らずさは、語りの論理的形式にかかわっているのであって、その語りが何についてのものか（「口にするのがためらわれる」話題であるかどうか）ということにはかかわりがない。ここで言う恥知らずさとは、陰部について語ることなのではなく、

個人の心理の様々な詳細についての語りの形式がその内側にいかなる陰部ももっていない、という状態を指している。クリスチャン・ボビンが「あなたの愛するものをその影に触ることなく明瞭にせよ」[18] と表現したような戒めが心に留められていない。恥知らずさとは、述べられているものの実体性、即時性、論理的な「露骨さ」(直接性) にある。示されているもののなかに隠されたものが何もないということである。述べられるものは、この述べることによってそれについてのすべてが、いかなる行き過ぎた語らざる意味もなく、完全に暴かれ、直接に明確化され、十分に理解されやすくなると思われるような仕方で述べられる。述べることは、自らの内側に自らに対立するいかなる側面も、いかなる「空」も、孤独や静寂も有さない[19]。それはまったく曖昧なところのない述べることを意味し、その目的は、述べられるべきものを完全に脚光のなかに導き入れることであり、つまるところ、それは論理的な露出癖である。このような語らいにおいては、沈黙というものが、定式化された、文字通りの、語らいの形式の外部にある巧妙な処置としてだけ、機密の伝達に関する法的な必要要件としてだけ、あるいは、患者や自らを守るために特定の詳細を明かしたくないという個人的な願望としてだけ理解されているのだ。

　(このことが意味するのは、深層心理学の文献には字義的な恥知らずさはそれほど見出せない、ということではない。しかし、筆者はここで、性という主題をそれほど重視していない。そんな恥知らずさがはるかに多く生じるのは別の領域である。病歴、夢、アクティヴ・イマジネーションの報告、転移や逆転移反応の詳細をまったく含まない論文や著作はほとんど存在しない。そこには、ある特定の瞬間の一回性と二つの特定の魂の出会いの一回性に現れる、貴重な魂の体験が暴露されている。このことは、そのような魂の体験が自らの属する親密な関係から引き剥がされて「市場」に放り出されること、それゆえ、その「影」が傷つけられることを意味している。同じことが、人格主義的心理学の諸側面を素描するために、いかに昔話や神話が利用されてきたか、ということについても言える。昔話

---

18)　これは言うまでもなく、ユング派の影という考えではなく、「アウラ」という言葉で表現されうるものや「事物の魂」により近いものであろう。

19)　Jung, *Memories*, p. 194 を参照。ユングはそこで「極限の孤独」と「宇宙の静寂」について語っている。

や神話の完全性や神秘は、そこでは尊重されていない。ゴシップ誌が有名人の私生活の詳細を暴露するのと同じように、心理学者もまた、自分たちが論ずる昔話や症例の意味を直接的にあげつらうような「クローズアップ（大写し）」を提供しているのだ）。

　シリアの遊牧民であるルーアラという部族は、聖域としての寺院をもたなかった。彼らの聖域の形態は、ラクダが運ぶ空の輿であり、それはダチョウの羽根で飾られていた。輿は上部が開いた漏斗のような形をしていて、時おり神が自分の座に着くためにそこへ降りて来るのだ。闘いの折には、戦士たちに最高の闘争心を注入するため、この輿を積んだラクダが、最前線の最も苛烈な場所に連れて行かれた。それを失うことは、破滅であると思われていたのだ。古代には、他の多くの場所でも、神（あるいは、特定の唯一神）の降臨を招く空の玉座を設える慣わしがあった。リアリティーの静寂や神秘の側面を満たすために文字通りに捧げられた特別な実体的場所としての「空」を取り置くべき、あるいはそうすることができる、意識のレベルを今日のわれわれは越えている。そしてそうである以上、そこにはそれと等価なものがあって然るべきだろう。われわれが自分自身を見出す意識のステータスにおいては、魂の生命の否定性のための空の玉座は、われわれの語りの（それ自体論理的な否定である）形式であらねばならない。向こう側の敵と戦うべく、空の輿を運ぶラクダを取り巻き、それに鼓舞されるルーアラ族の戦士と同じように、他者に対して自らの洞察をどうにか表現しようという試みは、われわれの語りの只中にある沈黙によって喚起されることを許すものであるべきなのだ。言葉を換えれば、そこにはいかなる字義通りの沈黙も、意図的な秘教主義も、意識的な心裡留保も存在しない。反対に、真の沈黙は、空の椅子と同様、正しい言葉を見つけるための、そしてその人にとっての真理を示すための闘いが最も白熱する場所に常に存在している。開示するものと思われている言葉はそれ自体、自分自身の内的な秘密を取り囲み、守るものでもある。「けれども、真の秘密は開示されえないし、それらから『秘教的』科学をつくり出すこともまた不可能である。なぜなら、単純に言って、それらは未知のものであるからだ」[20]。

　秘密は内側に、すなわち、中心にある。それゆえ、ここで提示されるスタンスは、ポストモダンのそれとはひどく異なっている。ポストモダンのスタンスにお

---

20) Jung, *CW* 10, par. 886.

いては、まさに中心という考えが非難され、外部、他者、異質性といったものに対して無限に開かれることが選択される。このようなポストモダン的な諸条件の下では、語ることと沈黙することとの関係は、反転し裏返っている。そこでは、戦士たちは自らの言葉に対して闘いを挑み（「脱構築する」）、あちら側に、他の民族、新しいもの、未来に、より深い意味（空の椅子）を措定するのだ。

　ヘルダーリンは、「神聖な（sacred）」（あるいは、「聖なる（holy; heilig）」）と「冷めた（sober; nüchtern）」という二つの言葉を合成したが、彼には、自らが heilignüchtern と呼び、それら対立物の間の弁証法的運動を示唆するものが存在した。今日の心理学においては、これらの対立物は分裂している。心理学には、ただ単に冷めていて、事実に即していて、「科学的」で浅薄な分派が存在している。そして、（本当に「聖なる」ものではなく）肥大しており、情緒的で、感傷主義と神秘化に満ちた（同じくらい浅薄な）心理学もまた多く存在している。双方が同じように恥知らずである。無邪気で無力な昔話が次から次へと人格主義的心理学の用語を用いた、取るに足らない解釈の対象となり、どちらかと言えばありきたりの病歴に、より崇高な雰囲気を与えるために利用されることや、次々と病歴が暴露され、誇張され、薄く引き伸ばされることが問題なのではない。さらに言えば、誰かが著書や論文のなかで提示した理論的な洞察が単に仮説的で、予備的で、不完全なものにすぎないという明白な意識があろうがなかろうが、あるいは、提示された理論が最終的なものであろうがなかろうが、これもまた大した違いではない。このような限界はまさに、機密を伝達する際の意図的な省略と同様、語らいの形式の外部に属しているからだ。

　今日、王族や他の公人の私的な事柄が、侵入的なジャーナリズムによって探り出され、暴かれている。また、無償で、あるいは金銭のために、人々は最も内底にある感情や体験をテレビで暴露している。さらに、雑誌やその表紙では裸体が、映画ではセックスがわれわれの眼前に曝されている。これらは字義通りの恥知らずさであり、それはリアリティーTVと呼ばれる番組にも顕れている――この字義通りの恥知らずさはおそらく、われわれ一般の心理学的態度が孕む論理的な恥知らずさの客体的な反映として解釈しうるだろう。

　ユングはプエブロ・インディアンについて以下のように記している。「彼らは、自分たちの宗教実践を秘密にしておくことを一つの信条にしており、この秘密

は、非常に厳しく守られているので、直接に尋ねて聞き出すのは無理だと思いあきらめた。私はそれまで、そのような秘密厳守の雰囲気を体験したことがなかった。今日の文明化した国々の宗教はすべて近寄りやすい。それらの秘蹟はもう随分以前に神秘であることをやめてしまったのだ。けれども、ここでは、空気はその宗教実践にかかわるすべての者にとって既知である秘密に満たされている…この奇妙な状況は私にエレウシスを想起させた。エレウシスの秘儀は一つの国では知られていたが、決して漏らされなかった。パウザニアスやヘロドトスが『あの神の名を口にすることは私には許されていない』と書いた時に感じていたことが私にはわかるような気がした。これは神秘化などではなく、その漏洩が個人だけでなく共同体の没落をももたらすであろう、生きた神秘なのだと私には感じられた」[21]。今日の魂が身を置く論理的なステータスは、われわれがそのような文字通りの秘密をもちうると考えることを不可能にしている。しかし、そのような(一国全体の)「すべての者にとって既知である秘密」はそれでもなお、心理学的であるために心理学の語らいが必要とする論理的な形式にとってのイマジナルなモデルとして役立つこともあるのかもしれない。

　秘密と沈黙という契機は一体どうして必要なのだろうか。何ゆえ、われわれの語らいは、自らの内側に沈黙を有する場合にのみ、心理学的であるのか。それは心理学、そして魂の主題が(ここでは、語ることと沈黙すること、示すことと秘することの間の)矛盾と差異であるからだ。魂は「経験的」でもなければ、「超越的な神秘」でもない。それは、魂の対立物の間で繰り広げられる弁証法的な論理的生命なのである。

---

21) Jung, *Memories*, p. 249f. 傍点筆者。

第2章
なぜユングなのか?

　本書の目的は、心理学という厳密な概念を紡ぎ出すことである。けれども、筆者はここで、カール・グスタフ・ユングが発展させた心理学のみを出発点と基盤として、すなわち、アルケー（*arché*）として取り上げる。他のすべての心理学の学派、アカデミックな心理学の多様なブランド、そして他の創始者の名前をいくつか挙げるとすれば、フロイト、メラニー・クライン、コフート、ラカン、これらはいずれも本書において本当の意味で重要な役割を果たすわけではない。この一面性については何らかの説明が必要だろう。それは果たして、筆者が「ユング派」であるという単純な事実によるものなのだろうか。このような理由づけは、あまりに外在的で非本質的である。実際にはむしろその逆で、ユングが出発点や基盤とならなければならないと感じたからこそ、筆者は「ユング派」になったのだろうから。

　序文において、アイスランドに伝わる一人の若者のお話を引用した。そこで若者は、何度も何度も自らの槍を前方に投げ出し、それを追いかけることで世界へと至る自らの道を切り開くことを試みており、筆者はその若者のやり方に倣おうと思うと述べた。ユングから始めるという決断は、すべての、あるいはたいていの他の心理学者は素通りするということに等しいが、そのことこそが、本来の心理学という厳密な概念を求めて、あらゆる心理学の茂みを抜ける道を明らかにするための、槍の最初の一擲の結果であるとも言えるだろう。もちろん今述べたことは、単にこの決断を特徴づける、あるいは位置づけを確認するだけのものであって、説明として適当でないことはよく承知している。

a) 魂の〈概念〉

　なぜユングなのか？　死後に出版された断片的な草稿「ユングとの交流」で、ユングの没年である1961年に、カール・ケレニイは以下のように述べている。「もし私が今、ユングという現象を振り返り、彼に関して最も特徴的な事柄をこの20年間の個人的な交際に基づき言葉にするとしたら、彼は魂をリアルなものとして捉えていた、ということだろう。われわれの時代のどの心理学者も彼ほどには、こころというものがそれほどの具体性と重要性をもっているとは見なしてはいなかった」[22]。その草稿の欄外には、この一節に対してユングの『自伝』からの以下の引用が書き込まれている。「私が魂（Seele）への奉仕に身を賭したのはまさにこの頃のことだった。私はそれを愛し憎んだ。けれども、間違いなく、それは私にとって最大の財産だった」[23]。またケレニイは、別の欄外の注釈のなかで、1961年12月18日にブルクハルトに宛てた自らの書簡を引用している。「ユングはある錬金術師から引用して、『魂の大部分は身体の外側にある（maior autem animae [pars] extra corpus est）』と私に書いてよこしましたが、彼は本気でそう思っていたのです。ユングは同業者のなかで魂の存在を固く信じていた唯一の人物として際立っています——少なくとも私は、特定の宗派にかかわりのない心理学者では他に見たことがありません」[24]。

　ケレニイは正確に要点をついていたように筆者には思える。彼のユングに対する評価は、われわれがユングについて知る事柄によって、また、彼の業績から、

22）　Karl Kerényi, *Wege und Weggenossen*, vol. 2, München (Langen Müller) 1988, p. 346. 筆者訳。

23）　Jung, *Erinnerungen*, p. 196; *Memories*, p. 192. 原文と英訳の違いは以下の通り。ドイツ語の *Seele* は、英語訳では「こころ（psyche）」と訳されており、ここでの言説全体をいくぶんトーンダウンすることになっている。原文のユングの言葉遣いは、中世の吟遊詩人の女主人への奉仕というニュアンスを喚起させ、ここでは魂が女主人にあたる。

24）　双方の欄外でのコメントは、ケレニイによる前掲書487頁の注のなかで引かれており（注354と注355）、翻訳は筆者による。注355の *pars* という言葉は誤って省かれていたので、括弧つきで筆者が加えた。ラテン語の文章の意味は、「けれども、魂の大部分は身体の外側にある」というもので、もしこれを受け入れれば、心理学の人格主義的な概念は成り立たなくなる。

すなわち、彼の心理学の精神から語りうる事柄によって裏付けることができる。そこには、以下のような二つの側面があるように思える。第一に、ユングにとって魂は具体的で生きた現実であったということ。第二に、まさにそのことによってユングは同時代の彼の同業者たちから際立っていたということ。彼は、そしてこころの現実性という彼の感覚は、唯一無二なのである。

　むろん、ユング以降数十年が経った今日のわれわれにとって、「魂の現実性」という言い方は、広く安易に用いられるものになり、しかもたいていは、そこにある思想とは本当の意味で結びつかないような形で使われる、ごくありふれたフレーズに成り果て、むしろ思慮分別なくその言葉を繰り返す人さえいる。それゆえ、この概念について、深く包括的に議論しつくすことは本章の課題ではないが、ここではこの概念に包含されている思想を提示すること、換言すれば、それが本来示し、意味しているものを明確にしておく必要があるだろう。

　しかし、この考えは非常に扱いにくい。例えば、ユングは「魂の存在を固く信じていた」唯一の者であるとケレニイが定式化する時、この言い回しは、あらゆる種類の誤った解釈に曝されうる。信じること、固く信じること——これは、より一般的な意味で、例えば主観的な信念といったような宗教的信仰、あるいは信仰体系のようにも聞こえるだろう。そして、「〜を信じること」と連なった「魂の存在」は、「神の存在」という大きな問題を思い起こさせる。われわれはこのような連想をすべて忘れ去るべきである。ケレニイ自身が特定の宗派へのかかわりをもつ心理学者をはっきりと除外していたのだから、それはなおさらである。しかし、上記のような連想を忘れるためには、「〜を信じる」や「〜の存在」という言葉を忘れてしまうのが一番いい。なぜなら、それらの言葉は、それほどに問題多きものであり、哲学的で論理的な問題の一群は、「存在」という言葉から生じているからだ。この世界の物体が存在をもっていると言われるのと同じように、魂は存在をもつのだろうか。魂は一つの物体のようなもので、単に不可視だけなのだろうか。同じことは、「現実性」という言葉にも当てはまる。魂は、物質的な現実の一つの部分や側面であるゆえに一つの現実なのだろうか。あるいは、魂は完全に別の現実であり、超越的なものなのだろうか（そして、もしそうなら、いかなる点でそれは超越的なのだろうか）。（「魂の現実性」というユングの考えとのかかわりで言えば）どのような意味で魂は存在や現実性をもち、ここに該当するのはい

かなる意味の存在や現実であるのか、という問いは未解決のままである。あらかじめ想定された、つまり、あらかじめ定義された意味によってユングの言葉にアプローチすべきではない。それらの用語の正確な意味は、その言葉に表現された原初的な観念や体験の内側から展開し明らかにされねばならない。すなわち、その正確な意味は、外側から、これらの用語に対するわれわれの日常的理解から、あるいは特定の哲学的な立場から、その言葉に導入される（密輸される）ものであってはならない、ということである。

　ケレニイがユングの際立った特徴として素描した事柄がもつ中心的な意義は、以下のような形で表現することができる。すなわち、ユングは「魂」のリアルな〈観念〉や〈概念〉をもっていた、ということである。これこそ、先の引用でケレニイがユングについて述べようとしたことがすべて本当に意味しているものに他ならない。

　この〈観念〉や〈概念〉という言葉は、形式論理学において用いられるものとも日常的な語法において用いられるものとも意味が違っており、そのことを最初から示唆するために、ここではヤマ括弧つき［訳注：原文では頭大文字］とすることにした。それらは抽象的な概念を意味しているのではない。加えて、それらは「リアルな」という属性によって修飾されている。ここでの「リアルな」は、「真実の」と同じことを意味しているのではない。それはいわば、〈概念〉の独立性を、それがそれ自体のある種の主体性として振る舞うという事実を指し示すものである。それは「生きた」〈概念〉である。そうであれば、先の一文は、ユングが推論的な証明の過程を経て導き出した概念について語るものではない。また、二つ目の可能性であるが、それは、一つのイデオロギーや世界観、教義、あるいはその類のものに根差した概念について語るようなものでもない。ケレニイの発言が指し示したポイントはまさに、ユングは魂の〈概念〉によって到達され、触れられ、それどころか確かに「捕らえられていた」ということである。そして、魂に触れられ捕らえられていたからこそ[25]、ユングは魂を捕らえる力を、魂の概念（*Begriff*）［訳注：ドイツ語で"捕らえる（begreifen）"の名詞形］、〈概念〉をもったのであり、それによって魂を捕らえることができた。対立する双方の側面（能動的と受動的）がそこには共にある。ここでわれわれが関心をもっている、生きた〈概念〉とは、「捕らえられている」と「捕らえている」の、すなわち、*begriffen sein* と *begreifen* との弁

証法的な結合なのである。

〈概念〉に捕らえられていたゆえ、ユングは確かに、彼がフロイトについて述べたような「虜(*Ergriffener*)」でもあった。しかし、彼の「心酔(*Ergriffenheit*)」は、一般にその言葉が意味するところの深い情動の急性的な状態と混同されてはならない。まさに〈概念〉による「心酔」であったからこそ、それは論理的なものであって、情緒的なものではなく、〈概念〉と(ある心理的な状態ではなく)精神のステータスによって達成されたものなのである。

ユングの特異性は、彼が単に魂やこころだけでなく、魂の〈概念〉にも触れていたことである。多くの人は、心理学者であることを運命づけられることなく、魂(あるいは、少なくとも自らの魂)に触れている。

これまでにグリンネル[26]やヒルマン[27]が、そして最近では再びモゲンソン[28]が指摘していることだが、「こころの客観性、こころの現実性」[29]という考えを、ユング自身がいかにして自らの内的な人物像に教えられたかということが『自伝』には描かれている。「こころのなかには私が産み出しているのではなく、自らを産み出し、それ自身の生命をもっているものが存在しているという決定的な洞察をもたらした」(同上)のはとりわけ、フィレモンだった。ユングがここで自分にもたらされた決定的な洞察と呼んでいるのは、筆者がリアルな〈観念〉や〈概念〉によって言わんとしているものである。ここで決定的というのは、ユングが無意識に由来する体験をしたという(非合理的な)出来事のことではない。むしろ、重要なのは、「魂」や「魂の現実性」といった合理的な概念の意味をユングが理解し始め、それらの概念が、その時点から彼がその内側で体験したり考えたりする、奪い去りようのない洞察となったということである。ユングは「魂」が意味する

---

25) 先に引用したユングのフロイトについての言明、すなわち、フロイトは「虜(*Ergriffener*)」になっていた(「ダイモーンに捕らえられていた」と訳したもの)がここでは想起されるだろう。

26) Robert Grinnell, "Reflections on the Archetype of Consciousness - Personality and Psychological Faith," in: *Spring 1970*, 1970, pp. 30-39.

27) E.g., Hillman, *Healing Fiction*, Barrytown, New York (Station Hill Press) 1983, p. 62f.

28) Greg Mogenson, "Re-Constructing Jung," in: *Harvest 42*, no. 2, 1996, pp.28-34.

29) Jung, *Memories*, p. 183.

ところを理解しており、この概念のなかに「位置」づけられていた。だからこそ、「魂」は彼のアルケー、すなわち立脚点となったのである。「魂」は彼の見方や考え方の中心となり辺縁となった。これは他に類を見ないことである。

　ユングに特徴的な事柄に関する以上のような定式化がケレニイのものよりも有利な点は明らかであろう。まず、この定式では、「〜を信じること」「現実性」「存在」といった言葉、すなわち、その体験とは無関係な意味を負わされた言葉を含んでいないので、それが言及する体験に予断を与えることがない。そして、もう一つのより重要な側面は、ケレニイは、ユングが魂をリアルなものと見なしていたこと、ユングが魂の存在を信じていたことについて語っていた、ということである。われわれは常に精神の主観的な行動や態度と客観的な真実との間に、その態度によって証明されると考えられているような境界を設けているが、ここではむしろ、人の主観的な「〜と見なすこと」にかかわるものであることが示されているという点で、この境界はむしろ相対化されている。ユングが魂の現実性を信じていたという事実は、情報の歴史的・伝記的な断片にしかすぎず、そこに理論的な意義はない。すなわち、多くの教会員が神の存在を信じ、無神論者がそうでないのとちょうど同じように、そこに論争の余地はないのである。もしユングが何かをリアルであると見なしているとして、それが何だというのか。UFOや火星人をリアルであると見なす人々もいるわけだし、ユングがすでに一つの権威として認知されているのでなければ、彼の主観的な信念や見解が他の誰かに影響を及ぼすことはない。また、「こころの現実性」が彼の権威に基づいて受け入れられるとしても、その考えはまさにその理由によっても理論的な意義をもたなくなる。こうしたケレニイの語りとは違って、ユングが魂のリアルな〈概念〉をもっていたと述べることで、ユングの特異性が何であるのかということについてのわれわれの言説は、主観的な主張や表明から理論的な言説へと移行したのだ。そして、そのことによって「魂の現実性」という考えは、信仰にかかわる事柄や形而上学的で迷信じみた考えという（どうしようもなく退屈な）スティグマから解放され、元来理論的であるという尊厳を認められたのだ。そのような意味で、「魂の現実性」という考えは主観的－客観的である。概念というものが潜在的には何らかの人間の精神によって考え出されるものである限り、魂という〈概念〉は、主観的な信仰にかかわる事柄ではない。概念は誰かの私的な所有物ではなく、概念

として普遍的である。しかし他方で、魂の〈概念〉は、それが何の概念であるのかを実体化することはしない。そこには、魂と呼ばれる神秘的な実在が「向こう側」のどこかに存在しているとか、こころと呼ばれる生物学的な要因や対人コミュニケーションの要因がわれわれのなかに存在している、などという主張は含まれていない。「形而上学的」な誤解も、還元主義的な（生物学的あるいは社会学的な）誤解も、ここには存在する余地がない。それは概念として精神の所有物なのだ。魂の〈概念〉に基づく心理学は、自らの領域の境界（形而上学的なもの、身体、社会）を越境するのではなく、自らに固有の領域の内側に崩落するものに根差しているのである。

　また、魂の〈概念〉について語ることで筆者は、ユングの魂の現実性という概念について、別の意味で早まった判断を下す必要がなくなる。つまり、「元型」や「元型的」という用語を導入する必要がなくなるのだ。これらの用語が問題多きものであるということはさほど問題ではない。より問題なのは、それらの用語が、魂の〈概念〉を基盤にしたユングの理論化の産物であるということであろう。だからこそ、それらの用語はその背後にあったものを描写するために用いられるべきではないのである。

b) 思索者

　ユングが魂のリアルな概念をもっていた、すなわち、魂の〈概念〉が彼にとって生き生きとしたものであり、また彼を捕らえていたという事実は、彼の心理学者としての業績が真性のものであることを証明している。よく知られているように、ユングはいつも、経験主義者と見られることを望んでいた。この自己解釈は非常に多くの問題を孕んでいる。なぜなら、「経験主義者」という言葉は、異なったいくつかの意味で用いられうるからだ。その言葉のもつ多くの意味、とりわけ、科学に関する一般的な理解において今日広く浸透している意味では、ユングは経験主義者ではなかった（連想実験をめぐる初期の研究のうちのいくつかは例外だが、それらは彼の心理学の精神や方法論を代表するものではない）。しかし、もし彼の業績全体が魂の〈概念〉についてのリアルな経験によって触発され具現化されたものであるという事実に言及するためにそれを「経験的」と言わんとするのであれば、

われわれの文脈においては、ユングの自己解釈を認めることも可能である。この意味では、経験主義者という言葉は、例えばハイデガーが用いた思索者という言葉と同義であろう。ユングは魂の思索者である。ハイデガーによれば、それぞれの偉大な思索者は根底においてただ一つの思惟をもっており（よりよく言えば、「思考しており」）、その業績全体（多数の著作のなかに収められ、立場が移行することさえありうる）は、この一つの思惟から紡ぎ出され展開されている。そして、このような思惟は、ハイデガーによれば、個々の思索者によって「考え出される」のではなく、彼のもとにやって来る、すなわち、「思惟の経験から（*Aus der Erfahrung des Denkens*）」（ハイデガー全集の第13巻につけられたタイトル）やって来るものであるという。そして、「経験主義者」、あるいは偉大な思索者としてのユングのそのようなただ一つの思惟が、魂の〈概念〉なのである。

　ユングは「魂」の〈概念〉について考えることができた。このことは、いわば自らのレンズとしてのこの一つの思惟を通して、生命を、多様な生命の現象のすべてを経験することを意味している。自らが経験するあらゆることにおいてユングは、「魂」という〈概念〉のなかに自らの場所を保持することができた。そして、この一つの思惟が彼の心理学的な業績のすべてを束ねていた。つまり、現象に内在する引力がそこに暗示している視点から現象を見させようとする誘惑に、ユングは屈しなかったのである。例えば、性欲についての見解で言えば、彼は、明白でわかりやすい「身体」や「生物学」という考えの側について、「魂」の〈概念〉を裏切るということはなかったし、広い意味での心理的生活に関しても同様に、「性的リビドー」や「願望」、「家族ロマンス」などに頼ることもなかった。さらに、神経症的な障害においても、「原因」という考えに逃避することはなかったし、転移現象についても、「対象関係」やその他の考えに逃げ場を求めることはなかったのである。ユングは、自らのただ一つの思惟、すなわち、魂の〈概念〉に忠実であり続けた。このことが彼を心理学者にしたのである。（ここでわれわれが語っている意味において）思考することとは、以下の三つの事柄を意味している。すなわち、1.　ある思惟をもっていること（すでにそれを体験していること、すでにそれによって触れられ請われていること）、2.　そのただ一つの思惟に対する絶対的な服従と束縛、選択の自由はなくそれが必然であること、3.　その一つの思惟から見た際の生命のあまねくすべての現象に対して潜在的に開かれていること、である。

「思索者ユング」という考えが言わんとし含意するところについては、第3章でより詳細に論じるつもりである。そして、思惟を経験として、また、一人の思索者の業績全体をただ一つの思惟によって産み出され、そこから展開したものとして見ることについてこれまで述べてきたことが、ユングの場合に実際にどのように当てはまるのか、さらに彼の人生や業績においてそれがどんな明確な形式をとっていたのかを示すつもりである。けれどもここでは、以下のようなもっと別の問いに専心しようと思う。ユングと思索者、思考すること、思惟――これはありえない組み合わせなのではないだろうか。ユングは、連想的な語り口、言葉づかいの不正確さ、概念の曖昧さ、様々な象徴・イメージ・神話への依拠、そして最も重要なこととしては、まさに説得力のある理論的な思考の領域での弱さによって知られているのではないのだろうか。確かにユングは多くの考えをもっていた。しかし、本気で、ユングを思索者と呼べるのだろうか。この属性を、フロイトやフロイト派の精神分析の学派全体に帰することには同意が得られるかもしれない。彼らは概念的な思考に優れているからだ。彼らの考えはよく練られており、体系的な理論の形式を付与されている。彼らは自分たちの用語の明確な定義をもって作業しているのだ。(形式的で合理的な提示と論証という点において) 知的には、彼らの作業はおそらくユングのそれよりも質の高いものであると言われて然るべきあろう。もしそうなら、それにもかかわらず、どのようにして筆者はユングを思索者と呼ぶことができるというのか。

筆者はさらにもう一歩踏み込んで大胆に、ユングの心理学的思考が他の「すべての」心理学や伝統的な諸科学に比べてより高度な省察のレベルにおいて生起している、と述べたい。それは、意識のより高度な論理的ステータスに生起している。この主張を支持するには、まず、いくつかの区別や留保条件を設定しなければならないだろう。

区別ということで言えば、思索者としてのユングについて述べる際、筆者はユング自身のタイプ論の枠組みのなかで語っているわけではない。本書の文脈における「思索者」は、「思考タイプ」と何のかかわりもない。明らかに、思索者は、ユングが言う意味での「思考タイプ」である必要はなく (むろんそうである場合もあるが)、さもなければ、ユングは自身のタイプ論に関する著作のなかで、テルトゥリアヌス、オリゲネス、ルター、ツヴィングリ、ゲーテ、シラー、そしてニーチェ

（彼らは皆、思索者であった）が属する異なったタイプについて論じることはできなかっただろう。われわれの文脈において、タイプ論的に方向づけられた諸機能については、完全に忘れ去らなければならない。ここで言う思考は、一つの機能を使用することではない。

　同様に、思考の意味するところは、広範囲にわたる推論の能力や知性、あるいは知的な操作の文字通りの使用に限られているわけではない。思考は、一つの思惟によってすでに触れられていること、委ねられていることとかかわっている。

c) 内包的思考 vs. 明示的思考

　ユングの業績は、われわれにある奇妙な実感を抱かせる。それは、その一人の思索者の業績が、一人の思索者の業績であるにもかかわらず、思惟という形式ではない形式で立ち現れている、という洞察である。大部分においてユングは自らの論考の対象と内容に没頭している。つまり、自らが検討している象徴や神話や夢に、程度の差こそあれ、完全にのめり込んでいるのだ。著作のなかで彼がしていることはおそらく、箱庭療法においてなされることと似ている。実際の箱庭やフィギュアなしに、ユングは自分の考えによって、そして多種多様なイメージをブロックとして用いることで知的な箱庭のようなものをつくり出す。主導するのは、そこで議論されている象徴や観念であり、それに比べて、ユングの知性が果たす役割は概して二次的かつ補助的で、単なるコメンテーターのそれにすぎない。けれども、本来の思惟、本来の省察は、思索者の知性が主導的な役割を果たすことを要求し、諸対象は知性が自らに付与する形式をとらなければならない。このことは確かに、ユングの仕事の仕方やものの書き方には当てはまらない。

　このことは、最初の留保条件へと筆者を導く。ユングは思索者であるが、その形式に関する限り、彼の思考はいまだ「内包的」状態のままに留まっている。その意味で、彼は「明示的ではなく内包的思索者」である。この「内包的」と「明示的」という表現によって筆者は、ヘーゲルの「即自的（*an sich*）」に対する「対自的（*für sich*）」（これらの用語は、「自分自身のなかにある（*ansichseiend*）」と「自分自身に対してある（*fürsichseiend*）」という形容詞形から派生している）という区分を言い換えようとしてい

る。例えば、幼児は即自的には合理的な存在であるが、合理的な機能はいまだ発達していなかったり明示的でなかったりする。その限りにおいて、彼が合理的な存在であるということは、「自分自身に対して」そうであるわけではない。つまり、幼児は自らの推論する能力を顕わに示してはいないのだ[30]。彼はいまだ自分のなかにそのような潜在能力があることを知らない。しかし、（われわれがそれを知っているという限りにおいて）彼は「われわれに対して」も「自分自身のなか」でだけそうであるものであることになる（für uns、すなわち、まさに「われわれに対して」彼は合理的な存在である）。この用語法を使うと、ユングは「即自的」思索者であり、「対自的」思索者ではなかった、ということになる。彼の心理学は省察のより高度なレベルにおいて生起している、と筆者が言う時、このことは主として「即自的」で内包的な省察として理解される必要がある。彼の省察はいまだ「素朴な」状態に留まっており、直観という通路で多少なりとも偶然に彼に「起こった」のであり、よく考え抜かれた知的な実践というわけではない。これは明白な矛盾である。内包的で直観的で素朴であるというのは、たいていの場合定義上は意識的であり明示的であらねばならないはずの省察というものが通常意味するところと正反対のあり様をしているからだ。しかしここで、われわれは、内包的な省察や内包的な思索者について考えるということに挑まなければならないだろう。

　このような特徴は、「イドあるところに自我あらしめよ［訳注：〈それ〉があるところに〈私〉をあらしめよ］」というフロイトの言葉とも結びつけられうる。フロイトは空間的なアナロジー（ゾイデル海の干拓）を用いてこれを描写したが、筆者はこの言説を一つの同じ現実の論理的なステータスの変化に言及するために取り上げたい。ここでは領域としてのイドや自我の代わりに、内容の〈それ性〉と〈私性〉という点から考えてみよう。「自分自身のなかにある」思考は、「それ」というステータスの思考であり、いまだそれ的特性を有している。つまり、そのような思考はほとんど思索者にはかかわりなく、ひとりでに、そして意識的な意図よりも

30）　これら二つの用語は論理的なカテゴリーである。それゆえ、提示された例において「即自的」が潜在能力という形をとっているからといって、すべての文脈でこの用語が潜在能力を意味しているとは思わないでもらいたい。筆者が「内包的」と「明示的」という言葉を選んだのはこのためである。

下位のレベルで起こる（「それが私のなかで考えている（it thinks in me）」、つまり「…と思われる（methinks）」）。反対に「自分自身に対してある」思考においては、思考は「私性」「私的特性」を帯びている。心理学的には、そのような思考はすでに「統合」されていると言えるかもしれない。いわばそのような思考はもはや、単に自発的に「行動化」されることはない。とりわけ、その論理的な形式は今や、その思惟の性質が明らかであり優勢であるような形式である。それは明確に思考されているのだ。

　筆者がここで内包的思考と明示的思考と名づけたものの区別は、ユングにも馴染みの深いものである。ユングは自分自身について、自分は *"uneigentlicher Philosoph"* [31] である、すなわち、確かに哲学者ではあるが、正式にはそうではない（本来の哲学者ではない）と述べた。アニエラ・ヤッフェは次のように彼の言葉を報告している。「私は私の内側から吹き出してきたものとしてだけしか自らの思想を形式化できなかった。それは間欠泉のようなものである。私の後を歩む人はそれに形を与えなければならないだろう」[32]。われわれはまた、「近似的意識」「意識的状態と無意識的状態の中間」、そして「省察される状態」[33] にない「意識」という彼の概念化をその論拠として挙げることもできるだろうし、「近似的思考」を「内包的」あるいは「即自的」な思惟の代わりとして、相似的に語ることもできるだろう。このような特徴は、例えば、ユングがある種のイメージについて述べた以下の一節のなかでも意味をもっている。それらのイメージは、「意識的に考

31）Jung, *Briefe I*, p. 251. フリードリッヒ・ザイフェルトに宛てた1935年7月31日付の手紙。英語版では、*Letters I*, p. 194. そこでは「できそこないの哲学者（a philosopher *manqué*）」と記載されている。

32）Aniela Jaffé, *Der Mythus vom Sinn im Werk von C.G. Jung*, Zürich and Stuttgart (Rascher) 1967, p. 10. 筆者訳。

33）Jung, *CW 8*, par. 387. もしユングがヘーゲルから学ぶことを拒否していなかったら、「近似的意識」、自我なき意識、無意識的意識等の考えが孕む知的な困難を「即自的」と「対自的」というヘーゲルの分類を用いることで避けることができただろう。それらは、ユングの「意識的」と「無意識的」という分類よりもはるかに適切である。ユングの頭のなかにあった事柄は、それらの「心理学的な」、そして時に「位相的」な分類では論議することができないものだったのだろう。それは論理的な関係に関する問いだったからだ。

えられるのではなく、不可視な形で無意識のなかにただ潜在的に立ち現れ、意識的になる過程を通してだけ可視性を獲得するような思考を視覚的な形態で表象する象徴と見なさなければならない。けれども、可視的な形態は無意識の内容の意味を近似的にしか表現できない。実践においてその意味は、拡充的な解釈によって完全なものとされなければならない」[34] というくだりである。イメージは、一つの思惟や〈概念〉が実際にそうであるもの（すなわち、「即自的」ではあるが、「対自的」ではない）が最初に意識に立ち現れる形態である。それが象徴やイメージという形態で立ち現れる限り、その思惟はまだ意識的に考えられ（過去分詞）えない。それは、あたかも一つの思惟ではなく一つのものやシーンであるかのように、単に「注視され」「凝視され」うるだけである。それは「可視的な形態の」、つまり、絵画的な表象という形態の思惟であるゆえ、その思惟としての性質はいまだ「不可視的な」、あるいは無意識的な、すなわち、内包的な状態に留まっている。（例えば、分析というような）「実践的な」作業においては、思惟を「完全な」ものにすること、言い換えれば、その思惟としての性質を違えることなく引き出し、それに思惟の明示的な形態を付与することが課題である。つまり、それはそのような思惟を「意識的に考える」ことを学ぶという課題なのだ。思惟の形態をとる時、それはもはや知覚されたり想像されたりするべきではなく、われわれはそれを思考しなければならない。いったんそれが思惟の形態をとるなら、それは思考する過程としてだけ存在するのだ[35]。

　ユングのこの考えは、遠大な帰結をもたらすものであり、内包的思索者 vs. 明示的思索者としてのユングというトピックへのわれわれの当面の関心をはるかに

---

34) Jung, *CW* 10, par. 618. 一番最後の文はドイツ語では *...muß im praktischen Fall erst noch durch ergänzende Deutung 'völlig' gemacht warden* となっており、"Ergänzende Deutung" は、ユング派の拡充法を意味しているのではない。むしろ、その解釈は、「補充的」で「付加的」で「欠如しているものを補給する」ようなものである。──また、ユングが "'völlig' machen"（*völlig* に引用符をつけ、「『充分』『完全』なものにする」という意味）という珍しい言葉遣いで、完成や充足という考えに特別な強調点を置いていることに注意してもらいたい。

35) イメージという形態から思惟という形態への進歩に関する同様の考え方は、ユングのタイプ論という著作のなかの「象徴の死」についての議論の背景にも見られる（「定義」の章の「象徴」という見出し）。本書第5章のf) の5も参照のこと。

超えている。これらの帰結は、本書の全体的な主題にとって本質的であるゆえ、脇道に逸れる形にはなるが、ここで触れておこうと思う。まず議論すべき最初の帰結は、治療的心理学のプロジェクトの概念化にかかわるものである。よく知られているように、ユングは、われわれが「神話のさらなる発展」[36] に取り組む必要性について確信していた。しかしながら、心理学の仕事は、時折言われることだが、単に「神話を夢見続ける」ことだけではない。これはその仕事の半分にしかすぎない。この心理学の仕事に等しく重要なもう半分は、文化の神話に、あるいは誰か個人のヴィジョンに追いつくことである。その仕事は、ユングが自分自身について述べたように、「私のヴィジョンに追いつくこと」[37] なのだ。この「追いつくこと」は、ユングが別の引用のなかで「完全なものにする（"'völlig' machen"）」として表現した事柄に対する新たな定式化であろう。つまり、最初はある情動や心に描かれたイメージという保存液に浸されていた思惟であったものが、明示的な（あるいは意識的に考えられる）思惟の形態へと、ユングの場合で言えば、心理学の理論という形態へと変換されなければならない、ということである。フロイトで言えば、最初「それ」というステータスであったものが「私」というステータスへと変換されることと言えるだろう。ヘーゲルの語法で表現すれば、最初は〈実体〉（知覚されたり心に描かれたりしているイマジナルな内容。知覚されたり心に描かれたりしたものとして、知覚する個人といわば向き合っているようなもの）としてだけ把握されたり表現されたりしていたものが、〈主体〉[38] として、すなわち、その人自身が思考しているもの、その人自身の現実の生きた思惟としても把握され表現されるということになる。このようにして、それはヘーゲルが〈概念（der Begriff）〉と名づけたものとなることができるのだ。

　自然発生的な情動から中間的なイメージを媒介して明示的な思惟という形態へという同様の動きは、ユングが晩年、「もはや私はそのような情動をもたないからだ。…今では私はアニマの考えを直接的に意識する」[39] と述べたように、自ら

36）Jung, *Memories*, p. 333f.

37）Jung, *Memories*, p. 356.

38）Cf. Hegel, *Phenomenology of Spirit*, p. 10.

39）Jung, *Memories*, p. 188.

の情動の観念的な内容を（これらの）情動（という形態）から解放するという目的で
アクティヴ・イマジネーション、すなわち、アニマとの対話を実践する必要がも
はやなくなったという事実にも現れている。つまり、今やそれらは、彼が意識的
に考えている彼自身の思惟なのだ。

　ヘーゲル哲学の用語の助けを借りてその背景にあった着想を一般化すると、以
下のように言うことができるだろう。心身症の症状は「即自的」な、あるいはい
わばそれ自身に知られていない情動である（あるいは、それは内包的、すなわち潜在
的な情動である）。それは「対自的」な情動ではない。あるいは、明示的に、ある
いは顕在的にそうであるわけではない（それは即自的な情動であり、対自的な情動で
はない）。そして、情動は即自的な（あるいは潜在的な）イメージであり、イメージ
は即自的な（あるいは潜在的な）〈概念〉である。逆に、〈概念〉は止揚された
（*aufgehoben*）イメージであり、イメージは止揚された情動であり、情動は止揚され
た（内面化された、すなわち心理学化された）行為や身体的状況である。『自伝』にお
いてユングは、この動きの前半の部分、すなわち、「情動をイメージに変換する
──つまりは、情動に閉じ込められていたイメージを見出す」[40] ことが、彼の陥っ
ていた心的危機の歳月のなかでいかに決定的に重要であったかについて述べてい
る。けれども、後半の部分（イメージから思惟へ）は、『自伝』での彼の記載にも彼
の著作にも十分に表現されてはいない。

　ユングは、無意識的なコンプレックス（あるいは欲望、情動）とそれらの等価物
としての意識の内容との関係をスペクトルという絵画的なアナロジーを用いて表
現しようとしたが、今述べてきたことは、そのような関係を表現するための別の、
より概念的な方法でもあるのだろう[41]。ユングは、いわゆる「赤外線」（情動的、
無意識的）と「紫外線」（イメージ、概念的、意識的）とを両端にもった一つの連続体
を思い描いていた。一つの同じ「内容」がより一方のスペクトルの極に移行した
り、他方の極に移行したりすることがありうるが、一つの連続体である以上、そ
れは常に双方の側面を帯びていて、もし顕在しているのが情動の形態であったと
しても、その顕在的な情動の形態の内側にはイメージや認識の側面が隠されてお

───────

40）　Jung, *Memories*, p. 177.

41）　Jung, *CW* 8, pars. 384ff.

り、逆もまた真である。このアナロジーの不都合な点は、顕在化の諸形態の違い
を連続体に沿った単なる「移行」の問題として考えねばならないところにある。
他方、ヘーゲルの用語は、一つの連続体という考えを完全に捨て去ることなく、
より「高度な」形態を以前の形態の否定や止揚として考えることで、それら異な
る形態の間の論理的な不連続性をも表現している。スペクトルというアナロジー
では、移行はいまだイメージされており、思考されてはいないのである。

　こうしてわれわれは、先に引用したユングの考えから導き出される二番目の、
そしてさらに遠大な帰結に到達する。それは、心理学の実践的作業が、当初潜在
的なものであった思惟を、情動やイメージという保存液に浸された状態から解放
することで「完全」なものにしなければならない、ということである。結局のと
ころ、魂とは〈概念〉であり、論理的生命なのだ。このことは、錬金術師にとっ
ての金や賢者の石に相当する。時系列的にではないにしても論理的な意味で、そ
れは第一に、情動でも情緒でも感情でも欲望でも願望でもなく、イメージやファ
ンタジーでさえない（これらはすべて、錬金術における第一質料、すなわち、「混沌の
塊（massa confusa）」等の不純な形態に相当する）。確かに魂は、情動や欲望、またとり
わけユングがしばしば主張したように、イメージでもある。魂は実際、身体的な
行為や心身症的、さらには身体的な症状でさえある。しかし、魂が症状であり情
動であり願望であるのは、これもまたユングがわれわれに実感するように教えた
ことだが、これらの現象のそれぞれが隠されたイメージや概念をそれ自体の内側
に含んでいるからであり、あるいはそれらがイメージや概念が深く（心理学的、あ
るいは錬金術的な）質料に浸されている場合に最初に姿を現す一つの外観である
らにすぎない。さらに言えば、イメージというのは、思惟や概念が感覚的直観
（Anschauung）・イマジネーション・絵画的表象（Vorstellung）という呪文のかかった意
識の状態で、あるいはその只中で自らを示す一つの外観なのだ。

　しかしながら、われわれの思考が魂の論理的な生命の弁証法を見落とさないつ
もりなら、このことの裏側を忘れ去るべきではない。それは、ユングが先のスペ
クトルのアナロジーで明確にしたように、双方向に作用するものだからだ。つま
り、心身症の症状や情動、イメージが止揚されることで、〈概念〉はそれらの単
純な（非弁証法的な）対立物ではなくなる。それは、抽象的なもの、「ただの」観念
的なもの、生きた経験から切り離された単に知的なものではない。むしろ、それ

は具象的な〈概念〉であり、情動やイメージに起源をもつゆえ、いまだ情動やイメージに満たされてはいるが、その情動やイメージは今や、思惟の内側にある止揚された契機としての形態をとっている。感覚的な、情動的な、そしてイマジナルな性質がすべて失われてしまったわけではなく、それらは錬金術的に蒸留され、それらがまず顕在化した時の生々しく文字通りの状態にあった自らの疎外から本来の居場所へと帰還したのである。

　脇道に逸れたが、内包的思索者としてユングという問いに戻ろう。ユング派の用語を用いて心理学的に表現すれば、「自己」という深層にあって本来は接近しえないレベルにおいてユングは真の思索者だった。また、彼の業績はこの思索者によって築き上げられたものであったが、彼のなかの思索者が考えていたものを意識的な心性に対して実際に定式化していた自我人格や知識人としてのユングは、天性の思索者ではなかった、と言えるのかもしれない。あるいは、われわれのなかの内的な種子やダイモーンに関するヒルマンの先に引用した考えや、『自伝』のなかでユング自身がしている「No.1人格」と「No.2人格」との間の区別に基づいて素描すれば、以下のように言えるかもしれない。ユングのなかの思索者は、彼のダイモーンであり彼のNo.2人格だった。しかし他方、（実際にものを書いたり表現したりしなければならなかった）ユングのNo.1人格は、彼のなかの思索者が考えていた思惟を考えるレベルに近づく力をもち合わせておらず、この思惟が彼に要請していた力量に論理的にも追いつくことができていなかった、と。

　そうだとすると、ユングの顕在化されたテキストのスタイルとそれらに含まれる認識の実質がもつ内的な概念の一貫性との間には不一致があることになる。そして、彼の業績において不一致と見えるものこそ、われわれにとっての（ユングが述べたような、「私の後を歩む人」にとっての）一つの課題となる。すなわち、ユングの「内包的」思考を、それが思惟の形態をもとりうる状態へと少しでも近づけることによって「完全」なものにすることがわれわれの仕事なのである。

d) 一つの思想体系に対する略号としての「ユング」という名称

　しかしながら、それ（二つの人格の差異）を認めるというこの方法そのものは、われわれが今扱っている問題に本当に適しているというわけではない。つまり、

それは依然思惟の問題として、論理的形式の問題であるものをイマジナルなスタイルで人格化したり表現したりしているのだ。われわれの問いは、ユングのなかの誰がその思考を行っているのか、彼のなかの誰が彼の書いたテキストを実際に形作ったのか、ということであってはならない。われわれは、書かれた著作のなかにある、すなわち、テキストそれ自体の性質のなかにある不一致に関心を向けなければならないし、もしその表現を人格主義的に受けとめるなら、「内包的」思索者としてのユングというわれわれの以前の表現も撤回しなければならないだろう。個人としてのユングでも、思索者その人でもなく、ユングの著作の（内包的なものでしかないが、事実に基づく）思惟の質こそが、われわれの関心の的である。同じ理由で、われわれの努力は、そのユングの著作の明示的な論理的形式に対して捧げられなければならない。それはいまだ適切な思惟のレベルに到達していないのである。

このことによって、われわれは、この章の表題である「なぜユングなのか？」についての一つの反省に導かれる。つまり、この問いは、そしてそれが措定されている方法は、人格主義的な思考を引き寄せるものではないか、ということである。

マレイ・スタインは、1985年に書かれた論文のなかで以下のように述べている。「この影という領域への道を切り開く際、われわれの英雄であり父であるユングのイメージは変質する。ある論点を証明するために、ユングを引用することが依然としてなされているのは認めるが、それはユング派のサークルのなかではもはや流行ではない。より『進んだ』同僚たちは、そういう目的でユングの引用がなされると顔をしかめる。…現在では、権威づけのためにユングだけを引用するのではなく、ユングの他…ウィニコット、コフート、ジェイコブソン、クライン、そしてフロイトさえも引用されているのだ」[42]。奇妙な言い草である。まず、ある論点を証明するためにユングを引用することや権威づけのためにユングを引用するのが決まりの悪い余計なことである、ということをわざわざ言う必要があ

---

42) Murray Stein, “*Solutio* and *Coagulatio* in Analytical Psychology. One Man’s View of Where Our Field is Today,” in: *The Analytic Life* (Papers from a conference held in 1985), Boston (Sigo Press) 1988, pp. 1-9, here p. 6f.

るのだろうか。権威に言及することによって何かを証明することが可能であった中世の状況に、われわれはもういない。しかし、このことは特にユングと関係があるわけではなく（先の一節がおそらく示唆するように）、いわゆる権威と言われるものすべてに当てはまることであり、スタインが推奨している人たちについても同様であろう。だから、そういう目的でユングからの引用がなされる時に顔をしかめる、いわゆるより「進んだ」同僚である必要などなく、単にそんなことはなされていないだけのことなのだ。二つ目の奇妙な点は、この著者は自分自身が分析心理学に所属していると考えているにもかかわらず、ユングから距離をとり、あまた多くのなかから、ことによると考えられうる誰かにユングを価値下げしていることである（第4章のb）の4）でこの点については再度言及しなければならないだろう）。筆者には三つ目の奇妙な考えと思われる事柄ゆえに（そのため筆者は先の文脈の最初にこの一節を引用した）、おそらくそのように距離をとることがスタインには必要だったのだろう。その考えは、「われわれの英雄であり父であるユング」という言い回しに込められている。

　これは、他ならぬ自分が距離をとらねばならない、と考えているということだろう。筆者には、ユングを英雄ファンタジーという観点からも（このことが意味するのは、英雄崇拝であり人格カルトである）、家族ロマンスという観点からも見ることはできない。筆者はユングを崇拝しているわけではないし、彼が父親であるわけでもない。筆者は彼の息子でもなければ、信徒でも後継者でもファンでもない。そのようなあり方は、極めて人格主義的で、子供じみた（父）青臭い（英雄）ユングに対するアプローチであり、このためにユングを台座から押しのけたいという願望がスタインに生まれたように思える。しかし、言うまでもなく、最初からこのような方法でユングにアプローチする必要はない。筆者にとって、また、とりわけ「なぜユングなのか?」という本章の表題にかかわることだが、ユングという言葉は、その人や個人を意味しているわけではない。筆者は彼に一度も会ったことがない。「ユング」という言葉は、一つの思想体系に対する便利な略号以上でも以下でもないのである。それは、彼の全集に記された「ラベル」であり、世界を探究する心理学的な方法に対する呼び名に他ならない。それは、「ユング派のプロジェクト」に対するお決まりの表現なのだ。換喩的に著者をその著作と見なし、「彼」やその「思索者」について語ることで、ある思想体系について語るほ

うが容易であることはしばしばある。実際そこでは、ある特定の理論やテーゼ、思考の様式が語られている（そして、このような一定の意味において、筆者はこの語り方を用い続けることにする）。ユングは（フロイトや他のあらゆる思索者と同様）、個人的な感情や転移反応を通してアプローチされてはならない。そうではなく、思惟的に、すなわち、思惟のレベルにおいて、知性の領域において、そして西洋の精神の伝統の内側からアプローチされなければならないのだ。正当な敬意をもって、ユングを概念の領野に自らの場所をもつ一つの名として評すべきであり、「偉人」や「天才」としての彼は忘れ去るべきである。「英雄」や「父」という考えはまさに、心理学的な現象として生起しているが、それは心理学的な精神がユングのような誰かと自らとの関係を反省するために用いる範疇ではありえない。おおまかに言えば、人は自分自身から自分自身を区別するために、そして自分自身の主観的感情や特異性を抽出するために心理学を学ばねばならない。われわれの個人的な情動や願望はその領域の主題のなかに密輸されてはならない。重要なのは、ユングの権威ではなく（さらに言えば、誰の権威でもなく）、（それぞれの場合に）彼が述べた事柄の深層や真理であり、その妥当性である。筆者がユングを自らの基盤とし、また起点としたなかに、彼の著作に対する非常に批判的なスタンスが包含されているのはこのためである。そもそも、彼の心理学を文字通り傑出したものと見なしているとしても、それに身を売り渡す必要はない。むしろ一層、個々の考えを、その長所や短所について最も厳密な吟味に晒すことによってこそ、敬意を払うことができるからだ（読者はこの後、いくつかの実例に出会うことになるだろう）。

e) 内包的思考の利点

「内包的」形式と「明示的」形式との対比という問題に戻るなら、ユングの著述の実質の内的な形式とその著述の提示というレベルでの形式には不一致があるということを再度述べておきたい。ユングの著述は、実質は思惟の形式をもっているが、提示においてはそうではない、ということだ。また、ユングは自らの「内包的」思考が自分自身に要請していた基準に論理的には追いついていなかった、ということも繰り返しておきたい。しかし今や、われわれは、実際に欠点である

ものが単に否定的なものであるだけではないということも理解しなければならない。そのような欠点は大きな利点ももっている。ユングは適切な思惟のレベルで著述することを試みることさえしていなかったため、彼のもっていた、あるいは彼のもとにやって来た思惟は、彼の意識的思考に順応させられる必要も調和させられる必要もなかったのである。彼の意識的思考の形式は、同時代人たちと彼が広く共有していたものであった。はるかにより厳密でない、一部にはより伝統的な科学の、一部にはより素朴でイマジナルなスタイルという防護カバーの下で、偉大な思惟は、それらが到達したより高度な論理的なステータスもろとも本質を損なわれることなく（そして、おそらくはユング自身にも気づかれないまま）輸送されることが可能となった。偉大な思惟は、気づく人になら誰にでもわかるように、ユングの著作のなかに存在している。〈概念〉が底流にあり表層には現れておらず、また表層の論理がむしろ素朴で、何より厳密でなく制限的でもなかったからこそ、ユングは〈概念〉によって導かれ、それが自由に振る舞うに任せることができたのだろう。ユングには、〈概念〉とそれにかかわる思惟を知的に正当化したり体系的に概念化したりする必要がなかった。彼が合理的に正当化することを望んだものはそのままの形で、彼の正当化の試みによっては本当に触れられることも破壊されることもなかったのである。底流にあるものを失ったり破壊したりすることなく、〈概念〉をすべての論理的な複雑性とともに表層にもたらすことを少しずつ試みるのは、ユング以降に生きる者の仕事なのだ。

　筆者の言わんとするところは、明示的な思索者であった分析家たち、すなわち、フロイトやラカン、メダルト・ボスとの比較によってもう少し明確になるだろう。ユングが気づいていたように、フロイトは「彼のダイモーンに捕らえられていた」。彼は一つの〈概念〉に触れられてはいたが、彼の力強い意識的な理論化のもつ実証的論理は、その〈概念〉が自ら表現を見出すための余地を残さなかった。それは彼の意識的な精神（彼の明示的な理論化）に（大なり小なり）完全に順応しており、このことが、自身を触れられていたものに関する彼の理論を高度に還元的なものとした。彼の理論において〈概念〉は、内包的な側面や底流としてでさえ、機会を与えられなかったのである。

　ラカンは、フロイト派の精神分析を革新的に新しいレベルの省察や知的な複雑性に押し上げた思索者として人々の心に刻まれている。彼の心理学は、哲学的な

思考への明示的な通路をもっており、読者に対して高度の見識を要求する。それは真に、最も高度な意味での抽象的な思考へと到達した心理学である。ラカンが伝統的なフロイト派の思考、すなわち、「ファルス」「願望」、その他多数の概念に対してなした仕事は賞賛に値する。彼は、それらの概念がもつ偏狭で字義的な意味に知力と活力を注入することで、それらを打破したのだ。それにもかかわらず、筆者は、ラカンが果たして一つの〈概念〉に触れられ、それにコミットしていたのか否か、また、「魂」の〈概念〉にせよ他の〈概念〉にせよ（「性欲」が彼自身にとってのヌミノースな観念だったフロイトのように）、彼の思惟が〈概念〉に根差したものであったのか否か、疑いを抱いている。ラカンの思惟は、フロイトの著作のテキストに、たいていはその考えに含まれる「言い回し」に根差したものであり、彼がテキストという形式でそれらの考えに対して行った知的な洗練は、仮にそれがより多くの活力を注入するものであったとしても、非常に形式的なタッチで、しばしば曲芸師の技を思い起こさせるものという印象を与える。だからこそ、われわれはそこに、真の思惟、すなわち、高度な論理的水準の抽象化や省察が見られる一方で、概念の実質への、あるいはそれによるコミットメントの欠如という奇妙な組み合わせを体験するのだ。このような欠如によって、彼の思惟は単に抽象的なものに留められ、ヘーゲル的な意味での具体的な思惟へと生成することを阻まれている。

　ボスにおいてもまた、事情は異なっている。彼もまた、本当の意味での思惟に開かれており、心理学を哲学のレベルへと押し上げようとしたが、おそらくは、自らに触れた〈概念〉に奉仕することはせず、「魂」の〈概念〉からはかけ離れたところにいた。このことは、現存在分析のジレンマに示されている。真にそれ自体であり、同時にそれが存在していることの展開でもある一つの〈概念〉に根差すことなく、現存在分析においては、その知的なコミットメントが二つの外在する拠り所からの借り物であるばかりか、それらの拠り所は、本当には互いに共立さえしえないものである。つまり、現存在分析は、その理論的なスタンスとしては、ハイデガーの存在論的な思惟に依拠しながらも、その実践的な治療としては、伝統的なフロイト派の技法に逃げ場を求めているのだ。筆者が理解する限り、いかにして心理学が、本当の心理学であることをやめることなく現存在分析と見なされうるかという問い、そして、いかにして人格主義的でテクニカルなアプロー

チと存在論的な哲学とが、相互に無効化することなく力を合わせうるかという問いについては、いまだ満足な答えが得られていない。

　しかし他方、筆者の「なぜユングなのか？」という問いに対する答えは明らかになってきた。ユングの心理学が魂という〈概念〉に根差すものであるゆえ、それはユングでなければならないのだ。もし魂の〈概念〉が明示的な状態にあるなら、それは〈概念〉というものの複雑性が展開してゆくことに対して（相対的に）自由な働きを認め、「テキスト」のレベルではなく、自分自身の内側に、すなわち、内包的で萌芽的な形態のなかにより高度な論理的なステータスの意識を宿すことになり、そのような意識は、われわれの現実性が長い時間をかけて到達した論理的なステータスに一致することを望まれる。魂の明示的な〈概念〉とより高度な論理的ステータスというのは、まったく別の要素であるわけではない。つまり、魂の明示的な〈概念〉に進んだということはそれ自体、意識のより高度なステータスにすでに到達していることを、そして、われわれの日常の体験や世界に対する科学的なスタンスが身を置いているステータスを超えていることを意味している。魂の〈概念〉は、普及している（日常的な、科学的な、宗教的な）意識の内側での特定の洞察以上のものである。魂の〈概念〉の重要性は、それが意識それ自体の改革をもたらし、生命のすべてを、そして広くは世界を体験するための根本的に新しい精神の枠組みへと、またおそらくそれ以上に、世界内存在の新しい様式へと移行する点にあるのだ。どのように、そしてなぜということについては、次章以降でより明確になるだろう。

　他のどの心理学の学派もそれらの多くの優れた代表者も、注目に値する識見を有し、心理現象に対するわれわれの理解に対して重要で永続的な貢献をしてきた。それにもかかわらず、彼らはそれと同じ程度、厳密な心理学の思惟の基盤や基点、すなわち、その包括的様式として機能しているとは主張しえない。筆者に言わせれば、彼らはすべて、われわれの世界観がもつ実体性を本当には超えておらず、心理学的な現実を疎外的な視座やカテゴリーに従属させている。心理学には、ユングの思惟においてすでに到達されていた意識のレベルの下位に留まる理由もなければ、その背後に抑制される理由もない。それどころか心理学は、ユングを超えてゆく必要がある。なぜなら、ユングは、彼自身の魂の〈概念〉に対して常に完全に公正でありえたわけではなかったからだ。

ここで筆者はついに、これまでに呈された主張に対する二つ目の留保条件を導入しなければならない。つまり、ユングは、〈概念〉から到来した思惟にいつも、そしてあらゆる点において自由な働きを認めたわけではなかった、ということである。その提示の形式は、思惟を乱されないままに輸送しうるカバーとして常に機能してはいなかった。彼のNo.1人格が主導権を握り、彼が「経験主義に基づく自然科学者」であることを、そして、彼が得ていた心理学的洞察を「表層」や「テキスト」のレベルで体系的に説明することを試みている箇所では、ユングには別の側面が存在している。その時、フロイトに起こっていたとユングが述べたのと同じことが彼自身にも起こっていたのだ。確かに、ユングがそのような立場で述べる断片のなかでさえ、フロイトの思想の多くを特徴づけるような還元主義や実証主義は顕著ではない。しかし、ユングはそれらの断片のなかで、彼自身の観念や規範の精神にとって適切ではない方法で語っているのだ。

　ユングの著作にこのような側面が存在するという事実もまた、彼の後を歩む人々がとるべき二つの非常に異なった軌道にとっての種子がその著作の内側に存在していることを示しているのだろう。彼の後を歩む者は一方でその思惟の体系に身を捧げているように感じ、そのような体系の上に自分自身の業績の基盤を据えることができるし、他方でユングという「科学者」の「仮説」だけを参照することもできる。これら二つの軌道を旅することが続く二つの章の主題となるだろう。

第3章

ユング：

〈概念〉に根差すこと

けれども、最良のものは
理論的な意図をもってやって来る[43]。

スノッリの『エッダ』に、ゲルマンの神トールがウトガルド (Utgard; Útgarðr は、「外側の世界、あるいは領域」「あの世」を意味する鬼と巨人たちの領域) に旅をするというお話がある。トールがウトガルドの王ウトガルド・ロキの大広間に入ってゆくと、王と従者の巨人たちは、トールが小さいからと小馬鹿にした応対をし、トールに自分の力を示すように要求する。トールの桁外れの強さはよく知られていたが、それでも自分の従者である巨人たちにはかなわないということをトールに見せつけたかったからだ。トールが与えられた課題の一つは、王の猫をもち上げることだった。トールは猫の腹の下に手を入れてつかみ、全力でもち上げようとしたが、背中がアーチを描いただけで、頭としっぽは地面についたままだった。二度目の試みでは、一本の足だけはようやく地面から離すことができたが、結局、失敗に終わった。翌朝、王はお別れを言うために領地の境までトールを見送りにやって来た。そこで王は、あれほど簡単そうに見える課題をトールがどうして成

---

43) ディオゲネス・ラエルティオスⅧ8では、人生を大競技会になぞらえたピタゴラス派の比喩が引用されている。すなわち、大競技会にやって来る者のなかには、賞を競うためにやって来る者もいれば、商品を売るためにやって来る者もいるが (名声と金を追い求めるのはいずれも奴隷根性)、一番いいのは見物にやって来る者である、と。これは、ギリシア人が実践的なライフスタイルよりも観想的生活 (*bios theōretikós, vita contemplativa*) を好んだということの古い証明であろう。このピタゴラス派の比喩は、イアンブリコスによっても引用されている。Iamblichus, *Protrepticus*, ed. H. Pistelli, Stuttgart (Teubner) 1967, p. 53, lines 19ff.

し遂げることができなかったのか、その理由を明かした。そこにはトリックがあった。トールが欺かれて猫だと思い込んでいたのは、実は世界全体を取り巻いているミッドガルドの蛇［訳注：Midgardは「中つ国」の意］の一部だったのである。大広間にいた王と巨人たちはその蛇のことをわかっていたし、トールがその蛇を大地から引き剥がし、もう少しでウロボロスの輪を壊すところだったのを目の当たりにして、たいそう恐れおののいたというのだ（そんなことにでもなれば、破滅が訪れていたからである）。

a）猫でない猫

　この物語は、ゲルマン神話のなかでそれがどんな意味をもつのかという点から解釈することもできるだろう。しかし、ここではわれわれの文脈のなかで、思索者（詩人や他の芸術家も含めて）の仕事にいかにアプローチするかにまつわる寓話として、この物語を読み解こうと思う。そのような仕事に出くわす時、われわれは俗人のもつ常識的なものの見方でそれを読むのだろうか。それとも、このお話のなかのトールのように、否、トールとしてそれを読むのだろうか。そのような読みを行うのは誰なのだろうか。筆者のなかの自我なのか、それともトールなのか。けれども、ここでは以下のような疑問もあるかもしれない。常識的な視座を示しているのは、正確に言えば、トールではないのだから、筆者が今設けたような、彼と「自我」との区別は、意味がなく効力もないのではないか、という疑問である。結局のところ、トールはその猫の本質を見抜くこと、つまり、ミッドガルドの蛇の元型的なリアリティーを「見通す」（ヒルマン）ことができなかった。これが、自我のもつ常識的なものの見方がそれによって知られうる、偽りのない印ではないのか。しかし、そう考えるのは間違いだろう。トールの失敗は逆に、彼と俗人とを区別する特徴なのだ。トールが「猫」をもち上げることに失敗したという事実は、トールが元型的なレベルに真に近づきえたことを示している。彼は事実（たとえ念頭にはなかったとしても）ミッドガルドの蛇に触れたのである。もし最初から明示的に「見通す」ことができていたとしたら、おそらく彼はその猫をもち上げようとはしなかっただろうし、そのことによって、元型的なレベルとの真の接触という可能性へと進むこともなかっただろう。そうであれば、彼の

「見通す」という行為は、元型的な次元への献身的なかかわりの安易な、そして単に知的な（「アカデミックな」）代替だったということになる。しかし、実際そうだったように、彼は自分が何を扱っているかを前もって実感してはいなかったし、だからこそ、力の限りを尽くしたとも言える。つまり、彼の失敗だけが、自分が格闘していたものが経験的な猫以上のものであるに違いないことを彼に実感させたのである。彼の冒険の孕む元型的なレベルを直接的に、前もって「見通す」ことの代わりに、それについての実感は、間接的に、事後的に、彼の失敗から導かれる推論としてやって来た（この論理的に事後の推論であるものは、語りとしては、ウトガルド・ロキから「翌朝」説明されるという形で描かれている）。この意味で、彼の失敗は、彼の体験が元型的な本質をもっていたことの証明なのだ。

　他方、常識的な心の枠組みのなかでは、猫は猫以上のものではありえない。つまり、猫をもち上げるのに失敗などとてもありえない、ということである。自我の生命観が孕む重大な事柄は、どうしても見通すことができない問題はそれに対して提起されえない、ということであろう。自我は決して、実際にミッドガルドの蛇であるものを猫だと思う、という具合に騙されることはない。このため、猫は偽りなく猫であり、猫でしかない。なぜなら、ミッドガルドの蛇のようなものは最初から意味をなさないからだ。このような状況の下では、猫を地面からもち上げるために、トールであることも、彼と同じくらい強くあることも必要ない。猫を地面からもち上げるだけなら、誰にでもそれは可能だからだ。

　これは、俗人のものの見方に当てはまる。なぜなら、どこを旅しようが、俗人は怠慢によってミッドガルドに、通常の日常的な類の世界に、人間の住処にいるからだ。ミッドガルドにおいては、物事はその実体性（それが実体として文字通りそうであるもの）のなかに閉じ込められている。このことは、偉大な思想的業績についても言えるのだが、思索者を思索者として正しく認識できる読者はもはや、ミッドガルドに自らの場所をもたない。そのような読者はすでに境界を超え、それゆえ自らが「外側」に、すなわちいわばウトガルドにいることに、そして、先に論じた聖書のたとえ話に戻れば、結婚式の衣装に身を包んでいることにもおそらく気がつくことになる。ウトガルドでは、猫は猫以上のものである。猫は、自らがそうでないもの、つまり、自らの論理的否定性をも包含している。猫は、地面の下にあるものに根差していて、その頭と尾は、地面の上に見えているほんの

小さな広がりをはるかに超えて続いている。それは、ギリシアの父なるオケアヌス（「神々の起源」「万物の起源」）がそうであったのと同様、世界全体を取り巻いてもいる。それゆえ、それは単に、世界のなかのもう一つのものでも他のものよりもはるかに大きなものでもなく、絶対的なものであり、ウロボロスであり、世界のあらゆるものにとっての、そして世界それ自体にとっての存在論的で論理的な地平線である。それは、意識の全体としてのステータスであり、世界－内－存在の全体としての様態であり、存在としての、あるいは経験的な猫だけでなく、あらゆる存在としての経験的な実在がその内側で統覚されており、それ自体の意義を構成している、全体としての存在論や論理なのだ。すべての読者の課題は、トールになることであり、全力を尽くして最初は普通の猫に見えるものをもち上げようとすることであり、それを地面に抑えつけている信じられない重量を体験することである——自分が実際には世界蛇の一部を、万物の不可視の地平がそこにおいては接近可能となる可視の形を扱っているのだという事実についに気がつくまで。このようにして読むならば、読者は、一見重要でないもののなかの真に偉大なものを理解しうるだろう。すなわち、通常のなかの奇跡を、顕在するもののなかの秘められたものを、意識のなかの「無意識」を、あるいは、より論理的に言えば、「単一」のなかの「普遍」を感得することが可能なのだ。

　われわれは、この二種類の読みとりを別の用語で表現することもできる。ウトガルドにいるトールである読者にとって、全体としての方向性は「垂直的な」ものであろう。そこでの読者は猫をもち上げることを試み、その失敗を通して、不可視で底知れない深みにそれが根差していることを知るに至る。他方、ミッドガルドに留まったままの状態にあり、その人の見方では、その著作もまたミッドガルドに属したものと見なす「読者」は、「水平方向の」視野を有している。そのような「読者」は無造作に、大した苦労もなく猫をもち上げることができるので、彼の注意はおそらく、猫から離れ、他のものや課題へと移ってしまうだろう。彼はその猫を地球上の他の猫と比較するかもしれないし、この猫をどうするかということについて考えるかもしれない。そんな「読者」にとって、ある思索者や詩人の作品は、「テキスト」以外の何ものでもありえない。文学批評、特に脱構築主義の広い範囲で行われてきたことだが、もし作品が「テキスト」という狭い檻のなかに閉じ込められるとすれば、その作品がもつ実体化可能で操作可能な側面

にだけ焦点が当てられることになるだろう。視点は、表面的なレベルの兆候やその「意味」に、したがって作品についての「猫であり、猫でしかないもの」に限局されることになる。そこには、世界を取り巻く蛇の入り込む余地はなく、「能記（記号表現、シニフィアン）」と「所記（記号内容、シニフィエ）」の間の（水平方向の）分裂という観点からしか考えることはできない。真理という次元、その作品のランクや価値の次元、その絶対的な特異性はかき消されてしまう。そのような「テキスト」は、中立の領域のなかに、突き詰めて言えば、サイバースペースのなかに自らの論理的な場所をもつ。「テキスト」に含まれている言葉、考え、そしてイメージは事実、世界蛇という現実性に根差していないし、根拠づけられてもいないし、それによってもたらされたものでもない。けれども、思索者の作品というのは、（グレッグ・モゲンソンがユングの著作について言うように）「単なる話法の問題でも、単語の問題でも」ない。モゲンソンはここで重要な注釈を加えている。「テキストの外側に『超越的な記号内容』は存在しないという唯我論的な宣言を伴う脱構築は、前提として言葉を超越した存在をもつと主張するものはどんなものであれ、その実在性をまずもって排除する。テキストを『存在論化する』という脱構築主義者たちの動きが、他の思索家を読み解く際、いかなる価値をもっているにせよ、そのような動きは、こころに関するユング自身の類似の動きから輝きを奪うだろう。ユングの『こころの内なる存在（*esse in anima*）』は魂－内－存在であり、テキスト－内－存在ではない。そして、ユングの脱構築的な実践は、テキストのなかの不一致の所在ではなく、文学にとって比喩が存在するのと同じように、こころにとって存在している、こころのイマジナルな形象の所在を示すことなのだ」[44]。

　われわれは今日、「作品」という考えに対する「テキスト」というアプローチの絶対的な勝利を目の当たりにしている。多くの印刷された「線形の」テキストの場は、WWW（World Wide Web、ワールド・ワイド・ウェッブ）に書き込まれた一つの大きなテキストによって占めらる。かつて本来のテキストであったものは今や、単なるテキストの一断片としてそのウェッブ内のハイパーリンクによってつくり出された上位テキストのなかに統合される。ここでは、テキスト上の表面と水平方向の交通が絶対的なものとなる。単一のポイントにおける単一の「テキスト」（これが作品!）の深みに入り込んでゆくことは、一つのアイテムから次のアイテム

へと、潜在的に際限なく飛び移ってゆくことに取って代わられているのだ。この
ことを、ユングがファンタジー・イメージについて、それは必要なものすべてを
自らの内側に含んでいる、と述べたことに擬えてみてもらいたい（「とりわけ、そ
れが属していないものを外側から何ももち込まないこと。そこに入り込むこと。なぜなら、
ファンタジー・イメージは『自らが必要とするすべてのもの』をもっているのだから」[45]）。
ファンタジー・イメージは、ハイパーリンクではなく、ウロボロスの蛇との結び
つきを必要とする。同じことが、作品としてつくられたテキストすべてに当てはま
まるだろう。

　トールの猫は、蛇を表す「記号」ではなかった。それは、自らがそうでなかっ
たものを指し示しているわけではまったくないし、またそうする必要もなかっ
た。それどころか、その理由はまさに、それが最初から最後まで、蛇であったか
らだ。つまり、トールは実際に、蛇そのものの下に、後に騙しの単なる表層的な
印象だったことが明らかになる、彼が「猫」と見なしていたにすぎないものの下
に手を入れていたのだ。もしトールがつかんでいたものが蛇を表す「サイン」だっ
たとしたら、彼はそれをもち上げることができていただろう。しかし、彼にはそ
れができなかった。彼の失敗が証明したのは、その「猫」において彼がその否定
性を捉え、その状況の全体の論理を捉え、その〈概念〉を捉えていたという事実
である。その「猫」をもち上げることができなかったのは、それが無限に、それ
が実体としてそうであった以上のものであったゆえである。図らずも、トールが

44）　Mogenson, op. cit. ここでは32頁の注2とともに28頁の部分を引用した。筆者は存在論よ
　　りも論理に強調点を置いているので、こころを存在論化するというユングの「類似の動
　　き」という表現に問題を感じてはいるが、ここでは単に「作品」と「テキスト」との差異
　　を問うているので、この問題にあまりかかわる必要はないだろう。われわれはただ、「存
　　在論化する」という部分を括弧に入れて、比喩的に捉えておけばよいように思う。そう
　　すれば、モゲンソンの素描した意味において、ユングが行った「存在論化」は明白である
　　と受け入れることは可能である。ただし、他の思索家の作品に関して言えば、こころに
　　関してユングが行ったのと同じような動きを彼らが通例行っていないという事実にかか
　　わらず、「テキスト－内－存在」という考えは、ユングの著作同様、彼らにも適用されな
　　い、ということを言っておきたい。

45）　Jung, *CW* 14, par. 749.

つかんでいたのはまさしく、この「より以上のもの」であった。トールは、それがもっている、あるいはそうであるところの外在的な実体性においてそれをつかんでいたのではない。トールはそれをまさにその神秘において、秘密においてつかんでいた。トールは、定義の上では、彼をもってしても地面からもち上げて引き離すことのできない内在的な無限性と接触をもっていた、と言うこともできるだろう。なぜなら、もし彼がそれを何とかもち上げることができていたとしたら、まさにその事実によって、彼はそれをある有限の、明確に定められた実在へと縮減することになるからだ。

WWW（ワールド・ワイド・ウェッブ）において、内在的な無限性の概念はもはや意味をもたない。われわれが語っている猫の「より以上のもの」は、その文脈においては、ハイパーリンクという方法によって他の猫や他のトピックに飛び移ることを意味するだけである。意図していないことであっても、実際にミッドガルドの蛇を扱うような方法で猫を統覚することは、このような状況では絶対に不可能である。しかし、もしこれが心理学者のすべきことだとすると、心理学者が大いに興味を寄せるミッドガルドの蛇と同じく、今日この時代において心理学者もまた、すでに絶滅した恐竜であり、そしておそらくずっとそうであったに違いないという認識に行き着くだろう。

ここには、われわれが支配されている二つの幻想がある。トールが自分に課された課題をなすべきだったので、その失敗は彼を当惑させた、そして、彼は自分が実際に扱っていたものに気がつくべきだった、とわれわれは考えるかもしれない。しかし、まさにこの物語のポイントは、トールが「騙し」を見通すことなく全力を尽くして猫に集中したが、何とか猫の背中を弓なりにしただけで、地面からもち上げることはできなかった、ということである。ここでは、存在としてあるもの、あるいは経験的なもののなかに、存在論的なもの、あるいは論理的なものを体験することを学ぶこと、そして、外側から見れば失敗に見える事柄を通してそれを学ぶことがポイントなのだ。認識は事後に到来する。

「猫をもち上げること」の失敗と「見通すこと」の失敗は必要不可欠である。元型的心理学には、夢のイメージや精神病理学的な現象の神話的で元型的な起源を「見通すこと」やそこに「遡ること（結句反復）」に卓越したスキルをもった被分析者や著者が多くいる。彼らは、物事をその偽りのない元型的な真理のなかに瞬時

に見ることができた、ウトガルド・ロキの大広間にいた巨人たちのようである。しかし、これは、まったくもって安易な見方である。この場合、イメージや現象は、自らを押し下げる、すなわち、もち上げることのできないような重量をもっていない。「猫」から「ミッドガルドの蛇」への移行は、（日常的、あるいは経験的なリアリティーという形式上の特徴をもつ）ある実体的な意識内容から、（一つの神話的イメージという形式上の特徴をたまたまもつようになった）もう一つの実体的な意識内容への単なる水平方向の動きである。それゆえ、「見通すこと」や「すべての男女のなかに神や女神を見出すこと」は、一つの形式上のゲームであり、元型的、あるいは論理的な深みとは実際にはまったくかかわっていない。「見通すこと」の失敗こそが、元型的、存在論的、論理的な深みのもつリアルさをもたらすのである。なぜなら、その失敗こそが、論理的な否定性というリアルな体験を提供するものであるからだ（「その猫は単なる猫ではありえない」「そこには、無意識的で不可視の『より以上のもの』があるに違いない」「それは無限であるに違いない」）。この見通すことの失敗は、通常の意味での体験と混同されてはならない。そのような体験においては、見通されるべきものは何も存在していない。そこでは、あらゆるものは、それが実体としてそうであるもの以外の何ものでもないからだ。

　それゆえ、テキストのレベルにおいて、われわれのお話のなかでトールが騙されたというふうに描かれている事柄は、彼のより深い気づきとして理解されなければならない。実際に騙されているのは、逆にミッドガルドの蛇や、神々や女神たちを直接に見通すことができると信じている者のほうなのだ。

　もちろん、ある特定の作品を読む時にトールになるという課題は、その作品が本当に大地の下に根差していることが前提となる。読んでいる際にトールであることは、ミッドガルドの大広間のような場所の主人というよりも、普通の猫の姿をしているが、われわれにとってはミッドガルドの蛇であるものを実際に召喚した王、ウトガルド・ロキと相対する時にだけ必要である。われわれが今論じていることで言えば、問題になるのは、ユングの著作が本当に、それが実体としてそうである以上のものであるかどうか、字義通りの「テキスト」やその意味するところ以上のものであるかどうか、ということであろう。彼の著作にアプローチする時、たとえ意識的には彼の「テキスト」を読もうとしているだけであっても、われわれは実際、ミッドガルドの蛇に、ウロボロスに、無限性に、絶対的なもの

に触れ、それらをもち上げることを試みているだろうか。このような問いに対して、単なる断言や主張を通して明確に答えようとしても意味がないだろう。その答えは、実際的なものでなければならないし、ユングの著作を「もち上げる」というリアルな試みから寄り来るものでなければならないからだ。もしこれを試みるとすれば、そこには以下のような三つの可能性がある。

a) われわれがユングの著作をもち上げることができた場合、それはユングが魂の思索者ではなく、普通の猫の姿をした世界を取り囲む蛇を実際に召喚したウトガルド・ロキではないということを示している。猫以上の何かは存在しない。ユング自身がミッドガルドに留まっており、彼の通常の自我で、あるいはそのような自我としてその著作を書いた。

b) われわれがユングの著作をもち上げることができた場合、それはわれわれ自身がトールとしてユングの著作を読んでもいなければ、境界を超えてウトガルドに足を踏み入れてもいないということを示している。われわれはミッドガルドに留まっていて、自分たちが慣れ親しんだ従来の自我として彼の著作を読んでいた。だからこそ、ユングの著作はわれわれにとって単なる「テキスト」であり、単なる誰かの意見や仮説にすぎない。

c) われわれがユングの著作をもち上げることができなかった場合、このことは以下の二つの事柄を示している。一つは、われわれが真実、ウトガルドにすでに参入していたということであり、そしてもう一つは、ユングの著作のなかで、われわれが実際に、偉大な蛇に、すなわち魂の論理的な生命に、〈概念〉に直面しているということである。

　否定的なケース（「猫はもち上げられる」）においては、読者か著者かどちらの側にその責任があるのか、明確ではない。「もし頭と本がぶつかり空虚な音がしたら、それは常に本の側の過ちなのか」（リヒテンベルク）。しかしむろん、本の側の過ちである可能性もある。a) の可能性とb) の可能性のどちらが仮定されるかを客観的に決定する実証的な証拠などどこにもなく、そこでは、その状況に参入すること、ある決定をするという危険を冒すことが、われわれに求められているのだ。

b) 燃えさかる液状の溶岩から結晶化した石へ

　同じように、その可能性のある読者は皆、自力でユングの著作をもち上げ、そこで何が起こるかを知ることを試みなければならない。自分のためにそれをやってくれる人は誰もいない。それゆえ、この全体的な問いにこれ以上ここで入ってゆくことはしたくない。ユングが本当に、われわれにとっての深みを召喚した王ウトガルド・ロキとして著述したのかどうかを証明することはできないし、またそれをするつもりもない。しかしながら、彼の自己解釈に従って、ユングがウトガルド・ロキであった、そしてウトガルド・ロキとして振る舞う、ということであれば示すことができるだろう。つまり、『自伝』において、ユングは事後的に、振り返る形で（いわば「翌日」に）、彼の著作を読む際にわれわれがずっと取り組んできたもの（われわれには単なる「テキスト」、あるいは誰かの仮説の集積のように見えたもの）が実際何であるのかを示しているのだ。このように言う時、筆者は以下のような引用を念頭に置いている。これは、第一次世界大戦前から戦時中の時期にユングが体験した「無意識との対決」について書かれた章の最後の数段落から引いたものである。

　　その時期に体験し記録したものを私の科学的作業という器の内側で蒸留するのに、事実上45年の歳月がかかった。青年の頃、私の抱いていた目標は、自らの科学において何かを成し遂げることであった。しかしまた一方で、私はこの溶岩流に出くわしたのだ。そして、その炎の熱は私の人生をつくり変えた。この溶岩流は、それに取り組むことを私に強いた原初の材料だったし、この白熱光を発する物質を現代的な世界観に組み入れるという私の仕事は大なり小なり成功を収めた。

　　　私が自らの内的イメージを追い求めていた歳月は人生のなかで最も重要であった──そのなかで本質的なすべてのことはすでに決定されていたのだ。すべてはその時に始まった。後の詳細は、無意識から噴き出し、最初私を圧倒した素材の補足や整理にすぎない。それは生涯にわたる業績の「第一質料 (*prima materia*)」だったのだ [46]。

ドイツ語版では、ここに引用した最初の段落にもう一文あって、それは以下のようなものだった。「最初のイマジネーションと夢は、燃えさかる液状の玄武岩のようであった。作業を可能にした石はそこから結晶化したのである」[47]。

ここには、ユングの業績のステータス（あるいは、彼の自己査定）について得るべきいくつかの主要な洞察が含まれている。

1. 溶岩という比喩を使うことによって、ユングは、自分の考えが彼自身によって考えられたものではなく、彼自身の意識のなかに「侵入してきた」ものだということをわれわれに伝えたかった。起源は彼のなかにあるのではないし、彼が自らの考えの主体であるわけではない。その考えが彼のもとにやって来たのであり、彼はその受取人だった。あるいは、犠牲者だったと言うべきか。この燃えさかる塊のなかには、彼のものではなく、反対に彼の人生に形式や構造を付与する主体性が存在していた。「この溶岩流は、それに取り組むことを私に強いた原初の材料だった」と英語で訳された部分が意味するのは、より文字通りに言えば、「この溶岩流は、私の人生がそのようにあることを強いた原初の材料だった」ということであろう。このことは、彼が〈概念〉に動かされ捕らえられていたと先に述べたこととも一致する。同じ方向でなされた以下のような別の言述もある。「最初から私は、これは運命だという感覚をもっていた。…このことは私に内的な安全感を提供した。そして、私が自らにそれを証明できないにもかかわらず、それは私に自らを証明して見せた。私はこの確信をもてないでいた。それが私をもっていたのだ」[48]。

2. 溶岩流、燃えさかる液状の玄武岩、作業を可能にした石という比喩は、自分はある一つの物質からスタートしたというユングの感覚を示している。他の心理学の学派と対照しても、ユングは、「願望」や「欠乏」、克服できない「欠如」や「不在」という考えから始めることをしなかった。否、そこには、むしろ過剰な、圧倒的に充溢したリアルな現存があった、ということである。

3. その物質はそれ自体の内的必然性をもっていた。それは、「形のない」液状

---

46) Jung, *Memories*, p. 199.

47) Jung, *Erinnerungen*, p. 203. 筆者訳。

48) Jung, *Memories*, p.48.

の形態で始まり、まだ形のない石へと固体化する。そして、次には、ユングがそれにかかわるためにもち込んだ枠組みにはよらず、それ自体に内在する形態と意味が発露するような仕方で作業されなければならない。その物質は、ユングの業績の秩序的、造形的、生産的な核であった。

4. このいわば生気に満ちた物質のなかに、ユングは「客観的な」向かい合う対象、すなわち、自らが関係を結び、奉仕すべき汝の類をもっていた。ユングは自らと自らの人生をそのような奉仕に捧げたのだ。

5. われわれは、このユング自身の自己査定に前にある後（hysteron proteron）をも見出す。そこには、パズルのピースを集めて組んでゆくように、前の洞察に次から次へと別の洞察を重ねてゆくことで、知の体系を線形的に築き上げてゆくようなやり方は存在しない。彼の心理学の発展には、際限なく仮説の誤りを立証してゆくというプロセスで、真理に近づいてゆくポパー的な手法のもつ特徴は見られない。そうではなく、最終的な結論はすでに始まりのなかにある。「本質的なすべてのことはすでに決定されていたのだ」。ユングは、ある意味ではすでに終わっていることからスタートした。彼は答えを探し求めねばならない問いを抱えていたわけではない。答えは最初からそこにあった。しかし、答えをもっていることが意味するのは、彼はもう気楽に休息できる、ということではない。反対にその時にこそ本当の作業が始まったのだ。

6. ハイデガーは、すべての思索者はただ一つの思惟を思惟すると述べた。先の一節のなかにもそれを見て取ることができる。すなわち、ある生涯全体にとってのただ一つの「第一質料」の存在である。数千頁に及び多巻にわたる彼の業績のすべては、この一つの中心をめぐっている。「私の著作のすべて、私の創造的な活動のすべてはこれらの最初のファンタジーや夢に由来するものであった…」[49]。本質的には、そこには新しいものは何もない。つまり、「後の詳細は、無意識から噴き出し、最初私を圧倒した素材の補足や整理にすぎない」のだ。別の言葉で言えば、ユングの業績の特徴は、それがある同一の、最初の内容の展開だった、ということである。

7. その時代に優勢な世界像にもっぱら組み入れられるべき、ある所与の知識

---

49) Jung, *Memories*, p. 192.

からスタートしたという限りにおいて、ユングの業績は一人の科学者のそれではない。科学者は問いからスタートして、次に答えを探す。科学者は仮説を立て、次に実験や他の経験的方法を用いてそれらの正しさや誤りを立証することを試みる。ユングは、少なくとも本質的なあらゆる点において、このすべてを行う必要がなかった。なぜなら、科学にとっての探し求められるべき最終的な結論は、彼にとっての出発点だったからだ。科学者の仮説というのは、事実がいかなるものかについての自らの予測であり、それらはその当の科学者によって考え出されたものである。そして、このため、調査研究において科学者は現実性や自然から（ベーコンが言う「自然を拷問にかける」ことで）自らの予測が正しいか否か（実際に事実と適合しているか）についての確証を得なければならない。科学は、真理を認めることを暴力的に強いられねばならない、強情な被告人として考えられている自然から、（自らの仮説や推測を案出する）自我としての主体を根本的に解離させることを基盤にして、そしてそのような解離を用いることで機能している。この解離は、「まず問うこと」と「次に答えること」との間の明白な区分のなかに自らを映し出す。しかし反対に、ユングにとっての「自然」は、「無意識から噴き出した素材」のなかで、すでに最初から、そして自ら物語っていた。彼はその「虜」になっていた。いかなる二次的な検証も分析も必要でなかったし、さらに言えば、そんなことは思いもつかなかった。そこには、「自然」との根本的な区分など存在していない。それによって最初「圧倒」されていたと言うよりも、過度に結合していたと言うほうが適切だろう。科学とそのようなユングの作業は二つの根本的に異なった知の「形態」であり、一方のスタンスは他方の裏返しであることをわれわれは理解せねばならない。われわれが検討しているテキストにおいて、ユングは科学者のスタンスから明確に距離を取っている。「青年の頃私の抱いていた目標は、自らの科学において何かを成し遂げることであった。しかしまた一方で、私はこの溶岩流に出くわしたのだ」（傍点筆者）。若き日のユングは科学者として仕事をしようとしていたが、彼が大人になってした仕事は、概して言えば、そのような時期やそこに属している知的な方向性から逸脱している。そのような逸脱は、選択によるものなどではなく、確かに彼の人生を作り変えた噴出する力に強いられたものだったのだろう。

　もし、ユングがそれにもかかわらず（われわれが先に引用した箇所において）自ら

の「科学的業績」について語りうるのだとすれば、彼は単に、自らが生きた時代、すなわち、「現代の世界像」に貢物を捧げていたのだと思われる。ユングは自らの最初の体験という生の素材を自らの科学的業績という器の内側で把握し、それを彼の時代の世界観のなかに組み込まねばならなかった。そして、その業績が身にまとった科学的な粉飾の責を負うべきは、このような調停の努力だったのだろう。しかし、その物質は自らそのような科学的な装いを身につけたのではない。それは、このようなへつらいがヘルメスの精神において、自らの時代に優位な精神との本当の調停を達成したからこその必然であった。しかしながら、根本的な誤解をそのままにして妥協し、調停されるべきものを曖昧にしたという点で、それは厳しい批判を受けるに値する（このような批判は、後に本書の然るべき箇所で言葉にされるだろう）。

　科学とユングがしていたことは、二つの根本的に異なった知の「形態」であった。最初の「形態」はすでに科学という名前をもっていた。しかし、ユングがしていたことは何だったのか。それにはどのような名前がふさわしかったのか。われわれはここまでに、彼が答えからスタートしたのだ、ということを見てきた。この種の状況は、二つの非常に異なったスタンスへとつながる。すなわち、予言というスタンスと思考というスタンスである。予言者は単に、彼が受け取った答えを宣べ伝える。ある点において、彼は「行動化する」と言えるかもしれない。彼は素朴に自らの内的促進に従い、それをあるがままに全面的に信じている。ユングをこのように理解すべきであると、すなわち、彼を予言者や「ユングというカルト」の開祖として理解すべきであると感じている人たちもいる。しかし、これは間違いだろう。「答え」に圧倒されたことに対する彼の反応は、自分の体験したことを直接的に示したり説いたりというものではなかった。そうではなく、彼は自らの意識のなかに「第一質料」として作業されるべく噴出してきたものを認知しようとした。体験それ自体、その内容こそが、彼にとってはまさに始まりだった。それは、後に続かねばならなかったもの、最も本質的だったものにとっての契機、あるいは主題に他ならず、彼が生涯をかけて取り組んだものだった。苦心して切り出される必要があったのは、その石であり、それゆえ、ユングがしたこともまた、錬金術的な意味での「作業 (opus)」の特徴をもっていた。予言者は、「答え」を自らのもとにやって来たそのまま形で放ち、大衆にその「答え」が理解され

るようにすることに自らの努力のすべてを注ぐ。予言者はいわば自らの背後に
メッセージをもち、彼がそれを聴くべきであると感じている人たちに向き合い、
あたかもそれらの受動的な口寄せとして、その内容が不変のままに自分自身を通
過してゆくようにするのである。以下のような定まった方向性と比較すると、

無意識からの体験　→　意識的な主体　→　聴き手

ユングは受取人として自らが受け取った内容に向き合うために180度向きを変え
ていた。すなわち、

無意識からの体験　→←　意識的な主体

ということである。

　おおまかに言って、ユングにとって常に変わらず第一に重要だったのは、a)
自分自身を無意識の内容から区別する（そして、いかなる人も自分自身をそこから区
別する）ことであり、b) それら無意識の内容との関係を発展させることであった。
それゆえ、自らの無意識からの体験について記述する際、彼は受動的な口寄せを
しなかった。彼は180度向きを変えた者として、つまり、そのような内容との直
接的で素朴な結合を断ち切り、それゆえ、それらとの「切れた」、反省された関
係をもつ者として記述していたのだ。同じ理由で、予言者に見られるような、無
意識から彼を経由して聴き手へ、という一つの連続する流れはそこにはない。ユ
ングには、二つのまったく別個の課題があった。ここでも切断が起こっている。
第一の課題は、すべて自分自身の手で、大衆にいかなる関心も払うことなく、自
らが受け取った内容と自分自身との関係を成就させることであり、第二の課題
は、それらの内容と自らの関係について、事後に報告することだった。

1. 無意識からの体験　→←　意識的な主体
2. 　　　　　　　　　意識的な主体　→　聴き手

この二番目の課題が孕む以下の二つの側面については強調しておかなければな

らないだろう。一つは、（あらゆる種類の「直接に示すこと」や「説くこと」と比較した場合の）報告することの性質であり、もう一つは、ユングが記述した事柄は、もはやその直接性において内容それ自体ではなく、彼とその内容との関係についてのものだったという事実である。「報告」と報告された「関係」の双方がすでに反省を経ている。そこには距離、調停、否定という契機がある。予言がもつ論理は、「神の声」という定式に表現されている。先に言及したアナロジーを用いれば、予言者が、いわば自らが直接にミッドガルドの蛇を接近可能なものとしているという主張をもって語るのに対して、ユングは、一人の人間として自らの声で他の人間に語りかけ、単なる「猫」をわれわれに提示する。つまり、われわれがその「猫」のなかにミッドガルドの蛇を把持することができるか否かを判別するため、「猫」をわれわれに委ねるのだ。

　われわれは今や、ユングがしたことに名づけることのできる位置にいるだろう。その名とは思惟である。思惟の本性は、以下の二つの事柄によって規定される。すなわち、a)「第一質料」によって突き動かされていること、b) この第一質料を「生涯をかけて」作業すべきものとして認識していること（ここでの「作業する」はむろん、石工のように、文字通りの製造所や作業場で物理的に行われるものではなく、精神という「作業場」で、反省という方法において理論的に行われるものである）、の二つである。（彼自身の自己査定に示されているように）「ユング」のステータスは、一人の思索者のそれである。たとえユング自身が反論したとしても、筆者はこのように言いたい。とは言え、彼はそれに反論しなかったかもしれないが、ともかくユングの『自伝』のなかの「晩年の思想」という章の導入となる以下の言葉に耳を傾けてもらいたい。「私についての伝記はいかなるものであっても、以下に述べられる省察によく注意しなければならないように思う。それらはおそらく、高度に理論的なものとして他者に衝撃を与えるだろうが、この種の「理論」をつくることは私の一部であり、食べることや飲むことと同じく、私の生命にかかわる機能なのだ」[50]。原本であるドイツ語版はもっと表現に富んでいる。「けれども、この理論は、私の人生に属する実存の一形式であり、食べることや飲むことと同じく、私にとって必要不可欠な生のあり方を表している」[51]。ユングは、翻訳者が

50）Jung, *Memories*, p. 327.

第3章　ユング：
〈概念〉に根差すこと

「この種の『理論』をつくること」と訳すことでしたように、自らの言説を和らげることをしなかった。彼は、純粋で混じり気のない「この理論」が自らの「生の様式（modus vivendi）」であるという大胆な言葉をわれわれに突きつけたのだ。引用符をつけることもなければ、「この種の」というような言い回しをすることもなく、「理論をつくる」という行為を明確に片側に置いて、もう片側にこの行為の結果としての「理論」を置くこともない。彼の「理論」は同時に、理論化する行為であり、結果として生じた理論でもある。ここでのユングは明確に、ギリシア人たちが「観想的生活（bios theōretikós）」（bios は生物学的な意味での生命ではなく、特定の実存の様相、生の様式である）と呼んだものについて告白し、おそらくは、「理論（theoria）」は「実践（praxis）」の（非弁証法的な対立物ではなく）最も高度な形式であるというギリシア人たちの考えに同調しているのだろう[52]。この告白によれば、ユングは、存在したりあらゆる種類の物事を行ったりするということに加えて、考えることをしばしば好む者ではない。彼は単に、「こころの本質についての理論的考察」と題された論文をかつて書いた者ではないのだ。彼は本質において思索者であり、いわば、あるいはより適切に言えば、思惟することこそ彼の本質なのである。

　ここでユングがわれわれに語ったことは、個人的で伝記的な情報の一断片以上のものだろう。それはわれわれに、（常に彼の自己解釈を透かして見られるものとしての）彼の業績のステータスと射程に関する何かを伝えている。ユングの心理学は、一つの理論的な要請をもってその段階に到達しているのだ。このことは再び、ユング心理学と科学との差異を明らかにする。ハイデガーが教えるように、科学は思惟することをしない。言うまでもなく、彼はこう述べることで、科学者たちが知的でないとか、自らの論証機能を用いないとかいうことを示したいわけではない。ある点で彼の言説は、科学についてというよりも、本来の思惟というものの奇妙な本質についてわれわれに教えている。つまり、科学のなかで継起している類の精神活動は、より狭義の思惟とは別のものであり、科学のステータスは思惟のそれではない、ということを教えているのだ。ハイデガーが示したように、

───────

51）　Jung, *Erinnerungen*, p. 330. 筆者訳、傍点も筆者。
52）　例えば、Aristotle, *Politics*, VII, 3, 1325 b 14-1326 a 22 参照。

科学は根底において、そしてその始まりから技術的なものである（言い換えれば、実践的である）。科学は、自らが真に理論的な企てというステータスをもっているとは主張できない（ヘーゲルは、基本的にはこれと同じ洞察を彼自身の方法や言葉で表現した）。以前は、理論的な性質、すなわち知に対する純粋な努力を科学の本質に帰属させようとすることで、その本質について思い違いをさせることが容易であったが、現在では、商業に対する科学の実質的な服従を通して、その技術的な性質が顕在化してきている。今日の科学はそのような発達段階にあるのだ。科学者でさえ、今日では、科学は真理（真の知識）の探求ではないことをよくわかっている。理論物理学者のヘルバート・ピーチマンが示したように、科学は本当に真理を求めるものではなく、正しさを求めるものでさえなく、ただ単に（まったく異なるものである）信頼性と予測可能性を求めるだけのものなのだ[53]。

　この理論的なスタンスと技術的なスタンスとの間の差異は、トールやウトガルド・ロキについて述べた事柄や垂直的な方向性と水平的な方向性との間の差異とつなげて考えることができるだろう。つまり、理論的な関心は、普通の猫のなかのミッドガルドの蛇にかかわっているし、他方で、科学的な、言い換えれば、技術的な関心は、猫である猫に、その実体性、すなわち、解剖学、生理学、動物行動学、生態学等においてかかわっている。これは、錬金術を化学から区分するのと同じ差異である。化学は、あらゆる物質の定義から「世界蛇」（メルクリウス、内的無限性、内側における弁証法）を根本的に排除した結果として生まれた。それによって、化学は排他的に、物質に関して論理的に実体をもつ、すなわち、「猫でしかない猫」である事象にだけ焦点を当てることができるからだ。それゆえ、化学の精神は、垂直の次元によってはまったく動かされることがない。

c) 止揚された科学、止揚された宗教、止揚された医学

　ユングの業績は、われわれがここまでに見てきたように、予言者やある宗教の開祖の業績でも、科学者の業績でもなかった。彼を予言者と隔てるものは、体験から公示へという直接的な流れを遮る否定や反省という契機である。ユングが大衆に提示した事柄は、その論理的な形式に関する限り、いわば啓蒙主義を経ていた。それは、素朴な体験の直接性に対してあれほどに反発的であった批判精神と

の対決に苛まれていたのだ。ユングの業績は、この啓蒙という契機を科学と共有している。しかし、科学が素朴に啓蒙主義というスタンスを絶対化するがゆえに、無意識からの直接的な体験や「魂」という考えを（「非合理」「迷信」「形而上学的信念」等として）まとめて無視し拒絶しなければならないのに対して、ユングは、予言的なスタンスと同じく、科学的なスタンスをも否定する。啓蒙という立場をも否定することによって、彼はまったく新しいレベルで真摯に、すなわち、論理的に真摯に（多くの「心理学」の学派がそうであるように、経験的に真摯にというだけではなく）いわゆる無意識に由来するイメージを受け取る自由を獲得したのであり、そのことによって、あらゆる思考が魂の現実性という〈概念〉に根差した真の意味での心理学者になった。そこでは、イメージや「とりわけ（それらのイメージの）形式と内容」は魂の「言説」[54] として受け取られる。それらの言説は、自らの内に意味や「指示対象」、価値をもっている。それらは、他の何かを指し示すのではないし、外的な因果関係の結果でもない。端的に言えば、それらは付随現象ではなく、現象それ自体なのだ。

　魂の現実性という〈概念〉は、二重の否定を必要とする。すなわち、「神の声」としてイメージを宗教的に解釈することの否定と、いわゆる実生活の体験の単なる（二次的な）反映として、あるいは、身体的過程やその類のものに起因するものとしてイメージを科学的に解釈することの否定である。双方の解釈とも実体的（実証的）である。それとは反対に、魂の現実性とは、それが実体性の二つの形式の否定であるという限りにおいて、論理的な否定性のなかに自らの論理的な場所をもっている。それは、外側にあるいかなる指示対象ももたない。それは自分自身を示すのである。

　ユングが魂の現実性を真摯に受けとめたというのは、まったく新しいレベルで起きた出来事だった、ということを先に述べた。これでようやく、ユングの思惟

---

53) Herbert Pietschmann, *Phänomenologie der Naturwissenschaft. Wissenstheoretische und philosophische Probleme der Physik*, Berlin et al. (Springer) 1996, chapter 8.3 "Die Sicherheit der Naturgesetze." それ以前には、in: *Eranos 55-1986*, Frankfurt/M. (Insel) 1988, p. 85f. ("Die Sicherheit der Naturgesetze- Polarität von Mensch und Kosmos.")

54) Jung, *CW* 9/I, par. 384.

が反省のより高度なレベルで、あるいは意識のより高度な論理的ステータスで生起した、という先の主張の含意するところを、多少なりとも示唆することのできる地点にきたと言える。ユングの心理学は、止揚された宗教と止揚された科学の双方である。「止揚 (sublation)」は、Aufhebung というヘーゲルの用語の翻訳であり、以下のような三つの意味をもっている。a) 否定すること、そして無効化すること、b) 取り戻すこと、そして保持すること、c) 新しいレベルへと高めること、あるいはもち上げること。ユングの心理学は、内的な体験がそれとともに寄り来る直接的な宗教的解釈を否定する限りにおいて、止揚された (aufgehoben) 宗教であるが、それはまた、魂の現実性という新しい〈概念〉の「契機」としてだけ、宗教的な内容や雰囲気を保持してもいる。同じように、ユングの心理学は、止揚された科学でもある。なぜなら、ユングの心理学は、心理学的なものに対する科学的アプローチのもつ素朴で実証的な還元主義を否定するが、それはまた、啓蒙主義と呼ばれるプロジェクトの知的到達点の背後に後退しないことによって、自らのスタンスの「契機」として、科学のもつ批判的な合理性を保持してもいるからだ。ユングの心理学にできたのは、それ自身の意識が一つの論理的な革命に苛まれ、より高度で深い論理的なレベルのなかに徹底的に放り込まれたのを認めることで、この二つの対立するものの間にある絶対的矛盾の只中に自らの場所を保持することだけだった。心理学は、科学のなかの一分野ではないし、科学と宗教の間にあるものでもない。心理学は、科学と宗教の双方をすでに置き去りにしており、同時に止揚された契機として自分自身の内側に双方を包含してもいる。心理学は、科学と宗教、双方の後継者なのだ(それは、技術の領域において、車や列車、飛行機が〔止揚された!〕馬や馬車の後継者であるのと同様である。この止揚という性質は、われわれが車の「馬力」について云々することに非常によく表れている)。

　心理学が宗教や科学の止揚でなければならないという事実には、ユング自身も意識的であった。彼は明確に、心理学は「科学としての自らを棄却することを運命づけられており、そこにおいてまさに、自らの科学的目標に到達する」[55]と述べている。この考えが示すのは、心理学が自らの内側において、1) 科学である

---

55) Jung, *CW* 8, par. 429. "...is doomed to *cancel itself out* as a science"：ドイツ語版では "muß *sich als* Wissenschaft *selber aufheben*" となっていて、「自らを止揚する」の意。

というファンタジーのなかからスタートして、2) 科学という最初の自己定義を離れ（それを否定して）、3) そのことで科学の非弁証法的な対立物（迷信、主観的な信念やその類）になるのではなく、むしろ、科学という観点での最初の自己解釈によって、それが達成することを期待されている事柄をより高度な次元で実行するような学問であらねばならない、ということである。止揚された科学としての心理学は、伝統的な考えが陥るように、あらゆる科学のコンチェルトのなかでの一つの声調であると言うよりも、ある意味であらゆる科学を論理的に超えている。あらゆる科学は、ある特別な意味において、つまり、あらゆる科学的研究が人間の魂の活動に由来しているという限りにおいて、心理学の内側の「止揚された契機」である。諸科学はそれぞれ、現実のなかの特定の「領域」や「側面」のみを探求する。それに対して心理学は、「『範囲を定めた研究領域』という強み」をもたず、「より広い世界のなかで継起する事柄に煩わされる」[56]必要がある。すなわち、そのような区画に分けられた形式において世界や生と対峙する科学的なスタンスという現象は言うまでもなく、それら個々の科学によって世界が発展してゆくという考えそれ自体が、潜在的には、今や丸ごと心理学的省察の主題や対象なのだ。このことは、いかに心理学が論理的により高度な反省のレベルにあるか、ということを示しているだろう。それはちょうど、かつては「自分自身の止揚された契機」（すなわち、自らの器官）として別々に存在する生命の形式であった単細胞の有機体を「止揚し」、統合することから発生した多細胞の有機体が、単細胞の有機体を論理的に超えている（より複雑である）のと同じである。多細胞の有機体が論理的により高度なのは、それが統合された有機体から独立した存在をもっているのではなく、それらの組織の論理的な体系であるからだ。その体系こそが新しいものなのだ。近年の生物学の理論によれば、現在生きているすべての細胞がそこから形作られるような細胞でさえも、何らかのより原初的なタイプの細胞をその器官として（ミトコンドリアのように）従属させ、組み入れることから発生しているという。細胞の有機体がもつ新しいタイプの器官は、以前には独立していたが、より原初的であるような有機体を止揚したものなのである。――

---

56) Jung, *CW* 9/I, par. 112. 「より広い世界のなかで」はおそらく、「世界のあらゆる物事によって」という意を含むのだろう。

このようなユングの心理学の理論的なコミットメントに対する洞察は、これまでに多くの機会に議論されてきた、ユング派の治療や心理学における「臨床的」アプローチと「象徴的」アプローチとの対立関係に関する問いを提起する。そして、ウトガルド・ロキのお話に関連して、錬金術と化学との差異について今しがた行った解説もまた、そこに光を当てるものであろう。まず、われわれは、「臨床的」と「象徴的」という用語がここで議論されている問題を適切に表していない、ということを理解する必要がある。ある意味で、象徴的な立場というのは常に臨床的でもある。そして、心理学において明確に臨床的なスタンスとは決して、象徴や神話、描画等との広範囲な取り組みを排除するものではない。われわれはこれらの用語を以下の二つと置き換えるべきだろう。すなわち、「技術的」心理学／心理療法と「理論的」心理学／心理療法との対立である。「理論的」という属性をもつと言うに値する心理療法は、ミッドガルドの蛇にかかわっている。面接室のもつ「臨床的」雰囲気のなかにいながらも、そして目の前にいる本当の経験的な患者に集中しながらも、「理論的」な心理療法は、その患者や面接室でないもの、すなわち、それらのなかにある「より以上のもの」、それらの論理的な否定性、世界を取り囲んでいる蛇によって触れられ、そして自らもそれに触れているのだ。ここでの面接室は、ミッドガルドではなく、ウトガルドにある。つまり、ここでの分析家は、トールとして面接室に入らねばらず、猫を地面からもち上げることはできない。この猫をもち上げることの失敗において、治療は、もしそれが「理論的」だとしても、地面に根を下ろすのである。

　論理的に言えば、治療は、「普遍的なもの」として「個別的なもの」を、そしてまた「個別的なもの」のなかに「普遍的なもの」を把持しなければならない。それはちょうど、トールがしたことと同じだろう（意識的に「普遍的なもの」に集中していたわけではなかったのは確かだが、実際には彼はそれに触れていた）。トールの冒険は、「個別的なもの」と「普遍的なもの」との具体的で弁証法的な結合のイメージである。それはまさに、彼が意識的には「普遍的なもの」に気がついておらず、ただ単にその現前を「困難」として感じていたからだ。もし自分がミッドガルドの蛇に手をつけていると直接的に自覚していたとしたら、トールはおそらく、排他的に、そして抽象的にその蛇に集中することになり、（経験的な現実においては、それを通してのみミッドガルドの蛇に接近可能な）当の「猫」のことは忘れてしまって

いただろう。

「普遍的なものとして個別的なものを把持すること」が治療に対して意味しうる事柄は、ユングが受難者として記憶している、プロテスタントの牧師だった父親に対する彼のコメントによって明確になる。ユングは、キリスト教の象徴に関する自らの心理学的な研究との関連で、父親について以下のように述べている。「実際、父は決して獣の姿をしたキリストの象徴に興味をもたなかったが、他方では、それがキリストのまねび (imitatio Christi) であることを決して自覚することもなく、キリストによって前もって示され約束されていた受苦を死に至るまで生き抜いた」（この自覚の欠如が、ユングの父親の置かれていた状況と最後には意識することになったトールのそれとの差異である）。ユングはこう続ける。「彼は自らの受苦を、医者にアドバイスを受けるような［＝技術的なレベルの］個人的な［＝ただ単に「個別的な」］災難と見なしていた。彼はそれを広くキリスト教徒一般が被っている［＝論理的に「普遍的な」］受苦とは思っていなかった」[57]。ここでのユングは、父親が自らの私的で個別的な苦悩のなかに普遍的な問題を見ることができなかったこと、あるいはもっといい言い方があるとすれば、「広くキリスト教徒一般」として自分自身を、すなわち、私的な個人を理解できなかったことを嘆いている！ 先に引いた聖書のなかの王家の結婚のお話に出てくるイメージに沿えば、自分の父親が「結婚式の装い」（キリスト教徒［の受苦］それ自体）を身にまとうことを拒否し、普段着（彼の単なる私的で経験的な受苦）のままでいることに固執したことを、ユングは悲しみ、批判的に述べているのだ。彼の父親は医師を受診していた。また、ユングの分析から類推するに、彼の父親が（ユング派の）心理療法家と会ったと仮定しても、もっとうまくいったとは思えない。ここで問題となるのは、そのような身体的（あるいは肉体的）なものから心身症的（あるいは心理学的）なものへの移行ではない。それは、視点やパラダイム、ルート・メタファーの移行ではないし、専門領域の変化でもない。「事実に基づく現実」の代わりに、心理学の構成概念として、こころや魂という考えや冥界のイメージを想定したり、「外的なもの」から「内的なもの」へと移行したりするだけでは不十分である。ここでの

---

57) Jung, *Memories*, p. 215.「広くキリスト教徒一般」は、英語版では "The Christian in general"、ドイツ語版では "des christlichen Menschen überhaupt."

ユングの発言が要請している課題は、それとはまったく違う、はるかに根本的なものであって、例えば、「広くキリスト教徒一般」としての彼の本当の父親という概念によって表象されているのだ。

　しかし、このことは、先の聖書のお話によると、衣服を着替えることとしては本当にはイメージされえない。そのような単純な変化（交換）はいまだ非弁証法的なままに留まっている。心理学に求められている事柄は、（もし本当の心理学であるならば）私的な個人から人間一般への変化という以上に複雑なものである。つまり、それはむしろ、抽象的な（ただ単に私的な）個人から「存在する〈概念〉」（ヘーゲル）としての具象的な個人への論理的な移行なのだ。具象的な個人が意味するのは、「個別的」で「本当の」（「経験的な」）個人として「普遍的」であり「理念的」であるような人間（ここでは、広くキリスト教的人間、あるいはキリスト）である。——あるいは、再び先の聖書のお話に戻れば、普段着を着た者として、それにもかかわらず、「結婚式の装い」を身にまとっている者である（ここでは、イメージとしてのイメージが、本当に意図されている事柄をいかに公正に扱うことができないかがわかるだろう）。

　具象的な個人（真に心理学的に統覚された個人）は、——はっきりとこのような方法で定式化することなく、ユングはこれを目指していたのだが——「個別的な人間」と「普遍的なキリスト」の差異と同一性との同一性である。これと同じくらい複雑で自己矛盾的なものはもはやイメージされえない。それは、思惟と弁証法的な論理を、言い換えれば、ユングの「思惟の力」、あるいは、個別的なもの（トールの猫）と普遍的なもの（トールのミッドガルドの蛇）を真の意味でともに保持する、すなわち、二つのものの差異を失うことなく、実際に他方の内側に片方をもつトールの強さを要求するのだ。この弁証法的な同一性と差異こそが、心理学を構成するものである。それは、「魂の現実性」が意味するところでもある。魂は、（もしわれわれのなかや世界に存在するとしても）一つの「物」でも領域でも元型的な視点でもない。それは、ここにすでに素描されたように、ただ思惟に対してだけ存在する、内在的な矛盾を抱えた「個別」と「普遍」との間の抽象的な論理的関係である[58]。けれども、ユングが自分の父親について悲しげに述べたように、「宗教的な問題に関して、父は一切思考することを嫌った」のであり、それゆえ、「ガラテヤ人への手紙の2:20『私は住まっている、いや私ではなく、キリストが私の

なかにお住まいになっている』」[59] という言葉を、彼は意識的にも、概念的にも理解することはできなかった。ユングは、父親に関して、「知性を犠牲にした（sacrificium intellectus）」と語っており、さらにマタイによる福音書の19:11以下を引用して、これを自己去勢（それは論理的なものであると言うべきだろう）として捉えていることをほのめかしている。心理学や心理療法は、もしそれが本当に心理学的であることを望むのなら、「存在する〈概念〉」への論理的な移行を成し遂げ、それによって心理学の知的な自己去勢をやめることを学ばねばならない。心理学への参入は、一つの論理的な革命を通して起こるのであり、それは弁証法的な論理へのイニシエーションなのだ。

　治療は、その論理的な地平が「この個人」、すなわち、この論理的に個別である個人に他ならないものとして認識される患者である時、（たとえ、それが共感や象徴、イマジナルな解釈、イメージ技法をもって行われたとしても）技術的になる。小さな違いはあるが、化学においてと同様、そのような治療においては、患者の個人的感情や子供時代の経歴に含まれる諸事実、その人のなかに生起する心的機序や転移・逆転移反応等が、その作業を規定する地平として分析される。そこでは、たとえ、意識と無意識、自我と自己との差異を考えに入れ、ユング的な意味での「深層」や個性化という考えを変わらず使っていたとしても、地上の平らな表面を水平的に動くことを余儀なくされることになる。解剖学や分子生物学、原子物理学の例が示すように、そこには、「表面の、あるいは表層的な深層」というものも存在している。そのような諸科学は、身体や自然の隠された秘密により深く突き進むが、決してその表面を離れない。「深層」という用語は曖昧である。その意味するところは、その方向性、すなわち、それが水平的であるか垂直的であ

58）　魂は、広くキリスト教的人間一般の受苦として彼が被った受苦における「として」であるとも言えるだろう。

59）　Ibid.「いや（住んでいるのは）私ではなく」というのは、個別的なものの、すなわち、単なる私的な個人の否定である。また、「キリストが私のなかにお住まいになっている」が示すのは、普遍的なものの現前である。さらに、「私は住まっている」というのは、経験的な人格がいまだそこにあり、それが（精神病という形式において示されることがあるような）普遍的なもの（その場合にはただ単に抽象的なものとなる）への傾倒によって捨て去られてはいないという事実の証明なのだ。

るかによって決定されるからだ。そこには、「ミッドガルド」型の、あるいは実体的な型の深層（「私の内面」「集合的無意識の領域」）もあれば、「ウトガルド」型の深層もある。後者が意味するのは、同一の現象の内側にあって、個別的なものから普遍的なものにまで広がる、合一における隔たりである。あるいは、「深層」が意味するのは、魂の生命の論理的否定性である（それに従えば、経験的な個人の受苦は、キリスト教的人間の受苦それ自体である）。象徴、おとぎ話、神話や神々のイメージは、それらの正当な場所が（論理的否定性に対する神話的な呼称としての）ウトガルドであるとしても、ミッドガルドにおいても一つの役割を果たしうるのだ。

　先に筆者は、「臨床的」と「象徴的」という用語の対立を問題にした。そして、この問題のいくつかの側面について議論してきたが、もし「臨床的」という用語を「ミッドガルドの地平」（面接室をその実体性において捉え、その人の内面、その人の個人的あるいは集合的無意識をもった抽象的な個人をその地平として捉えるスタンス）に対する一つの略称であり、「象徴的」という用語を、トールが個別的なものと普遍的なものをともに保ちえたウトガルドに根差したスタンスに対する略称であると見なすならば、われわれはこれら二つの用語を保持しうるだろう。

　ユングの心理学は止揚された宗教であり止揚された科学であると先に述べた。ここでわれわれは、それは止揚された医学でもある、ということをつけ加えなければならない。それは厳密に言うところの「援助職」ではないし、その意味で臨床的でもない。治療者はヒーラーではないし、彼の仕事は「施術（treatment）」ではない（ドイツ語では、*Behandlung*であり、そこには「手」が含まれている）。ヒーリングや援助は、心理学や心理療法と呼ばれるこのまったく異なった新しいものの内側にある、止揚された契機以外の何ものでもない。同じように、心理学（心理療法）は「実践的」ではない。かと言って、それは「単なる理論」でもなければ、単なる主知主義でもない。それは止揚された実践であり、そこでは、思惟や「理論（*theoria*）」が最も高度な意味において存在しているのだ。

　理論を指向する視点から見れば、彼が治療の真の患者であると、すなわち、患者をその実体性において捉えている限り、患者を公正に取り扱うことはできない。それでは、誰が真の患者なのだろうか。真の患者は、「第一質料」であり、神や神々であり、「広くキリスト教的人間一般が苛まれている受苦」であり、その時代の「真理」であり、世界－内－存在というわれわれの様式のもつ論理で

ある。なぜなら、それらは、世界におけるわれわれの実際の社会生活を通してだ
けでなく、面接室のなかの個別の患者の生活を通しても立ち現れるものであるか
らだ。「第一質料」は、個別と普遍との合一における差異である。その意味で、
エジプトのピラミッド、ギリシアの神殿、中世の聖堂は治療の成果だった。「宗
教は、その言葉の最も本当の意味において、そして最大の規模において、心理療
法的な体系である。宗教は、絶対的なイメージであらゆる範囲の心的な問題を表
現する。つまり、宗教は、魂の告白であり認識であり、同時に魂の本質の啓示で
もあるのだ」[60]。神やオシリス、死んだファラオの魂のために、正当で、かつ真
正の家を建てることが意味したのは、魂の論理的生命がもつ否定性に対して本当
の場所を与えることであった。他方で、自らの心理学的な発達を目論んだ自己中
心的な努力は、（たとえそれがある自分自身のなかの〈自己〉の発達を切望するもので
あっても）それが不可避的に主観的な企てに留まる限りにおいて、決してそれら
と同じ正当性をもつことはできないのだ。

d)「全体」に向き合うこと

　ケレニイは、信仰心の厚い人は誰も、そして現象学的・歴史的に宗教を研究す
る代表的な学者でさえ誰も、先に引用した宗教を治療的な体系とするユングの見
解に賛成することはできないだろう、と述べた。ここでのユングは依然として医
師として（言い換えれば、偏狭な観点から）語り、病んだ魂を癒すことを望んでいる
が、いまだ十分な自覚をもって魂の目論見を擁護してはいない、とケレニイは考
えていたのだ[61]。このような評価は、ケレニイがユングの言述をよく読み取れて
いなかったことに起因しているように思える。そのような読み取りの弱さは、こ
の言述の孕むメッセージが宗教を心理療法のレベルや障害の領域に引きずり下ろ
すとケレニイが理解している点に示されている。ユングは、本来であれば、宗教
をより高いレベルへと、非神経症的な理解へと高めるべきところを、日常的な意
識や神経症的な精神状態にへつらうという罪を犯したというのである。けれど

---

60)　Jung, *CW* 10, par. 367.

61)　Kerényi, "Kontakte mit C. G. Jung," in: *Wege und Weggenossen*, vol. 2, p. 348.

も、それがユングの言いたかったことだったとは思えない。しっかりと読み取れば、それがまったく反対のことを意味していることがわかるからだ。つまり、ユングは、広く行き渡っている心理療法の概念があまりに限定的であることを批判しようとした。そして、魂の真の視界や次元が宗教や哲学においてのみ可視的になるということを理解することで、われわれにより高度でより厳密な治療の概念を発展させたかったのである。このこともまた、ユングが考えていたように、心理学や心理療法の真の理論的なステータスを強調するものであろう。それらの最も高度な規定に関する限り、心理学や心理療法は、単なる修繕仕事、すなわち、障害を治すなど、うまくいかなくなった事柄にかかわっているのではない。つまり、あれやこれやの特定の状況や問題にかかわっているのでも、世界のなかの個人的な物事にかかわっているのでもない、ということだ。心理学や心理療法は、宗教や哲学とまさに同じように、存在それ自体に関する究極の問い、人生の意味や意味のなさ、存在の根拠、世界の全体性といったものに向き合うために召喚されたものである（しかしむろん、心理学や心理療法は止揚された宗教であるため、これらの問いを文字通りの宗教と同じ論理的形式や同じ意識のレベルで取り扱うことはできない）。同様に、「心理療法家は、その言葉のもつ古い意味での哲学者でなければならない」[62]（大学教授という意味ではない）。心理学という作業が、全体的な人間を前面に呼び寄せるのはこのためである（アートは全体的な人間を必要とする！）[63]。その「全体的な人間が挑戦を受け、自らの全体的な現実をもって戦いに参入するの

―――――

62) Jung, *Letters I*, p. 456, to Dr. Richard Otto Preiswerk, 21 April 1947.

63) Cf. Jung, *CW* 12, par. 6. 私が「全体的な人間を前面に呼び寄せる」とした箇所について、ユングの翻訳者であるハルは、「全体的な人間のエネルギーを必要とする」としている。これでは、この一節でユングが示した要点を弱めてしまうことになる。前面に来なければならないのは、全体的な人間それ自体であり、彼のまったくの人性であり、彼の実存的な核にある主体としての人間存在であって、（彼の「エネルギー」というように）この主体がもっている特定のいかなる所有物でも「属性」でもない。全体的な人間のエネルギーについて語ることによって、この言述が言及しようとしたまさにその全体性は、失われ損なわれてしまう。そこでは、全体的な人間自身と彼のエネルギーとが区別されてしまっている。このことが意味するのは、全体的な人間は自らのエネルギーを戦場に送り込みながら、自分自身は安全に後方に控えている、ということである。

だ」[64]。

　心理療法は、面接室を文字通りに離れてしまってはいけない。しかし、その地平としての面接室は離れなければならないのだ。心理療法は、すでに区分され囲われた空間の論理的防護の内側に、すなわち、科学という範疇のなかの一区分としての、医学のなかの一専門分野としての心理学という概念のなかに身を隠し、人生における一つの実体的な側面、あるいは現実における一つの領域、いわゆる「心理的障害」を扱っていることは許されない。心理療法は、戸外に出て戦場に入り、顔を突き合わせて対峙し、保護されることなく、全体と直面しなければならない[65]。これが、心理療法の担う事柄である。本当の心理学、本当の心理療法は、自らより重要でないものによって囲われたりはしない。偽りの謙虚さの背後に身を隠すこともなければ、自己去勢もない。心理学は、最も高度なものに到達しなければならないのだ。

　われわれは、われわれの「全体性」を発展させる必要はない。この考えがもつ従来の意味において「全体性に向かって努力すること」によって、一つの心理学的、言い換えれば、論理的な課題が行動化され、個人としてのわれわれに投影されることになる。われわれは決して全体的ではありえないし、そのような考えを明確に到達不能なものとして心に抱くべきでさえない。それは万能感への憧憬に栄養を与えるだけである。そうではなく、絶え間なく「全体」に向き合い続け、そして今も向き合うものでなければならないのは、われわれの心理学である。あるいはおそらく、ユングが「全体性」や「全体的になること」ということで示した事柄が目論んでいたのは実のところ、他ならぬ、人が自らの精神や心理学が「全体」と向き合う準備ができる地点へと到達すること、まさにその中心に絶え間なく自分自身を据えることのはずではなかったのか。このことは、われわれにマンダラの象徴を再解釈することを可能にしさえする。歴史的・現象学的に言え

64）Jung, *Memories*, p. 337.

65）全体は、人生や世界のいかなる特定の側面でも、いかなる存在的、あるいは経験的な実在や領域でもない。また、すべての経験的な側面や実在の総和でもない。全体は、今述べたようなものとは範疇の異なるものであり、存在的なもの、経験的なものを超えたものである。それは究極のものであり、中心であり、絶対的なものなのだ。

ば、マンダラは常に「世界」(静)や輪廻(動)のイメージとして解釈されており、また同じ頁(!)で自身、「形を造ったり、形を変えたり、永遠なる意味の永遠なる遊び」[66]というゲーテの言葉を引用して、はるかに適切にマンダラを理解しているにもかかわらず、ユングは、マンダラが〈自己〉(「〈自己〉、すなわち、*私の全体性*」)のイメージであるという奇妙な考えをもっていた。マンダラの出現は、「全体」に向き合い、自らのあり方の本質をそれに露呈することができるようにするために、(時間的・空間的に)存在の中心に自らの論理的な場所を獲得するよう招待されたと理解されるべきである(あるいは、このような位置取りが心理学的に生起したということを示唆するものとして理解される場合もあるだろう)。そうだとすると、マンダラの象徴は真に理論的なスタンスへの企図されたイニシエーションにかかわっていると言えるだろう。

「存在の中心に自らの論理的な場所を獲得する」という考えは、ハイデガーの「四方域(*das Geviert*)」という考えの助けを借りれば、相互的な役割のなかでともに「世界」や「全体」というものを形成する、天と地、そして神と人という二組の対立物の交わりと理解されてきたものとしてイメージされうるだろう。

トールが実際に世界を取り巻いている蛇をつかんだ時、文字通りその蛇に焦点を当てる必要がなかったのとちょうど同じように、心理学もまた文字通りに、直接的に、絶えず「全体」に向き合い、そのような「全体」よりも手近にある(存在的な)物事や問題のすべてを忘れてしまう必要はない。むしろ、このような「全体」と向き合うことは本来、心理学的であり、字義的なものではない。それは行動化されてはならず、「全体」はあらゆるものの存在的な総和という字義化された観念と見なされてはならない。「全体」との対峙は、心理学の意識の本当の論理的な地平や、いかなる特定の話題、具体的な状況、あるいは具体的な患者であるにせよ、それに経験的に着手しようとする実際的な態度以外の何ものであってもならない。それは、あらゆるものが、普通の猫と同じように単純なものでさえも、その全体の現前、すなわち、ウロボロスとして存在するようなウトガルドに論理的なスタンスをもっていなければならないのだ。

ここで描かれる「全体性」は、全体主義的な態度を心理学的に支持することに

---

66) Jung, *Memories*, p. 196.

力を貸すものではない。なぜなら、それは実体的な全体性ではないからだ。それは、「ウトガルドのなかで」認識されることを必要とし、個別的なものと普遍的なもの、経験的に現実的なものと理念的なもの（元型的なもの）との間の魂の論理的生命の絶え間ない流れとして存在する、論理的否定性というステータスにある「全体」なのである。

e）時代の問い、大いなる謎、精神の重荷

「全体」と向き合うことは何を意味するのか。「私の存在の意味は、私に寄せられた一つの問いを生命が抱えることである。あるいは、反対に、私自身が世界に寄せられた一つの問いであるし、私は私の答えを提供しなければならない。さもなければ、私は世界の答えに依存することになるからだ」[67]。このユングの言述から、彼は自分自身が生命それ自体に向き合っている、そして、反対に生命それ自体によって向き合われていると理解していた、ということがわかる。「私は一つの問いである」、あるいは「生命それ自体が、私の答えねばならない一つの問いである」。どちらの方法でそれを定式化するかは本当の問題ではない。どちらの場合も、まだ答えられていない問いが、実際に答えられることを必要としながら待っているからだ。心理学的な存在というのは、対面で向き合った私と生命との間の問い－答えの関係として、言語学的に理解される。生命が提起する問いは、生命にまつわるあれやこれやの物事、問題、あるいは特定の側面に関するものでも、あらゆる種類の物事に関するものでもない。生命それ自体が問いなのである。それは本来的に問いとしての性質をもち合わせている。それゆえ、問いはまた生命それ自体でもある。同様に、それに対する答えは、一つの文章、あるいは一つの包括的な理論で与えられるべきものではない。私は、すなわち、私の生命は、私が答えるよう請われている問いに対する答えである必要がある。ご記憶のことと思うが、心理学は止揚された科学であり、止揚された宗教である（存在の意味に関する問いに対して科学が出す論理的に実体的な答えが、この問いは解答不能である、あ

67）Jung, *Memories*, p. 318. ドイツ語版の『自伝』の320頁以下に従って変更を加えた（この『自伝』の英訳は、原版の意味を正しく伝えていないことがしばしばある）。

るいは無意味であるという、実際には否定的なものであるとしても、それらは双方とも、その止揚されていない形式において、言述という形式で実体的な答えを与えようと試みるものである)。

　先に引用したユングの定式において考えられているスタンスは明確に、その言葉の最も高度な意味において理論的であり、なぜ理論が実践の最も高度な形式であると見なされうるのかを示すものである。それは書物上の理論でも、主知主義でもない。それは理論として実存的なもの、「存在する〈概念〉」(ヘーゲル)なのだ。

　われわれは、ユングの自己解釈に関する議論を、彼の用いた自然主義的な隠喩、すなわち、作業されるべき岩に固められた溶岩流というイメージから始めた。そして、問い－答えという隠喩は、同じ状況を言語学的な用語のなかに基本的に組み入れたものであり、それゆえ、それを精神にずっと近い方法で想像する。以下の別の引用は、ユングが自らの心理学的な思惟が直面させられていると感じていた問いの歴史的な次元と重要性の序列を、より実体的に示している。「私の問題は、歴史的な過去という巨大な怪物と、世紀という大蛇と、人間の精神の重荷と、キリスト教の問題と格闘することである。…他の人々は、そんな問題には煩わされてはいない。彼らは、キリスト教がわれわれに付与した歴史的な重荷について斟酌することはない。けれども、現在と過去、あるいは未来の間の大闘争に関心を寄せる人たちがいる。それは、人間が抱えたとてつもなく大きな問題である。ある人たちは歴史をつくり、別の人たちは郊外に小さな家を建てるのだ」[68]。つまるところ、心理学は、「人間が抱えたとてつもなく大きな問題」と、全体としての「人間の精神の重荷」それ自体と、「巨大な怪物」と、「大蛇」と格闘しなければならない。ここからわれわれは、ウトガルド・ロキが召喚した大蛇についても考えることが許されるだろうか(ここでのユングが特にそれについて考えていなかったのが確かだとしても)。ユングはある書簡でも、われわれの注意を要する「大いなる謎」[69]について同様のことを語っている。これらの表現やイメージはすべて、重荷や謎が何なのかということを実体的に詳説しはしない。このこともまた、それらの論理的否定性、すなわち、それらが「全体」というレベルでの問題

―――――――

68）Jung, *CW* 18, par. 279.
69）Jung, *Letters 2*, p. 498, to Werner Bruecher, 12 April 1959.

に言及しているという事実を指し示す。ユングは、過去と未来の間の闘争としての現在に、まさにその只中に自らの業績を位置づける。これが彼の心理学の地平なのである。

　格闘すべき問題がキリスト教と結びついていると考えることで、ユングは再び、心理学的な問いが究極的には宗教的な次元（言うまでもなく、止揚された宗教という次元）においてのみ適切な表現を見出すことを明らかにする。けれども、彼はまた自らの特異的な歴史的－文化的な状況に対するコミットメントを示してもいる。つまり、彼は自分自身を、特異的な、文化的・歴史的に規定された現在に根づかせているのだ。彼は「現在」という一つの抽象的で普遍的な理念に逃避することはしていない。基本的には普遍的で永続的な問題であるはずの人間の精神の重荷や大いなる謎が、今日の特異的で限定的な状況でこの問題が到達している具体的な彩色や定式において彼に迫り来るのはこのためである。普遍的な元型という彼の理論は、人間存在の問題がそれぞれの時代の具体的で歴史的・文化的な状況からその特定の表現を受け取るという事実を見過ごして、静的で非歴史的な永遠なる哲学（*philosophia perennis*）といった類のポジションに彼を誘い込むことはない。だからこそ、今日のわれわれにとって、人間精神の重荷がとる形式は、われわれのキリスト教的な伝統が到達した現在の状態によって規定されるのだ。大いなる謎に関する限り、われわれは仏教やイスラム教に一つの解決を見出すことも、それをエジプトやギリシアの神々、あるいは、中世のカトリックの伝統やシャーマニズムに求めることもできない。魂は、それが本当に生起したところで取り上げられる必要がある。「第一質料」は常に、ある特定の状態にあり、自らが展開してゆくプロセスのなかのある特定の段階にあるのだ。

　錬金術において、第一の原料は、例えば、黒化、白化、黄化、赤化という段階を経て展開してゆく。これらの段階を経た展開は、いくつかの並存している国々をめぐる旅とは異なっている。それは、一つの同じ物質の複数の様相や段階を経て進行してゆく過程であり、換言すれば、それは変容や変態という性質を有しているのだ（おそらく、卵、幼虫、さなぎ、成虫という蝶の変態のように）。その原料が白化の段階に達すると、黒化は背後に置き去りにされるが（なぜなら、白化は完全に止揚された黒化だから）、いまだ黄化（これは止揚された白化〔と黒化〕である）の様相や段階には入っていない。H_2O は、氷、水、蒸気、いずれの状態でもありうる。

もしそれが一つの状態にあるなら、他の二つの状態ではあることはない。（西洋の）魂の歴史の錬金術においても、魂は同様に一連の意識の論理的な組成を経て、すなわち、（世界－内－存在の全体の様式としての）シャーマニズムの段階から神話的で儀礼的な多神教の段階へ、さらには、前の二つの段階の止揚である（形而上学、科学、そしてテクノロジーという三位一体をもった）キリスト教的な一神教へと展開してきた[70]。そして今や、魂の伝統的・キリスト教的な組成は、結果として生じた、すでに明確に目に見えている魂の状態について新しい定義を行うことなく、自分自身を否定する地点に来ているように思える。魂のプロセスに関する錬金術的な理解は、われわれがある特定の、特異的な瞬間にも心理学的に「定位」（エドワード・ケイシー[71]）されている、ということを理解するのを助けてくれる。われわれは、あらゆるイメージ、神々、そしてわれわれの利用できる超時間的な選択肢としての全時代の思考形式やプラトン主義的な〈イデア〉を陳列している「イメージの博物館」（アンドレ・マルロー）のようなものや元型のスーパーマーケットにいるわけではない。この制限と限定こそが、心理学的な生命をリアルにする。そこには、選択の余地はない。つまり、われわれは、自らの好みや、善悪、是非の観念に従って、イメージやわれわれの神々を選択できるわけではなく、自らの（あるいは自らの時代の）リアルなイメージや神々がたまたま何であろうと、それに留まり続けるのである。

　心理学は、自らの意識の論理的形式において「アートの段階」に進まなければならないのとまさに同じように、魂の永遠なる苦境が自らの時代において到達する具体的な状態とレベルにも触れなければならない。心理学は、その時代の切迫する（心理学的）問いに接近しなければならない。そして、魂が自らの根本的な問いに答えるという試みが現実に生起するまさにその地点において、魂の自らとの対話へと参入しなければならないのだ。それは、科学的なディベートに参入する

70）　この文脈において、筆者はここで行った描写の弁証法的な反転については省略している。もし完全な形で描写するなら、歴史は、それぞれが（排他的にこの一つの段階としての）それ自体の結合であり、すべての段階全体の結合であるような複数の時代や状況から構成されている。

71）　Edward Casey, "Reality in Representation," in: *Spring 54* (1993), pp. 32-41.

科学者が、彼の時代にそのディベートの到達しているまさにその最前線、すなわち、それまでに到達された知のレベルが終わり、判決を目指して未決の問いが始まるような境界点にいなければならないのと同様である。

　歴史をつくる人たちと郊外に小さな家を建てる人たちという二者択一を提起することで、ユングは、理論的な学問としての心理学が、安全な象牙の塔から人生一般の意味について怠惰に思いをめぐらせることと混同されてはならないという事実を暗示している。心理学は、歴史的な営みの最前線に、いわば、過去と未来がぶつかり合う戦場に自らの場所をもたねばならない。それらがぶつかり合う戦場は、魂の奥底のもつ遠隔性のなかに、あるいは、魂の論理的生命のもつ触れることのできない、おそらくは影のような現実性のなかに存在している。それは、政治的な闘争の場や主流の知的ディベートと同一ではない。

　問いと答え、そして、ある特定の歴史的な時間に魂の自分自身とのディベートが到達した状態という隠喩は、筆者が（簡単に）言及しておきたい、以下のユングによる最後の自己解釈へとつながる。ユングは、自分自身が、錬金術の「黄金の連鎖（aurea catena）」、すなわち、伝説のヘルメス・トリスメギストスに始まり、彼の見解では、ゲーテの『ファウスト』とニーチェの『ツァラトゥストラ』を経てわれわれの時代へと至る、錬金術師や賢人の連なりにおける最も新しい連結点であると想像していた。このファンタジーは、彼がある歴史的な伝統のなかに、すなわち、ある知的－霊的－心理学的な連続性のなかに根を下ろしていることを明確にする。ちょうど、自然主義的なイメージにおいて溶岩流があたかも外側から彼の意識的生活のなかへとなだれ込んだように、ここでのユング自身のプロジェクトは、彼のはるか以前に始まったものであり、歴史を通して彼のもとに降りて来たものである。「黄金の連鎖」という考えは、われわれの文脈においては興味深い。なぜなら、そこでは、〈作業〉のもつ永続的な状況の側面と短期的な状況の側面が一体となっているからだ。ホメロスにおいて、「黄金の連鎖」は、天から地へと広がるものであり、時間的、歴史的側面をもっていなかった。このことは、魂のもつ無時間的な元型的側面と一致している。しかし、錬金術的な意味における哲学者の一連なりとしての「黄金の連鎖」は、時代と時代を連結して広がる鎖となっていた。それぞれの時代において、作業に参入することは、一人や複数の新しい個人に与えられる機会となる。一方でそれは同じ作業であるが、根本的に新

しい歴史的－心理学的な状況の下での、そして新しい意識のレベルでの作業でも
ある。『ファウスト』から『ツァラトゥストラ』を経てユングへと至る問題の展開、
そしてこれら三者の差異はこのことを明らかにしている。そこには、あらゆる時
代の個人の営みにおける作業の常に変わらない新たな反復だけが存在しているわ
けではない。そこには、取り組まれねばならない問題の特異的なレベルと形式を
ある特定の時代の個人的な作業に与える、それぞれに異なった段階を伴う歴史
の作業も存在している。先に魂の歴史の錬金術について述べたのはこのためで
ある。

第4章
ユング派：
概念への免疫性と失われた遺産

　『自伝』のなかでユングは、ニーチェの『ツァラトゥストラ』との出会いが自らに与えた深い衝撃について論じている。ゲーテの『ファウスト』との出会いの際とまさに同じく、ユングはそれに魅了されてはいたが、それは彼にとって動揺とない交ぜになったものでもあった。なぜなら、彼は明確に危険を感じていたからだ。ニーチェの著作にも、彼、すなわち、ユングが格闘しているのと同じ類の問題が垣間見られ、しかもそこに何か間違った（「病的な」）ものの存在を感じ取っていたからだ。彼の知人で、ニーチェに魅了されていることを率直に認める人は二人しかいなかったという。

> 他のすべての人は、絶対的な免疫があったためか、『ツァラトゥストラ』という現象によってさほど当惑させられてはいなかった[72]。

　これはドイツ語原版からの筆者による訳である。『自伝』の英訳では、「私の残りの友人たちは、その魅力に単に免疫があったためか、『ツァラトゥストラ』という現象によってそれほど驚かされてはいなかった」[73]となっていて、それでは、われわれの注意はその著作それ自体から、その著作の影響、すなわち、その「魅力」へと逸らされてしてしまい、言わんとすることが拡散してしまう。しかし、ここでユングが言いたいのは、彼の知人たちが『ツァラトゥストラ』という現象や実体それ自体に免疫があった、ということだろう。彼が語っているのは、「黄金の連鎖」の最も新しい連結点の一つと見なすべき根拠をなす、その著作の性質

---

72)　Jung, *Erinnerungen*, p. 110.
73)　Jung, *Memories*, p. 103.

についてである。加えて、ユングはその特異的な危機について語っており、その
なかにこの著作に存在する魂の「作業」を感得していた。このような危機こそが
ユングを深く感動させ動揺させたのである。それに対して、他の人々は当惑する
こともなければ、もちろん魅了されることもなかった。彼らはこの危機に動かさ
れなかったし、触れられてもいなかった。その結果、単にそれに対してまったく
の無反応だったのだ。彼らは完全に冷めたままだった。

　この言説によってユングは、彼の体験と他の大方の人間の体験との間に開いた
裂け目を指摘している。この裂け目があるという感覚は晩年まで続いた。弟子た
ちでさえも、必ずしも裂け目のこちら（彼の）側に位置づけられるわけではない
と彼は考えていた。書簡には以下のような記述が見られる。「自らを私の弟子だ
と称する…人はこれまでにたくさんいた」[74]。さらに、「私から継承したものから
あらゆる種類のガラクタを作り上げてきた弟子たちの何と多いことか。私はノイ
マンを『確固として』支持するとは一度たりとも言ったことがない。…私が自分
なりの留保をもっていることは明らかなはずだ」と。1949年にノイマンの『深層
心理学と新しい倫理』の書評の著者に宛てたこれらのコメントにおいて[75]、ユン
グは、エーリッヒ・ノイマンのような傑出した弟子からでさえも、明確に距離を
置こうとしている。ユングが自分の弟子たちについて考えていたことは、以下に
引用するような一節からも感得することができる。「…弟子たちと同じく、患者
たちとの作業から、近代の精神がいかに強烈に何らかの手引きを必要としている
かを、そして、現在という時間、そしてさらには近い将来がわれわれに提起する
問題の膨大さに直面し、取り組もうとする際、人々がいかに無力であるかを私は
知っている」[76]。

　そして、最も重要な言述が1960年の書簡に見られる。「私の名前を口にする人
たちが本質的にはそれが何に関するものであるのかをまったく知らないでいたと
いうことを理解するなら、『有名』とは言わないまでも、よく知られていること
にほとんど意味などないことがわかる」[77]。「本質的にはそれが何に関するもので

74）　Jung, *Letters 2*, p. 574, to Hugh Burnett, 30 June 1960.

75）　Jung, *Letters 1*, p. 518, to Jürg Fierz, 13 Jan. 1949.

76）　Jung, *Letters 2*, p. 498, to Werner Bruecher, 12 April 1959. 傍点筆者。

あるのかをまったく知らない」というのは、「それに対して免疫がある」のと同じことである。前章で紹介したトールとウトガルド・ロキについての物語を想起すれば、ユングが描いたその裂け目の正体が、ウトガルドとミッドガルドとの間に開いたものであることが容易に明らかになる。問題となっていることを感じ取っていない人は、自らの心理学的で知的な場所をミッドガルドにもっている。あるいは、逆に言えば、ミッドガルドの視座にしっかりと根づいているということが不可避的に意味するのは、魂の〈概念〉に対して免疫をもつということなのだ。

　別の書簡でユングは以下のように述べている。「われわれの心理学のより深い含意を理解できる人などほとんどいないが、ヴィクトール神父は『大いなる作業（*opus magnum*）』を続けるかもしれない、という明らかに儚い希望を私はかつて抱いていた。しかし、私が知り合いになったなかで、常ならざる理解を発展させ始めた知的な人たちのほとんどは、予期せぬ、そして早い最期を迎えてきた。それはあたかも、相対的に見て死に近しい者だけがわれわれの心理学の本質のうちのいくらかを把持しうるに十分な真摯さや成熟を得るかのようである…」[78]。ここでは、第1章のa) でなされた言述に戻ることが役に立つだろう。「心理学者は…自我人格としてははるか以前に死んだ者として語らなければならない」。つまり、「一人の心理学者のなかの心理学者は常に一つの部分的人格である。けれども、この部分的人格こそが心理学の語らいの実際の著者になるべきであるし、さらには、それは『死者』であるべきなのだ」。部分的人格としての心理学者のなかの心理学者と全体としての自我人格（経験的な人間存在）との間の区別がなされていない場合、早すぎる死はそれだけ一層起こりうるのかもしれない。もし、自我人格が心理学の「より深い含意」に関して真に例外的な理解をもった心理学者であらねばならないのであれば、その字義通りの死への近しさは避け難いのかもしれないのだ。結局、ユングは、普通ではありえない洞察をもちながらも長寿を全うしたが、彼もまた、自らのNo.1人格と（冥界とのつながりをもつ）No.2人格との区別からスタートしていた。しかしいずれにせよ、死を遂げることは心理学を行うための前提条件であるように思える。さもなければ人は、われわれの心理学の本質

77）　Jung, *Letters 2*, p. 530, to Prof. Eugen Böhler, 1 Jan. 1960.

78）　Jung, *Letters 2*, p. 536, to the Mother Prioress of a Contemplative Order, 6 Feb. 1960.

のうちのいくらかを把持しうるに十分な真摯さや成熟を得ることができないから
だ。

a）今日の伝統的なユング派における一般的な状況についての議論

　今日のユング派の世界を見回した時、ユングの遺産はすでに失われたという印
象を強く抱く。このような評価や、以下にユング派の置かれた状況について述べ
る批判に関して、筆者の批判が前提とするようには考えない、感じない、振る舞
わない多くの人に対しては、おそらく不公平な立場をとることになるだろう。も
ちろん、筆者はここで、ユング派の個々の人物すべてについて語っているわけで
はない。そのようなことがどうしてできるだろうか。筆者はそのほとんどを知ら
ないのだ。今から語るのは、多くの（すべてではない）国々や職業的団体、出版界
において、「主流」あるいは正式なユング派の考えと呼びうるものに優勢な傾向
についてである。ここでは、思考の顕著なスタンスやスタイルを特徴づけること
を試み、他方で、その描写が自分自身の思考の方法に、そして自分が属している
職業的な集団のそれに適用しうるのか否か、あるいはどの程度適用しうるのかと
いうことについては、それぞれの読者の判断に委ねようと思う。

　ユングはもう少しよい継承者をもってもおかしくはなかっただろう。しかし、
今日のユング派のなかには、（理論が再び活性化することや発展することを下手に要求
するような）知的な人がほとんどいないというだけでなく、社会に蔓延している
常識的なものの見方へつらうことで、彼らはますます、ユングが描写した裂け
目の間違った側に身を置くことになっている。彼らは自発的に、心理療法という
一つの概念が科学に基礎づけられた臨床的な企図であることを認め、それゆえ、
魂の〈概念〉に対して自らが免責されていることについて疑念を抱かない。確か
に、ユングの考えや主題の多くはいまだいくつかの領域やグループのなかで議論
され、彼の語彙もいまだ使用されてはいるが、それは単に、心理学の内容や対象
としてのことであり（しばしばそれはある種のジャーゴン以外の何ものでもない）、心
理学の地平として、そして心理学を体系づけ形作りそこから何か産み出す核とし
てのことではない。ユングにとって、彼の生涯の仕事の、論理的かつ時間的に「ア
ルケー（*arché*）」だったもの、前章に見たように「彼の人生をそのようなあり方に

第4章 ユング派：
概念への免疫性と失われた遺産

し」、彼の業績を生み出した、熱い「第一の原料」に相当するものは、たとえ彼らにとって意味があるとしても、それは実用主義的な臨床ビジネスのお飾り、あるいは日曜日のレクチュアのために取り置かれた一種の上部構造としてでしかなく、毎日の仕事のなかで行われる実践の論理的な基礎や枠組みとしてでは決してないのだ。たとえいくつかのウトガルド的な事柄がこのミッドガルド的な状況におけるよい娯楽を生み出すものであるとしても、この場合、心理学は自らの家をミッドガルドにもっており、心理学者は「大いなる作業 (*magnum opus*)」の外へ出てしまっている（あるいは、それに決して近づけない）ことになる。

　このことは、ある人物のユング心理学の状況についての評価を想起させる。いくつかの国で心理療法や心理療法の内容に関する訓練や実践を規定する詳細な州法が制定され、公的な健康保険の枠組に包摂されているという事態を、しかも、そのような心理療法に関する法的な定義が明らかに心理療法の官僚化やテクノクラート化に結びつくにもかかわらず、多くのユング派心理療法家たちが驚いたことにそれを喜んで支持しているという事態を、彼は批判している。

　　　すべてではないにしてもたいていのユング派は、単に「善行」という宗教的な覆いを被った官僚そのものである、ということを認識しなければならない。彼らは本当には、社会というものに関心をもっていないし、かつてももっていなかった。思想については言わずもがなであり、ユングの思想の力、そしてそれがユングの後継者に要求するものに対しても事情は同じなのである。

　この場合の「官僚」は、多くの場合、「テクノクラート」とも言い換えることができるだろう。鉄の工作機械や電気機器を用いる「ハードウェア」の科学技術に加えて、共感やイマジネーション、感情といった心理学的な道具を用いるソフトの科学技術が存在する。そして、このようなソフトの科学技術の実践がしばしば、ギャレット・ハーディンが言う「情緒的避難所」、すなわち、暖かみや安全さ、美しいが曖昧であるイメージの宇宙の見かけ上の宗教的な荘厳さ、そして、より高度な人生の意味を示唆する、優しく漠然とした心理学的な概念への逃避を、官僚やテクノクラートの側が個人的に追い求めていることによって動機づけられて

いる。これらのことは、心に留めておかねばならない。そこでは、心理学／心理療法は事実上、「個人の成長の管理」や「障害の管理」と見なされており、このことによって心理学／心理療法は科学技術的なものになる。心理療法家が通常、自らが「援助職」の一員であると感じており、その基本的な態度が臨床的であり実用的であるのもこのためである。著者たちが自らの言述をケース素材に基づかせる必要性を感じていない出版物や講演はほとんどない。それはあたかも、分析家の治療への見解のなかにいまだ内在していないものをケースが証明できるかのようである（T・クーンは、「科学的観察の理論負荷性」について述べた）。心理療法のなかで働いている管理的、管理者的な精神の特異な形態は、産業や行政で必要とされる管理者的な精神とは異なっているとしても、やはりまぎれもなく管理者的である。その職業的団体における文字通りの職員だけでなく、診察室的な考え方をもって働いている人は誰でも、比喩的に言えば、一人の職員なのだ。

　それゆえ、ほとんどの場合、分析心理学と心理療法は深層心理学的ではない。ミッドガルドで生起し、表層で水平的に仕事をしているのだ。ごまかされてはいけない。深層心理学的な道具（概念や方法）が当然のごとく分析心理学において用いられているという事実は、純粋な深層心理学の存在を証明するものではない。この点において、作業に用いる道具は重要ではない。分析的なものであれ、行動主義的なものであれ、学習理論的なものであれ、手持ちの道具であれ、すべて同じことである。重要なのは、これらすべての場合において、第一に実践的な目標（「治癒」「個人の成長」等）に向かって「道具」を用いて作業し、それゆえ、「道具主義」の、実用主義的な精神の枠組みのなかで、最も広い意味での「生き残り」というサービスのなかにある目標に向かって働いている、ということである。それらの「道具」は、その純粋なウトガルド的な意味に加えて、ミッドガルド的な方法で「無意識」について、さらには「集合的無意識」や「元型的なもの」についてさえも語る。もちろん、「深層」や「冥界」等と同様、「（ユング派で言うところの）自己」についてのミッドガルド的な意味も存在する。そこでは、ウトガルドに（例えば、魂の論理的否定性に）言及するいかなる用語もイメージも、「ウトガルド」や「論理的否定性」それ自体さえも、ミッドガルド的なものの見方に回収されてしまうことは免れないだろう。

　ミッドガルドは、常にそこにあるものである。つまり、それは最も自然なもの

なのだ。ウトガルドの視座は、ミッドガルド的な意味が能動的に克服される限りにおいてのみ、その存在を顕にする。そこには常に、猫が猫でしかないような常識的な方向性から魂の視座を絞り出す継続的な努力がなければならない。元型や冥界のイメージは、それらが癒しや自己成長、意味の探求といった何らかの外在的な目標に向けて道具化された瞬間、水平的で表層的な観念に姿を変える。本来は、内容という様態で存在する垂直的な観念であるはずの元型や冥界のイメージは、そうであるにもかかわらず、方法と目的、原因と結果、病と健康、善と悪との関係という、水平的で実用主義的なスキーマの内側にある単なる機能的な概念へと翻訳されてしまう。用いられる用語や考えはそれ自体としては多くを示さない。深層心理学は、その態度が実践的（実用主義的）でなく、理論的である場合にのみ（それが実践であるとしても）、存在するのである。

　先に引用したピタゴラス派の「最良のものは理論的な意図とともにやって来る」という洞察と一致するものだが、心理学にとっての実践の最もよい方法（それは患者に奉仕する最もよい方法でもある）は絶え間ない理論的なコミットメントをもつことである、と理解していないからと言って、ユング派を本当に非難することはできない。ウトガルドを知らず、〈概念〉に対して免疫をもっているのだから、このような理解がいかにして到来しうるというのか。ウトガルドからはミッドガルドの視座は容易に理解できる。しかし、もしあなたの任地がミッドガルドにあるとしたら、理論的なスタンスを認識することは不可能である。あなたは不可避的に、そのようなスタンスを「理論的であるにすぎない」と、象牙の塔の心理学と、患者の要求を犠牲にするものと見なさなくてはならないことになる。

　深層心理学は、行動化の落とし穴について知っているし、「想起すること」（ドイツ語では、"er-innern"、すなわち、内面化すること）の必要性についても知っている。しかし、深層心理学は、自らの薬を飲もうとはしない。「質の統制」「全体としての質の管理」「効率性の探求」といった全体的なコンプレックスをめぐるほとんどヒステリックなまでの興奮や活動は、心理学者が行動化（というファンタジー）の束縛を受けていることを示している（逆説的であるが、これは理論のレベル、すなわち学問のレベルでの行動化である）。質の管理は、基本的な欠陥の兆候であり、その隠蔽であり、深いところで感得された劣等性や不全性に対する補償である——もちろん、それは個人的なものではなく、心理学の、そしてその学問の不全性であ

ろう。ユングが強調したように、劣等感コンプレックスは概して、（たとえコンプレックスが明示的にその周辺をめぐるものではないにしても）リアルな劣等性の存在を指し示している。この種の心理学がもつ本当の構造的な劣等性は、それが魂の〈概念〉に根差しておらず、それゆえ、自らの真理から、すなわち、確固として理論的な学問というステータスから疎外されているということであろう。その内在的な真理に留まっていないものは、外的な支持を通して、そしてあらゆる種類の技術的な策略を用いて自らの価値を証明する不断の努力を通して安全を確保する必要があるのだ。

　はるかに謙虚すぎる要請が、心理学の定義の上に、その課題、すなわち、その最も高度な目的の概念の定義の上になされている。それはひどく不確定で推し量り難いものであり、突き詰めれば、「修繕屋」という考えに還元されてしまう。心理学は、至高のものに到達しておらず、「全体」に向き合ってもいない。これがまさに自らの使命であるというような考えを少しももち合わせてはいないのだ。心理学は、「人間の精神の重荷」を背負わず、この字句がおそらくは意味し、言及している事柄について目を向けようとさえしない。そのような心理学は、過去と未来との戦場の只中に自らの場所をもたず、止揚された科学として、止揚された宗教として、止揚された世界観として、止揚された援助職として自らを捉える代わりに、まさにそれらの止揚されていない、直接的な形式であろうとする。そして、自らを科学や医学の特定の一領域（区分）と見なし、その第一の課題を心理学的障害の管理に見出すことで、心理学は、すでにほどよく区分化され実体化されたリアリティーの内側にある最適の場に身を置くことになる。それゆえ、心理学が実際に、ユングが述べたようなイマジナルな言い方をすれば、「（キリスト教の）神話をさらに夢見続ける」ことを、換言すれば、実際に歴史上のキリスト教の、あるいはより一般的に、広く宗教や形而上学の後継者であることを引き受けることを、さらに、自らのスタイルで自らの方法で自らの論理的なレベルで、ひと昔前には自らの課題であった事柄、そしてそれ以前の時代にはシャーマニズム、神話、儀礼の課題であった事柄を遂行することを要請されているのだとすれば、そのような心理学は実のところ、単に「郊外に小さな家を建てる」ことを望んでいるにすぎないのだ。

　世界−内−存在のシャーマニズム、神話、そして儀礼的様式が、西洋ではおそ

らく 2500 年前に、「『全体』に向き合う」という任務を担う新しい担当者としての宗教と形而上学によってとって代わられたのとちょうど同じように、今日では、宗教と形而上学もまたとって代わられることとなり、心理学がその新しい在任者となった。「われわれは古代的、あるいは中世的な方法で考え続けることはできない…」[79]。つまり、それらの時代はすでに完全に過ぎ去ったのであり、それとともに神話的多神教の様式もキリスト教的形而上学も過去のものとなったのである。まったく新しいレベルの意識にまで、もちろん科学や医学を完全に欠いているのではなく、それらがそのなかの止揚された契機に他ならないものとなっているような、より高度な論理的ステータスにまで自らを高め、そこでしっかりと活動しなければならないはずなのだが、分析心理学は実際には、存在的、あるいは実体化された心理学的状況に焦点を当てることで、郊外に小さな家を建てることに満足してしまっていると言えるだろう。

　「神話をさらに夢見続けること」がもし適切に理解されるなら何を意味するかについては、ユング自身にとってもおそらく完全には明白でなかったように思われる。それは、ある連続もののテレビ番組の新しい続編に出くわすような類の事柄ではない。夢見続けられる必要のある神話は特定の・キ・リ・ス・ト・教の神話であるゆえ、それを「夢見」続けることが唯一意味しうるのは、神話的な様式と神話を「夢見る」という様式とをもろとも止揚することだけである。このことの第一の理由として挙げられるのは、そうでなければ、われわれは依然として古代的、あるいは中世的な様式で考え続けることを試みることになる、ということであろう。またそうでなければ、「マリア被昇天（*Assumptio Mariae*）」という新しい教義を神話のさらなる発展の過程における一つのステップとして提示しようというユングの試みも擁護することができない[80]。しかし、聖霊が使徒たちに分け与えられる時点においてさらなるキリスト教の神話の発展が始まるべきであると示唆した

---

79)　Jung, *Letters 2*, p. 524, to Hugh Burnett, 5 Dec. 1959.

80)　この点に関しては、拙著『アニムス心理学』（*Animus-Psychologie*, Frankfurt et al., Peter Lang, 1994）の三位一体について論考した最終章、および三位一体に関するユングの小論の議論をめぐる広範な分析（未公刊）で詳細に論じている。また、"The 'Patriarchal Neglect of the Feminine Principle': A Psychological Fallacy in Jungian Theory," in: *Harvest 1999*, vol. 45, no. 1, pp. 7-30 を参照のこと。

点で[81]、ユングは正しかった。このことが示すのは、霊、すなわち、思考の方向性にとって代わられるべきであるという、キリスト教神話に内在する必要性であろう。聖霊は、キリスト教の神話においていまだ展開していない胚種であり、それが展開してゆくことで必然的に神話の構造、そして絵画的な表象という意識の形式は内側から分解されることになるだろう。

　分析心理学の訓練に入る候補生の選考も、しばしば「郊外の小さな家」的な考え方に基づいて行われている。多くの国々において、訓練への入口が臨床心理学や医学の学問的背景のある者に限定されているという事実一つをとっても、そのミッドガルド的、すなわち、常識的な論理が露呈されている。つまり、心理療法における「治療」という要素は医学に委ねられ、「心理−」という要素は学問の基礎的領域としての心理学に委ねられる。これは心ない直解主義である。完全に外在的な視点に第一優先権が与えられていて、そこには、本来第一優先権が与えられて然るべき本当の判断基準の入り込む余地がない。その本当の判断基準とは、候補生がミッドガルドの蛇に触れうる潜在力をもつか否かなのである。

　この点において、多くの人が隠された動機をもってこの領域に参入する（そのうちのいくつかは、ハーディンの言う「情緒的避難所」とかかわりがあるだろう）。

- 彼らは、援助したり癒したりしたいという個人的な欲求を、そして分析というセッティングのなかで提供される機会を使って、他者と心底近くなる感覚を容易に得たいという個人的な願望を感じているのかもしれないし、
- 彼らは、自分自身を知的に安定させ、深いところで感じている今日の精神的空虚という体験から抜け出させてくれるようなイデオロギー的な拠点として、すなわち、「世界観」として、ユングの心理学を用いられるようになりたいと望んでいるのかもしれないし、
- 彼らは、意味の喪失を、すなわち、現代における個人の疎外感や根こぎ感を情緒的に慰めたいという欲求を満足させたいのかもしれないし、
- 彼らは、ユング心理学のなかに、代替的な宗教、あるいは救済を約束する信仰を見出したいのかもしれないし、

81）Jung, *Memories,* p.333 を参照。

第4章　ユング派：
概念への免疫性と失われた遺産　117

- 彼らは、象徴やおとぎ話、神話に耽溺して、ユング派の言葉（「元型」「自己」「個性化」「マンダラ」「全体性」等）の力によって高揚させられたいのかもしれないし、

- 彼らは、心理学においては誰もがいかなる特定の資格もなしにあらゆる種類のことに関して意見をもつこと（また、それを公にすること）が許されているかのようであるという事実を利用したいのかもしれない。

　これらは隠された動機である。なぜなら主観的な欲求は、ユング派の遺産の実質によって（その形態形成と産出力の核である〈概念〉によって）動かされ触れられること、そしてそのような遺産が通常はすべての相続人に課す義務、すなわち、時代の問いかけを聴き取り、一つの答えに向かって作業するという義務、これら双方に代わるものであるからだ。個人的な欲求がその動機づけになっているならば、ある充溢した実質によって動かされておらず、〈概念〉に根差していない限りにおいて、心理学は不可避的に虚無的なものとなる。推進力としてのある欲求の存在は、空虚さ、すなわち、埋められたい穴があることの証明である。そのような心理学は自己奉仕的・自己中心的となる。つまり、心理学の領域に参入する本物の動機づけである唯一の個人的な欲求は、止揚され否定された個人の欲求、すわなち、「理論（*theoria*）」や真理、洞察に対する欲求なのだ。なぜなら、この「欲求」は人を魂のレベルに、すなわち、ウトガルドに直接的に結びつけるからだ。

　先ほど、分析心理学はひどく不確定であると述べた。（解釈の方法は非退行的で象徴的であるにもかかわらず[82]）分析心理学は退行的で還元的であり、意識のずいぶん時代遅れなレベルに、すなわち、科学のレベルに、宗教や世界観のレベルに、そして言うまでもなく、一般人のレベルに自らを留めている。分析心理学は巧みなごまかしを行うが、それは退行的であることを超えて、制圧的でもある。分析心理学が望んでいるものこそ、まさに分析心理学の名にふさわしく、ユング派の遺産を適切に受けとめているという印象を与えることで、分析心理学はこの遺産

---

82)　用いられる（意識の個々の内容に適用される）方法論が還元的でないという事実は、心理学が全体として（その意識の論理的なステータスにおいて）還元的であるという可能性を排除するものではない。

のなかに実際に内在された衝動と義務を制圧している。すなわち、その衝動と義務とは、本当の心理学を成し遂げるべく努力することであり、「神話をさらに夢見続ける」ことであり、それによって科学と宗教を止揚し、思惟へと自らを高めることなのだ。——それは、心理学、あるいは魂、双方の根源的な要素としての、そして、永遠に絶えることのない「大いなる謎」が今日統覚されアプローチされるべき（前の時代の形式、すなわち、神話や宗教と対比すると）特異的な形式としての思惟である。このことは、本質的なものが欠けているという事実を見えにくくし、「ユングの思考力が彼の後継者に要求しているもの」を完全に打ち消してしまう。

　「郊外の小さな家」的なものの見方は、現在の心理学の小市民的性質を表している。また、そこには、居心地いいものではないはずの心理学の出版物のもつ別の性質も存在する。それは、著者と大衆、双方の個人的な欲求を満足させるために、心理学の出版物が公然と「お手軽な心理学」となり、心理学の観念を心理市場で売られる日用品に貶めている状態を最もよく示している。著者の側の欲求はおそらく、一方では人気と名声、そして／あるいは、他方では金銭に対する切望であろう。消費者の側の個人的な欲求としては、意味への、情緒的避難所への、知的刺激への、そしてイデオロギー的な支持への貪欲な渇望、さらに、救済を約束する原理や観念に対する願望等が挙げられる。心理学の文献のうちたいていは、そしてケース報告の多くは、たとえその内容が大きく異なっているにせよ、宗派の礼拝用の小冊子のレベルに留まっている。このような心理学はまがい物であり粗悪品である。このようなテキストは心理学的な駄作と呼ばざるをえないことも多い。ユングの、そして他の心理学の観念は、ちょうどドラッグと同じように、すぐに利用可能な日用品として、人々を無意識状態にするために濫用されている。この種の形式の心理学において、自らを「ポストモダン」と呼ぶシニカルな精神は生起する。そのような精神は、自分自身について意識的である[83]。この精神はもはや、自分自身の外側にある実体への本当のコミットメントを一切もたず、世界のあらゆるものを、〈金銭〉という絶対的なルールの下に従属させることと、金銭という観点から表現されうるものに還元すること

---

83)　たいていの場合、このシニカルな精神は無意識的に働く。なぜなら、そのような心理学者たちは主観的には、誠実な動機によって動機づけられていると想定しうるからだ。

に勤勉に取り組むのだ。

b）心理学の概念なき概念化

　ここでは、ヘーゲルから「概念なき概念化」という用語を借りることにする。ヘーゲルはしばしば、*"begrifflose Vorstellung"* という軽蔑的な表現を用いた。この表題の下、以下に、それが魂の〈概念〉に根差していない、あるいはそこから産み出されていないことを特に示す分析心理学のいくつかの特徴について論じたい。その特徴とは、1．雑多のものから成る集合体、2．中和、3．「奇異さ」、4．折衷主義である。

1．観察と観念の種々雑多な集合体

　ニーチェ（1869）が自らの時代の古典文献学について述べた事柄[84] を当てはめれば、（広く心理学としてもそうだが、非常に際立って）ユング心理学はとりわけ、「概念的な統一の欠如」によって、すなわち、「『ユング心理学』という名前以外では互いに結びつきえない、あまりに多様な運動の非組織的な集合体」によって規定されている。この非組織的な集合体という在り様は、心理学の観念と観察という点に関して、より一層顕著である。おおまかに言って、分析心理学は、19世紀初頭の考古学に比類すべき状態にあるように思える。それは、リンネ［訳注：「分類の父」と呼ばれる、18世紀のスウェーデンの植物学者］以前の植物学のように、単にその物珍しさや美的価値によって、個々の文化遺物が単に収集されていた時代である。リンネ以前、植物はまったく組織的体系なしに収集されていた。それぞれのアイテムは、単に本来そうであるものとして理解されうるだけで、その収集は、それぞれがバラバラでまとまりのない、建築用ブロックの寄せ集めのようなものだった。一つのものを他から区別する、それらの硬化した自己同一性は、一つの原理によって産み出されたものとして、互いの関係性や内的連結性を示すようには、いまだ溶解されてはいなかったのだ。これは、「外在的な反省」と呼ばれるもののゆえである。外側からアイテムを眺めることによって、それらがバラバラ

――――――

84）　Friedrich Nietzsche, *Werke in drei Bänden*, ed. K. Schlechta, vol. 3, München (Hanser) 1958, p. 157.

で閉じられたもののように、その意味で「死んでいる」ように見えるのだ。

　そうである限り、それらのアイテムを内側から理解する（「内的な、あるいは内在的な反省」）ための入口は見つからないし、そのなかに深く入り込むことは不可能であり、それらのアイテムの集まりに精神と生命を注入することはできない。このことこそ、植物に関してリンネが行いえたことだった。彼以降、植物は論理的に「生き生き」とし、「生命を吹き込まれる」ようになる。なぜなら、植物はそれ自体の内にのみ自己同一性をもつ代わりに、それらすべてを産み出し、完全なる体系のなかでそれぞれに自らの場所と同一性を付与する一つの共通の魂（ここでは、一つの組織原理）をもつに至ったからだ。

　分析心理学は、洞察の「リンネ」的段階にはいまだ到達していないように思える。ユングの業績と教えはいまだ、外在的な反省という立場からアプローチされている。ユングの心理学に関する著作や論文においては、異なったトピック、例えば、元型、神経症、個性化等について彼が語っている多様な事柄すべてが個々の情報の断片として、それぞれが建築用ブロックの一つ一つのように、一緒にまとめられているのだ。その提示のスタイルは、記述的であったり、単なるパラフレーズであったり、あるいはユングが多様な主題についていかに異なった意見を表明しているかが報告されていたりするにすぎない。再構成という試み、すなわち、個々の言説すべてがいかに一つの産出原理によって内的に結びつけられ、必要とされているかを示す試みがなされることはまれである。ケース報告では、そのケースの全詳細が自らの場所と特定の意味を受け取ることができるような、もっと大きな像を提供しようという試みがなされることがより多いが、個々の「事実」や「出来事」がいずれも自らの硬化した自己同一性を保持したままであることがあまりに頻繁に見受けられる。

　例えば、ユングの諸々の観念が、多様なトピックについての「情報の断片」「仮説」「主張」、あるいは「意見」であると見なされるならば、そして、彼の業績が単なるテキストとして理解されるならば、心理学の内容というのは、建築用ブロックのようなものであろう。「情報」や「意見」は、ウトガルドにおけるトールの物語の描写に表現されていたように、「猫」でしかない「猫」であり、簡単にもち上げられる「猫」である。しかし、このイメージは、その問題がもつもう一つ重要な様相を表してはいない。情報と意見は複数形として存在する。それらは、

その業績の生きた結合の崩壊の結果なのだ。ウトガルドからユングの溶岩のイメージへと移行することで、（彼にとって自らの起源であり、自らの「魂」であるところの溶岩流と結びついたままの状態であったゆえ）ユングにとっては作業されるべき〈一つの〉固体であり、結晶化した石だったものは今や、多くの分離した自己同一的な断片（情報の断片）に、最終的には魂なき破片に粉砕されてしまっている。それゆえ、これらバラバラになった断片はもう一度溶解されなければならない。これらの断片が自らの固い石の性質を失い、それぞれに分離した状態でなくなり、もう一度液状の玄武岩の状態へと回帰するようにするためである。このような液化だけが、再びそれら砕かれた断片に生命と魂をもたらし、ひいては自らの内的な結合を回復するのだ。

　この液体の物質こそが、体系づけ、形作り、産み出していくような、ユングの業績の核である、ということを決して忘れてはならない。その〈業績〉が創造されることを強いたものこそがこの第一の原料である限り、ユングの業績をそのようなものとして再構成する義務が、読者の側にも課されることになる。しかしながら、この再構成は一方向的なものではない。われわれは現実のテキストを、ユングがそれを精錬したところの第一の原料へと翻訳し直し、次にそこから字義通りのテキストを再生産しなければならない。こうした二重の動き、最初の表層のテキストを、それ自体の隠された深層や中心を経て、再構成された表層のテキストに結びつけるという垂直軸に沿った動きが、必要不可欠なのだ。なぜなら、これが「理解すること」（「公正に対処すること」）の意味する、あるいは包含するところであるからだ。ある思想体系を「理解すること」が包含するのは、（1）そのテキストのなかで、字義通りの定式化（「猫」の側面）と、それらの定式化をもたらした液状の玄武岩（ミッドガルドの蛇の側面）とを区別すること、そして（2）一方から他方へと再翻訳することと他方から最初のものを再生産するという複雑な論理的運動である。正反対の方向をもつ二つの運動が、継時的にではなく、瞬時に（同時に）なされなければならないゆえ、理解することを望んでいる自分からいかなる論理的要請がつくり出されるのかが見てとれる。液状化した状態と再結晶化した状態は、同時に考えられうるものでなければならない。個々の言述それぞれが、トールの猫のように、「ミッドガルドの蛇」全体を表象できなければならず、それは自らの内側に、溶岩の源流をもっていなければならないのだ。

表層自体の深層と背後への垂直的な動きとして、個々の言述は、水平的な方向性に対しては一つの同じ場所に留まっている。左へ、あるいは右へという動きとの比較は必要とされないし、認められてもいない。

　同じ観念に、別の視点からもアプローチすることが可能である。それは、一つのテキストや思想体系を本当に理解するためには、それを内側から、そしてそれ自身の関係において認識しなければならない、という解釈学の洞察である。このことは、問題となっている思想体系の生きた全体を組織化している本質としてのこの中心とのかかわりのなかで、その理論の孕むあらゆる詳細について解釈するためには、すでにその本質や中心を見抜き、この（その）中心において自分自身を確かに位置づけている必要がある（たとえ単に「実験的に」であるにせよ、解釈学的な企てが終わるまでであるにせよ）、ということを意味している。そして、このことが意味するのは、われわれ自身の立場（われわれ自身の信念、期待、偏見、欲求）から見えるもの、例えば、「外側」や周辺から見るユングの心理学（すなわち、そのようなものとして受け取られている個々の言述の大多数）を眺める代わりに、いわば、その周辺的な言述を「背後」から見るために（内在的な反省）、われわれは自分の信念を俎上にのせ、当座はそれを放置して、われわれの研究対象の中心へと移動し、それに自分自身を委ねる必要がある、ということである。本当の理解は、ある種の愛を、その人自身の主体性の放棄を前提としている。それは、感傷や情緒としての愛ではなく、論理的な愛なのだ。もし自らが探究しようとしている業績の中心に存在する、われわれを触発する核へと自分自身を委ねることに（少なくとも実験的に）成功しないのなら、それを批判することさえかなわないし、もしできたとしても、そのような批判はただ単にそこを通り過ぎてしまうだけだろう。それは、われわれ自身の対立物に対する、すなわち、われわれ自身の拒絶した反対側に対する批判にすぎないのだ。

　問題を措定する別の方法がまだある。すなわち、一人の個人のなかの二つの人格という観点である。筆者がこれまでユングについて述べたことが真実ならば、われわれは、ユングの業績の実際の著者としての「〈自己〉のレベルでの」真の思索者とかかわるために、自我人格としてのユングによって書かれたテキストの表層を見抜かなければならない。この方法においてのみ、この中心がいかにして個々の実際の言述を産み出し、われわれ自身の精神のなかにそれらを再生産・再

第4章　ユング派：
概念への免疫性と失われた遺産　123

構成するのかを理解することができる。

　ある思想体系の中心や本質とは何なのだろうか。それは、その思想体系がそこから生まれるところの〈概念〉である。〈概念〉はその生命を与える魂であり、体系づけ、そこから何かを産み出す中核である。〈概念〉は、燃えさかる液状の溶岩であり、それは燃えさかる液状の溶岩が〈概念〉であり、（字義通りの玄武岩ではなく）〈概念〉「でしかない」のとちょうど同じである。しかし、それは思想体系の魂であるゆえ、それ自体、字義通りの（明示的な）概念や言述として、すなわち、一つの「内容」として現前することはない。〈概念〉は、その顕在的な言述からしか演繹されえないし、哲学や心理学の本質は、その実際の言述からしか演繹されえない。しかしそれは同時に、それらの言述がその演繹される中心から再生産されうる限りにおいて生じる事態なのだ（解釈学的循環）。

　ユングの心理学（あるいは、あらゆる思想体系）に公正に対処しようと望むなら、われわれはその「魂」に入り込まなければならないゆえ、それに対するアプローチは、先ずもって魂の込もったものでなければならない（そして、〔論理的な〕愛に鼓舞されたものでなければならない）。魂だけが（われわれのアプローチの器官として）ある業績の魂のなかに、すなわち、それを鼓舞した〈概念〉のなかに入り込める。そして、同じ理由で、主体が「事柄の核心」に自身を委ねることを抑制し、それゆえ、業績の本体を雑多な意見の集合体として、単に周辺的に認識するようなアプローチは、魂なきアプローチであると、逆からも言うことができる。外部からの、あるいは外在的な反省と、雑多な言述の曖昧な提示の双方は同じコインの両面であり、いずれも主体の側の自己保存によって生じている。われわれ主体が研究対象に自分自身を委ねなければ、この研究対象は、分離した魂なき抽象物の破片に砕け散ってしまう。ある特定の理論の一人の解釈者としての独自の方法論的なスタンスのレベルでの絶え間ない自己犠牲とコミットメントが行われない限り、その理論のなかに魂など存在しないのである。

　しかしまた、ある理論の魂は、その展開がその理論であるところの〈概念〉や〈観念〉である。心理学的な理論は一つの特異なケースであろう。心理学は、その理論の生命を付与する魂がたまたま魂の〈概念〉であり、それが何の概念であるかということ自体が、他ならぬ〈概念〉である唯一の学問である。なぜなら、魂は概念だからだ。それは、「魂」と呼ばれるある経験的な「要因」や「事実」に

関する概念ではない。魂は（世のなかには、「現実」には）存在しない。魂は一つの実在ではなく、存在論的なものではない。魂は単に（単に？）論理的であり、まさに〈概念〉であり、思惟であり、言葉である（しかし、単なる空虚な音声としての言葉ではない）。魂という言葉は、所記をもった能記ではない。それは、自分自身の外側にあるものについては何も言及せず、ただ自分自身の内側で定める、あるいは自分自身において、そして自分自身を通して措定する概念や思惟についてのみ言及する。これとは対照的に、すべての科学は、何らかの〈他者〉の概念によって生命を吹き込まれている。それらは、外在する対象や指示物に向かって方向づけられているのである。これが科学のもつ根本的な疎外の理由であるが、同時に、実証性が付与しうる信頼性と安全性を科学の知に提供するものでもある。心理学は自分自身から疎外されてはいない（あるいは、そのように意図されてはいない）。心理学は絶対的に同一的である（それがそうであるものとしての内的な同一性によって構成される）。この内在的な同一性もまた、心理学が科学よりも論理的により高度なステータスにあることを、そしてその所以を示すものなのだ。

2. 中和

「種々雑多な集合体」という表題の下、われわれは、ユング心理学を形作っている個々の洞察や仮説相互の内的関係について関心をもち、液状の溶岩流と結晶化し砕け散った岩との対立という視点から、この問題を考察してきた。溶岩流が岩として結晶化するというユングのイメージは、液体性と固体性の対立という側面とは別の側面ももっている。すなわち、ユングは（液状の）玄武岩についても語っていたのである。それはその逆側として冷却された岩も含意している。現在の表題（「中和」）の下、温度の問題について考察してゆくことになるだろう。

　ここでは、ある特定の例からスタートすることにしたい。ウンベルト・ガリンベルティは、「科学技術の時代における分析心理学」という論文[85]のなかで、実情としては、古代ギリシアの文化的所産に根差したわれわれの伝統的な人間存在理解はいまだ、われわれが暮らす科学技術の、そして産業革命（以降）の時代に

---

85) Umberto Galimberti, "Analytische Psychologie im Zeitalter der Technologie," in: *Analytische Psychologie* 1989; 20: 87-120.

おける人間存在に対して公正に対処しうるのか否かという問いを提起した。彼の高い学識を備えた根本的な考察は、魂の歴史的な次元のもつ本当の意味を示している。ガリンベルティの（その言葉の最もよい意味での）革新的な分析は、心理療法のまさに礎そのものに疑いを差し挟む洞察をわれわれの眼前に呈示する。だからこそ、自らの雑誌にこの論文の翻訳を掲載した『分析心理学』の編者H・J・ヴィルケは、批判的な返答を伴う付記を加える必要性を感じたのだろう。ここでは、その個々の論点や両者の側でなされた個々の議論の是非について取り上げることはしない。筆者は単に、心理学の概念なき概念化について考察するという文脈のなかで、ガリンベルティとヴィルケ、両者の見解を並列した際に見出しうる二つの思惟のスタイルに興味があるだけである。

　ガリンベルティの表現のいくつかを「賛同する」、あるいは「詩的に美しい」と賞賛した後、ヴィルケは一貫して、ガリンベルティが読者に突きつけた葛藤を拡散しようと努める。「通常の状況 (normale Problemlage)」と「平均的な生活状態」に言及することで、そして、自らの原則としての「いや、しかし」という姿勢を明確にとることで、ヴィルケはそこにあるあらゆる二律背反を「相対化する」、あるいは、こう言ってよいなら、中和する。例えば、ヴィルケにとって象徴は、ガリンベルティが示したように、単に合理的な秩序を壊すだけでなく、合理的な秩序を意味深く補い、生き残りのために実践的に使用しうる方向性を提供するものでもあるという。また、（象徴の世界との対比で言えば）科学は、あらゆる曖昧さを排除するだけでなく、象徴的で隠喩的な形式の表現にますます近づいてもいる。さらに、科学技術の時代の特徴としてガリンベルティが論証した、個人の完全なる機能化に対しても、ヴィルケは、個人と集団の相互依存性のゆえ、いずれも絶対化される数少ない機会さえ得られなくなったと主張する、等々。

　先に述べたように、議論の論点と内容はここでは問題にならないし、議論それ自体と同様、重要でもない。筆者は単に、二つの異なる語りのレベルに、二つのテキストに示される異なる地平に興味があるだけである。この二つの地平とコミットメントは、燃えさかる玄武岩と冷却された岩との差異に関係している。

　ヴィルケは実用主義的な経験主義者として語っているのだ、と言う人がいるかもしれない。彼は、通常の日常生活の状態に、常識的な現実性に、そして自らの経験という地平と基準としての生き残りという実践的な関心に、自らがコミット

していることを明らかにしている。このように特徴づけたからといって、このような地平には、象徴的なもの、超越性、神聖なもの、ユング派の言う〈自己〉等といった主題のためのいかなる余地も存在しない、ということを主張したいのではない。決してそうではなく、ここで述べたいのは、ヴィルケがそのような主題に理論的に接近する時にさえ、拠って立っている（こころの）論理的な基盤や地平は実用主義的なものである、ということである。この地平の内側では、彼の見解はおそらく、議論の余地のないものであろう。彼は一人の思索者として議論しているのではないし、一つの〈概念〉にもコミットしていない。彼は、すでに結晶化して冷たくなった岩の破片のレベル、われわれがミッドガルドにおいて体験したように、すでに形作られたもののレベルにいる。哲学的に言えば、それは存在的な、すなわち、経験的な現象のレベルなのである。

　自らの「いや、しかし」というアプローチによって、ヴィルケは先験的に可能性のある火をすべて消してしまおうとしている。ガリンベルティによって提示された危険な観察は明確には否定されず、一つの対立する観察と対比させることによって害のないものへと変えられる。われわれの元へと戻って来るかもしれなかった大いなる苦境は、「水で薄められてしまう」。つまり、あるにはあるが、実際それほどひどくない、ということだ。こうした相殺する動きは、主義として、人の思考が水平的な地表の上に安定するのに手を貸す。人はほんの少し左側を、ほんの少し右側を見て、それで深層の垂直的な方向にものを見る必要性を免れたように感じうる。それより何より、左プラス右、あるいは、プラスとマイナスでゼロになる。つまり、結果として適当な温度になる、ということだ。そこでは、郊外に小さな家を建てることが可能である。

　ヴィルケがガリンベルティに対して、個人と集団の相互依存性のゆえ、双方が絶対化される数少ない機会さえ得られなくなったと主張する時、ガリンベルティが今日の西洋の魂が抱えている本当の問題に直面しようとしているにもかかわらず、彼はすでに人々がもつ、あるいは社会がもつ「問題」という完全に実体化された領域に移動していることになる。それゆえ、ヴィルケは、文化的悲観主義の一つの表現としてガリンベルティが言うことに対して、対立物の間での均衡は決して本当の危険には陥らないという自らの主張をもって対抗することで、それを解釈しなければならなかった。そこではあらゆるものが、より大きな尺度で見れ

ば、多かれ少なかれ同じものに留まることになっており、それゆえ、ガリンベルティの論文はヴィルケの目にはある種の誤った警笛として映っていると結論づけざるを得ない。ヴィルケの視点は、ある種の心理学的宥和政策であろう。つまり、われわれは「戦争」に行く必要がない。確かに問題や紛争はあるが、それらがわれわれに求めるのはせいぜい、何らかの意見交換にすぎず、「平和」（ここでは、われわれの心の平和）は保たれ、何ら革新的なことは起こらない。そして、存在論的、あるいは論理的レベルにおける本当の、橋渡ししようのないいかなる紛争も生起せず、損傷を与えるようないかなる本質的な結論も導き出される必要がない。熱くもなければ冷たくもない。明確な肯定も明確な否定もない。ここで選ばれているのは、一方を他方によって相殺するような形での、温かい肯定と冷たい否定の並列であるように思える。人は平衡状態を、究極的には均質化を欲する。しかし、欲しすぎもしないのだ。

　それゆえ、人は歴史の風に曝されることはない。そこでの心理学は、過去の前線と未来の前線とのまさに狭間にある戦場に陣どる必要はないのだ。金槌と鉄床の間に身を置く必要はない。心理学がしなければならないのはせいぜい、人々の個人的な障害や苦悩を気にかけることくらいである。人間の魂の大いなる苦境、歴史の重荷を心理学の視野に入れる必要はなく、したがってそれらがわれわれに義務を課すこともない。われわれは「自由」なままである。われわれは、思惟が要求する絶え間ない服従から逃避する。経験的に言えば、人々の個人的な受苦も恐ろしいものであろうが、われわれ人間の本性として、現実の論理的な構成に対する脅威や歴史の風に曝されることがもたらす耐え難い恐怖に比べれば、経験的な問題など相対的に容易にやり過ごすことができる。経験的に言えば、個人的な苦境は確かに苦痛かもしれないが、存在論的、あるいは論理的に言えば、暖かくて居心地のいい問題である。なぜなら、個人的な苦境は、単に個人的で経験的（存在的）なものにすぎず、郊外の小さな家に素晴らしくお似合いのものだからだ。

　ガリンベルティは、科学技術的な社会における全体的な機能化というテーゼによって、もう一方の次元について、第二秩序のレベル、すなわち、自らの感情、状態、そして行動をもったそれら存在的な（経験的な、第一秩序のレベルの）個人が立脚している（こころの）論理的なステータスについて精緻に語っている。ガリンベルティは、真理の、同一性の、秩序の、一切経験的ではないすべてのものの、論理

的な構成における根本的な変化について語っていると言えるのかもしれない。なぜなら、それは、経験的な事実のように観察しうるものではなく、思惟することだけが可能なものだからだ。けれども、そのようなものこそが本来の心理学がかかわる対象である。心理学が本来研究すべきは、経験的で（観察しうる）人々やその内的状態ではない。そうではなく、これらの人々の触知しえない魂であり、すなわち、彼らが、彼らのファンタジーと行動がそこに存在している論理的ステータスであって、それは論理的な分析と概念的な思惟に対してだけ開かれているのだ。

　先に、一方を他方によって相殺することによる熱さと冷たさの中和について述べた。この中和された世界は、冷却されバラバラに砕け散った岩の領域である。われわれは、常識的なものの見方が、燃えさかる玄武岩と結晶化した石という対立における冷たい側の極と同一のものではないことを理解しなければならない。なぜなら、その石は常に、新鮮な燃えさかる溶岩によって元の状態へと溶解される定めにあるからだ。しかしながら、常識的なスタンスの要点とはまさに、そのような可能性から決然と身を守ることである。そこでの最良の守りは、火の要素を「飼いならす」ことであり、火の要素をもろとも回避するというよりは自分自身の保護の下にその場所を与えることでもあるのだ。

　それとはまったく逆に、必要とされているのは、この矛盾を孕む緊張を保持することである。上述した「集合体」という表題の下では、深層への非弁証法的な運動を選択することはなかった。それゆえここでも、一面的に熱い側の極だけを擁護することはしない。燃えさかるものと冷たいものとの結合の内側でのそれらの間の差異と意識的に保持された距離がここでは必要である。心理学とは、対立物を分離したままに保持すると同時に、自分自身をそれら対立物の緊張に曝すことで、そしてこの緊張として存在することで、それらの対立物を結びつけるものでもあるのだ。

　「集合体」という表題の下では、ユングの業績を適切に受け入れるための必要条件が、再構成と再生産であることを見てきた。そこでは、「分離 (solutio)」と「結合 (coagulatio)」、「液化」と「固体化」という相互に矛盾する運動が一つになる。今ここでは、第一質料の温度に関する問いの領域に到達しているわけだが、そこには二つの課題があると言える。第一の課題は、ユングの問いと答えのなかに参入することであるが、これだけでは十分ではない。彼が取り組んだ問いと、彼が与

えた答えへと参入することで、彼の教義を執行しそれを他者に伝播する忠実な弟子でありうる地点までは行けるだろう。しかしそれでは、われわれは依然として、なまぬるい中和的な場所に留まることになる。そこでは、ユングが表現した非常に多くの意見として、自分たちの心理学を間接的に受け取り、自分自身が過去と未来の戦線の狭間に、われわれに提起された問いの熱さのなかに入ってゆく必要がないからだ。それゆえ、第二の課題は、ユングの答え、すなわち、彼の心理学的洞察の、そして「黄金の連鎖」が到達した現在の段階の最も新しい展開が、われわれ、あるいはわれわれの心理学が取り組まねばならないような、われわれにとっての新たな熱い問いになる段階へと移行することである。ユングの物事の見方がわれわれにとって新たな大いなる謎となった時にだけ、彼の心理学はわれわれのなかで生気を帯び、「黄金の連鎖」という意味でいまだ結論の出ていない、魂の継続的な進歩は存在しうるのだ。

　これは、最もユングに影響を与えた年長の心理学者フロイトの業績について、ユング自身がどのように述べたかということでもある。「振り返れば、私は一人、フロイトを最も惹きつけた二つの問題を論理的に探求したと言える。それは、『太古の痕跡』と性欲の問題である」[86]。「偶然ではあるが、私はフロイトの継承者のなかで、彼が直観的に予見した線に沿って、いくらかさらに進んだ研究をやり遂げた唯一の人間である」[87]。ユングは、彼の師が自らの字義通りのテキストのなかで、そして自らの明示的な理論として与えた答えには耳を傾けなかった。ユングは、いわば背後からフロイトの業績を鼓舞し駆り立てていたものに耳を傾けていた。そして、ユングが成し遂げたのは、彼自身の評価に従えば、それを「論理的に探求する、あるいはさらに発展させる」(*sinngemäß weiterführen*) ことであり、フロイトの顕在的な教えのなかに隠されていた直観にすぎなかったものを明示的にすることだったのである。

3.　人の立場のもつ「奇異さ」

　先の二つの表題の下、われわれはユング心理学の状態を、燃えさかる液状の玄

---

86)　Jung, *Memories*, p. 168.

87)　Jung, *Letters 2*, p. 309, to Prof. Benjamin Nelson, 17 June 1956.

武岩から結晶化した石へという第一質料の変化のイメージにかかわる二つの対立物（液体と固体、熱さと冷たさ）の視点から考察してきた。今ここでわれわれは、まったく異なる問い、すなわち、心理学は自らの観念に対する妥当性と権威をいかにして得るのかという問いに立ち至る。何がそれらの観念の起源であり、何がそれらに説得力をもたせるのか。権威を獲得する方法には、二つのまったく異なった概念が存在している。

「種々雑多な集合体」の議論において外在的な反省について述べたことは、「奇異さ」という現在の表題の下にも組み込まれうる（この「奇異さ」という言葉は、ここでは中心の外側に立場をもつという文字通りの意味で用いられる）。けれども、ここで論じたいのは、関連はあるとしても、それとは異なった主題である。他のたいていの心理学者と同じく、ユング派にとって、その人の第一のコミットメントは、〈概念〉ではなく、権威の源としての臨床的な観察という事実に向けられる。これが一定の意味において「奇異」であり、非心理学的であることは明らかである。それによって、知の体系としての心理学の魂とはまさに魂の〈概念〉それ自体である、という心理学の偉大な特異性が手放されてしまうからだ。本来の心理学は単に、他のすべての学問領域のように、内在的な反省という立場から取り組まれるべき（しかし、そのことによってまさに外在的な反省からも取り組まれうる）研究領域なのではない。心理学には、それ自体によって自己を無効化する心理学なしに、外在的な反省という手法でアプローチすることは不可能である。その主題、あるいはルート・メタファーである魂は、内在的な反省として定義される。心理学において、内在的な反省は、われわれがそれを用いて主題にアプローチすることができる方法論的選択肢以上のものである。それはすでに、その主題自体のなかに「客観的に」内在されている。唯一ある選択は、われわれが心理学をしたいかどうか、われわれが研究対象である魂に対して公正に対処したいかどうか、それともそれを無視したいかどうかなのだ。

このような奇異な立場によって、意識は進んで自分自身を、自らにとって当然のごとく疎遠なものに、すなわち、経験的な観察を通してだけ接近しうる外的な事実に委ねることになる。しかし、心理学的にはこれは、「事柄の核心」とのいかなる内的つながりももたない、恣意的で偶然の素材であることを意味する。こうして、心理学は「中心」というステータスを中心から外れたものに付与しよう

第4章 ユング派：
概念への免疫性と失われた遺産 131

と試み、それゆえ、自分自身を打ちのめし、自分自身から立ち去ることになる。その唯一の根拠としての〈概念〉なしですませる必要性を感じるゆえに、心理学は、自らの家を上に建てるための岩として、自分自身の外側にある堅固なものにしがみつこうと試みるのだ。心理学は、信頼しうる実体をもったものにつながることを、心理学それ自体とは独立して、あるいは先んじて存在する外的な事実に自らが基礎づけられることを望み、そもそも心理学がそうすることはできないというまさにその事実によって構成されているということを忘れてしまう。すべての科学とは反対に、心理学は自分自身の外側にアルキメデスの定点をもたないし、もつことができない（これが心理学の際立った特異性であり、心理学が科学よりも論理的に高度な意識のステータスにある理由である）。経験的な観察という堅固な事実にしがみつこうとすることで、いわゆる心理学は科学と争い、ついには、自分自身の外側にアルキメデスの定点をもつことができるかのようなふりをする。外側にあるアルキメデスの定点を夢見ることとは、自らが水平の方向性にしがみつくことができ、魂という単なる言葉のもつ内的な深淵に垂直に落ち込む必要はないと夢見ることなのだ。

　しかし、心理学が固定しうる外側の停泊地など存在しない。「他のすべての科学はいわゆる外側をもつが、心理学はそうではない。心理学の対象はすべての科学の主体なのだ」[88]。心理学は、自分自身の内側しかもっていない。心理学は、自分自身の内的な底なしの海への無条件の自己投棄としてだけ存在する。船は四方を取り囲む海の上に浮いている。つまり、心理学は船でもあらねばならない。そして、両足で立つことのできる堅固な大地ではなく、「水のように弱い」不安定な要素と知っているものによって自らが運ばれてゆくのを許さねばならないのだ。文字通りの海という器との違いは、心理学という船が自分自身の内側に、それ自身の〈概念〉の内的な無限性と否定性として、自らが浮かぶ海をもっている、

────────

88）　Jung, *CW* 8, par. 429. 筆者による改訳（「心理学の対象は…内側の主体なのだ」から「内側の」を削除した。この言葉はドイツ語原版には存在しない。しかしながら、ドイツ語では、「主体（*Subjekt*）」は英語におけるほど多義的ではない。ユングが述べるのは、心理学の対象、あるいは主題は、すべての科学が発生する起源としての精神、あるいは魂である、ということである）。

ということである。そして、これが心理学において物事がいかに「狂っている」
か、ということでもある。a) 排他的に深淵に基礎づけられ、その深淵は、b) 心
理学が自らの内側に抱いているものである、そのようなものに対する洞察は、人
が論理的に洗練されていることを強く要請する。そこには、いかなる外的な基礎、
そしてフロイト派の根底的性質であったようないかなる基礎も存在しない。（心
理学の実際的な基礎である）魂は、実体としてリアルな何ものでもない。魂は、心
理学がもつ、水と同じくらい脆弱な「ただの」〈概念〉であり、リアルな何かの概
念ではないのだ。魂は、それ自体の現実性としての〈概念〉──「存在する〈観念〉」
であり、そのような〈概念〉は、それが絶え間なく真に思惟される時にのみ、あ
らゆる現実のものを通したあらゆる実体的な基礎への願望ぬきに実在性をもつ。
それは、〈観念〉や〈概念〉が自らの唯一の根拠を自分自身の内側に、すなわち、
その内的な無限性の孕む否定性のうちにもつことを許される限りにおいて存在す
るのだ。

　経験的−臨床的なアプローチは、まさに間違った道を進んでおり、自分自身か
らの体系的な疎外を続けている。そのようなアプローチは、科学的で臨床的な観
察を通して接近できる「外側の」事実に直接的に取り組む。心理学は、ただ単に
内観的に字義的な「内側」に取り組むだけではなく、異なるすべての科学が取り
組んでいるのと同じ外側の事実に、自分自身を通して、自分自身の中心を通して、
自分自身の内的な〈概念〉を通して取り組まねばならない。この世にある生命を
心理学的に理解するため、心理学は、関連する経験的観察によってそのままもた
らされる野蛮な事実を直接受け入れようという誘惑に抵抗せねばならないのだ。
心理学は常に、自分自身の内側に、自分自身の〈概念〉の内側に留まらねばなら
ない。心理学は、「理論的な」行動化という手段に訴えてはならないのだ。心理
学の運動は、「絶対−否定的想起 (absolut negative Er-innerung)」（ヘーゲル）、絶対−否定
的な「記憶」、反省、自分自身への自分自身の内面化の運動でなければならない。
これは、自閉的あるいは自己愛的な内観[89]という目的ではなく、世界の諸現象
にアプローチするという、すなわち、ペルセウスが自らの鏡を通してだけメドゥ

---

89)　ここでの「内観」は、人が自分自身のなかをのぞき込むことを意味するのではなく、心理
　　学という領域の自己内面化を意味している。

サを見ることができたのと同じように、それらの諸現象と世界自体を魂の〈概念〉
が孕む否定性という鏡への反映としてだけ見るという目的に奉仕するものであ
る。この鏡がなければ、事実の実体性は、見る者を石に、すなわち、科学者に変
えてしまう（逆に科学者の視界が不可避的に、現実性を実体的な石のような事実に変え
てしまうのとちょうど同じように）。そうであるなら、心理学は不可能になる。かり
そめにも心理学というものが存在するのなら、それは、どこか向こう側ではなく、
自分自身の魂の〈概念〉の内側にすでに反省され、止揚されたものとして、外側
の事実の世界を復元しなければならない。外側の世界は、現実の諸事実は、それ
らが心理学の本拠地で、そして魂の論理的否定性という根本的に新しいステータ
スにおいて再び現れ、再創造される、あるいは再構成される限りにおいてのみ、
心理学的な関心を集めるものとなる。科学だけでなく、日常的な精神にとっても、
それらは実体性というステータスにあるものだからだ。

　外側の世界についての経験的な観察と、私自身（私自身のなかで起こっている事
柄）についての内観との対立は、あれかこれかという二者択一的なものではない。
双方とも、心理学にとって等しく外在的なデータを提供するものであり、いずれ
も心理学を構成するには不十分である。（内的な、あるいは外的な）世界をのぞき込
む一方で、自分自身の内側に（個人のファンタジーや感情といった私的な主観性ではな
く、精神と自らの〈概念〉の内側に）留まりうる精神が存在する時、心理学は生起す
る。心理学は、自らを構成する内的な同一性（心理学の魂＝魂の〈概念〉）が存在す
るブラックホールの無底性と無限性のなかに自らの場所を保持し、もっぱらこの
鏡の範囲の内側に見えるものすべて（内観を通して知られる事実だけでなく外的な事
実も）を見ることができなければならない。心理学はそのような内面性の学問で
ある。しかし、この内面性は、私のなかにあるのでも、あなたのなかにあるので
もない。それは誰のなかにも、この世のいかなるものの深層にもない。それは自
分（心理学）自身の〈概念〉自体のなかにあり、先に述べたように、そのような〈概
念〉は、何かについての概念ではなく、自分自身についての自分自身の〈概念〉
である。心理学は自分自身に、自らがそうであるところの思惟のなかに絶え間な
く落ち込んでゆくことを、そして、この思惟の深みを、それぞれの場合での自ら
の主題が何であれ、それを映し出すための鏡として用いることを許さなければな
らない。心理学の対象である魂や内面性は、その対象自体のなかにあるのではな

い。それは、心理学自体の〈概念〉のなかに、心理学の絶対−否定的内面化の内的無限性、あるいはその鏡のもつ内的無限性のなかにある。しかし、心理学は、自分自身の〈概念〉の「主観性」の内側に（実在性〔*Realität*〕ではなく、現実性〔*Wirklichkeit*〕という意味で）、現実の客観性をもつのである。

のぞき込むこと[90]によって外を眺めるというこの弁証法的な方法が、科学にとって必要とされているものよりも、またわれわれが日常的に慣れ親しんでいるものよりも、高度な論理的分化を前提としていることに疑問の余地はない。

鏡のなかでは物が反転して見える。心理学的に見られた世界は、上下、内外が反転した世界、すなわち、ヘーゲルの〈転倒した世界〉である。

心理学は、この意味で思索的でなければならない。「無意識の経験的現象学（*Die Empirie des Unbewußten*）」とC・A・マイヤーが呼んだものが確かに存在しうるのと同じ意味では、魂に関する経験的な研究は存在しえない。無意識に関する限り、そこには、フロイト派の言い間違いや夢などのように、観察可能な「外在的」で経験的なデータが存在する。夢はそれ自体としては心理学の素材ではない。夢は、心理学の内的な〈概念〉という鏡のなかで見られる時にのみ、心理学の素材となる。心理学的な知識はそれゆえ、科学的な知識が道具的な性質をもつのと同じような一つの道具として、実用的に用いうるものではない。心理学は、理論的であることを（もしそう呼びたければ）運命づけられているのだ。

4. 完全性についての折衷主義的ファンタジー

ここまで議論してきた「奇異さ」は、停泊地や基盤、妥当性の起源についての問いにかかわりがあった。今度は、正反対の問いを心に留めて心理学を考察しなければならない。すなわち、それは、心理学の最終目的や行く先に関する問いであり、より特定すれば、心理学はいかにしてその完成や成就に至りうるのかという問いである。その基礎に関する問いが分析心理学についてのあらゆるすべての個々の信念の基盤に言及していたのに対して、ここでは一つの全体としてのユングの業績と他の心理学との関係が考察されねばならない。

---

90) この「のぞき込む」の「込む」はむろん、（「われわれの内面」に対立するものとしての、それ自身の内的な〈概念〉という）一定の意味をもつ。

第4章　ユング派:
概念への免疫性と失われた遺産　135

　時折、ユング派からの以下のような問いかけを耳にする。「ユングの業績に欠けていて、必ず補完されるべき、またさらに発展させられるべきものは何か」。よくある答えは、「（幼少期から中年期に至る）自我の心理学的発達への注目」や「分析実践における相互的なプロセスの微視的分析」であろう。第2章でも、マレイ・スタインのユングに関する見解に言及したが、ここでは彼の論文から別の箇所を引用することにする。「…ユングはもはや唯一の導き手ではない。…ユングや、…〔スタインによる省略〕ウィニコット、コフート、ジェイコブソン、クライン、そしてフロイトさえもが引用されるのだ。少なくとも今、影響力をもつ人たちの一群があって、そのなかにユングがいる。彼はおそらくその第一人者ではあるが、それほど以前のものでない、まったく馴染みのない名前の一群に取り囲まれていることは確かである」[91]。「次の段階はより重大なものであると私は信じている。われわれは練磨されることになるだろう。つまり、同化ではなく、適合が起こる。われわれは姿を消し、このプロセスはわれわれの領域の核心にまで影響を与え、変わらぬものは何もないだろう。そして、一つの新しい領域が古いものの灰のなかから生まれる。その名前は…〔スタインによる省略〕誰が知っているだろう」[92]。

　このような確信のなかに表現されている感覚は、ユングの心理学が脆弱であり、欠けているものを補うために他の心理学の創始者や学派に転向しなければならない、というものであろう。加えて、これは特にスタインに言えることだが、ユングの分析心理学はそれ自体には、未来も生命ももたないと見なされている。分析心理学の唯一本当の未来は、消え去ることであり、まったく新しいものに、すなわち、新しい現象についたまさにその名前さえ新しいようなものに場所を譲ることだと述べられているのだ。これは、筆者がこれまでに提示してきたスタンスとは正反対のものである。筆者は、必要とされているのは、ユングの心理学的業績を燃えさかる液状の溶岩流のなかにあるその起源から再構成、あるいは再生産することであると主張してきた。筆者がその起源や中心へと立ち戻ろうとしているとすれば、ここでのスタインの企図は、古い建物は放棄して、完全に新しい

───────
91）　Stein, op. cit., p.6f.
92）　Ibid., p. 9.（この論文のしめくくりの言説）

（まだ設計段階の）青写真に基づき、心理学の異なるすべての学派に散乱している多種多様な「石」を寄せ集めて一つの新しい石をつくり上げよう、というものであると言えるだろう。

　これらの見解は、心理学の概念なき概念化と筆者が名づけたものの一つの明確な徴候である。このような著者たちは、ユングの業績を一つの業績としては理解せず、単なるテキストであると、あるいは種々雑多な意見の備蓄であるとさえ考えている。それを一つの業績として理解しないことによって、彼らは、ユングの業績がそれ自体の内側に自分が必要とするすべてのものを含んでいるということを、そして、まさにその事実によって（その背後にある〈概念〉の実際の定式化に、様々な一貫性のなさや不十分さがあるにもかかわらず）全体性という意味で完全、そして完璧であるということを感得することができない。そこでは、外側からのものは何も必要とされていない。その生命と未来はまさに、その内的な深層としての「過去」のなかに、すなわちその起源のなかに、それが〈概念〉の展開として創造されることを強い、今なおそれに形を付与する魂であり続ける第一の原料のなかにある。しかし、折衷主義的な精神は、「絶対－否定的な内在化」という意味で一つの理論の深みに没入することなしに、事を済ませようとする。そのような精神は表層の平面に留まり、異なるすべての理論の間を水平的に移動し、個々の知見の長所や短所を比較し精査するのだ。

　脆弱であるらしいユング心理学を（例えば、メラニー・クライン、コフート等）他の理論からの要素で補完したいと考えるユング派の人々は、ユングの業績を、あたかもそれが図書館に相当するものであるかのごとく見なしている（この喩えで言えば、彼の個々の洞察と理論的な言述が図書館の本の位置を占めることになる）。図書館は、その基本的な完結不能性のゆえ、カント的な意味での「理念」（例えば、世界の理念）とも言うべきものである。数を数える時、決して終わることなく常に別の数をつけ加えることができるのとまったく同じで、あなたはいつでも別の巻をつけ足すことできる。しかし、この完結不能性は決して経験的な領域を超越することはない。完結不能性、あるいは「無限性」は、実際的なものであって、論理的なものではないのだ。これとは対照的に、芸術作品は、（例えば、ゲーテによるものがあるし、ユングによるものもあるが）象徴が定義されてきた方法と関連づけうる。それは、真に無限の、そしてそれ自体「生きた」〈概念〉の肖像である。〈概念〉

は生きていて生成的である生産力をもつゆえ、芸術作品は決して、確定された実体的概念（例えば、三輪車の概念）のようには完全に実現されることはない。けれども、これを逆に言えば、作品全体のもつ個々の部分が、〈概念〉によって鼓舞され生命を吹き込まれている、ということになる。だからこそ、断片的な、あるいは未完の芸術作品は独自の完全性をもつことになる。なぜなら、「全体の」〈概念〉は（三輪車の概念が全体としての本当の三輪車のなかにあるように）全体としての作品のなかにだけ現前するのではなく、各個のあらゆる部分においても現前しているからだ（他方で、三輪車の部分は三輪車全体に組み込まれる限りでしか存在しないものである、すなわち、単独では金属製品の役に立たない部品にすぎない）。

　異なった心理学を望むことはまったくかまわない。ユングの心理学を内在的な批判に委ねてもよいし、それを憎み拒否してもよい。なぜそうしないのだろう。しかしながら、それが属する「ジャンル」を秘密裏に再定義することで、そしていわゆる「180度転回」によって現在の心理学を転覆させるのは、知的な正直さや感受性の欠如を示しているように思える。方法論的な態度において、この業績を（他のすべての偉大な業績とまさに同じように）一つのゲシュタルトとして、一つの「作業（opus）」として、換言すれば、人間個人と同様、その不可侵性が尊重される必要のある、ある種の「主体性」や「人格」として礼遇しないのは、無神経で適切さを欠く行為であるように思われる。それはちょうど、ギリシアの神殿の上にゴシックの尖塔を移築することが無神経で適切さを欠いているのと同様である（ギリシアの神殿に尖塔が確かに「欠けている」ことを認めるにしても！）。その意味で、幼少期における自我の心理学的発達や、分析実践における相互的なプロセスの微視的分析に関する新しい部分を分析心理学の理論につけ加えることで、ユングの心理学を「完成させる」ことを望むのは、還元的というものであろう。そこでは、より高度なカテゴリーや論理的により複雑なもの（その業績）がより単純なもの（新しい付加への欲求に基づく洞察の集積）へと還元されている。そしてそのような行為は非心理学的である。なぜなら、心理学とは、心理学のもつ内的な深みとそれ自体の〈概念〉への個人の無条件の（方法論的な）投棄に依拠するものであるからだ。ユングの業績の論理的なステータスは確かに、一つの芸術作品のそれではないが、すべての偉大な思索者たちの業績と同じように、芸術作品と共通した作業という性質をもっているのだ。

科学は、それぞれの科学者たちとそれぞれの科学者たちの世代が一つ、あるい
は数個の石を加えていくことで、永遠に完成を望まない偉大な建造物をつくり上
げてゆくプロジェクトという自己像を明確にもちうる。そこには、一つの決して
完成することのない科学という大建造物をそのようなものとして形作る数限りな
い石があるのに対して、芸術作品は単一的であり、先験的にそれ自体として完成
している。しかし、そのようなものとしての芸術は、こうしたそれぞれの作品の
もつ自己充足に対する対価を、数え切れないほど多くの芸術作品から構成される
ことで「支払う」。心理学は、無数の研究者によって遂行される科学という終わ
らないプロジェクトとも、単一的で独立的な際限ない数の芸術作品とも違ってい
る。錬金術と同様、心理学は、すべての心理学者が作業する同一の作業、一つの
ラ̇ピ̇ス̇であるという点で科学と似通っている。しかし、心理学には、集積的な側
面をもたない芸術とも共有しているものがある。すなわち、それぞれの心理学者
は、自分自身の責任において、そして、〈概念〉の深みに個人的に直接接近する
ことによって作業を行うのだ。このことが、心理学的作業にその先験的な完全性
を与えている。キリスト教の教義において、一つの精神と身体が〈多くのもの〉
に分け与えられるように、心理学の溶岩流と石との「結合と差異」は常に〈一つ〉
であるが、多くの個人において、またそれぞれの場合に特異的な形式で現れる。
「黄金の連鎖」という考えは、この「結合と差異」の表象である。芸術と科学がこ
の文脈における対立物である限り、心理学が一方と共有するものは、他方から心
理学を引き離すことになる。しかし、心理学を同時に双方から引き離すもう一つ
の特徴が存在している。それが心理学の絶対的否定性である。芸術作品は本来、
絶対－否定的なのものであるが、にもかかわらず、感覚的な、それゆえ実体的な
現存をもっている。ところが心理学の業績はそうではない。生きた洞察として、
それは思惟や理解のプロセスとして、精神のなかにだけ存在する。錬金術のラ̇ピ̇
ス̇、作業されるべきユングの石は、いかなる感覚的な現存ももっていない。それ
はまさに一つの〈概念〉であり、精神の論理的な形式である。科学もまた、感覚
的な現存をもってはいないが、科学が達成する知は実体性というステータスにあ
り、だからこそ、たとえそれがやはり精神にだけ存在するとしても、科学は本質
的に実体的なものである。自分自身への絶対－否定的内在化によって、心理学は
自らが消失することのなかにだけ、そして、溶岩流と石との間の二方向的な運動

のもつ可逆性としてだけ存在する。心理学は自らにおいて、芸術と科学の双方における否定的なものを結びつけ、同じように両者における実体的なものを捨て去るのだ。

　たとえ、自分自身の内側に必要なものをすべてもっているものとして、ユングの業績にアプローチするとしても、そこにはやはり、ユングの業績は完成を求めているという感覚があるだろう。この感覚が何なのかを理解するためには、「イメージ（あるいは実体的な事実についての言述）のあったところに思惟をあらしめる」ということに関して述べられた事柄にただひたすら立ち返らねばならない。いまだ暗示的なものは、明示される必要があるということだ。ユングの言葉で言えば、それは「完遂（'völlig' gemacht）」されなければならない。この意味での完成について、他の学派で教えられたり、なされたりしている事柄を参照しようと辺りを見回す必要はない。完成するという作業は、心理学が自分自身の内側に必要なものをすべてもっていることを完全に信頼すること、そしてそれに対して自己投棄さえすること以外には何も要求しない。この「心理学的信頼」[93]だけが、心理学の内的な起源への絶対－否定的内在化を、その〈概念〉の無限性と絶対的否定性を可能にするのだ。明示されるべきものはそこから引き出されなければならない。それはすっかり丸ごとそこにあるのだ。心理学は、そこから自分自身の内側にある妥当性や創造性を自ら引き出しうる源泉をもっている。心理学の内的な否定性という「鏡」にますます磨きをかけること、それゆえ、それが〈概念〉としてより多くの現実性（Wirklichkeit）を、そして、現実性をより多く（より集約的に、より魂を込めて）把持できるようにすることがわれわれの課題なのだ。――

　伝統的なユング派の現在の状況では、心理学の現実の対象を見出すことさえ不可能であるように思える。心理学というのは、その設えとして、自らの主題と同じ基準では測りえないものなのだ。

93）　この言い回しは、ロバート・グリンネルによってなされたが、ここでは彼とは違った意味で使っている。Grinnell, op. cit., pp. 15-39.

第**5**章
元型的心理学、あるいは…:
イマジナルなアプローチへの批判

> 魂はいつも考えている。
> バークリー[94]

　本書は、心理学の厳密な概念を目指して作業する一つの試みである。この理由
から、ここまでの興味関心は、すでに利用可能なもののなかで、われわれのプロ
ジェクトにとって有益であると示しうるものはどれかを見てゆくために、心理学
の現状に関する綿密な批判的考察をすることにあった。まずわれわれは、他の様々
な心理学、とりわけ深層心理学的なものが多くの個々の長所をもっていると考え
られるにもかかわらず、心理学は、唯一ユングの業績のみをその本当の出発点と
して用いることができる、という結論に辿り着いた。なぜならそこにだけ、心理
学がその基礎と中心、すなわち、魂の〈概念〉として必要とするものを見出すこ
とができるからだ。それゆえ、C・G・ユングの伝統における分析心理学の学派
こそ、立ち戻るべき自然な場所であることが予想されたのであるが、この学派が
嘆かわしい状況にあり、ユングの業績を非常に重要なものにしているまさにその
特異性を放棄してしまっていることを実感せざるをえなかった。今やわれわれは、
分析心理学のさらなる発展であり、ジェイムズ・ヒルマンによって創始された「元
型的心理学」に目を向けることになる。マレイ・スタインは、より広く分析心理
学一般という領域内にある、この独立した学派について以下のように述べている。

> …それは、一つの理論と実践としてまったくもって明白な弱点をもってい
> る。…元型的心理学は分析心理学の失われた魂を弁護する。そして、プエ

---

94) George Berkeley, *A Treatise Concerning the Principle of Human Knowledge*, par. 98.

ルの精神を、アニマのロマンスを、魂と意志に満ちた若き反抗者が抱く歴史や構造、画一化や制度化に対する憎悪を支持するのだ。それは、古典的なユング派の揺るぎない重々しさの内側で見せるヘルメス的なスタンスであり、裂け目のなかに滑り込み、鍵穴を通り抜け、のぞき見し、かぎまわり、告げ口し、心的イメージを誇示し、自明の理や教義を攻撃する。その青年期的精神は、元型的心理学を古典派や発達派に属する年配の同僚の多くにとって耐え難いものとしてきた。元型的心理学のまぎれもない脆弱性は、多くの論文のなかで指摘されてきたし非難されてもきた。そして、一つの独立した臨床的、あるいは理論的立場として、元型的心理学はおそらく擁護できないものであり、厄介な孤児なのである[95]。

　この痛烈な批判の美しい例は不幸にして、体系的な盲目に基づいている。スタインは、理論的な議論のレベルで元型的心理学の吟味を行おうとはしていない。確かに、彼は淡々と、元型的心理学の理論的・臨床的な欠陥は明白であると述べている。しかし、この点において、彼は理論的で議論の的になるレベルを単純に傍らに押しやり、それから実際に彼の興味を引いているもの、すなわち、その理論についての人格主義的−心理学的で情緒的な説明、つまり若い反抗者が抱く憎悪、青年期の精神、ロマンティックなアニマ感情等の還元的な解釈に無制限に焦点を当てているのだ。たとえこれらの特色が元型的心理学を特徴づけるものだとしても——ヒルマン自身、最近、「永遠の少年 (*puer aeternus*)」が自分の理論の起源であると告白した[96]——、それらだけで一つの理論としての元型的心理学の価値については何も言えまい。われわれは、若い反抗者やアニマへの心酔が元型的心理学の背後にあるのなら、それらが何を言う必要があるのかに耳を傾け、言われている事柄が心理学にとって意味があるのか否かを判断する必要がある。それが元型的心理学に関して争われるべき議論であり、その趣やそれらがどこに由来するかは議論の対象ではないのだ。

　もし厳密に理論的なレベルで元型的心理学にアプローチするなら、それには計

---

95)　Stein, op. cit., p. 7.

96)　Hillman, *The Soul's Code*, pp. 281ff.

り知れないメリットがある。おそらく、この心理学は実際に「厄介な孤児」であり、建造者が拒否したい石ではあるが、論理的に言えば、それは前方へ進む大きなステップであり、心理学の理論が伝統的なユング派を超えてゆく本当の前進なのだ。元型的心理学は、いわゆる古典派や発達派の他にある一つの学派ではない。なぜなら、元型的心理学はそれらと同一のレベルにはないからだ。元型的心理学によって、心理学の理論はそれら双方に取って代わり、反省の新しいレベルに到達した。ヒルマンはおそらく、ユング派のプロジェクトに萌芽として内在されていたものに応えることのできた唯一の人であろう。かつてユングは、唯一自分だけが最もフロイトが興味を抱いた二つの問題を論理的に探究した人間であると述べたが、同じように、ヒルマンもまた、ユングが最も興味を抱いていたものを論理的にさらに発展させた人間であると言える。本書で先にあらゆる種類の心理学からユングを選び出したのとちょうど同じように、元型的心理学の理論が到達したレベルの背後に退く道は存在しないとここで述べておきたい。これは、心理学の未来の発展が通らなければならない道なのである。

　では、そのメリットとは何だろうか。詳細には論じられないが、少なくとも最も重要ないくつかのメリットについては言及しておきたい。まず何よりも重要なことは、元型的心理学が、ヒルマンの「心理学の見直し（re-visioning psychology）」というプロジェクト全体を産み出す一つの〈概念〉によって鼓吹されたものだ、ということである。厳密で強迫的な意味での体系は存在しないが、その企ては総体として、個々の見解をすべて内側から産み出している一つの組織的な全体である。そして第二に、元型的心理学は、心理学のルート・メタファーである魂に対する責任を引き受ける心理学でもある、ということだ。例えば、これを「アニマのロマンス」というように拒絶するというのはあるまじきことである。この自分自身のルート・メタファーへの気づきは、他のどこにも見当たらない理論的な功績であるように思える。元型的心理学においては、精神病理というような現象にアプローチする際の方法論的スタンスが内在的な反省のそれであることも非常に重要である。また、そこには、この理論に関する革新性と自由さも存在している。元型的心理学は内側から振動し、その現象に対する応じ方全体が、ユングがかつて「より繊細なる知性」[97]と呼んだものによって特徴づけられている。また、この革新性と自由さを人格主義的に青年期の精神に貶めることもあってはならな

い。それは、この理論のもつ内的な構造的（論理的）特徴でもあり、その個々の要素が、燃えさかる液状の中心に根差し、なおもそれとの接触を保っているゆえ、特定の論理的流動性をもっているというサインなのだ。そして、忘れてはならないことは、元型的心理学が魂の「大いなる作業（*opus magnum*）」に対する免疫をもたないということである。元型的心理学は、「大いなる謎」によって、「人間精神の歴史的な重荷」によって動かされ触れられている。まさにその始まりから、元型的心理学は、面接室的なものの見方という狭い囲いの内側に閉じ込められてはいなかった（この点こそ、ユング派の臨床家たちが、元型的心理学には明白な臨床的脆弱性があると診断する所以である）。そうではなく、元型的心理学は、リアルな、歴史的に形成された世界において現代人がいる場所、そしてそこに対峙する態度という全体的な問いに対して開かれているのだ[98]。

　けれども、元型的心理学は、他の学派（より広い意味でのユング派の外側も内側も）が欠いているものを達成したこと、そして心理学の「芸術の状態」のレベルを論理的、あるいは理論的に表象しているというまさにその理由から、最も批判的な検証の対象となるという栄誉を受けることにもなった。元型的心理学が実践するような、魂の現象学に対するイメージによるアプローチは、多種多様な臨床的で人格主義的なアプローチに比べて、現代という状況の下で魂に公正に対処し、西洋の魂の苦境を自覚するに至るのにはるかに適している。しかし先に述べたように、イメージは「それ自体が」〈概念〉、すなわち、「内包的な」〈概念〉であり、逆に言えば、〈概念〉は止揚されたイメージでもある。そうであるがゆえに、イメージとイマジナルなものは、絶対化されてはならない。心理学は、自らの実現のイマジナルな段階でフリーズしてしまってはならないのだ。心理学の課題はイメージを「完全なものにする」〔"*völlig' machen*"〕ことである。元型的心理学においてイマジナルなものがしばしば「究極のもの」として扱われる限り、イマジナルなア

---

97)　Jung, *Letters 2*, p. 410, to Dr. L. Kling, 14 Jan. 1958.

98)　それゆえ、スタインがただそのままに「若い反抗者の歴史への憎悪」について語るのは公正ではない。元型的心理学は、「歴史とともにある」心理学の稀有な例である（このことは、この後明らかになるように、元型的心理学が何か他の方法では、歴史とともにある問題をもつことができなかったということを意味していない）。

プローチに関する根本的な批判は必要不可欠となるだろう。

　本書の議論において何よりも優先している〈概念〉という概念を素描するために、次章（第6章）では、アクタイオンの神話を用いることにする。この物語は、〈概念〉の神話、すなわち、〈概念〉についての十全たる説明であると見なされなければならない（もちろん、アクタイオンの神話はあくまで説明であり、〈概念〉自体の本来的な媒体である思惟という媒体のなかに存在するわけではなく、イマジネーションという媒体のなかに存在したものである―― 一つの語りとして神話として）。けれども、イメージによるアプローチに対する批判を行うという目的で、本章でいち早くアクタイオンの神話に目を向けてみようと思う。ここでは、神話それ自体ではなく、その神話に対してイマジナルな元型的心理学の立場からなされた解釈のもつ、より根本的な諸側面に焦点が合わされる。

　オウィディウスによって語られる物語は、以下のようなものである。

　　若者アクタイオンは狩りに出かけ、ニンフたちと沐浴している女神アルテミス（ディアナ）に偶然出くわす。オウィディウス（『変身物語』）によれば、アルテミスが「いつもの池で沐浴をしている最中、仕事を終えたカドムスの甥が、不確かな足取りで見知らぬ森をさまよい歩くうち、気づくと聖なる小さな木立のなかにいる――運命の仕業か。彼が洞窟に足を踏み入れ、泉から立ち上る靄に近寄った途端、ニンフたちが胸を隠す姿が視界に入る。彼女たちは裸だった。そして木立のなかに彼女たちの悲鳴が響きわたる。ニンフたちは円になってディアナの周りを取り囲んだが、女神はニンフたちよりも背が高く、頭と肩がすっかり出てしまった。…彼女は水を汲み上げるや、彼の勇ましい顔に浴びせかけ、髪の毛に仕返しの水をぶちまけた。…さらに、彼女は濡れた頭に長命の鹿の角を授けたのである」[99]。鹿になった今、アクタイオンはもはや猟犬たちに主人と認知されない。犬たちはアクタイオンに立ち向かい、バラバラに噛みちぎってしまう。

99）　訳はトム・ムーアからの引用。Tom Moore, "Artemis and the Puer," in: James Hillman et al., *Puer Papers*, Irving, Texas (Spring Publications) 1979, p. 169.

この神話については、イマジナルな元型的心理学の立場からトム・ムーアによる洞察に満ちた詳細な解釈がある。そして、このように解釈したことと同じほど価値あるのは、それが二つの（内包的）方法論的な教義に導かれている、ということである。それらの教義をより綿密に精査することで、リアルな、それ自体として一貫した心理学にとって、それが擁護できないものであることが必ずや示されるだろう。それらがどんなものか、そしてなぜ擁護できないのかということが論じられねばならない。そして、それらの代わりに、他の二つの解釈原理が提示される必要がある（完全性を期すため、ムーアの解釈と同じほどには関連性のないものではあるが、神話解釈の二つの付加的原理についての簡単な議論をつけ加えることにする）。ムーアの方法論的な教義は、ただ単に彼の個人的なものというわけではない。それらはイマジナルな心理学自体のものであり、彼の研究は、元型的心理学が実際にどのように働くのかのよい例であろう。彼の解釈に対してこれから述べる事柄は、イマジナルなアプローチ自体の抱える問題を解明するという目的にも適っており、またそれが偶然にも本書にとって最も重要なアクタイオンの神話についてのものであったという単純な理由から、それが選ばれることになった。

　その問題とは、イマジナルな心理学がアクタイオンの神話を〈概念〉の神話としては認識できないということである。なぜなら、イマジナルな心理学として、それはイマジネーションという媒体に捕われたままの状態にあり、この媒体を見通すことができないからだ。イマジナルな心理学は、「字義的なもの」を見通し、イマジナルなものに変容することしかできない。イマジナルな理解が達成されるや否や、見通すことは中止されてしまう。イマジナルな心理学は、イマジナルなものそれ自体を見通すことはできない。それゆえ、イマジナルな心理学は、イマジナルな表象の様式とそれが表しているものの論理的な本性との間の根本的な差異もまた知覚することができないのだ。イマジナルな心理学においては、あなたは双方の側で、つまり、「実体」や内容の側だけでなく、「形式」の側でもイマジナルなものをもつことになる。イマジナルな心理学は、魂がイメージであると主張する。イマジナルなものは、あらゆる方向でこの心理学にとっての究極の地平なのだ。

　ここで理解しておく必要があるのは、「魂の記録文書」へのイマジナルなアプローチの限界についての吟味と、さらに広くイマジネーション一般に対する批判である。この批判は、ファンタジー・イメージやイメージするという活動それ自

体に向けられているのではない。イメージやファンタジーは必要不可欠なものである。求められているのは、「イマジナルな心理学」、すなわち、イメージすることとイマジナルなものの双方がその作業にとっての理論的基盤であり究極の地平であるような心理学として、方法論的な自覚をもって明確に自らを確立した一つの心理学の体系的な欠点を知ることである。

　さらに、生じうる誤解を予め避けておきたいのだが、筆者は魂がイメージではないと主張したいわけではない。ユングが、おおむねいまだ実体的であった彼の時代の精神に向けて、イメージは魂であると語り、それによって心理学的な意識を論理的により高度なレベルにまで押し上げたことは、非常に重要であった。しかし、われわれはそこに止まっていてはならない。魂はただ単に、第一義的にイメージであるわけではないし、イメージは魂それ自体ではない。イメージは、魂を表現したり示したりする際に好まれる一つの形式なのだ。

　議論に入る前に、ここで用いられる「イマジネーション」「物事をイメージすること」「イマジナル」という言葉をめぐる複雑さ、すなわち、以下のテキスト全体を読む際に心に留めておくべき複雑さについて指摘しておきたい。たいていの場合、ドイツ語の *vorstellen*、*Vorstellung* という用語に対する訳としての、あるいは、「感覚的直観 (*sinnliche Anschauung*)」[100] という哲学的な概念に言及する言葉という意味での、思惟のイメージするスタイル、あるいはイマジナルなスタイルに対して、筆者の批判は向けられている。それらは双方とも、本来の思惟や思考とは相容れないものである。*Vorstellung* は、「絵画的な概念化 (pictorial conception)」「絵画的な表象 (pictorial representation)」「絵画的な思考 (picture thinking)」とも訳されてきた。時にそれは「心象 (idea)」とも訳される。

　もちろん、元型的心理学においてイマジナルという用語は、それとは違う、ずっと深く、豊かで、根本的な意味をもっている。それは、一つの領域としての元型、想起 (*Memoria*)、あるいは (コルバンの言う意味で) イマジナルなものに言及する、あるいはそれに根差すものである。これに対し「絵画的な思考」は、自我や意識的精神によって遂行される単に主観的な活動である。筆者は、元型的心理

───────
100) *Vorstellung* と *Anschauung* の間には大きな違いがあるが、この違いはわれわれの議論の目的から言えば、無視しうるものである。イマジナルなものはどちらでもありうる。

学の「イメージすること」を 'Vorstellung' や「感覚的直観」に還元することを望んでいるわけではない。それは、認めることのできない過小評価であろう。にもかかわらず、以下では頻繁に、「イメージ…」で始まる言葉をその狭い意味において用いることになる。イマジナルなものは、この言葉が元型的心理学で明らかに意味され用いられている高度で厳粛な意味においてさえも、常に、そして当然のごとく「感覚的直観」や「絵画的概念化」という論理的形式で生起するゆえ、そのような用語法は正当化されるように思われる。イマジナルなものの元型的な次元は、筆者と元型的心理学の争点ではない。筆者の批判はただひたすら、心理学と心理学的な理論化の論理的な形式にかかわるものなのだ。

a)「云々の意識をもっている人間存在」という考え

　ムーアは、アクタイオンのなかに「無邪気さと大胆さ、理想主義に満ちた若者の神話的イメージ」を見ており (p. 170)、アクタイオンをプエルの像として解釈する。「アクタイオンは、家から出て自然の驚異を探求したいというよくある少年らしい願望を表している」(p. 172)。鹿に姿を変えられたことに関して、ムーアは、アクタイオンの頭にのびた角をアクタイオンの意識が感じている「行き過ぎた精神への負荷」と解釈し、その角が「明白に性的なものでも」あると言う。さらに彼は、「誇大化された精神への注目から生起する無力感」、すなわち、「『上方に置き換えられた』豊穣性と有能性」のゆえ、「アクタイオンは自らの精神的野心において過度に男性的である」(pp. 178-180) とも述べる。裸の沐浴者を目撃するゆえ、アクタイオンはとりわけ、「無邪気なのぞき魔」(p. 184) なのである。

　ある点では、これらの描写や連想はすべて正しい。そして、ムーアの議論の仕方において、それらは大いに理解しうるものである。しかしここでは、彼の解釈の詳細に関心があるわけではない。より綿密に注意され考察されるべきは、神話に対するこのイマジナルなアプローチを特徴づける一つの基本的な特性である。それは、この物語の主人公像に暗示的に割り振られた基本的なステータスにかかわっている。アクタイオンは字義的に、物語が彼を呈示するのとちょうど同じように、実在の人物や経験的な個人として受け取られている。より明確に表現すれば、彼が語りのなかで一人の実在の個人として姿を現すという事実が額面通りに

受け取られている、ということである。アクタイオンは、あたかも彼が面接室にいる一人の患者であるかのように、云々の性格特性、特定の意識、好み、態度、行動傾向（例えば、狩猟への愛着）、性的な嗜好（窃視症）、特異的な病理特徴（無邪気なプエル的男性性、過剰な精神性、無力感）、そしてまた、彼特有の運命（飼い犬に「狩られる」こと）をもった被分析者であるかのようにおおむね語られているのだ。

　確かに、ムーアはアクタイオンを意識のスタイルを表象するものとしても見ている。つまり、「アクタイオン的な意識」について語っている。そのようなものとして、アクタイオンは一人の実在の個人というよりも、一つの（理念的な）タイプである。彼はまた一つの寓意、つまり、このタイプの意識の絵画的な表象でもあるのだろう。実在の人間なのであれば、それは常に単一の個人である、ということになる。

　しかしながら、理念型であろうと実在の人間であろうと、どちらの場合でも、この神話の主人公は次の二通りに理解されているように思える。すなわち、第一に、彼は実在する存在であり、第二に（彼の存在に加えて）特定の心理学的な性質や特徴を付与されている、ということだ。このことが意味するのは、われわれの神話のなかのアクタイオンはプエルの心理を表している一人の人間として語られている、ということである。彼はそのような心理、あるいはこのタイプの意識をもっている。けれども、もし彼がある特定の心理をもった一人の人間であるならば、彼は（「あたかも」）経験的な人間存在、あるいは「自我人格」として認知されていることになる！

　この「云々の心理学的特性、あるいは云々の元型的視座を表す実在している人間」という考えには多くの問題が存在している。それは、神話に対するイマジナルなアプローチの背景にある、語られはしないが、基本的な前提となっている考えである。この考えが、本章の次節以降の主題となる。そこでの課題は、この考えに内在されている問題の多様な側面を一つ一つ検討してゆくことである。最初の節では、このアプローチにおける基本的な整合性のなさに、つまり、心理学の根本的な原理、すなわち、「媒体」と「メッセージ」との間の差異に関する原理が無視されているという事実に取り組むことになるだろう。このことが、神話の心理学的解釈の原理に対する一般的な省察という文脈において検討されることになる。

b）真に心理学的な神話解釈のための四つの前提

1. 神話解釈は「寓意的」であるという前提

　われわれが神話と呼ぶ物語は、人々、諸物、時間的な出来事、そして展開を呈示する。だからといって、もしわれわれが登場人物や神話のなかで起こる事柄を額面通りに受け取るなら、あたかもそれらが呈示されている通りのもの、すなわち、実在する存在や出来事として存在するかのように受け取るなら、われわれは、「媒体はメッセージである」というスローガンに何らかの形で署名することになる。しかし、ユングはわれわれに、媒体はメッセージではないことを理解するよう教えた。このことを最もよく示す例は、近親相姦のテーマというような性のイメージである。ユングは、性的イメージは字義的に受け取られてはならないと考えていた。つまり、それらは隠喩なのだ。それらは必ずしも、現実の性的な行動、性的な問題、性的な願望やファンタジーを語っているわけではない。ユングにとって、性的なものは、とりわけカテゴリー的に異なるものに対する、特定の（そして、おそらく好まれる）表現手段（「媒体」）であった。それは、非視覚的で、（その言葉の特定の意味において）「抽象的」で、不可視の心理学的なリアリティーを表すための、具体的に目に見える、感情を帯びたイメージである。心理学的なリアリティーは、それ自体一つの現実なのだ。

　錬金術においても、「媒体」と「メッセージ」という同じ差異に出会う。錬金術師たちが自分たちの探し求める金について語る時、彼らは「われらの」金という言い方をした。これは、「通常のものではないという意味における」金である（「われらの金は卑俗なる金ならず (*aurum nostrum non est aurum vulgi*)」）。また、ワインについて語る時も、彼らが言いたかったのは、経験的な現実のワインではなく、「燃えさかるワイン (*vinum ardens*)」であり、「酢酸 (*acetum*)」であり、「精神の血 (*spiritualis sanguis*)」等であった。すなわち、ユングが説明するように、それは「非凡なるメルクリウス (*Mercurius non vulgi*)」[101] だったのだ。「賢者の石」についても、彼らはそれが *líthos ou líthos*、すなわち、「石ではない石」、あるいはおそらく、「非石的な石」であることを知っていた。そして言うまでもなく、見通すことや脱字義化を強調

---

101) Cf. Jung, *CW* 14, par. 749.

する元型的心理学も、当然のごとくユングや錬金術師に追随し、多様なモチーフを隠喩やイメージとして見てゆくことになる。

　「媒体」と「メッセージ」との差異は、筆者が「心理学的差異」と呼ぶものの顕れである。ここでは、この字句に言及するだけに止めたい。これについては後の節で正式に導入され、論じられることになるだろう。

　ここに至っては、媒体とメッセージとの差異という方法論的な原理を、心理的生活、性欲という単独のテーマ、あるいは選択された一群の主題だけに限定するようなことをしても、まったく意味がないだろう。性欲というのは単に、以下のような二つの明らかな理由から、ユングがこの原理を最もよく例証した領域であるにすぎない。第一に、性のイメージは、魂にとって第一義的な重要性をもつものであるということ、第二に、性的イメージについてのより字義的な理解はフロイトの理論の中心にあり、フロイトと親密な同盟関係をもった経験のあるユングは、まずもってフロイトの理論から自分自身の理論をスタートさせる必要性を感じていたということである。この原理は、神話や象徴のあらゆる内容、側面に適用されなければならず、他は額面通りに受け取っておきながら、神話のある一連の象徴や特定の要素だけを隠喩的に理解することを求める、というようなことはできない。いったんこの原理にコミットしたなら、すべてその方法でやらなければならないのだ。

　アクタイオンのような神話の登場人物の人格化された特徴は、すなわち、それらの登場人物が実在する存在、実在する人間というステータスで、あるいは、その（意識のスタイルの）具現化として姿を現すという事実は、まったく異なる心理学的な「現実性」に与えられた、単なる実体的で感覚的なイメージでもある。それは「ただ単に」「媒体」であるにすぎず、それに対して「メッセージ」とは他の何かである。性的なイメージを額面通りに（字義通りの人間の性的行動に言及するものとして）受け取ることでそれらにごまかされるべきでないのとちょうど同じで、われわれはまた、神話のなかのアクタイオンに関する描写を一人の実在の人間や一つの理念型として字義通りに受け取ってはならない。アクタイオンに顕著な特性や行動を元型的スタイルの表現として脱字義化するだけでは十分ではない。一つの実在としてのアクタイオンのステータスもまた、脱字義化され見通されなければならないのだ。このことが意味するのは、われわれはただ単にアクタイオン

をイメージする（そのことによって彼は不可避的に一つの実在に変えられる）という贅沢を自らに許してはならない、ということである。われわれは、彼について考えることを求められている。彼が考えられた時にだけ、一人の実在する人間としての、あるいは一つの理念型としての彼のステータスが見通されるのだ。

　ここでは、媒体はメッセージではないというこの原理を、神話解釈の寓意的（allegorical）前提と呼ぶ。なぜなら、媒体は、実際に意味しているもの以外の何か（"allegorical" の "all-" は、állon、すなわち、「他」に由来する）を伝え表現するからだ（"allegorical" の "-egorical" は、agoreúein、すなわち、「言う」に由来する）。錬金術師たちは、あたかも通常の金やワインや石について語っているかのように、「金」や「ワイン」、「石」について述べた。しかし、これらの言葉によって彼らが伝えたかったのは、「他の何か」、すなわち、例えば「石でない」というように、まったく異なったものだったのだ。

　寓意的という言葉を、ここではその語のもつ単純に文字通りの、あるいは語源的な意味で用いている。それを、この語が伝統的な修辞学や文学の理論（寓意と象徴、たとえとの対立等）において獲得してきた、特定的で大なり小なり固定された意味と混同してはならない。筆者は、神話が限定された伝統的な意味（先に、ムーアの読みのなかのアクタイオンは意識の特定のスタイルの寓意として受け取れると批判的に述べる時に用いたのと同じ意味）で「寓意」であると述べているわけではない。筆者は意識的に、常に同一の固定された（曖昧でない）意味をもつ専門用語として言葉を用いることを望まない。もちろん、そのほうが物事はより容易に済むかもしれない。同じ言葉が常に同じことを意味しているという事実に依拠することができれば、思索的に読む必要はなくなるからだ。このように、読みや理解の部分的な「自動化」や言語の「技術化」という手段に訴えるよりも、筆者は言葉が生き生きしているままに任せるほうを好む。そうすることで、ある言葉が個々の場合にどのような意味で用いられているのかについて繰り返し自らに問うという課題を読者に負わせること（あるいはそれは栄誉なのかもしれないが）になったにせよ。

　イマジナルな心理学は、アクタイオンのような神話的表象のこととなると、脱字義化という自らの中心的な原理との整合性を保つことができない。かと言って、イマジナルな心理学が、あたかも一人の歴史的、あるいは経験的な人物であ

るかのようにアクタイオンを字義的に理解しているということではないし、これが筆者の言いたいことなのではない。もちろん、イマジナルな心理学は、ある意識のスタイルや元型的な視座を具現化したものであるかのように、アクタイオンを一つのイメージや隠喩として取り扱っている。しかしながら、イマジナルな心理学が字義的に理解し見通していないのは、アクタイオンの存在論的なステータスのなかに、云々の特性をもつ一つの実在する存在（あるいは実存）として、あるいは、云々の元型的視座を表象する一つの「具現化」として内在されている字義性である。人格化のなかで進行する存在論化することと止揚することが、そこでは額面通りに受け取られている。換言すれば、イマジナルな心理学は、イマジナルな様式のゆえにイメージとともに不可避的にやって来ることになる基賞的な性質を見通してはいないのである。イマジナルな内容を見通すだけは十分ではない（それが「性的」イメージであっても、「プエル的な意識」であっても）。登場人物のステータス、イマジナルな形式、「物事をイメージする」というまさにその様式、そしてそこに内在されている帰結、これらもまた見通されねばならないのであり、止揚されねばならないのだ。イマジナルな心理学は自分自身の薬を飲まねばならない。しかし、そうすればもちろん、イマジナルな心理学は自分自身を止揚し、イマジナルな心理学であることを止めることになる。魂の生命がもつ現実の本性が「イマジナルなもの以外の何か」であることを理解することになるのだ。

　錬金術師たちは、彼らが語っている現実の他者性（その他者 *allon* としての性質）を描写するために、例えば、「卑俗ではない金、普通ではないワイン、石でない石（*lithos ou lithos*）」等と述べることによって、「否定論法（*via negativa*）」を用いた。賢者の石についての表現はとりわけ意味深い。それはきっぱりと賢者の石が石であることを否定し（石でない〔*ou lithos*〕）、しかし他方で、実体的な表現である石（石〔*lithos*〕）を保持する。それは石ではない、という錬金術師たちの洞察は、「石」という言葉（「媒体」）を何か他の表現で置き換えなかったことに示されている。彼らは、「メッセージ」が実際には何であるのかを実体として述べることはできなかった。彼らが知っていたのは、それがその「媒体」が含意するものとは異なった何かであるということだけだった。彼らはその「媒体」にこだわりながら、しかしそれを否定された、すなわち、止揚された意味で用いていたのだ。

　「非凡なるメルクリウス」という概念は、おそらく無意識の概念と同一視しう

るとユングが述べた時[102]、ある意味で彼は錬金術師たちと同じことをしていた。「無意識」の概念は真に実体的な概念ではない。それは単に自分ではないものに言及しているにすぎない。しかし、別の点で言えば、この用語を使うことによってユングは、錬金術師たちが得られなかった実体的な答えを、すなわち、この他者的な、非凡なる現実性が実際にどんなものであるかという問いに対する答えを彼がついに見出したという印象を与えることになった。錬金術師たちは、ユングがしばしば示唆するように、「実際には」無意識の心理学であるものを、物理的、あるいは化学的な物質やプロセスにいまだ無意識的に投影していた。しかし他方で、われわれは今日、ずいぶん意識的になり、化学の象徴性を見通し、それを「実際には」個人の心のなかで（それぞれの個人の無意識において）進行している無意識のプロセスに関するものとして理解することができるようになった。それは、説明された「メッセージ」としての「無意識」である。

　確かに、理論的にはユングは繰り返し、われわれは本当には無意識の何たるかを知らないと明言した。つまり、われわれは単に「未知なるものをより未知なるものをもって（*ignotum per ignotius*）」説明しているにすぎないのだ。もちろん彼は、個人的ではない、「集合的な」ものとして無意識を定義し直してもいる。しかしながら、ユングが彼の無意識の心理学がもつ経験科学的な性質を強調したことで、実際には、無意識の意味するものをわれわれが知っているということが表面化したようにも思える。もちろん、ユングがしばしば語るような形で（メルクリウスと無意識を同一視することについての先の引用のように）、そしてとりわけ、われわれが「無意識」という用語を一般的に無自覚に使ったり耳にしたりする形で、われわれは、それが既知の実体的な現実であり、経験的な所与であると感じている。そして不可避的に、無意識の概念は、あたかもそれがわれわれのなかにある一つの要因であり、「層」であり、「領域」であり、人格の一つの「部分」や「側面」であるかのように理解されることになる。「無意識」が「集合的なもの」として定義されているにもかかわらず、それは一個人としての私のなかの（集合的）無意識であり、換言すれば、私の個性化や自己成長に奉仕する私の個人的な「集合的無意識」なのだ。

───────
102) Ibid.

第5章　元型的心理学、あるいは…:
イマジナルなアプローチへの批判　155

「無意識」という用語は、それが表現する否定性が完全に外に漏れ出てしまい、長らく実体的な用語になっていたことを実感しなければならない。この用語の究極的に実体的で人格主義的な使用は、——ユングがどんなに激しく否認しようと——ユングの心理学の最も深刻な欠陥の一つである。ユングが物事を呈示する方法は、ある心理学主義的な（人格主義的な、実体的な）理解を思い起こさせる。不幸にして、そのような理解は、ユングが述べた事柄に関する完全な誤解ではない（たとえユングがはっきりとそれに対して反論したとしても）。なぜなら、彼の思惟や言語の論理的な形式のなかの何かがそのような理解を容認するからだ。ユングは、自らの明示的な警告が明確にするように、この背後にある問題を理解していたにもかかわらず、あたかも離れたところから眺めているかのようにしか、それを見なかった。自らがその問題を実際に解決しうるところまでは決して到達しなかったのだ。彼は、論理的な手段を欠いていたし、それを一つの論理的な問題として見ることを故意に拒絶していた。ユングが真剣にその問題の論理へと分け入り、自分自身をそれに委ねていたならば、その時にのみ、彼はそれを解決する機会を与えられていたように思える。

　ユングは頑なに、観察（「経験主義」）と直観という手段だけを用いて自らの作業を進めようとした。彼は心理学的な問題における厳密な思惟を、カント派としての自らが禁じられているように感じている、一種の「形而上学的思索」であるとして拒絶したのだ。それゆえ、彼はいわば、どのように自分の述べたことが理解されるべきであるか、あるいは理解されるべきでないのかについて外側から語ることを試みた。けれどもユングは、自らの定式化が実際自ずと、それ自体において（その論理的な形式において）この理解を明確に表現し、それゆえ、それらが第一にどのように理解されるべきかについて、明示的な警告も付加的な理論的コメントも必要でないように書けるまでには、論理的にも言語的にも至っていなかった。時として、彼の明示的な理論的言述が、彼のより深い直観的理解の背後に隠れてしまい、人格主義的で実体的な読みを引き起こすことさえある（例えば、彼が何よりもまずそうでありたいと望む「経験主義者」として語ろうとするような時）。

　この理由から、錬金術の言語は、現代の心理学の専門用語よりも優れている。それは究極の他者性を、すなわち、非凡なる（*non vulgi*）、普通（万人のもの）ではない、石ではない（*ou lithos*）という形で、自らが語るリアリティーの（論理的）否定

性を間違いなく表現する。とりわけ、〈石〉に関する表現 (*lithos ou lithos*) は、錬金術が語る物質の自己矛盾的、弁証法的な本性を明示している。そして、それが実体として何であるかは真にオープンなままに放置される。この点において、錬金術の言語は、自らがかかわる物事を実体化も存在論化もしない。それらが「存在」しないことは明らかであり、その〈石〉の否定性がはっきりと表現される。錬金術師たちは、それが通常の石のように経験的な観察の対象ではなく、また決してそうではありえないこと、すなわち、決して一つの「実体的な事実」ではないことに疑問の余地を残さなかった。錬金術師たちがそのように表現しなかったとしても、われわれは、彼らが語っている「物質」や生成過程が論理的な「本性」をもったものでしかありえないことを理解しうる。明らかに、昇華、解体、気化は、錬金術の作業全体のなかの単なる特定の生成過程（あるいは、そのような生成過程の結果）ではなかった。究極に否定的で論理的な本性に基づくことで、錬金術の世界全体は、「昇華」「解体」「気化」されていた、すなわち、最初から止揚されていたのだ！

　元型的心理学は、「無意識」という語の伝統的な使われ方が孕む根本的な欠陥に敏感であり、アンリ・コルバンにならって、「無意識」という用語を「イマジナルなもの」という用語に多かれ少なかれ置き換えた。この新しい用語もまた、言及されるリアリティーが実際は何であるのかをオープンなままに放置する。けれども、この用語は形式において、もはや否定的ではなく（明示的な「非－ (*non-*)」や「無－ (*un-*)」を含まない）、かと言って、実体的なリアリティーを示唆することもない。事実、「イマジナルなもの」という用語は、「字義的でない」の別の言い方にすぎず、それは、錬金術師たちが言う「非凡な (*non vulgi*)」とまさに同じである。明らかに、「イマジナルなもの」は、一見実体的な用語に見えるにすぎない。元型的、あるいはイマジナルな心理学の側から錬金術師たちの非－知へと後退するこの後方へのステップは、「無意識」という伝統的なユング派の考えを明確に超え出てゆく前方へのステップなのだ。

　それでも、「イマジナル」や「隠喩的」という用語を使い、中世の錬金術師たちが達成していた芸術の状態へ回帰すること（あるいは、いわば「退行する」こと）だけでは十分ではない。ヘーゲル以後180年を経た今日、われわれが意味する現実性とは何であるのかについて、「無意識」という考えにあまりに容易について回

る、実証主義的あるいは人格主義的な還元に屈することなく、より明確に知り、伝えることが可能である。別の言い方をすれば、われわれは不可視の心理学的な現実（あるいは、「媒体」に対立するものとしての「メッセージ」）が「実際に」何であるのかを特定しながら、他方で、本質的かつ必要不可欠な性質である否定性を保持することが可能である。いかにしてこのようなことが可能なのかと言えば、それは、魂の生命の論理的な本性という考えに、論理的な自己関係や論理的な運動としての魂という考えに前進することによってである。ここでは、「形式論理学」という限定された抽象的な意味で、「論理的」という用語を用いているのではない、ということを断っておかねばならない。「形式論理学」における「論理」は、それが原理の制約の下に置かれているゆえ（最も顕著なのが、矛盾を排除しようとする絶対的な強迫である）、いわば去勢された状態の論理と見なすことができる。もしこの論理が自らに内在する必然性に自由に従うことを許されるなら、それは不可避的に弁証法的な論理に発展してゆくことだろう。そしてこれが、魂の生命に調和する論理なのだ。

　「論理的」という語は、われわれが経験的な精神のなかにもちうる思惟、リアルな思考、概念に言及するゆえに具象的なものに言及する（そして、そのことで、錬金術師たちの「非凡（non vulgi）」より以上のものを伝える）。そして同時に、理念的な性質をもつゆえに、否定的なもの（不可視であり、「抽象的」であり、触知できず、経験的でないもの）でもある。「論理的なもの」とは自己矛盾であり、シェリングの言葉を用いれば、「理念的現実性（idealreality）」、そして／あるいは、「現実的理念性（realideality）」であり、すなわち、魂の論理（psycho-logic）なのだ。

　魂の自己関係や論理的運動は、神話や他の自発的なファンタジー・イメージが表現する「メッセージ」である。そして、それは、その言葉の特定の意味で抽象的（すなわち、厳密に論理的）であり、不可視であるゆえ、通常の意識に少しでも接近可能であるように、感覚的なリアリティーや感情に色づけられた人間の体験という媒体において表現される必要がある。通常の意識というものは、リアリティーを思惟することを通してというよりも、主としてイマジネーションを通して、知覚、感覚的直観、そして絵画的表象を通して、世界とかかわりをもつのだ。

　ユングは、元型的イメージと「表象不能な（unanschaulich）」本来的元型、あるいは元型それ自体とを区別したが[103]、この区別はしばしば厳しく非難されてきた。

なぜなら、カントの思想とのかかわりで見た時（カントが言う「ものそれ自体」と「見かけ」との間の区別に相当）、それは実に多くの問題を孕むものだからだ。しかし、ユングが表象不可能、あるいは視覚化不可能なものとして元型それ自体という考えを発展させた時、彼はある重要な直観を得ていたように思える。この考えによってユングは、根本的で変更不可能な未知性、すなわち、否定性を元型に蘇らせたからだ。ユングによる元型的イメージと元型それ自体との区別は、カントとの結びつきという文脈からは外されるべきであろう。そしておそらく、ユングに対して異論を唱えることになるが、それは、魂それ自体の論理的本性（イメージという性質をもたない「表象不可能性（Unanschaulichkeit）」）とその表現媒体であるイメージとの区別というわれわれの新しい文脈に移されるべきなのだろう。

確かに、ユングは「イメージは魂である（Bild ist Seele）」と述べた。しかし、イメージは、絵画的な形式で表象された思惟であるゆえに、魂なのである。ユングの教えは、バークリーの「魂はいつも考えている」と矛盾しない。ユングは、魂はいつもイメージしているとも、魂はイメージであるとも言わなかった。ユング自身も知らないうちに、元型の表象不可能性という自らの考えによって、彼は論理的生命としての魂についての理解へと向かいつつあったと筆者は確信する。しかし、彼はほんの道半ばにあったにすぎない。ユングは決してそこへは到達しなかった。そして、カント的な経験主義と反ヘーゲル的という偏向のゆえに、魂の生命がもつ弁証法的－論理的性質に対する洞察において、自らの概念が実現することを、彼はきっぱりと否認していたように思われる。

魂の生命の論理的な本性という考えによって、われわれは「イマジナルなもの」という考えよりも多くのものを伝えることができる。つまり、前者のほうがより多くの「情報」を包含している、ということだ。われわれは、論理的な概念、関係、操作がどのようなものであるかを知っている。それらについて語る際、自分が無について語っているわけではないことを知っているのだ。われわれは、経験的な実在について語っているわけでも、「形而上学的な」実在について語っているわけでもない。われわれは、非常に精緻で具象的な何かについて語っているのである。狭義の論理的な概念、関係、操作は、既知の金を意味しない錬金術の金と同

―――――――
103) Jung, *CW* 8, par. 417.

様、「他の何か」を意味する「媒体」においては表現されない。それらは、脱字義化される必要がない。ここでの媒体はメッセージである。それはひとえに、(「非凡な (non vulgi)」というようなタイプの単純な否定に対立するものとして) 論理的なものが絶対的な否定性であるという理由による。絶対－否定的なものはそれ自体として否定的である。すなわち、自分自身に「向かって」否定的である。つまり、それは、それ自体が自分自身の自己否定であるような実体的なものであり、それ自体、徹頭徹尾否定的であるのだ。それは自分自身の他者であり、それゆえ、自らを否定することによって (「卑俗でない金 (aurum non vulgi)」) 自分自身を解離するような他の何かを、実体として与えられたものを必要としない。それは、自らの否定性を保持しているために、そして、自分自身の同一性を自分自身の否定性において、すなわち、自らに内在する自分自身からの他者性において見出しているために、いかなる〈他者〉も必要としないのである。

　これが、われわれが「イマジナルなもの」とイマジナルな心理学を超えてゆかねばならない一つの理由である。イマジナルなものはもちろん、形而上学的なリアリティーとして受け取られうる。そのような場合には、イマジナルなものは一つの神秘化であり、具体化され実体化されていたのかもしれない。元型的心理学の信奉者の多くがイマジナルなものについてのこのような理解に秘密裏に屈従しているのではないかと筆者は疑っているわけだが、これはもちろん、元型的心理学がどのように定義されているか、その盛時において元型的心理学がイマジナルなものをどのように定義しているか、ということに完全に対立する見解である。しかし、もしイマジナルなものが形而上学的なリアリティーとして受け取られないとしたら、イマジナルなものは脱字義化する持続的な意識の努力を必要とするだろう。このことが示すのは、まさにその形式による「イマジナルなもの」という概念がいわば自らの家に帰っていない、ということである。自分自身のなかで安らっていないし、自分自身のなかで論理的に満ち足りてもいない。それは、自らの否定性を真にイマジナルなイメージとして保持するために、自らの字義的な双子の片割れとの対立と区別を必要としている。人が注意を緩めたその瞬間、イメージは、経験的なものの孕む字義主義、あるいは形而上学的な多様性の孕む字義主義、双方の意味での字義主義に再び沈み込んでゆくのだ。

2．補説：飼い慣らされた荒野と先在性

　魂が論理的否定性であるというのは、魂が自らの本性やステータスについて語っている数多くのイメージや観念、そして概念から学びうる事柄である。ここでは、そのほんのいくつかについて言及しておく。大衆的な信仰の領域では、二人の学者だけを挙げるが、W・F・オットーとオナイアンズが示したように、古代ギリシア人は、（とりわけ、*thymós*：胸腺、すなわち、生者の情緒的器官と対比した時）プシケー（*psyché*：こころ）は死後にのみその役割を果たし、ハデス（冥界）にその本来の場所をもつと考えていた。これは、広く浸透していた、神話学／神学、そして哲学／形而上学、双方における魂の先在性という考えであり、現代の心理学理論の領域においては、ヒルマンが、魂とその主要な表現形式の一つである夢は冥界に属すると主張した事柄である。

　いずれにしても、先在や死後として、魂は生の営みから除外されている。魂と冥界との関係は、とりわけヒルマンによって広範に洗練されてきたので、ここでは先在性についてコメントするだけに留めることにする。もし魂の先在性という考えが表面的に、また不注意に受け取られることなく、それが包含する思惟について本当に思惟されるのであれば、それが魂の存在を否定していることが明白になる。人はこの世に生を受ける以上、一つの存在を有しているが、これとは対照的に、魂は一つの「先在性」を有しているのだ。先在性という用語は、それが存在の厳密な対立物である時にだけ、次のような意味をもつ。つまり、それが存在に先立つ（そして、そのようなものとして存在を排除する）ものである、ということだ。先在性は存在の否定であり、それゆえ、魂の先在性は、論理的な生命としての魂の否定性を指し示す。それは単に、存在の内側での時間的な区分を意味しているのではない。それは、時間の内側での特定の日付や出来事に先立つ（誕生という経験的な瞬間に先立つ）存在のように、「戦前」と「戦後」の時代との間といった区別とは対比しえないのだ。そのような先在性は、存在の延長でしかないゆえ、本当の意味での「先（pre-）」ではない。先在性は、実存や〈存在（Being）〉「以前（before）」であり、時間それ自体「以前」である。すなわち、非時間的で、論理的なものなのだ。〈存在〉「以前」であるものは、存在論的な用語ではイメージされえない。それは、「何か」ではないし、存在している実在や実存のようなものでも、これから存在になるべきものでもない。〈存在〉と時間以前の「何か」という考えはそ

第5章　元型的心理学、あるいは…：
イマジナルなアプローチへの批判　　161

れ自体、矛盾を抱えている。それは一つの「神秘化」であり、「悪しき形而上学」
であろう。もし先在性が、何らかの神秘的な実在やこれから存在になるべきもの
に言及する代わりに具体的な意味をもつとしたら、論理的な生命としての魂に言
及しなければならない。先に述べたように、魂は存在しない。それは実在でも、
実存でも、「要因」でもない。それは論理的な生命であり、論理的な運動である。
だからこそ、魂は真にイメージされえない。それは思惟されなければならないの
だ。「先在的な魂」[104]の領域は、論理的に、そして心理学的に言えば、自我によっ
て存在論化され実体化され、そして措定された自身の存在に「先立つ」世界であ
る。そして、神話学的に言えば、「根源」「始原」という「原初の」時にある世界で
あり（エリアーデの illud tempus）、「人間社会や文明の世界」に「先立つ」ものである。
それは、「生命の起源」であり、世界の太古の生成の領野であり、そこでは、「全
体」が問われ、〈存在〉か〈非存在〉かのギリギリの決定がなされるのだ。

　これらの論考から導き出される結論は、魂、あるいは、ユングが「心理学的な
現実」と呼んだものは、何ら存在的なものではなく、それゆえ、存在論的な用語
で、また存在論的な要件からはアプローチされえない、ということであろう。魂
は論理的生命なのだ。魂は存在しない。あるいは、魂は否定性である。だからこ
そ、その地平や立脚点に関する限り、心理学は存在論から論理へ、存在するもの
から思惟されることだけが可能なものへ、そしてそれゆえ、イマジネーションか
ら論理へと移行しなければならないのだ。このことは、アクタイオンが、すでに

────────

104）この表現もまた、ユングのものである。ドイツ語版『自伝』の350頁で、彼は、「われわ
　　れの…先在的な魂」（筆者訳）について語るが、そこでの「先在性」は限定されたものであ
　　る。すなわち、ユングが言うものは、「意識に先在する」のだ。英語の文法上の必要性から、
　　英語版の『自伝』の翻訳者は、表現全体を「われわれのこころの、意識に先在する部分」
　　（347頁以下）としており、そこでは「魂（soul）」が「こころ（psyche）」に置き換えられ、
　　ユング自身の文章には含まれても含意されてもいない「〜の部分」という考えが勝手に挿
　　入されている。ユングの考えは明らかに、魂は意識に、そして「経験的な人間であると
　　ころの自我」（Memories, p. 346）に先在する、というものである。英語版の『自伝』が含意
　　するような形でユングの言述が理解されるのであれば、魂は、ユングがまさにそれに先
　　在していると述べた「経験的な人間」の一部としてそこに包摂されることになってしま
　　う。それでは関係が逆転してしまう。

居住され開墾された土地から原初の森へと移動したことにも対応する。アクタイオンが森の荒野のなかへと分け入った時、彼は「先在性」の領域へと参入した。ここで、「先−」というのが時間的なものではないことが理解されるだろう。それは、アクタイオンがそこからスタートを切るものではなく、彼がその後の人生でそこへと向かう途上にあるものなのだ。

　（存在しているものとしての）存在とその特質や属性（その「心理」も含めて）とを区別することは、原初の荒野の内側にある存在の元来の場所から思惟を除去するための道具である。しかし、原初の荒野において、アクタイオンはそれを狩っていたのであり、すでに実体化された（囲い込まれた）人々や物事という通常の世界の代わりに、それを確立していた。そのような区別は、心理学の出発点を「魂」から「自我」へと置き換える道具であるとも言えるだろう。一つのスタンスやメンタリティーとしての自我は（「コンプレックス」と対比した場合）、諸々の実在がその時もつと言われている諸特徴に対して、それらの実在を仮定すること以外の何ものでもない。自我とは、この分裂（すること）であり、あるいはこの分裂をつくり出し維持する力である。この分裂は、ある実在や基質を仮定することで、広く世界一般とそこにあるすべてのものの論理的なステータスとしての実体性を産み出す。心理学にとってこのことが意味するのは、心理学の人間学的な概念、そして治療における管理的で科学技術的なアプローチと筆者が呼ぶものが、この自我によって産み出されているということなのだ。

　第3章において、われわれは、心理学という作業が全体的な人間を前面に呼び寄せるというユングの考えに出会った（ユングはこの考えを錬金術の「業は全人を必要とする（ars requirit totum hominem）」という教義によって支持している）。筆者は、英訳者がこの表現を「全体的な人間のエネルギーを必要とする」と訳し、「エネルギー」という言葉を挿入したことに異論を唱えた。なぜなら、それは、全体的な人間自体と彼の属性、すなわち、彼のエネルギーとの分裂をつくり出し、そのことによって同時に、「全体的な人間」のまさにその全体性を侵食することになっていたからだ。ここまでのわれわれの議論を踏まえれば、今やわれわれはよりよく、「全体的な人間」の意味するところを理解できるだろう。彼は、荒野に参入したゆえに人間なのである。「全体的な人間」は、人間学的な概念、すなわち、彼をつくり上げているすべての特徴の総体としての人間という観念ではないし、そう

ではありえない。ここで問題になっている全体性はまさに、その人間学的な人間理解から、すなわち、一個人の特定の属性や特徴を語ることが意味をなす全体のレベルから、主体としての主体とは根本的に異なったレベルへと突き抜けることをもたらす。それは、経験的で存在論的なレベルから「存在する〈概念〉」としての人間というレベルへと突き抜けることでもある。われわれが先に出会ったもう一つの錬金術の教義は、「けれども、魂の大部分は（人間の）身体の外側にある（*maior autem pars animae extra corpus est*）」というものであった。これはねじれた言述である。魂は部分をもたない。人間の身体の内側に魂の一部分があるわけでも、宇宙の外側により大きな部分があるわけでもない。部分や身体的な場所に関するこのような思惟は、魂には似つかわしくないのだ。同じ理由で、教会の教理教育に集成されている「私の魂の三つの力、それは私の記憶、私の理解、私の意志」[105]という考えや、記憶、知性、意図（あるいは、愛）の機能から成る三部構成の魂というアウグスティヌスの概念化[106]は非難されなければならない。

　魂は、「全体的な人間」が前面に立つ場所であり、この点で荒野という次元に足が踏み入れられる場所である。そして、その踏み入れられた場所では、世界のあらゆるものが、すなわち、われわれの外側にあるものも内側にあるものも、魂の場所として正しく認識されうることになる（知っての通り、心理学は、いかなる「範囲を定められた作業領域」ももたない！）。魂への唯一の入口は、「全体的な人間」を通して開ける。すなわち、われわれが無限性へと越境することを通して、われわれがあらゆる存在するものに対して本質（われわれの本質的な「裸性」、あるいはわれわれの絶対的主観性）を絶え間なく暴露することを通して開けるのである。感情、共感、イマジネーション、想起、願望自体は、魂への通路ではない。切り刻まれた「全体的な人間」の寄せ集めに対する個々の心理学的機能として、それらは囲い込まれた領域に留まっている。それゆえ、それらは真に魂が込められたものではまったくない。解釈学のような個々の方法についても同じことが当てはまる。感じること、解釈学的に理解すること、イメージすること、願望することを行う

---

105) ジェイムズ・ヒルマンからの引用。Hillman, *The Myth of Analysis*, Evanston (Northwestern University Press) 1972, p. 168.

106) Augustine, *De Trinitate*. 前掲のヒルマンの著書のなかでも引用され論考されている。

のが全体的な人間である時にだけ、野生は布置される。しかし、感じ、イメージ
し、願望するのが本当に全体的な人間であるなら、これらの「機能」は、個々の
心理学的機能、作用、方法、あるいは行動様式ではなく、思惟である、というこ
とになる。全体的な人間と思惟は、「全体的な人間」と魂がそうであるように、
相関関係にある。なぜなら、全体的な人間は、実体化された人間存在に「先立つ」
人間であるからだ。すでに知っている通り、「魂はいつも考えている」のだ。

　このことは、イマジナルな心理学の構造的な欠陥をさらに別の方法で描写する
助けになる。経験的な人間（実体化されたものとしての人間、すなわち、人間学的な理
解によって認識された人間）の一つの特定の機能に特権を与えることで、イマジナ
ルな心理学は自らを魂より下のレベルに、全体的な人間が分離された個々の機能
へと引き裂かれてしまったレベルに置くことになる。なぜなら、魂は、あらゆる
区画化に「先立って」おり（「先在性」）、それを「超越」しているからだ（あらゆる個々
の機能の止揚としての「死後」）。もし、すでに経験的なレベルに安住しているにも
かかわらず、魂への通路をもつことを望むならば、より「魂が込められている」
と伝えられている作用や方法（イマジネーション、解釈学、隠喩、ユーモア等）を見
出し、「魂の込められていない」もの（例えば、機械的で因果論的なアプローチ）を避
けようとすることで、魂のレベルが構造的に失われてしまったことを補償する必
要があることは明らかである。けれども、このような補償によっては、決して真
に自らの体系的な過誤を補完することはできない。経験的な人間のレベルに留ま
りながら、同時に自分がやっていることが心理学であると主張することはできな
いのだ。経験的により魂の込められたものは、構造的にはまさに魂の込められて
いないものである。心理学の成り立ちは、使用されている方法の種類にも、焦点
を当てる対象を正しく選択すること（例えば、「子供時代の発達」の代わりに「イマジ
ナルなもの」を選択すること）にも依拠してはいない。荒野へと、無限性と論理の
領域へと参入すること、それによって、その唯一の活動あるいは実践が思惟、す
なわち、理論（theoria）である「全体的な人間」へと変わること以外の道はないのだ。
この意味での思惟は、感情やイメージすること、意思することと別個の、ある特
定の機能ではない。思惟とは、いかにして全体的な人間が魂に対して開かれるか、
存在するものの真理に対して開かれるか、ということである。それは、われわれ
が飼い慣らされた経験的な領域を超越し、汚れない荒野に到達しうるための「器

官」である。第2章において、思惟がユングの言う「思考機能」に還元されてはならないことはすでに指摘した。思惟は、あらゆる心理学的な機能や作用と同じく、四つのユングの機能をも超越した「第五の本質 (*quinta essentia*)」なのである。

3. 神話解釈は「同語反復的」であるという前提

　同語反復という言葉は、字義的に、あるいは語源的に言えば、「寓意的」のまさに正反対のものである。すなわち、一方は、同じこと (*tautón*) を言う (*légein*) のに対して、他方は「別のこと」を言う、ということだ (「同語反復」の代わりに、「寓意的」との類似と対立をより明確に示すための新しい造語 "tautegorical" を用いたコールリッジやシェリングに倣うこともできたかもしれない[107])。先に、神話解釈の「寓意的」前提を擁護したが、ここでは、「同語反復」の原則を提唱することになる。神話、あるいは神話の心理学的理解に対して公正であるためには、双方の解釈原理が必要である。しかし、もしこれらの言葉が相矛盾するなら、いかにしてこのことが可能なのか。それが可能なのは、これら二つの原理が異なる面において神話に適用され、互いを補い合うからである。つまり、寓意的前提が表現の媒体や形式と「メッセージ」との間の差異に言及し、それゆえ、「心理学的差異」に開かれている、あるいは、調和しているのに対して、同語反復的前提は、メッセージ、すなわち、神話が実際に語っている事柄が同一のものであり、異なった複数のメッセージ、真理、現実性や元型的状況の多様性ではないということを主張するのだ。

　ここでも、トム・ムーアに代表されるような元型的心理学によるアクタイオンの物語の理解の仕方を受け入れることはできない。彼にとっては、この物語のなかに本質的に異なる複数の状況が存在しているように思えるのだ。そこでわれわれはまず、若き理想主義をもった、まったくもって無邪気なプエルに出会う。彼はまた、「窃視者」として、少し離れたところから生の営みを眺めている（その距離は、彼の無邪気さの表現であり、同時にそれを保護し維持する機能をもっている）。そして終わりには、もはや観察者ではなく、狩りの餌食となった鹿にわれわれは出会う。それゆえ、そこでの物語全体は、観察者というスタンスを決して崩さない

---

107) Samuel Taylor Coleridge, *Aids to Reflection in the Formation of a Manly Character*, 1825; F. W. J. Schelling, *Philosophy of Mythology*, 1842.

若き好奇心という最初の状況から、そのまさに対極にある、解体を通して究極的に「巻き込まれる」というディオニュソス的な運命への展開、ということになるだろう。

　筆者からすれば、この物語には、いかなる展開も、いかなるアクションも、いかなる変化も存在しない。この神話は、いわばただ一つの「極小の」状況について、ただ一つの元型的な契機やリアリティーについて語っている。けれども、この神話は、自らが包含する豊富な内的な生命、あるいは論理的な運動を（語りという媒体において）展開させることによって、この状況の外側からではなく内側から語るのだ。ここで述べている「極小の」契機とは、生の充溢を包含する、もうそれ以上拡がってゆくことのないものとしての具体的、あるいは重大な意味を孕んだ「点」である。それは、周辺と中心の同一性と差異（identity-and-difference）なのだ。あるいは、より経験的な喩えを用いると、以下のように言えるかもしれない。すなわち、この神話、この物語のなかの出来事をムーアが理解する方法は、いくつかの細胞から構成された組織に喩えることができる。それぞれの細胞はこの組織のなかにある個別の実在あるいは建築用のブロックであり、そこではすべての細胞がそのように外側から眺められている。これに対して、筆者はこの物語にただ一つの細胞のみを見ているのだ。しかし、この小細胞は、外側から裸眼で、すなわち、ある静的な実在やものとして見られているのではない。それは内側から、かつては予想されていなかった内的複雑さと力動性のなかに立ち現れるように描写される。すなわち、運動として、生命として描かれるのだ。それは、何か（何らかの「もの」）の運動でも、運動している「部分」でもなく、それ自体として運動であり、プロセスであり、生命である。その小細胞はそれ自体生きていて、それゆえ、生命の一部ではなく、全体としての生命を自らの内に「包含する」のだ。言うまでもなく、このようなアナロジーは、感覚性の領域から理解されるものなので、思惟される必要のある何かのための視覚的な補助以外の何ものでもない。

　出来事の継起を伴う物語の時間的要素は、単に語りの媒体によるものである。いかなる物語もすべてのことを一時に言うことはできないし、一つの側面から別の側面へと次から次へと自らの真理を開示してゆかねばならない。「メッセージ」においては、すなわち、ここに描写された単一の元型的、心理学的、あるいは論理的契機においては、あらゆるものが「同時的」であり、物語のすべての部分が

厳密に同じ状況だけを、同一の真理だけを同語反復的に語る。語りというスタイルがわれわれに信じ込ませるのだが、最初に侵犯があり、次に魔法による変身があり、最後にその侵犯に対する恐ろしい罰があるというような、展開や出来事の連鎖は存在しない。現実には、物語はいわば前進することはない。それは1インチも動かないし、何の進展もない。終わりに、あるいは途中に起きたこととして描かれている事柄は、はじめから真実なのであり、最初の状況が、単にすべてを変えるように見えるだけの、見かけ上は後に起こる出来事によって打ち消されてしまうことはないのだ。

　確かに、運動は存在し、「メッセージ」というレベルにおいても差異は存在している。しかし、この運動は、連続する時間のなかで、そして物語の「プロット」というレベルにおいて生起しているのではない。この運動は、時間的、経験的な領域ではなく、魂の論理に、比喩的に言えば、「先在性」という非時間的な領域に位置づけられているものなのだ。この運動は、空間内をここからあそこへと移動するものではない。それは同じ場所に留まっていて、論理的な運動として「内包的」であり、時空間における外延性をもたない。また、そこでの差異というのは、（原子物理学において、いまだ原子と呼ばれているものの多様性が、それが一つの〔分割不能な〕「原子」であるという概念を実際に打ち壊したのとちょうど同じように）ひいては「極小の」事実の統一性と相矛盾し、それを破壊するだろう、経験的な多様性（ある状況の異なる部分、相互に作用し合う異なった人々）を示唆するものではない。われわれはここで、結合と差異の絶対的な結合のもつ弁証法的で矛盾を孕んだ意味において、厳密に同じものの内的な差異という考えという難題に挑まねばならない。その結合が絶対的であるのはまさに、結合と差異との差異から「自由」であり、それに無関心であり、またそれによって脅かされていないからだ。

　もし媒体とメッセージが同一のものであるならば、例えば、アクタイオンとこの神話のプロットを双方ともイメージするような時、明らかに、出来事の語りの継起を字義通りに、すなわち、一つの発展や変化として、あるいはいくつかの異なった連続的な状況として受け取らねばならないことになる。逆にもし、媒体とメッセージとの差異、あるいは「心理学的差異」に導かれて、「寓意的」前提からスタートするとしたら、不可避的に同語反復前提へと導かれ、継時的に語られる多様な出来事すべてに、また実際に継起するものとしてこれらの出来事が語ら

れるなかにも、同一の元型的（極小の、あるいは一瞬の）真理という内的な論理的（経験的ではない）生命が物語形式で展開してゆく様を見なければならなくなるだろう。あなたはいずれにしても、同一性と差異に出くわすことになる。それらの配置があらゆる差異を産み出すのだ。

　神話解釈の「同語反復的」前提ということで最終的に目指しているのは、神話やその他のファンタジー・イメージを、心理学者として、次のように読まなければならないということである。すなわち、所与の神話のあらゆる本質的な詳細において、それぞれの異なる決断によって、その内的論理の異なる「契機」によって自分自身を開示しているのは、同一の魂の〈概念〉であり、ただその魂の概念でしかないという読み方である。これが具体的に意味するところは、第6章においてアクタイオンの神話を詳細に解釈する際に、より明らかになるだろう。

　神話解釈の「寓意的」原理と「同語反復的」原理を伝統に位置づけるために、プロティノスの名を挙げることができる。彼はそうした名称こそ与えなかったものの、それらを広く用い、原理として明確に定式化さえした人物である。例えば、彼は、エロスに関する論説において（III 5〔50〕9, 24-29）、「神話は、もし真に神話であろうとするなら、自らが語る事柄を時間的な順序に従って分割すること、そして実際にはない交ぜになっていて、その論理的な地位（*táxei*）と機能によってしか区別しえない多くの物事を互いに分離することを強いられる（哲学的な言説でさえ、これまで決して存在したことのないものを存在していたかのように見せ、ない交ぜになっているものを自分自身で分割するのであるから、なおさらである）。可能な限りこれを明確にすることで、神話は、これを理解する者がすでに分離されたものを再結合することを許すのである」（筆者訳）と述べた。この原理は、ポルピュリオスやイアンブリコス、プロクルスといった後の新プラトン主義者たちによっても採用されていて、それはプロティノスよりも前に遡るという指摘もあるようである[108]。別の文脈のある節において、プロティノスは以下のように語る。「描写すること（あるいは、顕示すること：ὑπόθεσις）のみが、万物の本性をもって付与されたものを産出と創造によって生まれ出でたかのように見せることができる。なぜなら、

---

108) Cf. Matthias Baltes, *Die Weltentstehung des Platonischen Timaios nach den antiken Interpreten*, Leiden (Brill) 1976, e.g. pp. 124ff., 147, 152.

それは、生成と存在の永遠の同時性とは実際何であるのかを、順に表象することを強いられるからだ」（IV 8〔6〕4, 40-42）。そして、もう一人の新プラトン主義者サルスティウスは、「語りはこれを先にあれを後にという具合に語るが、精神（νούς）はすべてのものを同時に見る」[109]と述べた。すべてのものを同時に見る精神は、筆者が先に経験的なレベルと呼んだものを後にして、思惟のレベルへと、「全体的な人間」や「先在性」のレベルへと進んでいる。それがすべてのものを同時に見ることができるのは、「すべてのもの」を魂の論理的な諸解決として、そして、それらの厳密に論理的な関係や運動として把持するからだ。

　物事がどのように表され描かれるかということと、それらが真実どのように存在しているかということとの区別は、筆者が寓意的原理と呼んだものに対応している。媒体（語りの形式としての神話）は、「メッセージ」ではない。神話の真の理解がその描写を字義的に受け取ってはならないのはこのためである。ところが、そうした真の理解は、語りという形式（媒体）の必要から神話のなかで（そして、プロティノスがつけ加えたように、哲学的な言説においてさえ）散り散りになっているように見える一つの統一体をわれわれの精神のなかに（物事についてのわれわれの〈概念〉として）再構成することで、テキストとして開陳されているものに抗うという課題をもっている。われわれが神話を読み、そして理解する際には、神話が一つの開陳であるがゆえに引き起こさざるをえなかったことを打ち消さなければならないのだ。

　新プラトン主義者による語り（あるいは神話）と精神（あるいは思惟）の区別は、イマジナルなものと論理的なものの区別でもある。そして、プロティノスが述べたような、神話が内的な構造のゆえ不可避的にバラバラに抱えているものを「再結合」せよという新プラトン主義者の訓戒は、イマジネーションから論理への移行の必要性に対する洞察であったのだろう。イマジナルなものの内側において個々に分離した（おそらくは対立し、互いに排他的であることさえある、つまりは、相矛盾する）登場人物、側面、あるいは出来事であるものを再結合することは、弁証法的な思惟の流動性のなかでだけ可能なのだ。

　そこには、別個の、そして相互に矛盾しさえする二つの課題があるように思え

────────
109）［Salustios =］Sallustius, *Concerning the Gods and the Universe*, ed. A. D. Nock, Cambridge 1926, 4, 8.

る。すなわち、a) テキストという形式（神話や他のファンタジーが産み出すもの）の表象がもつ課題、b) 理解するという課題の二つである。最初の課題は、イマジネーションの仕事であり、二番目の課題は、概念的な思惟や〈概念〉の仕事であろう。プロティノスは、物事に対するイマジナルなアプローチの欠陥を十分に自覚していた。イマジナルなアプローチは必要不可欠かもしれないが、新プラトン主義者たちの洞察にあるように、それは見通され、克服され、止揚されなければならない。つまり、それに固着してはならないということである。神話を読みながらでさえも、意識は自らを厳密な思惟のレベルに保たなければならないのだ。

　プロティノスからの引用において、筆者が同語反復的原理と呼んだものが寓意的原理と不可分であるということは明らかであろう。見かけ上は別個の実在が時間的に継起し、分離して現れることが表象という形式の産物に他ならず、分離されているものが再結合される必要があるのであれば、神話は、時間的な連続と空間的な分割という形式にあるにもかかわらず、実際には〈同じもの〉、すなわち、一つの極小の核となる真理や、元型的な契機について語ることになる。この極小の核となる統一体を捕まえながら、それを非常に多くの部分から構成されるものとして、時間のなかで展開してゆくものとして表象することが、そもそもイマジネーションにとって何ゆえ可能なのだろうか。答えは、この極小の核となる統一体が、幾何学的な一点というような抽象的な統一体ではないからである。それは内的な運動である。それは自分自身の内側に豊かな生命を包含している。しかしながら、それは論理的な生命（「生成と存在の永遠の同時性」、そして異なった、実際には相互に矛盾する論理的な諸解決や諸契機）である。あるいは、それは絶対的な（抽象的でない）統一体であり、統一性と多様性の対立から解放された統一体である。そしてもちろん、そのような絶対的な統一体はもはや、イメージされることも、絵画的に表象されることもかなわない。それは思惟のなかでだけ認識されうるのだ。

4. 補説：心理学とは、われわれが魂の生命に対して与える名称なのか、「人々の心理」に対して与える名称なのか？

　神話解釈の寓意的、そして同語反復的原理に依拠すれば、神話の登場人物はわれわれの受苦や個人的問題を「映し出す」とは言えない、ということになる。筆者の立場は、神話は歴史的に提示されるものであるがゆえに、人々とその苦悩に

関するものではなく、魂の論理的な生命に関するものだ、というものである。魂は自分自身について語る。ユングが述べたように

> 神話や昔話においては、夢と同様、魂は自分自身について語り、元型は、自らの自然な相互作用のなかで「形をつくったり変えたり、永遠なる精神の永遠なる遊び」として自分自身を示す[110]。

（この最後のフレーズは、筆者の用語法で「魂の論理的生命」とされているものに対する、美しく詩的な、まるで神話のようなつくりをもった定式化である）。もちろん筆者は、神話が事実、人々について語っているのではなく（それが本当の個人か理念化された型であるかは別にして）、論理的な生命としての魂に関するものであると主張したいのではない。それについて知る術はない。神話はその現れ方から見れば、まさに物語である。それは、何かに関するもの、すなわち、植生や天文学的な現象に関するものかもしれないし、ある民族の歴史や母権的な社会構造と父権的な社会構造との葛藤に関するものかもしれない。そして実際、これら異なった筋書きのすべてに沿う神話理論が存在している。また、神話は何ものについても語っていないのかもしれない——まったくの娯楽なのかもしれないのだ。しかし、確かにわかっているのは、もし心理学をすることを望むなら、そして、もし魂の視点から神話を考察することを望むなら、形而上学的な前提や科学的な前提からではなく、神話とはすでに措定された世界に生きていて、あれやこれやの特定の心理をもっている人々に関するものではないという方法論的な前提からスタートしなければならない、ということである。神話において魂は厳密に自分自身について、自分自身の論理的な生命について語っていると仮定しなければならないのだ。

　心理学は魂に関するものである。もしそれがすでに実体化された人間のすでに

─────
110) Jung, *GW* 9/I, par. 400. 筆者訳。英語版の400パラグラフでは、「神話や昔話においては、夢と同様、こころは自らの物語を語り、元型の相互作用は、自らの自然な設えのなかで…（ゲーテの『ファウスト第二部』からの引用）として示される」とされている。また、483パラグラフでも、「…われわれはこころに関して何も語ってはいないが、こころは自分自身について常に語っている」と。

実体化された心理、すなわち、彼らの感情や観念、苦悩等に関するものだとすれば、それは本当の心理学ではまったくないだろう。それは人間学、あるいは自我心理学であるように思える。真の心理学か否かは、筆者が（ハイデガーの「存在論的差異」に対するある種のアナロジーである）「心理学的差異」と呼ぶものに対する自覚の有無によっている。まさにその差異こそが、心理学という言葉自体の意味を貫き、人々がもつ心理（人格主義的心理学）に対する呼称としての「心理学」を、魂の生命の描写としての「心理学」から区別するのである（魂の生命とは、筆者がユングを超えて主張しているように、論理的な生命であり、論理的な否定性であり、自らの心理をもった経験的な人格としてのわれわれが、自らの存在の不可視の要素、あるいは媒体のなかに生きているように、そのなかに生きている論理的な生命である）。本来の心理学に対する本来の研究は、魂に関する研究であって、心理に関する研究ではないゆえ、心理学は元来、止揚された心理学（止揚された「直接的な心理学」）でなければならない。心理学は自分自身のなかに自らの論理的な止揚をもたねばならない。あるいは、自分自身の自己止揚として存在する必要がある。それゆえ、ここでは、最初は直接的な心理学であり、その後二次的に止揚という行為の対象となるような心理学について語っているのではない。むしろここで言わんとするのは、自分自身の自己止揚として到来し、自分自身の内側に直接的な心理学を止揚された契機としてもつものとしてスタートする心理学である。ここでも再び、思惟が必要な理由について理解できるだろう。自分自身の自己止揚として到来するものはイメージされえない。それは思惟されうるのみである。心理学が論理的に無垢であり、単に直接的なものにだけ言及する、というようなことはありえない。なぜなら、魂は止揚された経験であるからだ。もし心理学が自らの内側で自分自身を自分自身から（直接的な心理学としての自分自身から）押し出し、それによって自分自身の内にある「心理学的差異」に開かれ、それを実感しないのであれば、そのような心理学は、たとえ元型を伴った心理学であったとしても、自らが照らしたいと望むものの複製でしかありえないだろう。

　しかしながら、心理学的差異は、イマジナルなものと論理的なものとの差異でもある。この差異は純粋に心理学的な差異であり、このことが意味するのは、元型的心理学が大なり小なり排他的にこころとイマジナルなものを同一視し、論理的なもの、あるいは哲学を心理学とは完全に別のものとして排除する傾向がある

のとは逆に、心理学はそれらの間の距離や緊張として存在し、双方を股に掛ける、ということである。

　この章全体を見渡すものとして冒頭に掲げたバークリー司教の「魂はいつも考えている」という言葉はもちろん、バークリー哲学の文脈においてある特定の意味をもっている。けれども、ここでは、この言述をそれ自身の元々の文脈から現在の議論の文脈へといわば移植して、筆者自身の目的のために用いることにしたい。「魂」とは何で、「考える」とは何か、バークリーにとって、また18世紀の思想というより広い文脈のなかでそれらが意味していた事柄について、ここでは関心を払わない。——さて、この教えをまさにその通りのものとして理解するなら、「魂」と呼ばれる何かによって遂行される経験的な行為や行動の描写としてそれを読み取るべきではない。われわれはそれを哲学的に、ヘーゲル的な意味で「思索的な文章」として読み取るべきなのだ。もし魂がいつも考えているのだとしたら、このことはわれわれに、魂のまさに本性が思惟（考えること）であることを教えている。考えることは、多くあるうちのたまたま一つの仕事なのではない。魂は思惟として存在するのだ。実際バークリーが先の一節で示したように、魂の実在をそれが思惟することから切り離すことはできない。言い換えれば、まずもって存在し、次に時に及んでは考える魂という観念からはスタートすることができない、ということなのだ。

　ここでわれわれは、とりわけ心理学において思惟が悪評を得ているという問題に立ち入ることになる。心理学の内外を問わず、思惟とは何であるかについて知ったり、本当の思惟を体験したりすることは、現代では非常にまれである。それにもかかわらず（あるいは、まさにそうだからこそ）、たいていの人は、自分が思惟とは何かを知っていると感じている。彼らは、思惟に関する自らの生命なき抽象的な考えと思惟を混同しているのだ。彼らは、自分たちがめったにしない考える努力という単なる自我の活動を基にして思惟について判断する。これらの偏見において、思惟は、「身体」や「本能」だけでなく、「感じること」や「イメージすること」とも対立するものと見なされる。思惟は、「象牙の塔」に属するものとして棄却されてしまっているのだ。これらの偏見は放っておくしかない。これらを一掃しうると期待するのは幻想である。そのような人に対して思惟が何であるかを説明するのは、盲人に「赤」や「青」とは何であるかを、精神病質者に悪意とい

うのは何であるかを説明するよりも困難であろう。盲人や精神病質者は少なくと
も、自分たちがそれを知らないことを知っているからだ。また、ユング派の人た
ちはさらなる困難を抱えている。彼らは思惟を、ユングのタイプ論における四方
向の「機能」の一つとして、分断され実体化された意味で理解する傾向がある。
これはひどい還元であり、価値下げである。これに対しては、ギリシアの寺院や、
バッハやモーツァルトの音楽、文学や絵画の偉大な作品にそれらのもつ真理を与
えるものこそが思惟であると述べて、思惟の探求されるべき次元をほのめかすだ
けで十分であろう。たとえ、ユングが「思考機能」と呼んだものが、言うまでも
なく、展開された明示的な思惟における一つの契機であるとしても、思惟が「機
能」ではないということは、強調しても強調しきれないほどである。思惟は、先
に述べたように、四つの機能のすべてにとっての、またそのすべてを超えた第五
の本質であり、特定の心理学的機能から論理や〈概念〉というまったく異なった
レベルへの突破なのだ。その意味で、思惟が、（特定の働きや機能ではなく）いまだ
個々バラバラの技能や能力に分解されていない「全体的な人間」の前提となるも
の（requirit totum hominem）であることを心に留めておくことは決定的に重要であろ
う。それは、止揚された実体化した機能である（止揚された感情／イメージ／願望、
止揚された本能等）。基本的に言えば、思惟は、時代の真理を表現しそれに応ずる
能力であるものへの、魂の（あるいは、「全体的な人間」の）開放性なのだ[111]。それは、
人間がアクタイオンの荒野に参入することを、起源と先在性の領域へと足を踏み
入れることを許すものである。それゆえ、この文脈における思惟が意味するのは、
抽象的ではない生きた思惟であり、より適切な言い方をすれば、論理的な運動で
あり、論理的な生命なのだ。

　「魂はいつも考えている」――これは、意識のなかに受け取られるべき二つの
真理のうちの片方である。この真理は、われわれの情緒的苦悩に満ち、感覚的苦
悩に満ちた、すなわち、根本的に抽象的な時代においては十分に把持されること
が難しいように思われる。もう一方の真理は、本書が関心を寄せ、諸々の問題を
さらに複雑にしているものなのだが、魂の思惟は、本来の思惟という媒体（ある

111）ヘーゲルによれば、「哲学とは、思惟において把持される自らの時代である」（『法権利の
　　　哲学』の序文）という。

いは要素、あるいは論理的形式）において常に自分自身を表現するわけではない、ということである。実際、たいていの場合において、魂の思惟は、イマジネーションという媒体において、あるいは具象的に、「身体的に」、例えば、つい先ほど指摘したように、多様なタイプの芸術や文化の作品のなかで自分自身を表現する。そのため二番目の真理の難しさは、われわれが、（また別の種類の形式で生起する可能性もある）一つの出来事としての思惟と、思惟が姿を現す可能性はあるが、姿を現してはならない、また姿を現さないことも多い**論理的形式としての思惟**とを区別しなければならない、という点にある。ユングの著作は、第2章においてすでに説明したように、まさにこれが当てはまるケースであろう。そこで示したのは、直観に関する限り、ユングは真の思索者であったが、その思惟が世界に外観を形作った形式に目をやった時には、まったく思索者ではなかった、ということである。

5. 神話やファンタジー・イメージは「自己充足的」であるという前提

ユングの示した、イマジネーションの自然発生的な産物に関する方法論的洞察のなかで、最も重要なものの一つは、「とりわけ、それが属していない外側からは何ものももち込まないこと。そこに入り込むこと。なぜなら、ファンタジー・イメージは『自らが必要とするものすべて』をもっているのだから」[112]というものであろう。また、同じような意味で、ユングは繰り返し、「夢はそれ自体の解釈である」というタルムードの教えを強調している。

神話解釈の「寓意的」前提に従えば、実際に語られていること以外の何かを神話は語るということになるが、この前提は、神話的イメージが自分自身を超えて、外側にある指示対象を、すなわち、自分自身の外側にある何らかの〈他者〉を指し示すものと見なされる誤解へとわれわれを導く可能性がある（そうだとすれば、「寓意的」というのはほぼ、伝統的な捉え方におけるそれと同じ意味をもつことになる）。先に「寓意的」前提を「同語反復的」前提によって相殺しなければならなかったのとちょうど同じで、われわれはここでもまた、もう一つ別の考えによって、すなわち、イメージの「自己充足性」によって、神話が自らの明確に定義された領域

---

112) Jung, *CW* 14, par. 749.

の外側にある何か他のものを指し示しているとするような、生じうる前提を一掃する必要があるのだ。一つのイメージ、一つの神話、一つの夢は、それらが厳密に自己充足的であり、自分自身のなかで完結しているという前提から解釈されなければならない。もし、「拡充すること」を本当に、その言葉が電気学で用いられるように、すでにそこにあるものを強めることとして用いるならば、それは「拡充」される必要があるのかもしれない。すなわち、その場合の「拡充」とは、すでにあるものを別のイメージや概念へと翻訳したり、連想という仕方で、単に表面的、抽象的に関連しているにすぎない別のイメージを心なく積み重ねたりするものではないのだ。厳密な意味での拡充法によって他のイメージを挙げてゆく時、これら他のイメージは、手元にあるイメージのなかにすでに現在しているものを強調し、よりはっきりと際立たせるかもしれないが、それにとって異質なものを本当に加えることはない。われわれは、イメージ自体の周辺に設えられた限界を超えて揺れ動いてはならない。あるいは、ロペス－ペドラサが述べたように、「われわれはイメージに付き従わねばならない」。イメージは、それがまさにそうあるような仕方で、われわれを拘束する。横道に逸れる自由はない。「夢はわれわれによってつくり出されるわけではありません。夢が言うことは、ただその通りのことです。できるだけそれを繰り返し言い聞かせなさい」[113]。イメージを理解するためのすべての鍵は、それ自体のコスモスの内側から受け取られなければならない。突き詰めて言えば、このことは再び、われわれがイメージについて思惟し、そこに内在された複雑性を開き、それ自身の論理を見通さねばならないということを含意しているのだ。

6. 神話のイメージがもつ「主観的」意味と「客観的(元型的)」意味との間には違いがあるという前提

　物語や夢といった与えられたテキストにおいて、一つの根本的な差異がその物語や夢がもつ一つの、あるいは複数の要素を貫いていることがある。イメージの「主観的」意味と「客観的」意味に言及する際、筆者は、テキスト自体の意味とそれについての解釈者の二次的な見解との差異について語っているわけでも、物語

---

113) Jung, *Letters 2*, p. 591, to Sir Herbert Read, 2 Sep. 1960.

の元型的な核の部分である事柄と、現在手元にある版の著者によって挿入されたより表層的、より恣意的で詩的な装飾との差異について語っているわけでもない（これは、その物語の多様な要素間の差異であろう）。

　筆者がここで語っている差異は、同一のモチーフの内側にあり、それが二つの葛藤する意味、すなわち、顕在的な意味と潜在的な意味をもって到来しうるという事実にその本質がある。一方には、物語の語り手（あるいは、夢自我）がこころの内にもっている「主観的」意味があり、他方には、その物語自体のもっている「客観的」意味がある。語り手は、そのモチーフが自らに言わんとする事柄やそこから把握しうる事柄に従って、そのモチーフを提示する。つまり、語り手は、物語が彼に語ることを要求している、あるいは、夢の出来事の継起が彼に体験することを要求している物事に対して、合理的な説明や妥当な動機づけを与えようと試みるのである。語り手の報告のなかで出来事が描かれる方法には、彼の理解や、彼がその出来事を体験する視座や地平が反映される。それゆえ、物語やいまだ解釈されていないままの夢の報告のなかにわれわれが耳にするのは常に、「実際に起きた」事柄とそれがいかに知覚されたかということとの結合なのである[114]。夢自体の内側における夢の出来事の元々の体験はすでに、無意識の解釈を孕んでいる。しかし、あるモチーフが語り手や夢自我によって知覚される方法は、そのモチーフに本来備わっている客観的・元型的意味とは異なっていることもあれば、それに抗うことさえある。そのような意味は、そのテキストがわれわれにそのモチーフを顕在的に提示する方法を通して、なおも明らかにされうるものなのだ。今手元にある版のテキストが明確にそのモチーフを提示するままに、そこに内在されている個々のモチーフを内包的に解釈することによって惑わされないようにすることが非常に重要である。言うまでもなく、われわれがおそらく夢自我や神話の語り手とまさに同じ常識的な推論や自我の興味関心を、そしてそれゆ

114）筆者は、夢それ自体のなかで（夢を見ている間に）夢自我がもった最初の知覚について語っているのであり、覚醒後に夢が記憶されたり記録されたりする場合に、夢見手が夢に与えるかもしれない解釈について語っているのではない。これら二つの解釈は、以下のように、区別されねばならない。一方は、そのモチーフ自体に内在されているものであり（夢自我によってそれらが体験され知覚された限りにおいて）、他方は、夢見手が夢のモチーフについて、自らの意識の対象として省察するような明示的な解釈である。

え、その知覚の様式を共有する限り、惑わされてしまうということはそれだけ一層起こりやすくなる。そして、(「元型的なもの」や「先在性」の領域において) 実際に弁証法的な真理の根拠や魂の論理的な生命の契機であるものは、あたかもそれがわれわれの通常のすでに実体化されたリアリティーの領域に属しているかのように認識される。その正当なる魂のレベルを完全に見失わないために、神話や夢をその本性に反して読み取ることがしばしば必要なのはこのためである。その本性に反して読み取ることによって、そのテキストを歪曲したり外的な何かを挿入したりしてしまうことがなくなる。むしろ、その隠された (「潜在的な」)、抑圧された、あるいは忘却された (「元型的」という意味での)「元来の」意味を明るみに出すことになるのだ。

　このように物事を理解することができるのは、筆者の思考が、「自我」と「自己」(ユング)、「真のイマジネーション (*vera imaginatio*)」と「空想的なイマジネーション (*imaginatio phantastica*)」[115]、「個人的な考え」と「共同見解 (*communis opinio*)」との間の区別といった、ユング心理学においてなされている基本的な区別によって特徴づけられているからだ。先に寓意的前提と呼んだものと現在論じている前提とは、双方とも一つのモチーフの内側に内的な差異が存在することを主張するゆえ、構造的に非常に類似しているが、寓意的前提の場合、その差異はモチーフが言及するまさにその現実性にかかわっているのに対して、ここで論じている差異はそのモチーフの定式化や描写にかかわっている。

　この前提を適用しうる一例は、第6章でアクタイオンの神話を解釈する際、ある時点で提示されることになるだろう[116]。

　ある意味では、この前提は、ヒルマン的な意味で「見通す」と呼ばれる元型的心理学の原理に似ている。唯一の違いは、「見通す」はもっぱら、近代的自我意識をもった人々に特有のものであり、概してその描写において元型的レベルへの指標を一切欠いている生命現象、症状、態度、出来事に言及する点であろう。

---

115) このような区別は、錬金術においてなされており (*Rosarium*, in: *Artis Auriferae* vol. II, p. 214f.)、ユングによって引用されている (*CW* 12, par. 360)。

116) さらに広範で衝撃的な例は、拙著『アニムス心理学』(*Animus-Psychologie*, pp. 202-213) で論じたように、「泥棒の花婿」というおとぎ話である (AT 955, Grimm Brothers No. 40)。

見通すことによって、描写される現象にとっての準拠枠は、（字義的、あるいは経験的な）あるレベルから（元型的な）別のレベルへとわれわれのなかで変化する（深まる）。ここでは反対に、テキストやモチーフ自体に内在している意味や準拠枠における差異が問題とされている。そのテキストとは、ある太古的な神話に対する後からの解説であったり、そこに起こった事柄についての夢自我による解説であったりする。顕在的な意味と隠された（元型的な）意味はともに、定式化された意味だが、潜在的な（あるいは顕在化している版においては消去されている）意味に関しては、それを指し示す小さな「思い出させるもの」から再構成されねばならない。言い換えれば、われわれは隠喩的には、パリンプセスト［訳注：元の字句を消した上にまた書けるようにした羊皮紙］に匹敵するような状況を扱っているのだ。

　ここまでに述べてきた四つの前提をふり返れば、それらはともに一つの結合を形成すると言えるだろう。その結合は、より正確に言えば、同一性と差異の結合と描写しうる。それら四つの前提はすべて同時に適用される。寓意的前提は、同一のものはそれ自体として、異なっている（自分自身とは異なっている）ことを強調する。同語反復的前提は、同一の物語のすべての異なった要素やモチーフは「同一」であり、魂の論理的な生命におけるただ一つの真理や極小の核となる契機を描写していることを主張する。三番目の前提によって、解釈する精神は、何らかの〈他者〉（「同一性」）に依拠することを許されず、手元にある一つの物語やイメージのなかに閉じ込められるのに対して、四番目の前提はさらに、同一のものの内的な差異を、それが自らを超えた——何らかの（けれども、内的な）超越性を指向することを主張するのだ。解釈する精神は、そこから逃れる可能性をもたず、手元にある物語のなかに堅固に閉じ込められるという、ただそのことによって、より深い元型的なレベルへの「内的な出口」を見出すことを強いられる。もし外的な要因に、すなわち、物語の外側に設けられた外的な原因や意味などに依拠するならば、元型的な深みという異なった領野を自覚する必要性は存在しないだろう。先にわれわれが見出したように、媒体とメッセージとの差異が理解されない限り、一つの物語を異なった出来事の連鎖として解釈しなければならないことになる。けれども、これら四つの前提に従うことによって、筆者は「内在的反省」を支持している。科学におけるように、「外在的反省」に方法論的な立脚点を

もつならば、たとえ元型について語っていたとしても、その人は、形而上学的な神秘化という罪を負うことになるのだ。

c) 解離

　われわれは依然として、「云々の心理をもっている人間存在」という考えに内在する諸問題の分析にかかわっている。最初の明らかな問題は、この考えとともに生起する分離であり、そこでのわれわれは、一方に人間存在を、他方にその心理をもっていることになる。われわれが考察しているこの言述の形式は、ある人がもっている心理とは別に、その心理をもっている人をも保持しているのだ。その個人と彼の心理は、二つの独立した現実性として認識されている。「もっている」という言葉が、この二つの現実性を分離するのである。たとえこの「もっている」という言葉がそれら二つの現実性を連結することがあるとしても、その言葉がそれに先立つ分離を打ち消すことはない。論理的には、これら二つの異なる現実性は、多かれ少なかれ、ある人物とその人の衣服との関係と同じように措定されている。実際には一つであるものが別々に切り離されている、あるいは、解離されているのだ。知らず知らずのうちに、イマジナルな心理学は、アクタイオンをイメージすることによって（それは、云々の特性と行動をもっている一人の実在する存在としての彼をイメージすることを言わんとするのと同義である）、不可避的に彼自身の心理に対する免疫を彼に与えることになる。そこでは、アクタイオンが彼の心理であることはないし、またそうであることは不可能である。イメージという様式によって、一つの実在として設えられることで、アクタイオンは、自己同一性を失い、「自らの心理」へと完全に溶解する可能性に躊躇しなければならなくなるのだ。イマジネーションによって設定される存在論的なステータスを失い、思惟のなかで把持される場合にだけ、アクタイオンは彼の心理でありえるのであり、自らの心理に対する論理的な免疫性が克服されうるのである。

　独自の心理をもつ人間存在という考えは、心理学の領域が人々の心理の研究として定義されねばならなくなるという帰結をもたらす。「人々の心理の研究としての心理学」という考えにおいて心理学は二度生起している。この二重性は、魂が自己関係であり、そのようなものとして、同一性と差異の同一性であるという

事実を反映している。それは主体と客体の双方なのだ。心理学において、精神は精神（自分自身）を探究している。このように主体と客体が同じであることは、自然科学との対比における心理学の特異性であろう。自然科学においては、当然のごとく、精神は自らの〈他者〉（自然、物質、身体等）を研究するものであるからだ。また、一見すると、この二重性は反論の余地のないもののように思える。しかし、よく見ると、人々の心理の研究としての心理学という考えは、最初と二番目の心理（学）の同一性が顕現し実現されることを許さない、ということがわかる。自己関係のもつ「自己ー」という側面が、そこでは排除されてしまっているのだ。上記の言い回しにおける二番目の心理学は、観察する主体であり、ただ単にそうであるが、同様に最初の心理（学）もまた、排他的に観察される客体である。実際には一つの心理学であるものが二つに分割され、それゆえ、主体と客体の役割がはっきりと振り分けられ、それによって解離が起こる。差異の同一性は、一つの取るに足りない痕跡のなかに、すなわち、二つの側にある心理学という言葉の二重性のなかに取り置かれてはいるが、まさにその二つの側が二重であり、分離していることによって、その同一性が事実上すでに無効にされていることが示されているのだ。

　本来の心理学は、「心理学」という科学でも、人々のもっている心理（学）でもない。心理学は、双方の互いに矛盾する結合なのだ[117]。この矛盾、あるいは弁証法に苛まれ、それを心理学の方法論的な基礎として受け容れる必要がないように、すなわち、精神の形式論理上の健全さ[118]を救うために、一方の単に中立的な観察者である心理学と、もう一方の単に個人の主体的な内的プロセスである心理学との間に、構造的に神経症的な解離が設えられている。このような方法論上のトリックは、魂の弁証法を回避できるという虚構を演出することを許すものであり、その代価こそが心理学の自滅的な概念化なのだ。

---

117) 心理学は、双方の互いに矛盾する結合である。それは、双方の単純な総和（一方に他方を加えること、すなわち、二つの半分の複合の類）ではない。それは結合であるゆえ、本来の心理学は不可避的に弁証法における一を包含するのである。

118) 矛盾を排除すること、また、あらゆる受け入れ可能な考えの絶対的な必須条件として、曖昧でないことを断固として主張することによって成立する。

d) 空虚な二重写し

　ムーアのアクタイオンは、無邪気さと理想主義に満ち、自然の驚異を探求したいという少年らしい願望や過度に男性的で精神的な野望等をもった一人の若者としてイメージされている。この描写が示すのは、アクタイオンが、通常の人間の経験とのかかわりで、すなわち、この神話の解釈者の精神を満たしている通常の生活現象によって、解釈されているということである。このことによって、神話の詳細が、ひいては通常の生活現象に光を投げかけうるという可能性にいくらかの余地が残されることになる。ムーアは、神話的な物語の耳慣れない語りの詳細のなかに、われわれのすでに知っている心理学的な行動や態度、問題のいくらかを認識するようわれわれに教えているのだ。

　このような描写においてアクタイオンが大部分、あたかも診察室のなかの一人の患者であるかのように語られていることは何を意味しているのだろうか。逆説的に言えば、このように神話を理解する際に、われわれ個人の心理（学）の「背後」にあるとされている神話的、あるいは元型的な人物像に対して、まさに同じ個人の心理（学）が付与されていることがわかる。人間の心理（学）を「説明する」、あるいは「照らし出す」代わりに、少なくとももし云々の心理（学）をもっている者として解釈されるならば、いわゆる元型的な人物像は単にその二重写しであることになる。そこでは、元型的心理学的な背景を示す代わりに、それらの人物像は、本来彼らの背景として彼らによって照らし出されるべきだった経験的心理学的な前景の単なる第二版であるにすぎない。つまり、面接室の被分析者の病理に光を当てるはずだったものが、もう一つ別の種類の被分析者にすぎなくなるのだ。

　われわれは、アリストテレスがプラトン哲学のイデアと形相に関して感得し、「世界の二重写し」として定式化したのと同じ種類の問題にぶつかる。個人の心理（学）をもった経験的な存在の二重写しとしての神話的人物像はそれ自体、彼らの心理（学）を照らし出すことのできる心理学的背景を必要とするだろう。注目すべきことに、そのような元型的解釈は妙な具合に、その比較的「理想主義的な」外観にもかかわらず、オリンピアの神々の世界を（願望充足の原理から言えば、いくらかより完璧でありよりおめでたいにすぎない）天上に投影された人間社会の単

なる写しと見なすような還元的でエウヘメロス［訳注：神話は歴史的事実に基づくものであると説いた紀元前300年頃のギリシアの作家］的なスタイルであるという点で、自らの対極にあると言明しているものと非常に似通っている。事実、イマジナルな心理学において表向きには、人間の行動は逆に元型的なモデルの（ここでは、一つの実演という意味において）反映であると教えられるにもかかわらず、イマジナルな解釈における神話の登場人物は単に、既知の人間世界を（ここでは、副次的に鏡映する、あるいは二重写しするという文字通りの意味において）「反映」しているのだ。同じように、イマジナルな心理学は表向き、神話の非寓意的、すなわち、イマジナルな解釈を主張してはいるが、そこでのアクタイオンは必然的に、意識の特定のスタイルの寓意として読み取られなければならなくなる。

　もし神話的な人物像がわれわれ人間の受苦や問題を「反映」していると言うのであれば、そのような「説明」や元型的な考察は大なり小なり同語反復的であり、このような思惟のなかにはリアルな運動は何も存在していない。ニーチェはかつて、いかにして先天的な総合判断は可能であるのかという問いに対するカントの答えが、それを「可能としうる能力によって（*vermöge eines Vermögens*）」（"by virtue of a virtus (a faculty)" と英訳しうる）可能であるというものであったと述べて、カントを揶揄し、以下のように問うたことがある。「しかし、それは――答えなのか。説明なのか。あるいは、単なる問いの反復にすぎないのか。いかにしてアヘンは眠りに誘うのか。それを『可能としうる能力によって』、すなわち、催眠力によって、とモリエールの作中の医師は答える。

　　　　　　　そのゆえは、それに催眠の力ありて、
　　　　　　　その力に感官をまどろます性あれば」[119]。

e）自我心理学としてのイマジナルな心理学

　プエルの心理をもつ人物像としてアクタイオンを解釈することによって、神話

―――――――
119) Nietzsche, *Jenseits von Gut und Böse*, # 11, in :*Werke* vol. II, ed. K. Schlechta, München (Hanser) 1958, p. 576. 筆者訳。

へのイマジナルなアプローチはすでに遅きに失することになる。そこでは、イマジナルなアプローチが実際出会うことを望んでいた魂はすでに立ち去ってしまっているからだ。このアプローチは、経験的な世界と人間学的な歪曲を当然のことと見なしている。逆に、イマジナルなアプローチは十分に外へと踏み出していないとも言えるだろう。（我知らず）イマジナルなアプローチは、自我心理学の限界の内側に留まり、自らが実際に行き着くことを望んでいるものに、すなわち、魂の深みに決して到達することはない。アクタイオンがその心理としてまさに、「家の外に出て」、原初の森の「驚異を探求する」ことを望んでいると強調したとしても、このアプローチ自体もはや、原初の森の荒野（魂の生命）に危険を冒して敢然と分け入ることを望んではいない。つまり、このアプローチは、（実体化された人間の心理を携えた）すでに分配され、耕された土地で満足しているのだ。――科学が世界をそれが本当にそうであるように知ろうと望むことを「禁止」し、世界をそれが精神によってすでに準備され前もって処理されているように研究することで満足するようカントが強いたように。研究対象が人々の心理であるような心理学は、自らがすでに自我とその統覚の様式を経験している程度に応じて、言い換えれば、魂の営みがすでに自我によって「自らの心理学」、すなわち私のもっている心理（学）（私のプエル心理、私の母親コンプレックス、私のマゾヒズム等）として先取りされている程度に応じてのみ、魂の営みを研究することになる。その際、その誰かがもっているのは何の心理（学）かという本質的な問いは体系的に捨て去られてしまう。たとえイマジナルな心理学が、多様な心理を研究するなかで、自我という立脚点を自ら採用しないとしても（実際にそうはしていないことは確かである）、その研究対象であるそれらの心理自体、イマジナルな心理学が我知らず自我の手から、そして自我の力によって受け取った対象である。そして、イマジナルな心理学は、自我のなかにあるそれらの心理の起源を露呈する客観的な論理的形式を変えることも解体することもなく、それらをそのままの形で受け取っている。イマジナルな心理学は、このような形式を手つかずのままに放置しているのだ。

　筆者がこのような結論に至ったことに驚かれるかもしれない。あくまで、自我からスタートするような類の理解の仕方や理論化を置き去りにすることこそ、元型的心理学が常に公言している目的であったからだ。元型的心理学の願いは、

神々とのかかわりから生の営みを解釈することであり、換言すれば、われわれ個人の感情、考え、病理その他を背後から、いわば神話から、そして多様な元型的パターンから把握するのを学ぶことであった。ヒルマンによって心理学に導入されたプロクロス派の「結句反復 (epistrophé)」という考えやヒルマン自身の心理学の「見直し (re-visioning)」に向けた強烈な主張は、この明確で計画的な方向性の逆転をある地点に到達させるための二つの簡略化された定式として役立っているのかもしれない。元型的心理学を行うためには、自我という（方法論的な）立脚点をすでに放棄していなければならない。同じように、元型的心理学は、字義的なものとイマジナルなもの、経験的なものと元型的なもの、そして人間と神々とを区別することで「心理学的差異」を観察しているのだということを認めなければならない。ある意味では、元型的心理学は、止揚された心理学なのである。

　けれども、筆者が先に述べてきたことからは、伝統的な元型的心理学はその自己解釈において正しく理解されていなかった、ということがわかるだろう。それは完全に間違っていたわけではないが、自らが達成したと主張していた事柄を十分に達成していたわけでもなかった。つまり、元型的心理学は十分に遠くまでは行けなかったのだ。正しい方向へと本質的に、また顕著に進んでゆく代わりに、元型的心理学は我知らず、実際には自我の揺るぎない立場を保持し、自分自身の作業のまさに前提においてそれを再確認している。そのポイントは、元型的心理学がイマジネーションに固執している点にある。その結果として、元型的心理学の企図全体が失敗に終わっているように思われる。このことについては説明する必要があるだろう。

　イマジナルな理解が、伝統的な人格主義的・精神力動的思考に対して、あるいはそれを超えて成し遂げた、伝統的なユング派の象徴解釈を超えて成し遂げた特筆すべき業績を、筆者は矮小化したいわけでは決してない、ということを今一度心に留めてもらいたい。心理学のイマジナルなアプローチが十分に遠くまでは行っていないという言い方は、元型的心理学に対する筆者の批判の精神をまさに表現している。筆者は、元型的心理学の信念を撤収し、それらの背後に後退しようとしているのではない。むしろ、イマジナルなアプローチを携えた元型的心理学を、それが止まっている中間点を超えて前方へと押し進めたいのだ。

　われわれが取り上げている神話についてのイマジナルな解釈から始める時、自

我という揺るぎない立場が、心理学の準拠点や実体的な基礎としての「存在」や「人格」といった観念を保持するなかに立ち現れていると言うことができる。これは、筆者が「人間学的過誤」と呼ぶもの、すなわち、心理学と人間学との混同について表現したものである。ここには、「心理学的差異」、すなわち、人（あるいは、人間、人々）と魂との差異は見受けられない。人間学的過誤は存在論的過誤に起因するものでもある。すでに述べたように、「人々」は一つの実在をもっている。つまり、彼らは存在しているのだ。「彼ら」（「人々」というわれわれの概念）は、すでに実体化されている。人々について、われわれは、彼らの〈存在〉という観点から存在論的に語りうるし、またそうせざるをえない。そのように、われわれが人間存在を存在（人々）の実在として解釈する時には、不可避的に心理学をそれらの存在が「もっている」ものとして、それらの存在の「なかに」、「上に」、あるいはそれらの存在「に」あるものとして解釈することになる。伝統的な形而上学の用語を用いれば、こころは一つの「属性」や「偶有性」というステータスをもっているのであって、それ自体が、自分自身の「本質」であるわけではない。そして、「自らに固有の心理をもつ人間」や「人々の心理の研究としての心理学」という考えによって引き起こされる解離は、こころが断固として自分自身の本質になることを妨げる目的をもっており、言うまでもなく、このような分裂には立派な先人がいる。カントである。彼は魂を二つの別々の魂に解離させた。すなわち、科学的な研究の対象では決してありえない「決定する自己 (bestimmendes Selbst)」として魂と、心理学の唯一の対象である「決定されうる自己 (bestimmbares Selbst)」としての魂との区別を行ったのだ[120]。この点において、こころは、存在論的に副次的なステータスに追いやられている。事実、結局のところ、反対のことを明らかに述べているにもかかわらず、こころは付随現象（単なるカント的な意味での「仮象」）のステータスしか付与されておらず、論理的には、本来の意味での一つの本質というステータスをもっていると考えられてはいないのである（しかし、正確に言えば、そのような付随現象として、こころは実体化されている。そして、こころを実体化する可能性が、おそらく解離の背後にある動機づけであり、この動機づけこそ、自我に起因するものなのだ）。

---

120) Immanuel Kant, *Kritik der reinen Vernunft*, A 402.

イマジナルな心理学は、自我の揺るぎない立場を意図的に保持するものではない。イマジナルな心理学は否応なくそのことに無自覚になる。なぜなら、もし自らの思惟を究極の地平としてのイマジネーションに基礎づけるとしたら、イメージするなかで自我は知覚されえないからだ。それらイメージすることの中身は真にイマジナルであり、それゆえ、自我規定的ではない。だからこそ、そこでの思惟は、たとえ限定的であっても、ある特定の正当性をもって、自分自身が自我から解放されていると感じうるのだ。しかし、自我はイメージすることの論理的形式のなかに隠されており、この論理的形式に自覚的になるためには、イマジナルなアプローチを超えて、自分自身が論理や思惟に開かれる必要があるのだろう。

魂は存在しないし、一つの実在をもたない。魂は実体をもった存在物でも、ある実在している存在物の実体的な属性でもない。魂はそれ自体の本質であるが、この本質は（論理的）否定性である、あるいは、（論理的）否定性という性質をもっている。魂は止揚された感情／情動／衝動／観念／イメージ等である。魂は他でもない、それらの被止揚性なのだ。魂が一つの実在をもたないのはこのためである。魂は、何らかの（実在する）第一質料に対する否定という論理的、あるいは「錬金術的」作業に起因するもの、否、そのような作業として生起するのだ。

f) 補説：錬金術のイマジネーションに反する作業 (*opus contra imaginationem*)

錬金術と論理とのかかわりを指摘する数多くの所見をすでに述べてきたが、前段落で示した「論理的」と「錬金術的」という並列について、ここではより体系的なコメントが必要だろう。イマジナルな心理学は、自らが錬金術と非常に近しいという感覚を抱いており、錬金術のなかには基本的にイマジナルなアプローチを見出しうると信じている。イマジナルな心理学にとって、錬金術は神話と同じ側に位置づけうるものであるが、実際には、錬金術は神話のように単純なものではない。たとえ錬金術がイマジナルなスタイルの思惟を用いていたことに疑問の余地がないとしても、錬金術のまさにポイントとなるところは、イマジネーションを克服することに励んだ点にあるように思われる。

ユングにとって、中世の錬金術は、古い過去（神話、グノーシス主義、新プラトン主義）と現在（魂の現代的状況、無意識の心理学、とりわけユング自身の無意識の心理学）

との歴史的な連結点であった。けれども、われわれにとっては、錬金術はイマジネーションと弁証法的な論理の連結点でもある。

1. 否定され反省されたイメージ

こころのあらゆる産出物は、魂の論理的な生命の表現である。神話もその例外ではない。しかし、神話は魂の純粋にイマジナルな産出物であり、魂の論理をイマジナルな内容としても、そしてイマジナルな形式においても示すものである。先ずもって、神話の神々や英雄たちは、イマジネーションのなかで見られる（こころに描かれる）必要がある。それらはイマジネーションの対象として立ち現れるのだ。

しかしながら、錬金術は根本的に異なっている。たとえ錬金術の直接的、あるいは表面的な形式がイマジナルであるとしても、その内的な形式は論理的であり概念的である。錬金術のメルクリウスは、ローマのマーキュリーやギリシアのヘルメスのように本物の神でも、本当の人間でも、生きたゲシュタルトでもない。メルクリウスは、イメージという装いをもったものではあるが、一つの弁証法的な観念であり概念である。彼は、イマジネーションの所産であるだけでなく、反省の所産でもある。錬金術のイメージは根本的に、「青ざめた外観の思惟に覆いつくされている」。その反省されることと「破壊されること」を最も歴然とした形で見ることができるのは、「石でない石 (lithos ou lithos)」といった表現である。それは間違いようもなく、素朴で自発的な（ここでは「石」の）イメージの処女性に対して反省によって無遠慮に加えられた裂け目や傷を白日のもとに曝す。この表現のなかで、反省は「でない (ou)」に立ち現れる。このことは、当の言葉の間に割り込み、それがまさに意味するところを否定する。錬金術は、すでに止揚されたものとしてのイメージをもって作業するのだ。

反省されること（「傷つけられること」）は、錬金術のイメージ自体に本来備わっている。錬金術のイメージは、自己批判的・自己否定的である。石 (lithos) という言葉に反省によって刻まれた裂け目は、異質なものとして外側から到来したわけではない（本来無害なイマジナルな産出物に対し、例えば個人としての熟練者によって実行された副次的な行為として。例として、イマジナルなものを「迷信」として片づけて覆いを剥ぎ取る等、イマジナルなものに対する啓蒙主義の還元的で破壊的な批判のよう

に)。「石でない石 (*líthos ou líthos*)」というような自己矛盾を孕んだ思惟は、真に神話的なイマジネーションによって生命を吹き込まれた領野においては、とてもありえないものであり、それは、まったく反対の理由ではあるが、そのような思惟が、啓蒙主義やそれがもつ思惟の実体性においては成立しえないのとちょうど同じである。

　石でない石や、「永遠の水 (*aqua permanens*)」「燃えさかるワイン (*vinum ardens*)」「走りなき走り、動きなき動き (*currens sine cursu, movens sine motu*)」としての〈作業〉といった考えは、感覚的な直観やイマジネーションの対象とはなりえない。それらは、思惟されなければならないのであり、たとえいまだ絵画的な思考によって表現されているとしても、概念なのである。

2. 錬金術師：心理学的現実の主観性と論理的次元に対する気づき

　根本的に止揚されたイメージという錬金術におけるイメージの特徴は、一つの側面であるにすぎない。ここでは今や、二つ目の側面に至っている。錬金術が何よりもまず作業 (*opus*) であるという事実が意味するのは、それが一つのプロジェクトやプログラムという特徴を極めて字義通りに有している、ということである。錬金術は、何かを達成し、どこかに到達することを望んでおり、その〈作業〉は、多くの手続きから構成されている。これらすべてが、イマジネーションのなかに描かれた対象や内容（姿、形、「人」、形成された事物、出来事）を厳しく自分自身に向き合って取り扱う、厳密な意味でイマジナルなスタンスを錬金術がもうすでに後にしていることを示している。ユングが述べたように、近代科学は、「自らの研究の結果を、あたかもそれらが人間の介入なしに存在したかのように、すなわち、――不可欠の要因である――こころがそこに協同していることが見えないままの形で提示しようとする」[121]。われわれは、同じことがイマジナルな産出物、例えば、神話についても言えることを理解しなければならない。イマジネーションは、神々、象徴、元型的イメージを「あたかもそれらが人間の介入なしに存在したかのように」、すなわち、「こころがそこに協同していること」がなかったかのように、先験的に付与されたものとして提示する。これが、「元型」とい

―――――
121) Jung, *CW* 10, par. 498.

う概念のまさにポイントとなるところである。イマジネーションはただ単にその「完成した」結果、すなわち、姿形や形態を提示する。元型的イメージは、それらが到来するままの形でわれわれに受け取られ、受け容れられるのだ。それらは設えられたまま、われわれとは独立して存在するかのように見える。あらゆる能動性、主観性、そして人格はイメージとその根本的な理念性（「イマジナルなもの」）のなかに包含されている（そして、それゆえ隠蔽される）。主要な神話のイメージが神々であり、イマジナルなスタンスの内側では、人間が自分の存在と自らの行為のすべてを神々から受け継いでいるのはこのためである。彼らは真の主体であり、現実の自己であり、すべての意図性、意志、動機づけの現実の源なのだ。「神々」という観念やイメージにおいて、錬金術師としての人間精神の寄与はいまだ目に見えない。錬金術からすれば、神話においては、錬金術師自身の主観性はすでに完全に、神格や他のヌミノースな存在という観念のなかに注入され、そして投棄されていたと言えるだろう。

　しかし、錬金術の場合はそうではない。錬金術においては、人間の介入が、達人と彼の仕事という像のなかに明示されており、レトルトのなかの現象やイメージといった他の焦点に加えて、そのような介入こそが注目の的となっているのだ。神話における変態や変容は、出来事として「客観的に」描かれている。錬金術においても、変態や変容は主要なテーマであるが、ここでのそれらは、反省する主体によって観察された出来事である。自然の出来事についての単純なレポートと、それと同じ、あるいは類似の出来事についての誰かの観察についてのレポートとの間には、一つの根本的な構造的差異が存在している。また、錬金術は、達人の仕事によってつくり出されたものとして、レトルトのなかに見られるイメージを提示する。錬金術は、その独自のあり方において、カントのものとそれほど違わない反省のレベルに、主観的にではないが、客観的（構造的）に到達していたのだ。カントが示したのは、人間精神はすでに、通常の意識がわれわれ人間から独立していると想像するような現実性のなかに備わっているということであった。

　それゆえ、錬金術は、魂の論理的な生命を生の営みとして、あるいは運動として、換言すれば、人間である錬金術師によって、実際に、経験的に遂行されるプロセスや手続きとして統覚し始めていた。そのようなものとして、すなわち、観

察する主体を構造的に必要とし、その主体自身の能動性を本質的に包含する、あるいは、それによって引き起こされるプロセスとして、錬金術はすでに思考である。しかしながら、それは、自分自身にとって未知のもの（「即自的思考 (*ansichseiendes Denken*)」）であり、錬金術においては、イマジネーションという媒体にいまだ浸っているのだ。

　思考とは何か。今論じている文脈では、思考とは、考える人（＝錬金術師）と思惟（＝錬金術のプロセスとその生成物）との差異を打ち立てることであると言えるだろう。この差異は、「リアルな」と「イデアルな」との差異に対応している。錬金術師はリアルで経験的で実在する意識であり、思惟そのものは「イデアルな」ものである。しかし、そのような思惟は、あたかもそれが（プラトンのイデアのような）注視されるべき「客観的」実在であるかのように、心に描かれることはない。むしろ、思惟として、それは変えようもなく主観的でもあり、私によって、私の精神のなかで実際に考えられたものであると理解される。それは、私の「主観的な」能動性と「客観的な」生成物との結合なのだ。ある一つの思惟を思惟する際、私は、主体であり錬金術師である私がその思惟のなかに参与していること、あるいはそれが私によって遂行されていることを知っている。つまり、私は、私が思惟している客観的な自然の出来事が私の反省の内容であることを知っているのだ。錬金術において、主体は、観察者、そしてプロセスへの能動的な参与者としての自分自身に自覚的になっている。

　本来のイマジネーションにおいては、この意味での主体としての錬金術師に対する余地は残されていない。言うまでもなく、神話的な伝統に特徴づけられた時代には、執り行われるべき儀式もまた存在していた。本来の神話がわれわれ人間の参与をぼやかしてきたのに対して、同じ文化のもつ儀礼的な側面においては、本質的には不可侵のままに留めておくべき、あるいは、人間による世界の真の新たな創造を通して周期的に再確立されるべきでさえある世界の秩序には、われわれ人間が必要とされることが十分に認識されていたのである。しかし、儀式においてさえも、行為のイマジナルな、あるいは元型的な特徴は、人間である行為者をすべて自らのなかに「吸収」してしまう。人格としての踊り手は、自らが表す精霊や神格の仮面と役割の背後に姿を隠す。トランス状態のなかで、踊り手はいわゆる元型的なものへと自分自身を投棄するのだ。儀式が儀式であるためには、

経験的な人間の側面は完全にその元型的な意味に取って代わられなければならず、また多かれ少なかれそこに姿を隠さなければならない。また、すべての儀式は第一に、元々は神や文化英雄によって遂行された原初の行為の単なる反復であり再現と見なされる。だからこそ、そこでの人間の行為は、単なる既知の先在する形式への同調という特徴をもっているのだ。

　反対に、錬金術は真に実験的であり発明的である。その達人は自分自身の責任において行為する。彼は自分自身の装置に自らを託す。錬金術は、人間の精神の主観性と「リアルな」能動性に関する知見を復活させる（あるいは、最初にもたらす）。それゆえ、錬金術は神々のイメージにおいてさえも人間の参与を自覚させる。それは主観的にそうするのでも明示的にそうするのでもない。むしろ、錬金術は、自らの行う事柄、自らの設えられ方において、人間のイメージへの参与に関する客観的で事実に基づく知見がそこに生きていることを示すのである。しかし、メルクリウスがもはや本格的な神ではありえないのもこのためである。メルクリウスは同時に主観的でも客観的でもあり、自分自身のなかに達人自身の主観性をもっている。メルクリウスは一つの概念である。たとえそれが、a）（いまだイマジネーションにどっぷりと浸かっている）イマジナルな形式での概念であり、b）逆説的な概念であり、c）特定の自律的で、それゆえに（完全には把持されていない）自分自身の能動性を当惑させ、挫折させさえする概念のままであるとしても。

　それゆえ、メルクリウスという観念の背後にある「その概念に関する概念」は、形式論理的な「概念についての概念」ではありえない。そのような形式論理的な「概念についての概念」は、確固とした自己同一性によって特徴づけられ、完全に確定されたものとして認識されるものであり、自らがそれについての概念であるものを根本的に自分自身の外側にもつ、あるいは、もたねばならないような、抽象的で観念的な形式として定義される。そして、それは、自分自身のまったく外側にこの概念を「もつ」主体をもっているために「客観的」であると見なされるものであり、この理由からも言っても抽象的であろう。これに対し、「水銀」や「永遠の水」としてのメルクリウスは、生きた液状の概念である。「作業全体の最も崇高なる神秘は、メルクリウスへの〈物理的溶解〉である」[122]というのはこのためなのだ。メルクリウスはまた、魂の弁証法的な生命のもつ流動性に関する概念でもある。メルクリウスは、心－理学的な（魂の論理学的な）概念であり、自分自

身の内側に現実性とわれわれの主観性の双方を包含しているのだ。

　錬金術の到来によって、魂の生命が論理的な生命である、すなわち、思惟であるということが意識の上に現れ始めた、と言えるのかもしれない。壊死（*mortificatio*）、腐敗（*putrefactio*）、発酵（*fermentatio*）、気化（*evaporatio*）、蒸留（*distillatio*）、昇華（*sublimatio*）といった錬金術に特有の作業は、対立物の分離と結合と同様、物質的で化学的なイメージのなかに表現され、しばしば文字通りの化学的な作業として行動化される論理的な作業[123]である。そして、それらの作業は、自らが遂行されているイマジナルな原料（第一質料）をそのイマジナルな凝固作用から自由にする、言い換えれば、内側に閉じ込められたメルクリウス的な、すなわち、論理的な生命を解放するという目的をもっているのだ。

　錬金術によって、魂の歴史は、神話の段階が決然と取って代わられる一つの段階へと参入することになった。このことは、錬金術のもつ二つの構造的な側面にはっきりと現れている。一つは、観察者－レトルトという関係においてであり、もう一つは、達人－秘密の物質という関係においてである。一番目の関係について言えば、神話の段階において、人はすべての方向をいわば神話的な現実性によって取り囲まれていた。それとは対照的に、錬金術師は、すべての方向から観察することが可能な眼前の小さなレトルトのなかに、特定のイマジナルな出来事ではなく、神話的でイマジナルな意識という段階全体を押し込めたのであり、まさにその事実によって、彼はそのような段階全体を止揚し、また自分自身、現在いる段階を超えて新しい意識の段階へと進んだのである。達人－秘密の物質という関係について言えば、錬金術は、錬金術師の作業、ほとんど近代的主体とも言うべきものの熱情としての錬金術師の努力に強調点を置いている。錬金術師は、メルクリウスの捉え難さに悩まされていて、彼の主要な関心の一つは、この揮発性の物質を捕まえること、把持することであった。達人がこのように悩んでいた

―――――

122）B. Figulus, *A Golden and Blessed Casket of Nature's Marvels*, London (Vincent Stuart) 1963, p. 295. Hillman, "The Yellowing of the Work," in: *Paris 89*, Proceedings of the Eleventh International Congress for Analytical Psychology August 28 - September 2, 1989, ed. Mary Ann Mattoon, Einsiedeln (Daimon) 1991, p. 94 からの引用。

123）これらの用語すべてが、ヘーゲルが止揚（*Aufhebung*）と呼んだものの異なる側面を示している。

ことが示すのは、彼がどれほど自分という個人が試されていると感じていたか、自らの取り扱っていた物質の生成過程のなかにどれほど激しく駆り立てられ、本質的に巻き込まれていたか、ということであろう。錬金術師はもはや、人が魂の発展における神話的段階においてそうであったような、受動的な受け手の段階にはいない。神話的なスタンスにとって、イメージは文字通りの意味での「現象」であり、聖体顕示的な「訪れ」であり、自然発生的に到来し、ただひたすら心に描かれ、適切に受け取られねばならない（「宗教的に観察されねばならない」）。反対に錬金術師は、逃亡するメルクリウスを追い求め、捕えるために、あるいは、「逃亡するアタランタ王女」に追いつくために召喚される。これは、神話的なスタンスと構造的にまったく異なった布置であり、否それどころか、その逆転である（「自然発生的に到来すること」と「逃亡すること」との対立、「受け手」と「熱烈な追い手」との対立）。錬金術の作業は、（確かにいまだ発生期にあり、むしろ無力であるが、にもかかわらず）まぎれもなく概念の仕事（ヘーゲル）の一つなのだ。神話は、感覚的直観とイマジネーションという様式と同類であるが、錬金術はこの段階を超えている。錬金術は、イマジナルには「感知」、論理的には「理解」と呼ばれるものの必要性によって特徴づけられており、その意味で、（「内包的な」）思惟である。つまり、たとえイマジナルな形式の表現にいまだどっぷりと浸かり、包み込まれているとしても、錬金術は構造的にはすでに思惟であるのだ。

　そのようなものとして錬金術は確かに、ユングが自分自身にとってそうであると述べたよりもはるかに根本的な意味で、過去と現在との「歴史的な結節点」である。ユングにとって、「歴史的な結節点」とは単純に、過去と現在を結びつけ、ある特定の伝統の断つことのできない連続性を提供する一つの歴史的な現象を意味していた。しかし、錬金術は、過去と現在との旋回軸や媒介物という意味での結節点でもある。錬金術は、反省する、自己意識的な、論理の装いをもった意識としての近代的意識の構造と、無垢なアニマの装いをもった意識の内容物という受け継がれた古代のイマジナルな形式との双方が共存する「混成組織（*mixtum compositum*）」であり、そのようなものして、魂がその古いステータス（神話化）から新しいステータスへと、すなわち、（こころの）論理という近代的なステータス、〈概念〉のステータスへと移行しうる本物の橋を提供するのだ[124]。

3. 最終結果に対する強迫的欲動

前節の最後のいくつかのコメントによって、錬金術の〈作業〉の方向性と目的にかかわる考察すべき三つ目の側面に導かれる。それはすなわち、〈作業〉が開始されるべき最初の状態についての概念化に対するものであり、いくつか（多くの場合、四つ）の段階を経た後に想定されている一つの目標に向けられたものである。重要なのは、錬金術が自らを自然に反する作業（opus contra natura）と認識する際、「自然（natura）」が意味するのは、われわれの実証主義的な、物質主義的な意味での自然、すなわち、単なる事実、そして物理的な現実性一般としての自然ではないということである。なぜなら、そのような意味合いは、当時まだ存在していなかったからだ。それは、錬金術が衰退した後になって初めて展開されてゆくものである。錬金術で用いられるすべての物質は、われわれが考えるような単に化学的なものとも、実体的－現実的なものとも見なされてはいなかった。それらは物理的であると同時にかつイマジナルであり、さらには、空想上のものでさえあった。イマジネーションは、錬金術の基盤であり、その自然な「要素」であって、実験室における長い作業のプロセスを経て産み出されるべき、はるか先の目標というわけではなかったのだ。錬金術師たちが取り組んだ第一質料は、最初からイマジナルに知覚されたものとして到来したものであった。だからこそ、そこでの「自然」は、イマジナルな自然、あるいは事物のもつ自然なイメージとしての性質を意味するものでなければならなかった。それゆえ、自然に反する作業（opus

---

124) 以下のことは特記しておくべきだろう。すなわち、歴史的な結節点としての錬金術について語る時、ユングは、その連鎖のもう片方の極として、神話というよりもグノーシス主義と新プラトン主義を考えていた。グノーシス主義と新プラトン主義はむろん、錬金術と非常に似通っていて、それゆえ、「結節点」のもつ単純な連続性という意味合いにおいてそこでは適切である。本質的な点において、グノーシス主義と新プラトン主義はすでに、神話からわれわれの近代的な反省する意識を分け隔てる分水嶺のこちら側に属している。それらは、神話的なスタンスの無垢さをすでに失っており、哲学的であり、思索的である。それゆえ、ユングが、自分自身の思惟が属している伝統の心理学的－歴史的連続性について考える時、グノーシス主義を出発点として考えることによって、この分水嶺のこちら側、すなわち、ロゴスの側に留まり、神話を背後に置き去りにしたことは重要であろう。

contra naturam）は本来、イマジネーションに反する作業（opus contra imaginationem）であった。つまり、その作業の目標は、先に指摘したように、イマジナルな原料をそのイマジナルな凝固作用から自由にすることであり、不純物を除去し精錬してゆく多くの手続きを通して、その精霊を、その両義的で自己矛盾的なメルクリウスを、すなわち、そのような凝固作用のなかに「捕らえられた」弁証法的な論理的生命を解放することであった。それはとりわけ、錬金術が「立ち昇る曙光（*aurora consurgens*）」というイメージにおいて表現した目標だったのである。

　メルクリウスが物質のなかに「捕らえられた」と考えられていたという事実は、一つの妥協形成であったと言える。それは一方では、錬金術師たちがすでに、リアリティーの内的な本質が生きた振動する弁証法的論理であることを感得していながらも、他方では、彼らの意識がいまだイマジネーションに束縛されており、このような直観をまだはっきりとは思惟する（そして、それゆえに表現する）ことができなかったゆえであった。彼らは、イメージされえず思惟されねばならないものに、自らの知覚的でイマジナルな「範疇」によってアプローチし、それを説明することを強いられていたのだ。

　「立ち昇る曙光（*aurora consurgens*）」というイメージはそもそも、錬金術というプロジェクトに内在された、錬金術自体を克服する、あるいは止揚するという必要性を表現している。それは、同じ古い意識の内側の（同じ「日」の内側の）もう一つのより美しい光景のイメージでも、体験がもつ別の対象のイメージでもなく、遠い昔にも明日があったのと同じように、時の連続的な流れの内側での別の明日というイメージでさえもない。それは、意識の根本的に新たな「日」の立ち現れにまつわる——言い換えれば、新たな論理的ステータス、すなわち、体験されるすべてがその内側で知覚される全体的な枠組みとしての意識の新たな論理的な構成にまつわるイメージなのだ。

　「立ち昇る曙光（*aurora consurgens*）」に関する論考によって、錬金術のスタンスがいかに神話的で儀式的な実存の止揚されたスタンスであるかを今一度より明確にすることができる。『自伝』のなかでユングは、プエブロ・インディアンが太陽は自分たちの父親であり、儀式によって父親が日毎天空を横切るのを助けるのが自分たちの生涯の責務であると思っていた、ということを報告している[125]。ここにもまた責務があり、目的がある。けれども、錬金術の目標志向性とは何と異

なっていることか。もしこの小さな例から判断できるとしたら、神話的－儀式的な実存のもつ目的は、彼らがまずもって存在している生の営みや世界に同調することであり、ここでは、例えば、天空を横切る道程において、太陽に霊的につき添うこと、すなわち、〈神聖なる太陽〉の運行のなかに、そしてその背後に自分たち自身の魂の力を注入することであるように思われる。それは、現在に対する、付与されたものに対する関与、あるいは支持である。それは、一つの絶対的な(形而上学的な)保守主義であると言えるのかもしれない。反対に錬金術は、現在の日を克服することを欲する。つまり、錬金術は、新たな日の出、「新たな日」の「新たな」太陽を、すなわち、根本的に異なる世界の構成をもたらすことを目論んで作業せねばならない。錬金術は本物の「未来」をもっている。それは、それまで神話的－儀式的な実存には欠けていたように思われる本質的な意味での未来である。今日において、錬金術はすでに「明日」にかかわらなければならなかった。キリスト教とまったく同じように、錬金術も、自然な世界の内側で自然な世界と闘い、自然な世界、すなわち、付与されたままに存在する世界に取って代わらねばならなかったのだ。それゆえ、錬金術は、現在と根本的に折り曲げられ損われた関係をもっている。なぜなら、そこでの現在とは、それが今直ちにそうであるものという観点からではなく、それがそうなるようになされうるものという観点から理解されるものだからだ。

　歴史上の錬金術は、自らの目標に到達していなかったように思われる。実際、錬金術は、自らが切望した新たな日の光を見ることなく、「立ち昇る曙光(aurora consurgens)」は、いまだ遠方にあり、望まれる理想に留まっていたように思えるのだ。われわれには今や、錬金術の素地がイマジネーションであった以上、そのような素地の上ではおそらくこの理想はどうにも実現しようがなかった、ということが理解できる。「立ち昇る曙光(aurora consurgens)」の道を開くために、そして自分自身が実現するために、その伝統的な自己理解における錬金術は衰退しなければならなかった。錬金術は自分自身を全体として克服し、止揚しなければならなかったのだ。錬金術が自分自身の内側で、そこに向かって駆り立てられていた目標は、錬金術の知覚的でイマジナルな前提の否認を要求した(そして、時の経過の

―――――
125) Jung, *Memories*, p. 252.

なかでそれを強いた）。むろん、このことが当然の帰結として意味したのは、錬金術それ自体の否認であった。この新たな意識の立ち現れによって状況は一変した。けれども、それは世界の事物が変わってしまったからではない。世界の事物は同じままに留まっていたのである。しかしながら、その時意識が身を置いた新たなステータスにおいては、以前と同じ古い世界のすべてのものが、まったく新しい光のなかで、汚れない新鮮さのなかで理解されたのであり、そこでは、世界において本質的に新たな方向性をもつことが求められていたのではないだろうか。当然のことながら、そこでは、錬金術師たちの「範疇」のもつイマジナルな形式、すなわち、錬金術が自らの古い荷物のなかにもち込んだ精神の枠組み全体もまた、後に続くものに取って代わられたのだろう。

　したがって、錬金術の衰退は、外側に存在した歴史的要因のゆえではなかった。それは、錬金術の内的な腐敗と自己止揚においてゆっくりと働いていた錬金術自体の内側での絶え間ないメルクリウス的（論理的）要素のゆえだったのだ。錬金術的な意識の内容、すなわち、錬金術が焦点を当てていたメルクリウス的な現実が、ついには、それらに焦点を当てるものとしての精神のイマジナルな枠組み自体を腐敗させるのは避けられないことであった。自分自身のイマジナルなア・プ・ロ・ー・チを内側からゆっくりと蝕んでゆくメルクリウスがいなければ、メルクリウスと同じようなものをひたすら、そしてう・ま・く・イメージすることはできない。それはちょうど、自分自身が被曝することなく、放射性物質を取り扱えないのと同じことである（もちろん、効果的な防衛機制を用いない場合）。

　それゆえ、その実現が必然的に、そうあり続けてきた字義的な文化的－歴史的現・象・としての錬金術自体を没落させるようなものが実現するよう目指していることこそが、まさに錬金術の要点なのである。錬金術の実現は、それ自体の否認を、それ自体の自己止揚を前提としている。錬金術は、その最も深遠なる本質において、即自的（ansichseiend）、すなわち、内包的な弁証法である。けれども反対に、錬金術は、ただ単に即自的な弁証法であり、対自的（fürsichseiend）ではない、すなわち、明示的ではない、あるいは十分に実現されていない弁証法であるゆえ、逆説的な形式の外観をとらざるをえないとも言えるだろう。「逆説的」なものとは、すでに自分自身を感じさせ、知らせ、直観させ、すでに事実上意識を支配してはいるが、いまだ本当の意味では思惟ではありえない弁証法である。「逆説的」な

ものは、イメージする、あるいは心に思い描くような精神に固着してしまっており、そのため、まさに弁証法が克服することを欲している論理的ステータスによって表現されるしかない。だからこそ、一つのイメージである「立ち昇る曙光（*aurora consurgens*）」においてもまた、実際にはあらゆる客観的体験にとっての精神の枠組み全体であるものが、ある特定の客観的な体験（日の出）という形式で提示されざるをえなかったのである。

4．物質の化学

　この四番目のポイントでは、化学の一種である錬金術としての、錬金術の最も一般的な性質を扱う。錬金術は、事物、対象、実在、個人にかかわるものではなく、材料と物質にかかわるものである。もっと正確に言えば、物質の本質にかかわるものである。錬金術は、自らが取り組む物質のまさに「化学」を変化させ、変容させることを望む。われわれはもはや、この文章における「化学」を字義通りに、すなわち、科学的－実証主義的な意味で受け取ることはないはずである──錬金術師たちでさえ、それを単に字義通りには受け取らなかった。そうだとすると、ここでの化学とは何を意味しているのだろうか。われわれにとって、物質の「まさに化学」とは、物質のもつ最深部の構造、つまり、物質の論理的構成、それらを構成する論理的な生命に言及するものに他ならない。これは、錬金術師たちが抱いていた実際の関心であり、その〈作業〉がなされていたレベルや次元を示している。

　イマジネーションにおいてもまた、われわれは変容を体験する。しかし、それらは「化学的」なものではない。それらの変容は変態であり、形態の変化であり、おそらくは質や状態の変化である。アクタイオンは雄鹿に、ダフネは月桂樹の木に姿を変えられる。ゼウスは、牡牛、黄金の雨、白鳥等の姿をまとう。ある人間たちは、不死のものとなり、十二宮図の一つの宮として天空に上る。これらの変容はすべて、すでに形作られた事物と登場人物のいわば「巨視物理学的」な世界にかかわっていて、かつそのような次元にいまだ留まっている。イマジネーションは決して「物質」をイメージすることはできない。このような概念化は、あまりに抽象的すぎる、すなわち、あまりに無定形すぎるだろう。「物質」は、経験的な、つまり、目に見える事実ではない。それはすでに思惟であり抽象概念であ

る。それは止揚された事物なのだ。われわれは鉛や硫黄を見ているのではない。われわれが見ているのは、鉛や硫黄から成ると思われる、具体的で形作られた事物だけである（鉛の固まりでさえも、一つの形作られた事物であり、「物質」ではない）。錬金術が「物質」と「化学的」変容を認識できたという事実が示すのは、その対象や焦点に関する限りにおいて、錬金術がすでに本来のイマジナルなものの領野を後にしており、自身の〈作業〉にとっての新たな地平として、これまでとは根本的に異なる、イメージしえない「微視物理学的」次元に、すなわち、事物を形成するもののもつ「最も奥底の本質や構成」に足を踏み入れていた、ということである。少し違った隠喩を用いれば、形成された事物、存在、姿形、あるいは出来事に関する「物理学」から弁証法的な運動に関する「化学」への移行として、あるいは、比喩性をより減じて言えば、「存在論」から「論理学」への移行として、この変化を描写することもできるだろう。「物理学」が知覚、感覚的直観、そして絵画的思考を通して接近可能なものへの呼称として用いられるとすれば、ここでの文脈における「化学」とは、本来の思惟を必要とするものを言うのである。

　錬金術師たちが第一質料に対して行った多様な手続き（煆焼、昇華、気化、蒸留、腐敗、発酵、凝固等）は、錬金術が物質について語る際、逆接的なことに、厳密な意味での物質に第一義的にかかわっていたわけでは一切なく、形式にかかわっていたということを示している。

　錬金術が物質を取り扱っていたために、ユングはその作業が「より低級な」救済の業、すなわち、物質、フィシス（physis）、自然、身体、「女性性」の解放にかかわる作業であり、そのようなものとして錬金術は、「より上級な」もの、すなわち、公式のキリスト教の教義によって提供された排他的に霊的な救済の業に対する相補であり補完であると考えていた。キリストは「光を選び、闇を否認した…」[126]。そこでは錬金術がキリスト教の影を解放し、キリスト教に対立する地下世界的な片割れを提供することを試みたように思われているが、筆者はこの解釈に賛成できない。

　一番目の問題は、ユングがここで「物質」を字義通りに受け取っていたということである。つまり、彼にとって物質は、現実性のもつ、物理的で身体的な本質

---

126) Jung, *Letters 2*, p. 473, to Rev. Morton T. Kelsey, 27 Dec. 1958.

を意味していた。それはあたかも、箱庭療法において、患者が砂や有形のおもちゃの人形で遊んでいるという理由で、彼らはきっと世界や生の営みの物質的な側面にだけかかわっているに違いないと言うようなものである。しかし、箱庭の砂には、「非物質的な」言葉によるのとまったく同じように、非常に魂のこもった、そして霊的でさえあるかかわりが表現されうる。そして反対に言葉が、非常に物質主義的で具象主義的なスタンスを表現する手段になることもありうる。われわれの「寓意的前提」に従えば、錬金術の物質はただのイメージである。つまり、それは「媒体」であって、「メッセージ」ではない。それをメッセージとして受け取ることで、錬金術のまさに要点を見失うことになる。そしてもちろん、錬金術を世界のより低級で物質的な側面の救済に参画し、キリスト教を相補するものと見なす限り、キリスト教のなかに「上級な」霊的な側面のみを見て、女性的な「四番目のもの」という、それ自体ゆゆしき心理学的過誤であると示しうる信念によって三位一体の神格を補う必要性を感じることは、ユングにとって自然な成り行きだったのだろう[127]。

　錬金術の要点は、「自然に反する作業」（!）として、錬金術がまさに自らの地平としてのフィシス（もの）の次元を克服したことにある（フィシスはかつて神話的存在の地平であった）。すでに示したように、たとえ錬金術が文字通りの天然自然の物質という媒体において自身のアクティヴ・イマジネーションを働かせたとしても、錬金術は、「物質」への焦点づけゆえに、あるいはそれによって、自然なるものに取って代わり、それゆえに根本的により抽象的な（そして、この意味において「より高度な」）レベルに、すなわち、論理のレベルへと進むことになった（錬金術の性的なイメージを見通していたユングにとって、何ゆえ錬金術の「物質」のイメージを見通すことがそれほど難しかったのか。その理由は、ユングは当時、論理のレベルに自分自身を開く必要があったのだが、そのことによって相当数の彼自身の信条が根本から転覆させられることになったからだろう、と筆者は確信している。これに比べれば、近親相

────────

127) 拙著『アニムス心理学』、特に最終章を参照のこと。未公刊の別の草稿のなかで、筆者は、ユングの三位一体に関する論文における議論を、詳細かつ入念に考察することを試みた。結果、ユングの四位一体についての見解は、ユング自身の論証によって実際には支持されないという結論を得た。

姦のモチーフや他の性的イメージを字義通りに受け取らないのは害のないことであった)。

　そして――ここで、ユングの見解の二番目の問題に行き当たるのだが――、錬金術は対立物の対の片側を特化することはなかった。錬金術は包括的であることを望んだのだ。錬金術の物質とは決して、「物質と精神（あるいは霊性）」との対立の片方ではない。錬金術はこの対立を超え、中立性ではなく、弁証法という地点に到達していた。「上のように下である（"Tam ethice quam physice", "tà physikà kaì tà mystikà"）」。「物質」という媒体のなかで、錬金術は自ら、弁証法的な運動の流動性という概念を把持しようとしていた。そのような流動性のなかでは、対立物の分離は止揚されている（両性具有のレビスを見よ）。けれども、このような対立物の分離の止揚は果たしてどのようにして達成されうるのか。その答えは、以下のような言述のなかに含まれている。「…第一質料は、アブル・カシムも述べているように、すべてのものが転倒した山のなかに見出される…」[128]。第一質料が自らの起源と本来の場所を転倒した世界のなかにもっているという考えから、以下のような類推が生まれるかもしれない。そのような世界は、もし、いやしくもそれが遂行されるならば、一つの全体としての錬金術の作業だけが遂行されうる場所、そして遂行されねばならない場所でなければならない、ということである。このことこそが、錬金術師たちが少なくとも志し、追い求めていた、論理的に根本的により高い反省のレベルにあったことを示している。付与された世界の構成カテゴリーの完全な反転は、その根本的な止揚にとっての、あるいは、それと対応する意識のステータスの止揚にとっての必須条件である。それは、論理的否定性という概念へと進むための前提条件なのだ。〈作業〉の場所としての転倒した世界という錬金術の考えは、錬金術師たちが、後にヘーゲルがそれとはまったく異なった哲学的な省察の道程において「転倒した世界」（『精神現象学』の第3章「力と悟性：現象と超感覚的世界」）として見出したものを直観的に感得していたという事実の証左であろう。

　もちろん、ユング自身、「上のように下である（tam ethice quam physice）」というような言葉を引用しているし、物質と精神という対立が錬金術において調停されており、そこには「あれかこれか」という二者択一は存在しないことに気がつい

---

128) Jung, *CW* 12, par. 516.

てもいた。けれども、ユングは論理的な理解には達していなかった。次のように述べる時、彼は存在化し、字義化し、実体化しているのである。「そこには、『あれかこれか』という二者択一は存在せず、物質と精神との間の中間領域が存在していた。すなわち、物質的な形態だけでなく、精神的な形態においても自身を顕示することを特徴とするサトル・ボディという心的領域である。このような見方によってのみ、錬金術的な思考法の意味を理解することができる。さもなければそれは無意味なものに思われるに違いない」[129]。ヘーゲルから150年を経ていたその時、このような理解は退行的であると言わなければならない。ユングは、その「メッセージ」が何であるか問うことをせず、イメージを具象主義的に信じ込んでいた。だからこそ、ユングは、対立物の間に存在する第三のものを設えたのであり、存在論的な静的領域という観点から、実際には、いかなる「中間的な」ものもなしに、対立物それ自体の間で繰り広げられる生きた運動として以外には思惟されるべきでないものをイメージすることになったのだ。このような第三のものの発明は、「悪しき神話」であり、一つの神秘化である。（元型的心理学における）第三の、あるいは中間の領域という考えに対するより包括的な批判はこの後（第5章の7）、改めて提示されることになる。

　先に、錬金術は包括的であることを望んだと述べた。このことは、その作業の諸段階からも見て取ることができる。ここでは、一つの例として色彩という観点から錬金術の諸段階を取り上げてみよう。ニグレド（黒）の段階においては、世界全体が黒化されている。次の段階、すなわちアルベド（白）は、ニグレドの「死」（止揚）の結果として生じるもので、「白化された」ものとしての世界全体の復活、いわばその新たな創造を意味している。次の段階であるチトリニタス（黄）とルベド（赤）への移行もまた同じパターンを繰り返す。それは常に、生（あるいは現実性それ自体）のすべてが拠って立つ論理的ステータスであり、各々の新しいステータスがすべての現実性の以前のステータスの止揚されたものであるゆえ、その各々は存在の総体にとってのステータスでありうる。錬金術の段階の継起は、世界そのものが（常に全体を代表している一部分である）眼前の第一質料の色の変化によって経験する、一連のある種の（論理的）変態なのだ。

———————
129) Jung, *CW* 12, par. 394. 傍点筆者。

では、教会の救済の業と錬金術のそれとの差異はどのようにして適切に描き出されうるのか。ここではユングとは違って、それらのなかに類似的な、そして相補的な企図を見て取ることはしない。むしろ、それら双方は、同一の救済の業なのである。それらの差異は、実現の形式にかかわっている。教会の救済の業は（一つの歴史的な現象として）、教義、イデオロギー、信仰心に満ちた語りや教説というレベルで、すなわち、個々の精神によって適用される（「信じられる」）べき意識の内容のレベルで生起する。教会は、そこにある「事物」（かつての〔異端に属する〕内容、観念）に替えて、精神の「物理学」のレベルで作用するが、それに対して錬金術は現実に、そして実際に精神の「化学」を完成させ、それを内側から変えようと試みるのだ。しかし、このことは、キリスト教徒の「影」や、キリスト教がプネウマ（霊）への排他的な専心を通してなされたとされるフィシス（体）の軽視とは何の関係もない。それらの差異はつまるところ、おざなりな救済の業と真の救済の業との差異である。教会は言わば、自らの内的な論理的構成を無視して、精神に自らの教義の内容を押しつける。軽率にも、自らの真の形式を無視しているのだ。これに対し錬金術は、民衆に根差したものとして出発している。それは現実に根を下ろしているのだ。教会は、パラクリート（媒介）としての聖霊がいつか到来するという約束に満足したままに留まり、聖霊が実際に現前する状態に至ることを望もうとはしない。教会はただ無邪気に、神聖なる〈霊〉を「夢見る」のである。このため、〈霊〉は安楽な形で上方に棚上げされ、そここそが〈霊〉がおわすべきと考えられる場所である。なぜなら、〈霊〉がこの世界において現実になるとしたら、教会は夢見ること、説教すること、信ずること、そして希望することを止めなければならないからだ。教会は、（一つの固定された教義としての自らの状態のなかで）キリスト教について語ることを欲しているのであり、〈霊〉が一つのリアリティーとなることには関心がない。否、そうであるばかりか、この世界における〈霊〉の具体的実現とキリスト教の教義の論理的な完遂や達成を阻んでいるのだ。錬金術は単に、〈霊〉を夢見ているだけではない。救済についてただ単に語っているだけではない。錬金術は実際に作業する。「メルクリウスの霊」「賢者の石」等の他の非教義的な名の下で、錬金術は、現実において聖霊の解放を成し遂げようとするし、そもそも霊はリアルな世界と精神にすでに内在しているという前提から出発するゆえ、リアルにしかこれを遂行することができな

い。錬金術は、すでに聖霊を、今ここでのわれわれの具体的な現実のなかのリアルな実在と見なしている。先に探求の「前にある後（hysteron proteron）」について述べたことが錬金術にも当てはまるのはこのためである。真の探求は、すでに成し遂げられた発見を基盤にしてしか起こりえないのだ。

　「上のように下である」というのは、「逆説」ではない。「逆説」について語ることは常に、対立物を思惟することの拒否（あるいは、その不能性）を示している。「上のように下である」といったような格言や、すぐれて両面的である（utriusque capax）メルクリウスや両性具有のレビスといったイメージ＝概念は、錬金術にとってプネウマ（霊）と物質が双方ともすでに止揚されていることを明らかに示唆している。錬金術は、「明示的に」ではないが、「内包的に」対立物を超えているのだ。錬金術はすでに、意識のまったく新しいレベルに、すなわち、その最も奥底の本質が論理的な生命であるような、魂のレベルへと進んでいた。論理は、霊的な物事だけでなく、物質的な領域に対しても同じように適用されうる。そして、このことが可能なのは、論理が霊的なものでも物質的なものでもなく、またその間に存在する第三のものでもないからだ。論理はそれらの止揚であり、存在論的な用語でイメージされるあらゆるものの止揚である。物（大地terra）を媒体として作業するか、霊（天caelum）を媒体として作業するかはもはや本当には問題ではない。なぜなら、「上方に天あり、下方に天あり」[130]、すなわち、いったんこのような意識のステータスに進んだなら、双方の「天」（精神、論理）を取り扱うことになるからだ。論理は、対立物の一方が他方を凌駕することを好まない。論理としての魂は、自らの内側に、フィシスとプネウマの双方を止揚された契機として孕む[131]。この新しいレベルの意識によって、フィシスとプネウマ、天と地、男性と女性、内と外、人間の領域と宇宙といった「存在論化された」（物象化された、神話化された）対立物が根本的なカテゴリーであり、人間の思考の真の焦点であったような次元が、今や実体性と否定性との差異こそがカテゴリーとして重要な意味をもつ新しい次元に取って代わられたのである。実体性と否定性はもはや、現実性の存在論化された「領域」や「領野」ではなくなり、「プネウマ的なもの」も「フィシス的なもの」も含め、あらゆるものが理解され把握されうる二つの論理

---

130) Cf. Jung, *CW* 16, par. 384.

的ステータス、あるいは形式なのだ。これは、われわれの課題がわれわれに対して設えられる次元である。そこでは、物質主義と理想主義との差異は大なり小なり意味を失う。双方は等しく実証主義的であり、論理的には、物質主義は、理想主義そのものとまさに同じくらい、「理想主義的」である。物質と精神、人間と宇宙、ジェンダーの問題にまつわる対立等が心理学の真の関心である限り、魂はいまだ、「自分自身の傍らにいる」、あるいは、もっと言えば、自分自身の外側に、すなわち、放逐された状態にあり、そのような具象的な「外側」に浸され、自分自身を失っている。つまり、そこでの魂はそのような「外側」を観察する、あるいは思い描くことができるのであり、そのことによって、体験する主体としての自分自身に与えられた一つの「対象」としての自分自身から離れてしまうことになる。だからこそ、そこでの魂はいまだ、思惟するという義務から、つまり、自らが取り扱っているものが最初から他でもない自分自身（自分自身の思惟）であると実感するという義務から逃避しうるのである。

5. 投影された論理的形式としての物質の探求

「あの逃げ回るメルクリウス」に錬金術師たちが常に悩まされ、不平不満を言い募っていたのは、単なる一つの直観として、すなわち、意識の直観された内容や対象としてではあるが、彼らが生命の論理的で弁証法的な構成という彼ら自身にとって革命的に新しい次元をすでに実際に獲得していたという事実によるものなのだろう。けれども、彼ら自身の意識は、イマジネーションという形式にいまだ

131）ユングはこのような洞察を明らかに獲得してはいたが、それが彼の心理学的業績全てに影響を及ぼしていたようには思えない。例えば、「もしリアリティーに関する私の概念をこころの領域へと移行するならば——この領域でのみそれは妥当性をもちうる——、このことによって、矛盾した関係にある説明原理としての精神と物質、霊と自然との葛藤は終わりを告げる。つまり、そこではそれぞれが、私の言う意識の領野に入り込んでくる心的内容がもつ特定の起源に対する単なる呼称になるのだ」（*CW* 8, par. 681）という記述を見てもらいたい。ここには間違いなく、対立物の止揚性が、新しいレベルの意識の内側にある単なる契機として表現されている。つまり、新しいレベルの意識とは、対立物が相互に排他的原理となっているレベルから、「こころ」という概念によって特徴づけられるレベルへと（止揚した）「移行」によってもたらされるものなのだ。

結びつけられたまま、固定されたままの状態にあった。魂は、〈石〉、メルクリウス、不老不死の霊薬、永遠の水（aqua permanens）等の名で呼ばれたまったく新しい意識のステータスを、「宇宙船」のようなものや住むべき別の惑星として、錬金術師たちにとって外側へ、未来へ、「宇宙空間」へと投影したのだ。強烈に魅惑されることで、すでにそれに運命的に「病みつき」になりながらも、彼ら自身はこの古い地上にいまだ留まり続けていた。それゆえ、「賢者の石」を本当に見出すということは、意識のスタイル（あるいは論理的なステータス）と直観された現実性、あるいは現実性の次元との間にある、こうした不一致を克服するという課題として理解されうる。すなわち、意識にとっての課題は、自分自身の直観や投影（投げ出し）にふさわしいものとなるべく、最終的にそれに追いつくことなのである。

　宇宙空間の探求において、別の宇宙船にドッキングしたり、新しい惑星に降り立ったりすることは、この地上を離れていることを意味しているが、魂の転倒した世界においてはそうではない。空間や未来にすでに遠く投げ出されたものに追いつくことは、それへの旅を含意しているのでは決してない。それは逆に、あなた自身はまさにここにいながらにして、直観された現実性があなたに影響を及ぼしているということを意味している。つまり、それがあなたに「わかり始める」のであり、あなたの下に「帰還する」のであり、あなた自身の精神を再構成することを意味するのだ。私がそれに追いつくことの意味するところは、あたかも背後から、あるいは私自身の内側からであるかのように、それがいつの間にか私に追いつくことである。それが意味するのは、それによって私が汚染され、感染されることなのだ。これこそが、「絶対的－否定的内面化」の意味するところである。それは、物理的に押し出されたり引っ張られたり操作されたりする存在とは対照的に、遠く投げ出されたものによって（愛する対象によってそうされるのと同じように）[132]、実際には（ὡς ἐρώμενον）触れられ動かされることを意味している。それは、ある洞察によって圧倒されるかのようである。このような意識に追いつくものによって動かされたり圧倒されたりする存在には、あるいは、主体がそれに追いつくということ自体には、いかなる暴力も存在しない。すなわち、私自身が意図してではあるが、受動的にその投げ出された（投影された）イメージを眺め、

---

132) Aristotle, *Metaphysics*, 1072 b.

見据えているということは、それが私の下に帰還することであり、ある日内側から、私自身の思考方法として私を驚かせることなのである。

　メルクリウス（やその他）の投影に追いつくことが意味するのは、意識にとっては、まさにその構成において、直観され投影された意識の対象の構成のなかへと同化されることであり、言い換えれば、メルクリウスと同じくらい弁証法的になること、石でない石である賢者の石と同じくらい哲学的に（思考することと同じくらい論理的で概念的に）なることである。自らが存続する限り錬金術がしようとしていたことは、わずかな類似であるが、現実にある諸々のプロセスを理解するために「抽象的」で非個人的な説明モデルを獲得しようと試みることに喩えうる。つまり、それらのモデルは、「情報理論」や「カオス理論」の名の下、個人の主体性、それらの意図や行為、そして線形の原因・結果の説明という枠組みでいまだに作動する精神に随伴されているのだ。

　石、メルクリウス、「立ち昇る曙光」等は、錬金術的な意識の直観された対象であり、内容であって、その論理的形式ではないとこれまで繰り返し指摘してきた。例えばメルクリウスという直観された内容を、魂の論理的な生命についての直観として解釈したとすれば、それは、意識の対象としてのこの観念が、意識の新しい論理的形式、すなわち、（イマジネーション、「絵画的思考」、あるいは「感覚的直観」と言うよりも）思惟の形式についての期待に基づく観念であり、目標であると言うのと同じだ、ということが今や理解されるはずである。錬金術師たちが追い求めていたのはもはや、おとぎ話や神話の場合とは違って、「得がたい宝物」、すなわち、貴重な対象ではない。メルクリウスはすでに、実現されるべき意識自体の新たな論理的なステータスとしての「内包的な」（即自的な）弁証法的論理である。それは、いまだこの世界にある一つの対象として実体化され人格化されているゆえ、さらに、そのようなものとしてイメージされ、視覚化され、思惟において把握されていないゆえ、単に「内包的」であるに留まっている。しかし、視覚化された対象として、メルクリウスは元来すでに弁証法である。なぜなら、メルクリウスは、石ではないラピスとして、言い換えれば、元来、堅固でも「地面」でも決してなく、むしろ流動性、すなわち、純粋な運動であり、さらに、そうであるにもかかわらず、まさにそのようなものとして堅固な地面であるような堅固な地面として、つまり、「永遠の水」としてイメージされるからだ。そのような

イマジネーションは（もしそれが「逆説」という心無い概念に訴えないとしたら）、「永遠の水」を氷のようなものとしてイメージしなければならない。氷は水である。しかし、それは固定されてもいる。けれども、錬金術師たちが追い求めた「永遠の水」は、凍った水ではない。魂の転倒した世界に属するものとして、それは「凍った水」という概念における「凍った」（あるいは「永遠の」）と「水」（あるいは「液体」）がもっている関係の反転である。それは（石のそれと同様）絶対的な流動性によって付与される永遠性なのだ。これは形式論理学の枠組みの内側では狂気の兆候として現れる矛盾である。だからこそ、人はそれを正当に評価するための弁証法的な論理のディオニュソス的な狂乱を必要とするのだ。

　イマジナルなスタンスの問題は、それが、実際には意識の形式であろうと望んでいるものを、対象化し、具象化し、人格化しなければならないという点にある。それはいわば、実際には「記憶され」、「想起され」、内面化される、つまり、心理学の語彙を用いると、「統合される」ことを望んでいるものを、（理論的な領野において）「行動化」しなければならないということなのだ。

　錬金術において重要な、マクロコスモスとミクロコスモスとの区別は今や、新しい視点から理解され、以前の心理学主義的な解釈から解放されうる。錬金術師たち自身は、人間をミクロコスモスと同一視していたのであり、ユングもまた喜んでこれに同調し、ミクロコスモスを人間の〈自己〉の一つのイメージとして考えていた。けれども、ここでは、その錬金術の観念についてより詳細に考察し、より批判的な理解を得るよう試みてみよう。

　ルーランドの『錬金術辞典』によれば、ミクロコスモスとは、「天上の世界と基本元素の世界との間に置かれた、自然そのものの小さな中間的世界である。それ、すなわち人間は、二つの世界の双方に参与しているからだ。そこに現実的に、そして可視的に包含されているものはすべて、同じように人間のなかにも霊的に、そして潜在的に存在している…」。「それ、すなわち人間」という表現が示すように、錬金術師たちは本当に、ミクロコスモスを人間として理解していたし、逆もまた真であったことに疑いの余地はない。しかしながら、引用された定義からは、錬金術師たちが具象的で存在論的な形式で描写しなければならなかったものは、世界の論理として、すなわち、元型的であり理念的である世界（「天上界」）と現実的であり物質的である世界（「元素界」）、それら双方の世界の論理として容易に把

握しうることもまた明白である。世界の概念と論理は、双方の領域に「包含されているものすべて」を「人間のなかに保持している」、さらに言えば、それらのなかにある「現実的で可視的」であるものを「霊的に、そして潜在的に」保持している。だからこそ、それらはミクロコスモスなのだ。心理学は、人間の精神における「諸概念（とそれらの間の論理的な関係）」が実際に（無自覚にであったとしても）言及されるような、「人間」についての錬金術の不注意な換喩的語りに同調すべきではない。なぜなら、このことは、人間学的過誤の一つの例証となりうるものだからだ。錬金術の「人間」の代わりに「自己」や「無意識」を用いることは、確かにより心理学的な言説のあり方ではあろうが、それは単に具象的であり、無自覚に換喩的であり、実体化・神話化であるにすぎない。われわれはまた、「一なる世界（unus mundus）」も同じように理解しなければならない。錬金術師たちはなおも、イマジナルなスタイルにおいてmundus、すなわち世界について語っていた。しかし、われわれはもはや、「一なる世界」を存在論化することも対象化することもできない。われわれにとって、それは、「外側にある」世界ではありえず、われわれ自身のなかにある世界でも、それらの二つの世界の結合でもない。「一なる世界」は、論理について絵画的思考が語る手法なのであり、それは言うまでもなく、いまだイメージされえない状態にあったのだ。

　ここで、対象化するからという理由で錬金術を非難するのはまったくの不公正だろう。意識の新しい形式の最初の直接の訪れは常に、ある知覚された（イメージされた）対象や内容として意識の眼前に立ち現れる。そして、この内容の研究に躊躇なく献身することによってのみ、示唆されたような形でこの内容が徐々に意識に「帰還する」ことが可能となる。こうしてこの内容は今や、まさに意識それ自体の形式となり、まさにそのことによって「外側にある」内容としては姿を消すことになるのだ[133]。このプロセスは、ユングが「象徴の死」について語る時、彼の念頭にあったものである。「象徴は、それが意味を受胎している限りにおいてのみ生きている。しかし、いったんその意味が象徴から生まれ出てしまえば、すなわち、探求され、予測され、直観されているものを以前に認められていた象徴よりもうまく定式化する表現がいったん見出されれば、その時、その象徴は死

133）ここでの内包的思考と明示的思考との対立については、第2章の論考を参照のこと。

ぬ。つまり、その象徴は単に歴史的な意義をもつだけのものになるのだ」[134]（こ
のユングの定式において誤っているのは、ある象徴の死が、その象徴が表現していたもの
をよりよく定式化するものに取って代わることを通して起こると示唆しているかのように
見える点である。しかしながら、そのような「よりよい」定式化や表現はいまだ意識の内
容であり、そのようなものとして象徴の意味が生まれ出ることと決して等価ではないだろ
う。それはせいぜい、いまだ生きている象徴のある種の「拡充」や「さらなる限定」にすぎ
ない。否、一つの象徴の意味は、それが意識の対象として表現され、そして絵画的な形式
において意識それ自体の論理的形式となる時に、そこから生まれる――そして、だからこ
そ、その象徴は死を迎えることになる。つまり、われわれにとっては、ユングの言説にお
ける「定式化する表現」という実体性を、「意識の論理的形式」という否定性に置き換える
ということである）。

　錬金術を非難するのは不公正であると先に述べた。錬金術は、自らが没落する
ことによって、「錬金術の象徴の死」が生起することを、また、それゆえ、錬金
術の直観が自らのもとへ帰還すること（すなわち、まさに自らの意識の形式へそれら
を「統合」すること）をも実際すでに許していたのであるから、そうした非難はい
よいよ不公正であると言わざるをえない。錬金術に過誤を見出す理由はない。し
かし、イマジナルな心理学に過誤を見出す理由は存在する。イマジナル心理学は、
神々や神話、そして錬金術の象徴の死後長らく経っているにもかかわらず、神話
的なイメージや意識のイマジナルなスタイルを退行的に再建し、それに防衛的に
しがみつこうとしているからだ。神々や神話のなかには、こころにとっての単な
る「歴史的意義」（ユング的な意味での）しか見出せないという事実を拒否すること
で、そして、意識の論理的な形式の問題を錬金術の作業に見出そうとしないこと
で、イマジナルな心理学は、自らが先に述べたような統合を遂行してこなかった
ことを――より正確に言えば、自らがそれを遂行してこなかったふりをしてい

―――――

134) Jung, *CW* 6, par. 816. ヘーゲルは、100年以上前に、神話に関してほぼ同じことを言ってい
る。すなわち、「神話は、人間という種の教育のなかに自らの場所をもっている。いった
ん〈概念〉が十分に発達したなら、それは神話を必要とはしない」（*Vorlesungen über die
Geschichte der Philosophie II*, Theorie Werkausgabe, vol. 19, p. 30)。このことは、ユングが執拗に
ヘーゲルを拒否したにもかかわらず、彼がヘーゲルの思想と近いことを示す多くの例
証のうちのほんの一つにすぎない。

る、あるいはお芝居をしていることを露呈している。なぜなら、この意識の変化は実際のところ、言うまでもなく、すでに起こっているからだ。それは一つの歴史的変化であり、（少なくとも西洋における）このポスト神話的、ポスト錬金術的な現代世界に生きていながら本当にそれを避けられる者は誰一人としていない。そのような意識の形式は、生きている時代によって容赦なく与えられる。われわれはそのなかに客観的に生きているのであり、われわれが主観的に、あるいは個人的に何を思うか、好むか好まざるかは問題ではないのだ。

6. 心理学主義：錬金術に関するユングの退行的解釈

「象徴の死」に対する洞察があったにもかかわらず、ユングもまた、しかし別の方法で回避している。錬金術が、実際かなりの程度暗中模索している、内包的で素朴な形式の思考であったということを理解する代わりに、ユングはたいていの場合、錬金術を（個人の自己成長にかかわる「人々の心理学」という人格主義的な意味での）内包的な心理学と取り違えており、そのことによって、心理学固有の対象（魂の営み）が論理的な生命であることを、そして、ユングより一世紀以上前のヘーゲルの弁証法的論理のなかに、一見すると失敗に終わった錬金術の企ての救済がすでに起こっていたことを理解する可能性を自分自身から奪ってしまったのだ（ヘーゲルの弁証法的論理はいくつかの点で、他ならぬ「止揚され、救済された錬金術」と見なしうる）。

ユングの「転移の心理学」を読んで、錬金術の諸観念に関するセクションと、それに対応するユングが錬金術について述べた事柄を個人療法に結びつけようと試みているセクションとの間に、深さにも、範囲にも、内容にも測り知れない食い違いが存在することに驚かない者はいないだろう。彼が現代の心理療法について述べている事柄は、彼が錬金術についてちょうど述べたばかりの事柄から零落してしまったものである。そこに述べられる人々の治療の実際や、個人の心理的成長の話が、その前に提示される錬金術の力強い諸観念に匹敵するようには思えない。錬金術の洞察を個人分析の実践に適用することによって、ユングは、彼自身のやり方において還元的になり、それらの洞察を矮小化してしまったように思える。それらのコメントのなかで論議されているような分析の実践は、適切な器、すなわち、錬金術が取り組んでいた問題の次元を本当に包含するために十分なだ

け広く偉大な器としての機能を果たしえているようには思えないのだ。錬金術の一節に関する議論から分析に関するそれに対応する議論への移行のなかで、ユングはあたかも、別のプログラムのスイッチをオンしてしまったかのように見える。すなわち、あたかも一つの世界から足を踏み出し、まったく異なるより平凡な世界へ足を踏み入れているように、あるいは、あたかも自分自身のなかで彼の「No.2 人格」のスイッチをオフしてしまったかのように思えるのだ。ユングの「No.2 人格」は、錬金術的主題のもつ思索的な深みと驚くほど共通点をもったものであるにもかかわらず、それが突然に「No.1 人格」へと入れ代わってしまう。錬金術のイメージの豊かさと深みは、面接室の偏狭さのなかに置き直されるようなことがあれば、簡単に失われてしまう。もしこれが、ユングによって直前の箇所で導き出された光をもたらす洞察が今日の実践のなかで本当に言わんとするところのすべてであるというならば、なぜ錬金術について議論するというすべての努力が、さらには、実際の錬金術師たちの努力がそもそも必要だったのかと疑問に思う。そして反対に、この点において、むしろ当たり前に認知されうる治療の領域のほうが膨張してはいないのだろうか、と。

　元型的心理学は古い意識の死（止揚）を単純に否認し、意識の絶えざる連続性という考えを保持しようとする傾向があるが、他方でユングはそれとはまた別のやり方で、本来の思惟の必要性を、そして、心理学を魂の論理に関する研究と見なさなくてはならないという必要性を免れた。これまでにも見てきたように、ユングは分裂を用いて作業することによって、そして結果として生起した二つの「側面」の間を、換言すれば、錬金術の思索的な次元と個人の発達という（認めがたく）人格主義的な概念の間を、「No.2 人格」と「No.1 人格」との間を、自らの深層との直観的な接触と科学者然とした外見との間を往き来することによって——そしてむろん、あたかもこれら二つの側面が、同一でないとしても互いに矛盾しないかのように振る舞うことによって、そうした必要性を免れてきたのである。

　個人のこころというのは、結局のところユングが「人間精神の偉大な問題」「歴史の重荷」を棚上げすることを試みた場所である。ユングはしばしば大真面目に、個人分析、そこにおける（個性化のプロセスと呼ばれる）個人の自己成長、（夢やアクティヴ・イマジネーション、ヴィジョンのような）無意識の個人的生産物が確かに、錬金術の「大いなる作業（*magnum opus*）」の現代における真正の継承であるという

考えをもっていたし、このことは今日においてもなお、ユング派における主流であるように思われる。しかし、実際にはユングはもっとよくわかっていた。ゲーテ自身の記述に従って、ユングが『ファウスト』のなかにゲーテの「大いなる作業 (*magnum opus*)」や「神聖なる作業 (*opus divinum*)」[135] を見たり、ニーチェの『ツァラトゥストラ』をニーチェの『ファウスト』として、また、錬金術的な「黄金の連鎖 (*aurea catena*)」によって哲学的な錬金術とグノーシス主義の始まりに結びつけられた直近の作品の一つと見なしたりする時[136]、ユングは自ら、本当の〈偉大なる作品〉は公の文化的な次元に属すると理解していたことを示している。『ファウスト』は、ゲーテの「個人的」「内的」発達とは何の関係もない[137]。『ファウスト』によって、ゲーテは、自らの自己、すなわち、自らの全体性にかかわっていたわけではなかった。『ファウスト』は、人類に帰属する芸術作品である。つまり、それはある個人の夢という論理的ステータスをもっていない。ユング自身の言葉に耳を傾けてみよう。「だからこそ、彼（ゲーテ）のなかで活動し生きていたのは、生きている物質、超個人的なプロセス、言葉を換えれば、『元型的世界 (*mundus archetypus*)』についての大いなる夢であった」[138]。そして、この大いなる夢は文字通りの夢ではない。「大いなる夢とは常に、口寄せとしての芸術家を通して語られてきたものである」[139]。もし『ファウスト』がゲーテの個人的成長をめぐるものであったとするならば、またもっと言えば、もしそれがゲーテ自身の個人的な夢や夢のシリーズについての記録資料であったとするならば、それは「元型的世界の大いなる夢」でも「大いなる作業」[140] でもなかっただろう。おそらくその程度は小さいとしても、同じことがニーチェの作品についても言える。「大いなる作業」において、魂は「私の意識」「私の問題」「一個人としての私」にはかかわってはいない。魂はその「魂の大いなる問題」に、その個性化に、広く意識の形式

---

135) Jung, *Memories*, p. 206.

136) Jung, *Memories*, pp. 102 and 189.

137) 例えば、以下を参照。「ここでもまた——偉大な詩、宗教的体験、予知夢やヴィジョンと同様——元型的イメージが要因となっており、それは予言者の個人的資質とはほとんど関係がない」。ホセア書について書いたユングの書簡からの引用。Jung, *Letters 1*, p. 415, to Monsieur le Pasteur Oliver Vuille, 22 Feb. 1946.

138) Jung, *Memories*, p. 206.

第5章　元型的心理学、あるいは…：
イマジナルなアプローチへの批判　215

とステータスにかかわっているのであり、かつ、それを文化的に関連性のある（「客観的な」）形式で行うのだ。魂は「『メルクリウス的なもののなかで（in Mercurio）』生起する」[141]一つのプロセスである。「メルクリウス的なもののなかで」というのは、魂の論理がもつ「抽象性」のなかで、あるいはユングの神話的な話法を用いれば、「元型的な背景」、「こころの後背地」のなかでということであり、それは個人のこころのなかでということでも、出来事や生きられた体験という経験的次元においてということでもない。「私の」（強調されている！）個性化のプロセスや「私の」夢（すべての象徴は集合的無意識に由来するにもかかわらず）は実際には、他ならぬ私の個人的な事柄でしかなく、通常は集合的な意義を何ももち合わせてはいない。それらは、「小さき作業（opus parvum）」に、すなわち、それに先立つ（いわゆる「系統発生的な」）「大いなる作業」の小規模の（いわゆる「個体発生的な」）模造品に属している[142]。あるいは、ある被分析者の夢自体が人間精神の大いな

――――――

139) Jung, *Letters 2*, p. 591, to Sir Herbert Read, 2 Sep. 1960. 同じ手紙のなかでユングは以下のような問いを提起している。「大いなる〈夢〉とは何か？」と。それに対する彼の答えは、「それは、われわれがいまだ理解していないような、新しい世界の未来や図像である」というものであった（ユングが同じところで、大いなる夢は「多くの小さな夢とそれらが示すものに対する多くの謙虚と従順という行為から成る」とも述べているが、これには賛成できない。この言説のなかで彼が述べていることは、疑いもなくそれ自体として重要な意味をもっているのだが、それが誤った事柄に適用されている。筆者の考えでは、多くの小さな夢のすべてが、もろとも一つの大いなる〈夢〉になるということは決してない。ここでのユングは不幸にも、範疇の違いを無視している。小さな夢の多くは、たとえそれらが性質においてヌミノースであったり、内容において元型的であったりしても、常に「個人的」なものに留まるからだ。「個人的であること」とはいわば、まさに「小さな夢」の定義そのものである。「小さな夢」は決して、「超個人的なプロセス」ではないし、「新しい世界の未来や図像」でもないのだ）。

140) また、よく知られているように、ゲーテはめったに夢を見ない人だった。ユングが晩年自分自身について、自らの情動のなかに含まれているイメージを自分は直接的に意識化できるので、アクティヴ・イマジネーションはもう必要なくなったと述べたのとちょうど同じように、ゲーテもまた、自分は「無意識」や「イマジナルなもの」を直接的に、（心理学的、個人的な体験ではなく）芸術という形式においてだけ意識化できるので、夢を見る必要がないと言ったかもしれない。

141) Jung, *Letters 2*, p. 394, to John Trinick, 15 Oct. 1957.

る問題のうちのいくつかに本当の意味で貢献したと見なしうるようなケースをこれまでに誰か聞いたことがあるのだろうか[143]。ここで言う貢献とは、それが事実それらの問題を動かすという意味において、真に差異を形成するものである。その意味で、個人分析の成果は、われわれの時代において「集合的に」何が進行しているかということに何らかかわりがないし、広い意味でのわれわれの文明にとっては、言い換えれば、人類にとっては何の重要性ももたないように思われる。それが、「われわれがいまだ理解していないような新しい世界の未来や図像」[144]をわれわれに提供することはない。単に主観的であるがゆえに、個人分析の成果というのは、社会、経済、政治、そしてその時代の「真理」の「客観的な」発展からは切り離されてしまっているのだ。

　この意味では、ユング自身の夢でさえも「大いなる作業」の一部とは見なすことができない。彼の夢が彼の全著作の背後に存在していることは確かであろう。ユングにとって、彼の夢は個人的に重要なものであった。けれども、それらはわれわれの時代にとっては何の意味もないし、われわれの時代とは何のリアルなかかわりもない。彼の夢は、われわれにとって単に歴史的に、あるいは学問的に興味深いものでしかない。ユングの「大いなる作業」は、このすべての著作を創造することのうちに、「ユング心理学」になるべきものの発展過程のうちに存しており、それがわれわれの時代において、そしてわれわれの時代にとって新しい自己理解や人生理解の方法を「客観的に」切り開いたのだ（それは、彼の個人的発達に存していたのではない）。錬金術の「黄金の連鎖」のなかの一番新しい連なり、あるいはそのうちの一つとしての場所をユングに与えたのは、他ならぬ彼の刊行され

---

142) 以下の拙論も参照のこと。Giegerich, "The Opposition of 'Individual' and 'Collective' − Psychology's Basic Fault. Reflections on Today's *Magnum Opus* of the Soul," in: *Harvest 1996*, vol. 42, no. 2, pp. 7-27.

143) 偉大な詩人、芸術家、科学者、政治家、哲学者、そして宗教の改革者のような人たちはときおり、それぞれ個々の領域において人間精神の大いなる問題を動かすことがある（しかしながら、このように書いたからといって、それは彼らの偉大な貢献のすべてを錬金術師やユングの言うような特定の意味における「大いなる作業」と同一視しようとするものと読み取られるべきではない）。

144) 先の注139を見よ。

た著作である。そして、彼の夢とアクティヴ・イマジネーションは、偉大な心理学の理論家（思索者）、そして天才としてのユングがそれらから作り出したもののゆえにのみ、「大いなる作業」にとって重要なのであり（すなわち、彼個人の心理学を超えて）、それら自体として重要なのではない[145]。その名が示すように、「大いなる作業」は、一つの〈作業〉であり、人の能動的な仕事を必要とする。夢やヴィジョンは仕事ではない。それらは、ユングがしばしば主張したように、自然の出来事なのだ。われわれが「創造的」と呼んでいるのは、無意識それ自体ではない。もし全体なる個人が「全体なるもの」に直面し、その実存的な核において「全体なるもの」に曝されるならば、そのような個人は、自らの意識的知性と無意識的知性を備えており、それこそまさに創造的である。さらにそれによって、自らが受けとめられ理解される力と思惟の深みの加わった「夢」こそ、まさに創造的である。われわれの時代において、創造性という観念はすでに平民化されている。無意識を有しているという単純な理由から、すべての人はさらに骨を折らずとも創造的でありうるように思われているのだ。創造性は、常にすべての人の夢のなかに、あるいは、彼らが「無意識に由来する絵を描く」時、彼らのなかに生起する。それは自然の出来事へと還元されたものである。しかし、夢を見ることでは人は創造的にはならない。真に「全体なるもの」に直面する、すなわち、真に「未踏の取り扱い不能の領域」へと越境するほんの希少な人だけが（ここには、詩人、芸術家、思想家、シャーマン、時には偉大な政治家が含まれるわけだが）、生の営みの真理に開かれる。他方で、個人は、一個人である限り、彼の個人的な事柄にしか開かれない。このような区別が、「大いなる作業」を「小さき作業」から切り離すのである。

　むろん、ユングは、メルクリウスのように、「すぐれて両面的（*utriusque capax*）」であり、この文脈では、彼は人間精神の大いなる重荷を単に心理学主義的に個人のこころのなかに棚上げしたのではないと言うべきだろう。とりわけ自らの心的

---

145) 以下のように言うこともできるかもしれない。すなわち、自らの夢を偉大なものとしたのはユングであり、それらの夢や無意識がユングを偉大にしたわけではない、と。このことは、ユングが様々な著述のなかで考察している彼の被分析者たちの夢のシリーズやヴィジョンについてはなおのこと当てはまる。

危機の時期の体験に関して言えば、「…このことは最大限の努力を要するのだが、心的体験の内容が本物である、さらには私自身の個人的体験としてだけでなく、他の人たちも有する集合的な体験としても本物であるということを示すことがかなうならば」[146] という具合に、ユングは公の次元の重要性を強調している。この大いなる努力は、今しがた明らかにしてきた、個人的な夢やヴィジョンは、公的に重要なものとしてやって来たわけではなく、公的な重要性をもつ何かへ、すなわち、彼の著作、あるいは彼の心理学へと変換されねばならなかった、ということの証左である。彼が見た夢やヴィジョンは、その元来の形式においては、単なる私的な個人的体験にすぎなかったのだが、「そこには、私自身だけでなく、他の人たちにとっても重要なイメージが存在していた…」[147]。それらのイメージのなかに存在していたものは、濾過・抽出され、人類にとって意味のある一つの成果という形式を付与される必要があった。そして、それが人類にとって意味をもちえたのは、ひとえにそのような形式を付与されたからなのだろう。「その時以来、私の人生は、普遍性に従属するようになった」[148]。夢や幻想的なイメージではなく、彼の人生、彼の仕事こそが、普遍性に従属するようになったのだ。これらの言説から、ユングが、「元々あった体験〔Urerfahrung〕をくぐり抜ける」だけでは十分でなく、「現実性という土壌に私が体験したものを植えることを試みる」必要があり、「さもなければ、それは実現性を欠いた一つの主観的前提というステータスに留まっていただろう」[149] と実感していた、ということがわかる。諸体験がそのままに存在しているような単に主観的な状態からそれらを解放するためには、生涯を賭した作業が必要であった。それがあったからこそ、それらの体験は普遍的な重要性を獲得することができたのである。

しかし一方で、それとはほぼ正反対の意図をもっているかに見える別のユングもいる。われわれは実際、ユングが錬金術の思想が孕む広大な地平を、心理学主義的な枠組みという偏狭な制約のなかにいかに還元的に流し込み続けたかを見て

---

146) Jung, *Memories*, p. 194. 傍点筆者。

147) Ibid., p. 217.

148) Ibid., p. 217.

149) Ibid., p. 217. 以下の独語版に従って若干の変更を施した。Jung, *Erinnerungen*, p. 196. 傍点筆者。

第5章　元型的心理学、あるいは…：　219
イマジナルなアプローチへの批判

取ることができる。われわれはすでに、ユングが自らの精神にとってマンダラが
本当に意味したものについて、「形をつくったり、形を変えたり、永遠なる精神
の永遠ある遊び」と述べた後に、それを躊躇なく、「自己、すなわち、人格の全
体性」と、あるいは、その数行後には、「自己、すなわち、私の（！）全体性」[150] と
さえ同一視していることを見てきた。このような同一視は、独断的であり教条的
である。最初の考え（「形をつくったり、形を変えたり…」）はそれ自体として、「人格」
や「私（私の全体性）」への言及を何ら含むものではない。「私」も「人格」も、正当
な場所ではないはずのマンダラやゲーテの引用のなかに投げ込まれているのだ。
それらは、マンダラや「形をかえたり、形をつくったり」という考えが属する無
限性という次元が許すよりもはるかに偏狭な制約のなかに、われわれの思考を押
し込める。つまり、「私」や「人格」は、その本質を論理的否定性に有するものを
実体化してしまう傾向があるのだ。

　『心理学と錬金術』のなかに、もう一つの例を見出すことができる。ユングは
そこで、『賢者の薔薇園』から以下のような引用をしている。「それゆえ、あなた
の精神を塩に向けなさい。そこにだけ（すなわち、精神にだけ）知恵は秘められて
おり、古の賢者たちの最も優れ、最も隠された秘密があるのです」。ユングはこ
の言葉と別の錬金術のコメントを、「アートの本質的な秘密は、人間の精神──
あるいは、現代の用語を用いると、無意識のなかにこそ隠されている」[151] ことを
述べたものと解釈している。ここにもかなり大きな飛躍がある。錬金術の「精神」
が、現代の「無意識」と同一視されているのだ。しかし、ほんの数パラグラフ後
で（par. 394）、ユング自身、イマジネーションについて、それは「人間のなかにあ
る星であり、天体、あるいは、天体を超えるものである」とルーランドが自らの
事典で述べている言葉を引用し、次に説明のため、ルーランドによる星（astrum）
の定義、「『ものの徳と力。準備を通して獲得されるもの』。それゆえ、抽出物、
あるいはエキス（Quinta Essentia）でもある」を引用している。ここで無意識につい
て思いを馳せるには、相当な捻じ曲げが必要だろう。

　錬金術師たちはなぜ「星（astrum）」という言葉を使ったのだろうか。なぜ「天体、

---

150) Jung, *Erinnerungen*, p. 199, and *Memories*, p. 196. 傍点筆者。
151) Jung, *CW* 12, pars. 359 and 361.

あるいは、天体を超えるもの」について語ったのだろうか。確かに、「星」は人間のなかにあると言われているが、人間のなかにあると考えられているものが「星」と呼ばれ、「天空」と結びつけられているという事実が示すのは、それが字義通りの「なか」や「内側」ではありえないということであろう。それは、「われわれのなか」と「天空の向こう側」との結合であるような何かでなければならない。ここで、先にミクロコスモスについて述べたことを想起する必要がある。これら同種の文脈にあてはめれば、「精神」、「イマギナチオ（imaginatio）」、あるいは「星」は、「向こう側の」リアリティーから「獲得」、そして「抽出」された、すなわち、錬金術師の精神によって取り込まれ、あるいは把持され、それゆえに今や彼の精神のなかにもあるリアリティーの内的論理や真理（ものの徳と力 virtus et potentia rerum）として、はるかに簡単に理解することができる。何らかの努力（praeparationibus）を通して得られたものであるゆえに（そして、そうであるならば）、「星」は、われわれのなかに内在された（備わっている）無意識であるどころか、われわれのなかにのみ存在するものである。つまり、それはそれら本物の抽出物でありエッセンスなのだ。ユングは、「天体、あるいは、天体を超えるもの」という表現のうちに、具体的なリアリティーのもつ論理（論理としては天空に属し、リアリティーのもつ論理としては具現化されている）に対する自らの直観を定式化しようとした錬金術師たちの試みを見出す代わりに、「混成的、いわば、半ば霊的で半ば物質的な現象」[152]という神話的な（具象化された）概念に助けを求めた。確かにこの解釈は、「媒介するもの」（錬金術師たちがイメージした方法）に合致するものではあるが、「メッセージ」を指し示す代わりに、イメージするというこの紛らわしい形式を支持し、そこにわれわれの思考を押し止めてもいる。ユングは以下のようにも言う。「錬金術師は、無意識に自分自身をかかわらせただけでなく、自らがイマジネーションの力によって変容することを望んでいるまさにその物質〔zum Stoffe〕に直接的にかかわらせた」[153]と。「物質（Stoff）」の字義的な理解の問題は別にしても、なぜまた（ユングが明らかに人間の内面に位置づけている）「無意識に自分自身をかかわらせた」という語句が出てきたのか。この話のどこに、無意識

---

152) Ibid., par. 394. 本章の i) における「第三のもの」や「中間地帯」についての批判も参照のこと。
153) Ibid., par. 394.

第5章 元型的心理学、あるいは…：
イマジナルなアプローチへの批判 221

の入り込む余地があるのか。ユング自身が引用している箇所からは、錬金術師は
リアリティーにかかわってはいたが、それはその実体性においてではなく、その
「天なる」側面、すなわちその内的な「エッセンス」、換言すれば、その「精髄で
ある」論理においてであったように見受けられる。この文脈においては、無意識
についてすっかり忘れ去っても問題ないだろう。無意識は、錬金術師が焦点を当
てていたものにはかかわりがない。錬金術師は諸物のエッセンスを欲していた。
つまり、真理（*Quinta Essentia*）を欲していたと言っても差し支えないだろう。「無意
識」という具象化された概念は、悪しき神話であると言える。なぜなら、それは
断固として否定性というステータスにあるものを実体化するからだ。「無意識」
は、心理学の歴史のなかにその予備的・準備的な価値を有し、今日もなお、隠喩
的に、あるいは、扱いやすい略語として、またいくらかの皮肉として意味ありげ
に用いられることもあるが、本当の心理学は、それをリアリティーの実質的な領
域とまじめに見なすには値しないのだ。

　その定義からしても、「無意識」という用語は、内省や内観とのかかわりで考
えざるをえない。しかし、錬金術師たちの作業は、（科学のような）外向きのもの
でも（現代の人格主義的心理学のような）内向きのものでもない。それは偉大な詩人、
芸術家、作曲家、そして思想家の仕事にはるかに近く、真理、すなわち、生命の
論理、世界の論理を指向していた。真理や論理は、外向と内向／内省との間の区
別という観点から描き出せるものではない。なぜなら、このような対立はすでに、
真理からの〈堕落〉であるからだ。それは一つの神経症的な解離であり、自らを
真理から保護するためにつくり出されるものである。ユングは、抽象的で知的な
論理概念にはまっていたゆえ、論理の真意を錬金術の「精神」に帰することがで
きなかった。彼にとって、論理は単に〈形式論理〉を意味していたのだ。だから
こそ、当然の成り行きとして、ユングは、心理学的な事象に関する限り、論理を
忌み嫌ったのだろう。ユングは、魂と密接なかかわりがある論理についていかな
る考えももち合せてはいなかった。なにゆえ魂と論理が密接なかかわりがあるか
と言えば、魂は生命の内的論理であり、主体と客体の、理想と現実の弁証法的結
合であるからだ。このようなより広大でより根本的な論理の概念に対して開かれ
ていなかったために、錬金術師たちが諸物のエキスや本質を抽出することについ
て述べたものにふれた際、ユングは切り離された字義的な領野、すなわち、自分

自身への内省、あるいは文字通りの夢、ヴィジョン、アクティヴ・イマジネーションを通してのみ到達できる領野として、「無意識」をリアリティーの内側にでまかせにつくり出し、先に述べたように、錬金術師たちが現実生活それ自体のより深遠な本質や論理を単に指向していただけであったにもかかわらず、この無意識こそ彼らが実際に追い求めた対象であると言わなければならなかったのだ。現実生活の（こころの）論理へと歩を進める（それによって、錬金術師たちの企図の「宇宙的な」次元を保持し、その企図を実現する）ことなく、ユングは逃げ出し、心理学に分断された専門性、つまり、個人の内面、個人の夢やイメージ、その他の無意識の産出物で満足するという課題を割り振った。この点において、ユングは、止揚された心理学としての心理学についての理解を阻み、心理学を心理学主義的（人格主義的）誤解へと陥らせるよう導いたと言えるだろう。

　このことは、あらゆる明晰さをもって語られるべきであると思われる。これこそ、ユング心理学の根本的な障害だからだ（ユング心理学以上に心理学主義的であるような他のすべての心理学のブランドについては言うまでもないが）。ユングには別の面もあり、人格主義的な概念化や面接室のなかに堅く封じ込められた思考方法の足枷を外そうと不断に努力していたゆえ、ここで述べてきたことがユングに対して完全には公平でないことはわかっている。例を挙げると、ユングは、こころは大部分われわれの外側に存在すると主張していた。けれども、彼は決して、心理学主義的な心理学の概念化と自らのアプローチをつないでいるくびきを本当に切るために必須の洞察を得てはいなかった——あるいは、その勇気がなかったのだろうか。ユングは、心理学の止揚を指向し、リアリティーそれ自体のもつ拡がりの全体を魂に付与するような、多くの注目に値するコメントをしたが、それらの考えが根本へと遡及し、彼自身がそれらを育んできた「心理学」という器の内側から爆発的に溢れ出ることを許さなかった。あくまで害のない、ユングの教えの内容物のままに留められたのである。

7. 錬金術の神秘の神秘化

　錬金術師たちがわれ知らず取り組んでいたものが「実際に」、現在「無意識の心理学」として知られうるものであったということをほのめかすことで、また、魂の偉大なる（magnum）作業という意味での〈個性化の過程〉と、特に通常の個人分

析で体験されるものとしての個人の個性化の過程が「同一」であるという印象を
つくり出すことで、さらには、われわれの時代において強烈に感じられている意
味の喪失の問題に対して信ずるべき答えを個人分析が実際に与えうるということ
を示唆することで、ユングが神秘化という罪を犯したことは確実であるように思
われる。彼は個人分析を膨張させ、そこにある根本的な差異を不鮮明にしてし
まった。ユングは、「『集合的』無意識」という用語を曖昧に使ったのである。彼
にとって、元型的なイメージが（神話や〈個性化の過程〉という偉大なモデルにおいて
も現れるように）ある人の夢のなかに立ち現れるという事実は、あたかもある人の
個人分析のプロセスもまた「集合的」で超個人的な深みと意義をもち、われわれ
の評価においてそれと同じアウラを付与されるにふさわしいかのように見せるに
は十分なものであった。形式的な類同性と論理的ステータスや意義に関する類同
性の間には大きな違いがあり、個人的、あるいは主観的意義（単一の個人における
「集合的無意識」）と集合的意義（神話、儀礼、またあらゆる民族の文化の偉大な仕事の集
合的な束において表現されるもの、そして、あらゆる民族が実際に生きたものとしての生
の営みが包含する実際的な真理、深み、意味を表現するもの、双方としての「集合的無意
識」）との間には大きな違いがある。元型的な夢を伴った個人の個性化の過程が、
現代の生の営みの真理や意味を表現することはないし、この時代に対して真の意
味を提供することなどない。それは、現代の生の営みの傍らを流れ、（エンターテ
インメント、煽情主義、ドラッグなどのような）今世紀［訳注：20世紀］の他の数多く
の現象と同じく、個人が痛烈に体験している意味の「客観的」喪失感を――個人
的なレベルで――単に補償し慰安するにすぎないのである。このことが意味する
のは、個人分析に注ぎ込まれる作業が無用で無価値であるということではない。
たとえ一つの慰めであるとしても、それは（先に述べた他の現象よりも）それ自体
としての尊厳や重要性を有している。確かに、ある個人の個性化の過程を通して
主観的に体験されうる元型的な意味が、より以前の時代の止揚された本当の意味
として、その名に値するような意味を何一つ提供することはない。しかし、そう
であるにもかかわらず、たとえ個人という限定された小さい縮尺のレベルや「わ
れわれの内面」という囲い込まれた領域のなかだけのことであるとしても、それ
は、意味（意味でありうるもの）についての知識を生きた状態のままに保存するも
のではあるのだ。それは、「博物館」という施設が、止揚された、あるいは時代

遅れの過去の文化的遺産に関する知識を生きた状態のままに保存するのとちょうど同じ方法である。ユングは集合的無意識にかかわる心理学者としての自分自身の作業を考古学になぞらえたが、それは当を得たことであったと言えるだろう。

　個人の個性化の過程という心理学的な観念によって、錬金術が何を試みていたのか（錬金術師たちが物質のなかに「なおも投影していた」もの）に関して、ユングは自らが真の理解に到達したと確信していた。この点について言えば、ユングが、錬金術の化学物質やプロセスの代わりに、「心理学」や「無意識」に信頼を置くことは、「曖昧なるものをより曖昧なるものをもって」、未知なるものをより未知なるものをもって説明しているにすぎない、ということを繰り返し強調してもいたことを、むろん指摘しうるだろう。このことは、現代の心理学によって錬金術の神秘は解明されたというもう一つの考えとは矛盾している。錬金術を超えるいかなる進歩も本当には存在していないことが今や明らかであり、われわれのほうが真理により近づいているとは言いがたいのだ。そうではなくむしろ、われわれは、（「真理」を表現し隠蔽もする）一揃えの象徴を別の一揃えの（同じように、表現し隠蔽もする）象徴によって置き換えたのである。

　しかしながら、「曖昧なるものをより曖昧なるものをもって」への言及はまさに、個人の個性化の過程を立派な大いなる作業として過大に評価する傾向を助長するものの一つであろう。なぜなら、そのことによって、究極の神秘が個人の個性化の過程のなかにあるということになるからだ。ここでもまたユングは、「曖昧なるもの」という言葉をいかようにもとれる形で用いている。「曖昧なるものをより曖昧なるものをもって」という語句は、自分たちは常に闇のなかを手探りで進み、一つの円環のなかで動いているのだという錬金術師たちの不鮮明な自覚の証左であるように思われる——なぜなら彼らは、魂のメルクリウス的で弁証法的な本質についての自らの直観を、その主題にはいまだ根本的に不十分なままである、非弁証法的かつ絵画的に思考する意識によって表現することを試みていたからだ。このことが、「メルクリウスへの解体」が彼らにとって「至高の神秘」であり続けたことの唯一無二の理由であろう。思惟において把持される必要のあるものを絵画的思考のなかでイメージしたり表現したりしようと試みるならば、自らの対象の前に畏怖して立ちすくみ、自分がそれに到達することができないとい

うことに常に苛立ちを覚えるしかない。錬金術の神秘は、方法論的な神秘であり、それは一方では到達点を目指すように強い、他方ではそれに必要な手段を提供しないという方法論的なスタンスによってつくり出されたものである。その神秘は、メルクリウスそれ自体というよりもむしろ対象やリアリティーであり、錬金術師たちがそこへと、すなわち「(メルクリウスへの) 物質的解体」へと至る「道 (méthodos)」である。そこでは「物質的」と「解体」とがはっきりと矛盾する。そのような解体は、物質的に (字義的に、あるいはイマジネーションのなかで) 達成されることを望まず、リアリティーを思惟することを試みる時にのみ実現されうるものであり、それには弁証法的な論理が必要となるだろう。

　それゆえ、「曖昧なるものをより曖昧なるものをもって」という語句は、非常に実際的で具体的な意味合いを孕んでいる。それは、錬金術が悩まされた論理的な矛盾と言語的な不十分さを示しているからだ。このような不十分さは克服されうるものであり、されるべきものであり、また実際にある程度克服されていた。つまり、永遠にこのレベルに留まる必要はなく、錬金術師たちの「曖昧」がより「曖昧」でない何かによって表現されうるに至ることは確かに可能だった。しかしながらユングは、その不可知性や神秘の性質をおそらくは失いえないであろう、魂の究極の神秘に言及するためにこの語句を用いている。カントによれば、「もの自体」は知りえないわけだが (知りうるものは、すでに人間の精神によって用意されたものに他ならない)、それとまさに同じように、ユングのとった素朴な批判的スタンスによっては、魂についての真理は知りえないことになる。

　ユングは一方で、用いられている隠喩 (もの対こころ) に関して、錬金術それ自体よりも現代における個人の心理学のほうが、錬金術というプロジェクトを表すより適切な表現であると主張しているが、このことについては疑ってかかるべきだろう (むしろ、そのような心理学は錬金術に劣っているように思われる)。他方でユングは、(知りえているものの程度の自覚に関して)「曖昧なるもの」という語句によって、現代の心理学が錬金術に比べて究極の神秘にわずかばかりも近づきえていないということを述べようとしたが、「曖昧なるもの」はそもそも究極の神秘に言及したものではないゆえに、これも的外れであるように思われる。ユングのこうした二つの相矛盾する動きが、一緒になって、同一のメリットを提供することに力を貸している。第一の動きが示唆したのは、現代の心理学によってわれわれが

何らかの意味である境位に「到達」した、すなわち、われわれが錬金術師たちよりもほんの少し、彼らが実際に述べていた事柄についてよりよく知るに至ったということである。「（個人の）心理学こそまさにそれなのである」から、今ここにある心理学を根本的に止揚するような作業は何一つ求められない。第二の動きは、止揚を必要としないような意識のイマジナルな古いステータスを示し、それによってそのステータスを正当化するものである。なぜなら、もし「曖昧なるものをより曖昧なるものをもって」が一つの恒久的な条件、すなわち、人間の知（あるいは言葉）と絶対的な神秘との間の克服することのできない乖離に言及するものであるなら、唯一無二の意識の形式であるかに見える、受け継がれた意識の形式こそがわれわれにとって第一に可能なものであり、われわれにできることは何もないということになるからだ。

　錬金術を自分自身（そして現代の心理学）と古代のイマジナルな伝統を結びつける失われた鎖であるとするユングの評価に立ち戻れば、錬金術はこの特徴づけによってひどく不十分な根拠によって説明されていると言えるだろう。第一に、錬金術は、ある伝統の確固たる連続性を保証するような、単なる受動的な鎖ではない。錬金術は、能動的な動作主、力動的な力、歴史的な原動力、転換者でもあり、なすべき仕事をもっている。そして第二に、錬金術がなすべき特別な仕事というのは、イマジナルな伝統の内側でイマジナルな伝統を取り消し、そのことによって意識の根本的に新しいステータスへと実際に精神を移行させるという歴史的な課題である[154]。その意味で、錬金術は、「鎖」であると同時に断裂でもある。ユングの「鎖」というファンタジーは、われわれがそこに自分自身の居場所をもつことを、そして心理学的思考がその居場所をもつことをイメージしうるような、イマジナルな伝統の壊れえぬ連続性を十分すぎるほどに含意している。この点において、錬金術が正当に扱われてはいない。

　錬金術を正当に評価するためには、錬金術とは何に関するものなのかという定義のなかに、その衰退をも囲い込んで考える必要がある。先に述べたように、錬金術の衰退は、偶然の、外的な災難なのではない。それは、錬金術自身の内的な必然性から発したものなのだ。この衰退は、錬金術の破壊であり、同時にその最終的な実現でもある。自分自身を絶対的に不必要なものにすることこそ、錬金術の作業に課された仕事であった。錬金術を理解するには錬金術を超える必要があ

り、それは根本的にそうでなければならない。つまり、錬金術の体系的な障害を
克服し、自らの意識の形式において錬金術と同じように、否応なく反省され、壊
され、傷つけられていることが必要である。そのような特徴は、錬金術にとって
先験的（錬金術がそこから出発し、作業を行うイメージの本質）であるとともに、その
〈作業〉の直観された最終的な成果でもあるのだ。「鎖」という考えは、あたかも
われわれが何の苦もなく、古代と中世のイマジナルな伝統の糸を拾い上げ、それ
を今日のわれわれ自身の世界において継続しうるかのような、連続性と安全性に
関する誤った感覚に陥らせる傾向があるように思われる。そこには、客観的に（例
えば、錬金術師の直観した対象の論理的形式において）長きにわたって生起していた
意識の革命を、われわれがわがものとし、認識しなければならないという考えが
存在していない。しかし、このようなものがいかなる種類の「心理学」に結実す
るというのだろうか。論理的形式における革命を（字義的な事実の代わりとしての
「象徴」「イメージ」「隠喩」といった）意識の対象へと譲り渡し、自らの意識の構成に

154）これが錬金術と啓蒙主義との違いである。双方ともイマジナルなものを破壊するという
　　役割をもっているのだが、錬金術はイマジナルな伝統の内側で破壊という仕事をするゆ
　　え、その破壊は単なる破壊ではなく、止揚である。錬金術において常にそうであるよう
　　に、第一質料は、錬金術の器の内側に固く封じ込められ、それが根本的に新しいステー
　　タスに十分に変容するまで「調理され」「蒸留され」「昇華される」。もしイマジナルな伝
　　統を取り消すという作業が、閉じられた器としての、まさにこの伝統の内側で生起しな
　　かったとしたら、それに対して継続される作業は、啓蒙主義が行った仕事がそうであっ
　　たように、単に破壊的な効果をもつにすぎなかっただろう。しかし、錬金術において第
　　一質料（イマジナルなもの）は逃避できないゆえ、そこには自然に反する作業の自らの結
　　果に対する絶えざる帰還と回帰がある。それゆえに第一質料は保存されるのであるが、
　　それは合理主義的な諸概念に置き換えられるというよりもむしろ、自らのより高次のス
　　テータスに押し進められるというものである。——錬金術とスコラ主義を比較してみる
　　のもまた興味深い。ここでは、スコラ主義が一つの作業として、すなわち、精神を鍛え
　　る作業として理解しうるものではあるが、それはイマジナルなものの領域の内側で行わ
　　れるものではなく、また、物質に働きかけるものでもないという点だけを指摘しておき
　　たい。スコラ主義は直接的に、合理的な精神とその思考の形式に働きかけるものであり、
　　このことは（スコラ主義のさらなる発展である）啓蒙主義と共通している。しかしながら、
　　スコラ主義は、イマジナルなものを攻撃するという課題は負ってはおらず、単にイマジ
　　ナルなものの領域を後にしただけだった。

ついては忘れてしまう、そのような学問が果たして心理学の名にふさわしいのだろうか。

＊　＊　＊

g）イマジナルなものに固有の二重性

　これまで繰り返し述べてきたように、われわれはイマジネーションを超えて動き出さねばならない。しかし、イマジネーションは本来的に言えば、そしてその定義としては、確固たる現実に自らの内容が事実として存在しているとは明確に主張しないゆえ、字義的なものの対立物であるはずではないのか。イマジナルなものは、家畜化された実体性の領野の対極にあるような、まさに荒野、すなわち、存在以前の領域であるはずではないのか。イマジナルな心理学は、自らが自我の心理学ではなく、魂を形成する心理学であるとはっきりと宣言したのではなかったのか。その通り、間違いないはずなのだが…。

　イマジネーションは確かに、自らの内容を実際に存在するものとして理論的にも明示的にも実体化するわけでもないし、哲学的な真理を表明するものだと主張しているわけでもない。むしろそれは、語り、ファンタジー、フィクション、隠喩、遊び、ユーモア等として現れているが、そうであるにもかかわらず、イマジネーションはまさにその形式によって、存在、人間、動物その他を、実体的に存在するものとして初めから実体化する。それゆえイマジネーションは、「自然の」存在論的先入見の正当性を絶えず再確認し、実体性に関するわれわれの習慣的な感覚を支持し、言葉遊びを許してもらえるなら、目（the eye）が、そして私（the I）（自我人格）が諸物を見るような普通の知覚的で感覚的な世界の体験様式を永続化する。そしてその後に、イマジネーションはこうして実体としていったん置かれたものを改めて取り消すのである。

　イマジネーションは自己矛盾を孕んでいる。可視の諸物の世界のなかを、そして幾何学空間のなかを動き回る現存する実体として自らの内容を提示しながら、同時に、それらが存在論的に（実存として、あるいは文字通り存在しているものとして、あるいは哲学的な真理として）ではなく、あくまでも詩的に、イメージやファンタ

ジーとして理解される<u>べき</u>であることをも「示唆する」のである。けれども、これこそまさにイマジナルなスタンスのもつ問題なのだ。ある人の意図や真意についてなされる示唆や明言は、それが事後になされるのであれば、その個人の本当の言動のなかに「客観的に」含まれているそれらの「意図」を決して打ち消すことはないし、またそれらより決して価値のあるものでもない。それはちょうど、分析においてわれわれが、ある個人が真の意図であるとして明言しているものをただ信用するのではなく、むしろ彼の実際の行動、語りのスタイル、用いられる比喩や言葉の彩、声の調子、そして身振りといったごまかしようのない証を考慮に入れるのと同様である。

　われわれが到達すべきは、像を措定し、一つの仮定された世界を、すなわち、物や人の可視的な光景を提示することこそ、まさにファンタジーやイメージの本質であるという洞察であろう。存在論化すること、言い換えれば、リアルな存在や存在する実体として諸物を捉えることの背後に存在しているものが、イマジネーションである。イマジネーションに本来備わっているテロスは、自らの産物をわれわれが信じ込むよう、しばしば妄信とも言えるほどに誘惑することである。イマジネーションは、われわれがイメージを字義通り受けとめることを欲している。それゆえ、元型的心理学が字義的なものとイマジナルなものの間に生み出した対立は、誤りでないにしても、根拠の不確かなものである。その意味ではむしろ、「諸物をイメージすること」と「見通すこと」こそが対立していると言えるだろう。字義主義は、本当の意味でイマジネーションを打ち消すものではなく、イマジネーションが自然に行き着く先、つまり、イメージに本来備わっているものの誘惑に人が忠実に沿っていった結果なのである。

　もちろん、心理学においてイマジナルなものに取り組む際、われわれはそのイマジナルなものが伴っている実体性を字義通りに受け取りはしない。われわれはイマジネーションの産物を字義化しないというアドバイスに従うわけだが、注意が必要なのは、このアドバイスは、この実体化の産物をいかに受け取るかに関する一つの外在的な（別個で付加的な）教示であるということだろう。それはイマジナルな内容それ自体にとって外在的であり、それらに本来備わっている力動に何らかの意味で対抗的に作用する。そうでありうるのは、イマジネーションを字義化するのを差し控えることがそこでのわれわれの仕事であるからだ。われわれは

字義的で存在論的な理解へと駆り立てるイメージの誘惑に抗い、精神的な留保を
もってイメージに出会うことになる。元型的心理学におけるイマジナルなアプ
ローチは、イメージに対して自分自身を解き放つことと留め置くこととの間の妥
協形成である。イマジナルな心理学は、イメージをリンボ界に留め、先験的に無
害化されたものとしてのみ取り扱う。そのようなイメージは、それ自身の力動に
任されれば即座に、一つの形而上学的な、あるいは経験的な真理として自らを打
ち立てることだろう。イマジナルな心理学は、信じるに足る一つの絶対的な真理
としてイメージが自らを打ち立てる前に、イメージの内的運動を立ち止まらせた
り、イメージそのものを凍らせたりしてしまう。イマジナルな心理学は、イメー
ジの歯を抜き、イメージが自らに対する字義的な信仰をわれわれから奪い去るよ
うな鉤爪を切り取ってしまったのだ。そのようなイメージはすでに飼い慣らされ
ていて、もはや原初の森の荒野にはいない。このように無害化された類のイマジ
ナルなものはしばしば、（単なる）ファンタジー、イマジネーションの産物、フィ
クション等と呼ばれる。イマジナルな心理学は単にロマン主義の伝統に身を置い
ているだけではなく、そこには、多くの啓蒙主義的な錯覚も含まれている。ある
いは、ロマン主義者たち自身がすでに、イマジネーションの力を根本的に殺いで
しまい、もはや真剣には何も信じることのない近代的で啓蒙化された意識の確実
な基盤からのみイマジネーションに接近し、それを飼い慣らしてしまったという
ことを理解する限りにおいては、イマジナルな心理学をロマン主義の伝統のみに
位置づけておいてもおそらくよいのだろう。

　それはそれとして、ここでは、イメージの力の減弱という問題にかかわること
はしはない。目指しているのはまた別の事柄である。われわれがイメージにある
精神的な留保をもってアプローチし、かつ、イメージを字義通りに、そして実体
的に捉えることを差し控えたとしても、そのことは、イメージそれ自体において、
あるいはそれに付随して進行している実体化や存在論化を打ち消すものではな
い。この存在論化とは、「自らに固有な心理学をもつ人間」といった考えにつな
がるものである。そして、そのように力を減弱されたイメージに対してでさえ、
われわれは、イメージを字義通りに捉えるべきではないという明確で意識的な差
し控えにもかかわらず、気づかぬうちにイメージに内在する存在論化を推し進め
てしまっているのだ。ここで実感すべきは、われわれがイマジネーションの内容

第5章　元型的心理学、あるいは…：
イマジナルなアプローチへの批判　231

をいかに「隠喩的に」そして「イマジナルに」捉えたとしても、イマジネーション
それ自体が、まさにその形式（論理的形式）によって、その内容を長きにわたって
実体化してきたか、ということなのだろう。

　それゆえ、「隠喩的」や「イマジナルな」という言葉は、それらが原理において
イメージの客観的な論理的形式に到達することができず、主観的な思考法である
にすぎない以上、「弁解」というステータス以上の何ものも有してはいないこと
になる。それらは希望的思考であるに留まるのだ。

　話は今、ある難解な考えに行き着こうとしている。「主観的な」思考法、ある
いは解釈法の主観性とは実際には、イマジネーションを産み出し享受する、ある
いはそれについて反省する個人としての人々の主観性ではない。ここでわれわれ
は、諸物をイメージするという元型的心理学の様式自体の客観的形式に内在す
る、すなわち（もしこのように呼びうるなら）このような「ジャンル」に内在する一
つの「主観的な意図」を見て取る必要がある。先に、われわれがある精神的な留
保をもってイメージにアプローチすると述べたが、これは正確性を欠いた表現で
あった。心理学のイマジナルなもの（あるいは隠喩、あるいはファンタジー）という
のは、それが「主観的な精神的留保」をすでに内面化しているゆえに、そのよう
なものになる。この点において、ファンタジーと、哲学や科学といった他のもの
の産物との間には歴然とした違いがある。ある一つのファンタジーが（主観的で
力を減弱された）ファンタジーとなるのは、それが暗に、自らのジャンルの形式を
通して、「私を字義通りに捉えてはならない。私は単なる詩的なイマジネーショ
ンの産物であり、ただ一つのイメージにすぎない。つまり、私が語っている事物
や出来事が、私が客観的に、明示的に提示している通りに、イマジネーションの
外側にある字義通りの存在として、いわゆる『リアルな』世界において実際に存
在しているか否かは、私にはまったくかかわりないことである。私は単にそれら
を、あたかもそれらが現実に（実体として、字義的に）存在しているかのように提
示しているだけなのだから」と述べているゆえである。これが心理学のイマジナ
ルなもののもつ二重性である。心理学のイマジナルなものは、一つの「ジャンル」
として自らの論理的形式の「なかへと打ち立てられる」二つの矛盾したメッセー
ジを伴ってやってくる。一方の（客観的な）メッセージは、イメージがいかに主観
的に捉えられるべきかという明確な助言であり、他方の（同じく客観的な）メッ

セージは、イマジナルなものが不可避的に、その内容を客観的に措定し、存在論化（実体化）してきたという隠された真実である。

　それゆえ、イマジネーションにおいてわれわれは、現実の、あるいは字義的な存在ではなく、見せかけの非字義的な存在を扱っている、ということを認めざるを得ない。しかしながら、どちらの場合も存在の範疇や存在論的視座が称揚されているゆえ、われわれの問いの文脈上は、単に見せかけのものにすぎないのか現実のものなのかは意味をなさない。母親コンプレックスをもつ人物が、母親との完璧な調和のなかに生きようとするにせよ、常に母親と闘っているにせよ、いずれにしても「母親」なるものを称揚しているのとまさに同じように、ここでの「存在」や「実在」は、それが単に「あたかも〜」ということを表しているにすぎないとしても、それが賛美されていることに変わりはないのだ。存在が単なる見せかけのものにしか見えないということは、イメージの主観的な論理的形式について述べているにすぎず、それは決して、そのイメージの客観的な論理的形式を打ち消したり、それに優る重要性をもったりするわけではない。そこに触れることさえないのだ。それはむしろ、イメージに内在する存在論的な字義主義を偽装しカモフラージュし、それゆえに固定化するのを助ける。なぜなら、そのことは、あらゆる字義主義がすでに克服されたとわれわれに思い込ませるからだ。

　字義主義にかかわる決定的なポイントは、「存在する実体」や「実体性」という論理的な形式が、完全に、すなわち論理的に克服されているかどうか、ということである。「あたかも〜」に撤退するのでは不十分であり、単に問題を都合よく回避しているにすぎない。そして、イマジネーションにおいては、このような本格的な克服は起こらないし、原理的にも起こりようがない。イマジネーションは、何らの制限もなければ、（カッシーラーの言う意味での）一つの象徴的形式として、字義的な信仰を存在論化し、またそれを必要とするものである。しかしもしそれが「あたかも〜」という性格によって特徴づけられた限定的な多様性であるならば、それは単に、字義的なものからの中途半端な移行、自我の街から魂の世界への道半ばの移行であり、魂という概念が心理学に課した（論理的な）要請への生半可な屈服にすぎない。それゆえ、イマジネーションは本当の意味で、ヒルマンがそうであることを望んでいたような、「暗闇への一方向的な移行、例えば夕べの祈祷」、「一意専心してこの橋（夢の橋、自我と無意識の橋）を機能させること」、換

言すれば、心理学が語る無底性＝「先－存在」「非－存在」、すなわち、魂の論理的生命へと自己を投企する（ヘーゲルなら「投身」と言ったかもしれない[155]）準備ができている状態とは言えない。正確に言えば、そこには、そのような一意専心、すなわち、続いて起こる結果に進んで耐えようとする決然とした意思をもって橋を渡るという、永続的で一貫した動きが欠落しているのだ。

　「あたかも〜」は、客観的に措定するということを、主観的な差し控えから安全に隔てておくための分割壁である。それは、差し控えられるべきものに対して差し控えが起きるのを防ぐことで、そのものが妨げられずに継続することを保証する。「あたかも〜」の助けがあれば、この種のイマジネーションがもつ別の真理を排して、一つの真理とだけ戯れていることが可能となる。つまり、あらゆるものをファンタジーに「すぎないもの」へと還元していると責められたとしても、その際には別の側へと飛び移り、そもそもその自己規定上、諸物に現実という性質を付与するものがファンタジーなのであると主張することができるし、他方で、もし迷信的になっていると責められたとしても、その際には元いた側に再度飛び移り、自分はイメージを字義的には捉えていないと主張して自己弁護をすることができる。その意味では、（周知のような、すぐれて両面的な〔utriusque capax〕）かの逃亡する（fugax ille）メルクリウスに同一化してしまっているのであり、あるいはむしろ、メルクリウスの二重性を行動化してしまっているのである。

　イマジネーションは、（この種の）イマジネーションとして、片方の手で捨て去ったものを別の手で保持しようとする。イマジネーションは元来、そのように解離的である。「あたかも〜」という性質をもつイマジネーションとは、このように、a) 自らが実際にしていることと、b) 自らの産み出したものをどのように理解されたいか、ということの間に区分を設けることである。そして、イマジネーションは、a) のもとで、堅固で触知できる実体性という観念（実在する存在、生への存在論的なアプローチ）にしがみつき、その一方で同時に b) のもとで、本来は意図していないものであるとして、この実体性や字義性を取り下げようとする。このように区分を設け、自らの内容を仮定しながら、同時にその仮定性を取

―――――
155) Cf. Hegel, *Differenz des Fichteschen und Schellingschen Systems der Philosophie*, Theorie Werkausgabe, vol. 2, p. 19.

り消すという意味で、イマジネーションは体系的な躊躇であり、あるいは精神的な留保である。これは、元型的心理学においてよく知られた、伝統的なプラトン哲学的な意味での「中間」スペースとして明らかに称揚されてきた。もしイマジネーションがこのように躊躇としてあり続けなかったなら、直ちに自らを克服（止揚）し、思惟となっていたことだろう。

　先に、「あたかも〜」が、イメージのなかで進行している措定をごまかすのを助けていると指摘した。そのような「あたかも〜」を伴うイマジナルなスタイルは、イマジナルな心理学とは真理や〈存在（Being）〉、すなわち、〈物質の内なる存在（esse in re）〉や〈知性の内なる存在（esse in intellectu）〉にかかわるわけではなく、ただひたすら、〈こころの内なる存在（esse in anima）〉の「あたかも〜」に、言い換えれば、イメージやフィクションにだけかかわるものであると公言することで、自我の（公然と軽蔑される）実体性（字義的なもの、存在論的なもの）に対してアリバイや秘密の避難場所をまさに提供することになるのだ。真理や真の存在に関する「哲学的な」問いを、このように一括して拒絶する防護壁の背後で、あらゆる種類の無意識的な抽象的・字義的想定が、気づかれることも疑われることもなく（incognito：イマジネーションの論理的形式に隠れて）活性化することになる。そのように公言することは、イマジネーションの論理的形式に内在された存在論的偏見に、さらなる精査なく自由に動き回ることを可能にするためのパスワードを与えるに等しい。なぜなら、「あたかも〜」は、きっぱりとそれが無害であると定義し、それゆえに問題なし、あるいは保全許可という証明を与えることになるからだ。

　弁明を必要としたのはこのためである。もしヒルマンが述べた（自我と無意識の間の）橋がただ一つの意図や容赦ない決断をもって架けられたものであったなら、その避けられない帰結として、自らの背後で橋を焼き落とすことを含意していただろう。しかしながら、イマジナルな心理学のイマジネーションとは本質的に、橋の上で最も高い、あるいは真ん中の地点、すなわち、両側との間の距離が等しい地点に達した瞬間を凍結することに他ならない。凍結された動きとして、それはもはや運動ではなく、具象化された動きである。そこでの橋は、固定化され、動きのないものとしてあるのだ。

h)「似ていること」：連続性という誤った感覚

　ムーアのアクタイオン解釈に対して先に述べた批判の一つは、アクタイオンという神話的イメージが、今日における経験主義的な人々を啓蒙しうるような元型的背景を提供すると想定されているにもかかわらず、事実上、結局は彼らに馴染みの深い心理や病理の単なる複製へと還元されてしまっていることであった。ここでは、元型的イメージとわれわれの苦悩との間の、すなわち、古典的な神話と現代の心理学的な現実との間の関係が、元型的、あるいはイマジナルな心理学によって理論的にどのように理解されているのかという、より包括的な問いを提起したいと思う。

　ヒルマンは1972年、『分析という神話 (The Myth of Analysis)』のなかで次のように述べている。「不安、獣欲、そして憑依といった神話的なモーメントは、すなわち、神話において語られる並外れて非人間的でイマジナルな出来事は、それに対応するわれわれ自身の体験を通して新たに照らし出すことができる。神話はその時まさに、生き生きとした形でわれわれの下に到達しうるのであり、われわれもまた神話に到達しうるのである。なぜなら、神話は直接的にわれわれの苦痛にかかわるものであるからだ。さらに言えば、われわれの苦痛こそが、神話に対する洞察を得る一つの方法となる。われわれは神話に参入し、われわれの苦悩を通して直接的にそれに加わる。われわれのコンプレックスから立ち現れるファンタジーが、神話への門戸となるのだ」(p. 196)。苦痛やわれわれの現実生活における苦悩が神話への入口であるという考えは非常に重要である。そのような考えによって、神話は象牙の塔の領域から追い出され、心理学的な生命の暗い側面が正当に評価されることになるからだ。このような考えを発展させてきたことは、心理学におけるヒルマンの多くの功績のうちの一つであろう。しかしながら、先の引用において言われている事柄に本当に耳を傾けるなら、そしてとりわけ、元型的心理学が広く神話から産み出した精神を実際に活用してこれを捉えるなら、この引用されたテキストは、「脱人間化する心理学」というよりもむしろ、人間化する神話学のための「レシピ」なのではないだろうか。もしそうだとしたら、元型的心理学は我知らず、自らがなしていると確信し、宣言していることの正反対を行っていることになるのではないだろうか。

ここで問題となっているのは、神話への直接的な通路が存在する（「神話は直接的にわれわれの苦痛にかかわるものである…」、すなわち、われわれは「われわれの苦悩を通して直接的にそれに加わる」）という命題である。同じように、『心理学の見直し（*Re-Visioning Psychology*）』では、神話は「直接的にわれわれのコンプレックスに結びついている…」（p. 102）と述べられている。これらの言説は、一方では、われわれは神話的なイメージを、われわれに新たな考えや「範疇」（「パターン」）を与え、それによって自分の苦悩を異なる光の下で見据え、さもなければ閉ざされていたであろう道筋において理解できるよう手助けする解釈学的な道具として用いることができると述べ、他方では、われわれのコンプレックスと古代の神話の間には直接的な結びつきがあると主張する。しかしながら、これら二つの立場の間には、根本的な差異が存在している。前者においては、過去の時代の神話が馴染みのない方法でわれわれのイマジネーションを刺激するゆえに、それらを迎え入れるために何かを理解しようとするわれわれの側の試み、すなわち、われわれの解釈の努力の過程が語られている。しかし後者においては、われわれのコンプレックスと古代の神話の間には直接の結びつきが存在する、という存在論のレベルでの主張が提示されている。元型的心理学では、このような考えは「類似性」や「似像」という新プラトン主義の観念によって裏付けられており、それは言うまでもなく、その多神教的なスタンスと不可分に結びついている。これは、古代の神々（アポロ、ディオニュソス、ゼウス、アフロディテ、ヘスティアー等）が今日もなお生きていて活動を続けているという主張にもつながるものである。つまり、われわれの文化が古代の文化に真っ向から反する形で変化してきたにもかかわらず、心理学的な背景に関しては、打ち破られていない連続性が存在しており、根本的にはわれわれはいまだ同じ世界に住んでいる、というのである。

　われわれは、このような主張を構成している以下の三つの次元について検討してゆかねばならないだろう。すなわち、a）神話、多神教の神殿の神々、そして他の神話の登場人物、b）われわれの苦悩やコンプレックス、c）「直接の結びつき」や「類似性」という観念、という三つの次元である。第一の次元は、われわれを自らのコンプレックスに結びつけている「神話的なパターン」が本当に神話そのものなのか否か、ギリシア人が体験していたのと本当に「同じ」神々なのか否かという問いを含むものであり、それに対して、第二の次元は、神話によって照ら

し出されるものが本当にわれわれの苦悩やわれわれ現代人が置かれた状況に合致し深くかかわっているのかという問いへの答えを求めるものであると言えるだろう。

1. 神話、神々、あるいは…：抽象的な諸形式

イマジナルな心理学は、「字義的なもの」と「イマジナルなもの」との間の区別の内側に生き、かつそれによって作動している。この区別は、イマジナルな心理学が神話から根本的に隔たっていることを露呈している。神話（ここでは、世界－内－存在の神話的様式と同意）はそれとは対照的にこのような区別が設けられていない、あるいは設けることが不可能であるという事実に特徴づけられている。そのような区別は神話の内部では何の意味もないし、あるいは神話を打ち砕いてしまうことになるだろう。神話的体験は「神の顕現（epiphany）」に基盤を置いている。神話的、あるいは神の顕現にかかわる体験の様式は、イマジナルなものや神的なものが、われわれが今日言うところの字義的なものの内側から光を放つことによって特徴づけられているのだ。ユングが述べたように、「原始の人々の心的生活は」「もっぱら具象的であり、同時にもっぱら象徴的である」[156]。このことが意味するのは、イマジナルなものに接近する道が、それ自体「字義的なもの」であったということである。さらに言えば、体験を神話的に構成する時、出来事を強烈に字義化、あるいは具象化していればいるほど、その個人は自らのイマジナルな本質により深く触れることになる、とさえ言えるのかもしれない。体験の神話的な様式からすでに取り消しようもなくその一歩を踏み出し、それを（外側から）反省する人間だけが、そのような区分を用いて、神の顕現において字義的なものはイマジナルなものの立ち現れとして体験される、否、されたと言うことができる。神の顕現とは、「事実」と神話的な意味の直接の結びつき、まさに両者の同一性を可能にするものなのだ。

しかしながら、われわれにとって、このような同一性という覆いはすでに、「真っ二つに引き裂かれてしまった」。われわれの抱えている字義的なものとイマジナルなものとの分裂が、まさにそれが起きていることを示している。われわれ

---

156) Jung, *CW* 8, par. 47.

は、イマジナルなものへと接近するためには脱字義化を行わなければならないと感じている。しかし、字義的なものとイマジナルなものの差異についてはっきりと知っている精神にとっては、世界中のいかなるものを通じても、われわれの苦悩を通じてさえも、神話への直接的な参入などありえない。

　われわれの近代世界の論理は、そのような神話への無媒介の参入を不可能にした。われわれの存在の論理は、多くの根本的断裂や否定を経験し（その最も顕著なものが、「啓蒙主義」である）、取り返しようのない形でその論理的な無邪気さを失ったと言える。神話がいまだ生きていた時代に暮らす人々にとって、世界の論理は、彼らの苦悩を通して、また同様に、歴史（あるいは政治）と自然（戦争、疫病、王の死、日の出、川の氾濫、嵐や雷等）の双方で世界に起こった出来事を通して、彼らが実際に直接神話に参入するという性質のものであった。われわれが神話的なイメージと結びつき、それらが再びかつてそうであったもの、すなわち、神話、神々、神話の英雄であるためには、そのようなイメージとの関係を確立すれば事足りるだろうと考えるのは、決定的な否認に基づく幻想である。ここで否認されているのは、世界－内－存在の神話的な様式からわれわれを隔て、われわれのもとに降りて来ている神話的イメージよりも、それらを再び蘇らせることに力点を置くような裂け目である。本当の神話、本当の神々は、それらのイメージと、それらのイメージを本物であると認める世界－内－存在の論理との結合なのだ。しかし、先に示したように、それは、われわれがそのような論理をもち合わせていない（そして、あのイマジナルな心理学もそれを提供することができないし、していない）というだけではなく、われわれの存在の様式を規定する論理がもはや、神話や神々を認めていない、ということなのだ。この論理が許すのはせいぜい、神話や神々がかつてそうであっただろう姿を歴史的・解釈学的に理解したり、古代の神話的イメージを美的に賞賛したりするくらいのことである。

　それゆえ、われわれの苦悩とコンプレックスが直接的にわれわれを結びつけているかのように見えるものは、そのように言われているものではない。神話でもなければ、神々でもなく、それは、それらの外的な骨組み、生命なき残存物、言い換えれば、それらがかつてそうであったものの形式的な捨象物にすぎないのだ。イマジナルな心理学のギリシアの神々は、われわれの学習、すなわち、われわれの高等教育に由来するものであり、その産物である。われわれにとって、ギ

リシアの神々は、宗教的、あるいは神話的な経験に由来するものではない。

　ユングは、われわれと古き神話（キリスト教的な宗教をも含む）との間に開いた深い裂け目に明らかに気がついていた。彼は、「決して正当な継承者ではない遺産をでっち上げるのではなく、われわれの霊的な貧しさや、われわれが象徴をすでに失ったことをしっかりと認めること」を選んだ。「確かにわれわれは、キリスト教の象徴の正当な継承者ではあるが、どういうわけかわれわれはこの遺産を濫費し失ってしまった」[157]。「われわれの霊的な住処は荒廃し」（par. 31）、「われわれの自然な継承権は四散してしまった」（par. 32）。そして、この状況を視野に入れた上で、ユングは、ノスタルジーに浸って古き神々に回帰したりそれを蘇らせたりしようとはしなかった。そうではなくむしろ、彼は、そのような「茶番劇」（par. 27）に加わるような、すなわち、王様役（Theaterkönig）（par. 28）として格好をつけるようないかなる動きにも否定的であり、「おそらく、自分の着衣を自ら縫い上げることさえも」（par. 27）われわれにとって必要ではなかったのではないかという問いを提起したのである。ユングは、自らの述べる「元型」が止揚された神々であることを知ってさえいた。だからこそ、「象徴がいまだかつて例を見ないほど貧困化してしまったという事態があって初めて、われわれは、神々を心的要因として、すなわち、無意識の元型として再発見することができたのだろう」（par. 50）と言うのである。

　イマジナルな心理学の神々が形式的な捨象物であることは、別の考察からも明らかになる。イマジナルな心理学は、ユングが設けた「元型それ自体」と「元型的イメージ」との間の区別に沿うことを拒んだ。この区別が置き去りにされねばならなかったことに対する説得力のある理由がいくつかあることについては認めざるをえない。まず、その区別は、元型的なものを伝統的な形而上学的思考のラインに沿って設定している。元型的なイメージの現象として見えている表面の「背後に」あると仮定され、それゆえにイメージから自己充足的なリアルさを奪う、隠されていて、その定義からして不可知であるような背景が設定されているのだ。しかしながら、われわれが理解すべきは、イメージの背後にある「元型それ自体」を排除することで、現象しているイメージそのものに十全なリアリ

---

157) Jung, *CW* 9i, par. 28.

ティーとしての価値や自律性を回復させることができるはずが、むしろ正反対の結果が生み出されているという興味深い事実である。「元型それ自体」という概念は、たとえそれが高度に思弁的でそれゆえ不確実なものであるとしても、もし受け入れられれば、少なくともイメージのヌミノースな力や元型的な真正性を本当に証明しうるものなのである。

しかしながら、こうした真正性を証明する要因は今や、心理学の理論から排除されてしまっている。当初意図されていたように、この思弁的な要素から理論を解放するどころではなく、元型それ自体を排除しようとする動きが、この思弁的な要素を免れることはなかった、ということだ。それはただ単に、元型的イメージそのものの論理的なステータスにこの思弁的な要素を引き寄せただけだった。これが現在の状況である。イメージが本来それ自体のヌミノースなリアルさを包含しているということが、単に主張されているにすぎない。つまり、イメージはそれを包含していると想定はされている。けれども、ただ現象しているイメージを見ても、イメージがそのような力を備えているとは言い難い。それゆえ、現実には、一方では、一つの形式性としてのイメージというところでひとまず落ち着き、またそれに加えて、他方では、イメージが自らの内側に元型的な深みを備えているとする付加的な保証を置こうとするのだ。しかし、そのような主観的な再保証は、完全にわれわれの信念に依拠したものであり、それが語るイメージに対して外在的であるに留まっているゆえ、影響力をもちえない。それは、思弁的、あるいは観念的な付属物である。本当に重要な唯一のものはイメージのもつもっぱら形式的な側面であるとすることもまた、トム・ムーアが解釈したように、アクタイオンが事実上、意識のスタイルの寓意であり、経験的な態度や行動の単なる二重写しであると示されうる所以であろう。

Spring 54 に掲載された論文のなかで、より広い文脈において次のように論じたことがある。「自らへの捧げ物を奪われたなら、ゼウスにはそれほど多くのものは残らない。あなたは、雄牛の捧げ物を諦めることができない。しかしそれでも、ゼウスはゼウスであり続けると考える」。ヒルマンは、この主張に反論して以下のように述べた。「…それではあたかも、ゼウスが決して彼自身望むままに何でもなりえないかのようである。彼は今日では、2500年前には注がれることのなかったような種々様々な注目を求めている。…他の生け贄や儀式も捧げられてい

第5章　元型的心理学、あるいは…：　241
イマジナルなアプローチへの批判

るのだから、ゼウスが雄牛なしでもゼウスであり続けることは十分ありうる」[158]。
第一に注目すべきは、ヒルマンがここで図らずも、ユングが行った「元型それ自
体」と「元型的イメージ」の区別、換言すれば、元型的心理学が体系的にはっき
りと拒否してきた区別とまさに類似の区別に逆戻りしていることである。そこに
は、「ゼウスそれ自体」、それとしてゼウスのようなものが想定されている。それ
は、形而上学的な意味での「精髄」や「本質」とまさに同じように、ゼウスの顕現
の仕方の変化や、様々な時代を通してゼウスが必要としているであろう、信仰的
な注目のされ方の移り変わりとは絶対的にかかわりをもたず、その背後にあるも
のである。そしてまた、そこには、姿を見せる時代や人々に応じて、こうした根
本的に非歴史的・非時間的で抽象的なゼウスが顕現したり奉仕を要請したりする
方法がそれぞれある。ここには、「イメージに従う」、すなわち、その「背後」に
は何もなく、自己完結した、自己充足的なものとしての具体的イメージに付き添
うという考えはもはや存在していない（ある神への崇拝もまた、言葉のより広い意味
における元型的「イメージ」であると見なしうる）。

　このような考え方を、ヒルマンが以前の見方を取り下げた、十分な考慮の末の
新しい立場として真正面から受け取ってよいのか、あるいは、ヒルマンが論争の
熱につい我を忘れてしまい、冷静な時にはありえないような思考の様式にはまり
込んでしまったのかは定かでない。しかしいずれにせよ、たとえ後者が当てはま
るのだとしても、このような形にはまり込みえたという事実は、とにかくこの種
の思考が元型的心理学の基盤の上でいまだ可能であることを示しているに違いな
い。元型的心理学は、そのような思考にまだ余地を残しているのだ。それゆえ、
いずれの場合においても、われわれはこの言説を真剣に受け取らなければならな
い。

　現在の文脈では、「元型それ自体」対「元型的イメージ」という問いは問題に
なっていない。むしろ、ここでの問いは、イマジナルな心理学における神々や神
話的イメージの抽象性に向けられている。何か（「別の何者か」）でありうるゼウス
という考え方は、最も簡潔にその抽象性を露呈していると言えるだろう。このゼ

───────
158) Hillman, "Once More into the Fray. A Response to Wolfgang Giegerich's 'Killings,'" in: *Spring 56*,
　　 1994, pp. 1-18, here p. 4.

ウスは、いかなる「リアルな」特徴ももたない、単に抽象的で「理念的な」原理である。彼（より正しくは、それ）は、具体的な歴史的文脈におけるいかなるリアルな生の営みや社会的な現実からも完全に切り離されている。彼は自由に漂っており、徹底して不確定である。もし彼が別の何者かでありうるのだとしたら、ある時はヤハウェとして、またはディオニュソスとして姿を現すこともおそらくできただろうに、彼はなぜゼウスという名前を捨てて何か別の名前をまとうことを選べなかったのであろうか。ここでゼウスが設定されているあり方において、彼の同一性を確立するものは何もない。結局のところ、彼は空のスロットなのである。

　けれども、もしそうだとしたら、ゼウスはもう神ではない。神々は、「生における居室」（リアルな生の営みのなかに、ある社会で具体的な生活が埋め込まれていること）をもっているだけでなく、彼ら（彼らの概念やイメージそのもの）はまた、逆に、ある民族の具体的な生の営みに十分満足している。本物の神々は抽象物ではない。本物のゼウスは、彼自身（「ゼウス」という抽象的な観念やイメージ）と彼を神とするギリシア人の具体的な生活の全体性との結合であった。イマジナルな心理学は、神という概念がもつこの後半の部分を丸ごと自由に切り離せると考え、神を無時間的なプラトン哲学での〈イデア（Form）〉や静止したイメージに引き下げておきながら、それにもかかわらず、自分たちがリアルな神について、今日もなお生きている神についてさえ語っているといまだにイメージ（!）しているのだ。けれども、イマジナルな心理学が語っているのは、以前の神の生命なき形式にすぎない。ヒルマンのゼウスは、拒食症を病んでいる。しかし、ゼウスがそうであるからこそ、骨と皮にまで、否、自分の以前の影にまでやせ衰えてしまったからこそ、ヒルマンは逆説的に、ゼウスは今日もなお生きていると主張できるのであり、近代的意識はゼウスの観念を「好意的に受け入れ」、享受することができる。つまり、それはまさしく生命なき形式であり、無時間的であるゆえに、潜在的には永遠に「生かされ続ける」（ミイラにされる）ことが可能なのだ。そこに伴うすべてを踏まえれば、本物のゼウスの体験は確かに、われわれにとって、そしてわれわれの生活のあり方にとってとても耐え難いものだろう[159]。この本物のゼウスがそのような形式のなかに存在していないのは火を見るより明らかである。今日われわれは、軽い気持ちで「神」や「神々」という言葉を使うが、実際には自分たち

が語っているものを知りはしないのだ。

　元型的心理学においては、神話一般もまた、ゼウスについて言われねばならなかったことと類似の仕方で認識されている。当然のことながら、そのような神話はもはや本物の神話ではない。しかし現代の意識にとって、神話はいかにして本物でありえただろうか。われわれにとっての神話は、神話における登場人物や彼らの性格の静止し凍結したイメージである。すなわち、時間を超越し、非歴史的であり、純粋な構造、あるいは本質的な形式である。神話もまた抽象的な原理であり、その唯一の差異は、それらの原理が絵画的な表象と語りという複合的な形式で到来するということであろう。神話の時代における神話は、そうではなかった。

　ヒルマンによれば、元型的心理学は、「ギリシアや他の高度な文化の神々を崇拝しようとするものではない。…われわれはいったん死んだ信仰を蘇らせているのではない。われわれは信仰に関心があるわけではないからだ」[160]。「宗教は儀式、祈り、生贄、崇拝、信経によって神々にアプローチする。…元型的心理学において神々はイメージされる。…神々は、体験の諸様式に対する隠喩として、そしてヌミナスな境界人として曖昧に定式化されるのである」[161]。ここでは信仰という様式が拒否されており、復活させようという意図はないという。しかし、神々と崇拝は、基本的な相対物であり関係項である。気の利いたジョークや本当におかしいことを体験した時にドッと笑い出さずにはいられないのとちょうど同じように、神々のいるところでは、崇拝せざるをえないのだ。誰も笑わないなら、明らかに「ジョーク」という体験は存在していないし、崇拝が存在しないなら、「神」という体験が存在したはずがないことが証明されることになる（崇拝がどのような特定の形態をとるかは自由である。つまり、キリスト教に特有の信仰や信経である必要はない）。イメージすることや心理学化することは重要な活動である。しかし、それらは、「神」の体験に対する反応ではないし、われわれが神と呼ぶものが立

159）われわれ現代人が、ホメロス風のギリシアの社会的・精神的状況を経験しながら生き抜くのがひどく難しいのとちょうど同じように。

160）Hillman, *Re-Visioning Psychology*, New York et al. (Harper & Row) 1975, p. 170.

161）Ibid., p. 169.

ち現れうる、あるいは、適切に認知されうる媒体でもない（科学の言語が、愛という現象を適切に描写しうる媒体ではないこと、あるいは望遠鏡がテレビ番組を受信するための道具ではないのと同じように）。イメージされたいわゆる神々は、力を奪われた、すなわち、まさに去勢された神々であり、意識の取り扱いうる内容に還元された「神々」である。「何か（体験の諸様式）の隠喩」としての神々は、以前の神々が止揚されたものであり、「ジョーク」[162]としての神々は、神という言葉が意味するもののすっかり埒外に置かれてしまっているのだ。

　ユングは、神は隠喩であり、われわれの心理学的な方法、つまり、イメージすること、人格化すること、心理学化することを通して接近しうるものであるとは言わなかったはずである。神々は病に罹ったというテーゼを彼が提示する時（それは、われわれはコンプレックスを通して神話と直接的に結びつくというヒルマン独自のテーゼに強く影響を与えたものだった）、ここで神について彼に語らせたのは、強迫、恐怖症、嗜癖等に内在する（この場合は、不随意で無意識的な）崇拝という性質であった（ユングによれば、「躁病に仕えることは、嫌悪すべきことであり、尊厳を失うことであるが、神に仕えることは、意味と希望に満ちている」[163]という）。ユングは、無意識的な奉仕が意識的なものへと変容することを望んでいたし、このことが示すのは、彼にとって神という言葉の意味が依然として生きたものであったということであろう。それに対して、元型的心理学は、同じ無意識的な奉仕が隠喩へと、ユーモアへと、イマジネーションへと解体することを欲しているのであり、そのことによって神という言葉はまさにそれがもつ意味を奪われることになる。後に残されるのは、抜け殻となった「権威誇示の言葉」なのだ。

　それゆえ、ヒルマンが主張したように、もし「直接的な結びつき」が本当に存在するとしても、少なくともそれは、神話や多神教的な神殿の神々との結びつきではないということは今や明らかである。それは、われわれが実際結びつけられている他の何かであるに違いない。そして、元型的心理学が、神々との結びつき

---

162) Cf. Hillman, "'Psychology-Monotheistic Or Polytheistic': Twenty-Five Years Later," in: *Spring 60*, Fall 1996, p. 121. 「失楽園とはユーモアのセンスの喪失であり、だから、われわれにはもはや神のジョークがわからないのだ」。

163) Jung, *CW* 13, par. 55. 傍点筆者。

のもつ「あたかも〜」という性質を擁護する際には、それを暗に認めているのと同じことになる。このことは、例えば、ジョセフ・キャンベルがしたように、「見せかけの論理」を神話や儀式にさえも帰することと非常に似通っている。何という中傷、何という概念的混同であろうか! 本物の神話は、真理の純然たる表出であり、真理そのものである[164]。ギリシア語のミュトス（*mŷthos*）、すなわち、「言葉」という語は、（ギリシア語で「言葉」を表す別の語、例えば、ロゴス（*lógos*）とは反対に）「真の言葉」、自らの内側にその真理を有しているがゆえに証明される必要のない言葉のことを意味していた。つまり、それは不問の真理として到来したのである（この点では、W・F・オットーもケレニイと一致するし、例えば、ヴィーコは、「同じように、ミュトスは、われわれにとって、本物の語り（*vera narratio*）、あるいは真実の言葉として定義されるに至った」[165]と述べている）。

　そして、心理学から崇拝を一掃した後であるにもかかわらず、心理学は「宗教的な活動」[166]であると強調し、心理学は「あらゆるものにおいて神々の完全性〔!〕を回復する」[167]と主張するのは、濫用ではないのだろうか（あるいは、単なるジョークと考えるべきなのか）。

　さらに事態をより露呈しているのが、元型的心理学が公然と再神話化を目論んでいることである[168]。しかし、再－神話化は、それ自体の対立物、すなわち、神々や女神たちによって生命を吹き込まれていたコスモスにおいて生きられた営みとしての生の体験へと帰還することの対立物である。それは反省から派生する。そして、そのように「神話」や「神々」について心理学的に語ることが、自らの内側に論理的な断裂をもたらし、それを絶えず維持するのだ。イマジナルな心理学は、「神話」は「真の言葉」であるとなおも主張するかもしれないが、その神

---

164) ただし、この一文を公正に扱うには、真理とは何であるかということに関して、素朴で単純な観念をもっていてはならない（真理、さらに「絶対的真理」についてのより詳細な議論は第6章の「第四の決定」で行う）。

165) Giambattista Vico, *The New Science*, transl. Thomas Goddard Bergin and Max Harold Fisch, revised and abridged, Ithaca (Cornell University Press) 1970, chapter "Poetic Logic," p. 85.

166) Hillman, *Re-Visioning*, p. 227.

167) Hillman, *Archetypal Psychology: A Brief Account*, Dallas (Spring Publications) 1983, p. 36.

168) Hillman, *Re-Visioning*, p. 101.

話はもはや本物の神話ではない。なぜなら、それは反省から派生するものであり、その内側に自らの断裂と無邪気さの喪失を抱えるものだからだ。それはいわば、以前の神話に関する「寓話」である。そこでの神々は、突き詰めて言えば、誇大化した「語り方 (façon de parler)」以外の何ものでもない。そのような神々は「見せかけの論理」を本当に、必要とするのだ。

2. われわれの苦悩、あるいは…：心理学のアンティーク

「われわれの苦悩」とはまさに抽象的なものである。自らの苦悩（これらが情動や苦痛を生み出すため）、自らの価値観（われわれのなかの情熱を鼓舞するため）、自らの美的感覚（願望を刺激するため）等々が抽象とは正反対のものであると、われわれは考えている。しかし、このことが示すのは単に、われわれが「抽象的に考えるのは誰か」（ヘーゲルの小論のタイトル）をいかに知らないかということを示しているにすぎない。

われわれの苦悩は、最初からすでに心理学化された主観的なものとしてわれわれの下にやって来る。苦悩というのはつまるところすでに自我をくぐり抜け、「ある個人の体験」として実体化されているのだ。ヒルマンが主張するように、もし神話が（ヒルマンが意図した意味においてではないにせよ）ある意味において病理を映す適切な鏡であるとすれば、その適切さは、二つの実体性がここでは結びついている、すなわち、一方での（論理的に）死んだリアリティー（古き日の死んだ神々）が、もう片方の（論理的に）死んだリアリティー（われわれの個人心理）を映し出している、という事実に基づくものである。むろん、心理学はたいていの場合、自らが分析しているものが論理的には死んでおり、時代遅れになっているということを実感していない。心理学は、あらゆる強力な情動性を伴う個人心理を、われわれの凍結された過去、「埋没した」、そして内面化された歴史として見抜いてこなかった。つまり、われわれの個人心理を形成しているあらゆる情動、価値観、原理、イメージ、観念というのは、本当のことを言えば、それらが個人的なものである限りにおいて、われわれが身につけた心理学のアンティークであり、魂が今日ある場所からは遠くかけ離れている、ということを心理学は理解してこなかったのだ。個人心理の分析においても、自己成長の努力や内省的な作業においても、われわれは決して自らの真のリアリティーを見出すことはない。それは単に、

自分自身のなかの過去の遺物をほんの少し掃除することにすぎない。われわれの
リアリティーはどこか他の場所にあるのだ。

　覆りようもなく実体化されているゆえ、われわれの苦悩とコンプレックスは、
言葉の実際の意味において、神話とわれわれを直接的に結びつけることはない
し、またそうすることはできない。事実、それらは不可避的に、われわれを川の
こちら側に、神話をあちら側の岸に位置づけるものなのだ。

　『心理学の見直し』と同様、『自殺と魂 (Suicide and the Soul)』においても、ヒルマ
ンは、「魂」によって何を言わんとするのかについて定義を試みているが、その
うちの一つは、本論の文脈にもかかわっており、元型的心理学であろうとする心
理学にとって問題となってくるものであろう。すなわち、「…その言葉〔魂〕は、
出来事を体験に変える…あの未知の構成要素について言及するものである」[169]
と。出来事を体験に変えるものは、魂それ自体ではなく、われわれが近代的自我
と呼ぶ、魂の特異的な顕現である。神話と神々が機会を得ることを望んでいたで
あろうヒルマンにとって、上記の定義は誤った動きであったと言えるだろう。彼
はまったく正反対のことを学ばねばならなかった。つまり、体験を出来事に再変
換することである（もしそのような逆転が可能ならば、ということだが、それは不可能
なことだ）。「出来事」というのは、むろん、科学や実証主義の論理の内側ではなく、
出来事がそれ自体（事実として）意味深く、それ自体出来事を語ることを可能にす
る論理の内側にある。世界−内−存在の神話的様式の要点はまさに、出来事が魂
によって体験に変えられる必要がなかったことにある。なぜなら、そこでの出来
事は、最初から魂に満ちていて、それら自身の内側に存在していたからだ。それ
らは出来事として、意味深いものとして到来した。出来事を体験に変える構成要
素としての魂という考えは、魂なき出来事を根本的なリアリティーと仮定し、そ
こにしがみつこうとするものである。ここでは、反省されるということ、再−神
話化という性質、「見せかけ」という構造が、その本性を表している。

　もしわれわれの苦悩が実際、われわれを神話に直接結びつけることができるの
であれば、それらは「私の苦悩」としては体験されえないだろう。ちょうど神話
が私の「体験すること」を排除するのと同じように、心理学化された苦悩（私の体

---

169) Hillman, *Re-Visioning*, p. X.

験としての苦悩や情動）は神話を排除する。世界－内－存在の神話的様式からすでに何世紀も離れたアリストテレスにとってもなお、情動と苦悩は、物理的で宇宙的な出来事というステータスを有するものであった（たとえ、それらが個人のなかに生起したものであったとしても）。彼にとって、苦悩や情動はいまだ、「心理学化」、すなわち、主観化されてはいなかった。1) 出来事や事実というステータスをもち、2) にもかかわらず、同時に自分自身の内側に意味（それ自体の意味）を携えているものだけが、神話的な現象でありうるのだ。

　ヒルマンがわれわれの苦悩を神話への特権的なアクセスとして選び出したという事実がまさに、心理学主義（人格主義的心理学）の限界が本当には越えられていないということをすでに示唆している。なぜ特に、われわれの苦悩だったのだろうか。なぜ太陽や月、向こうにあるその木、朝鮮戦争等は、神々と直接に結びつけることはできないのだろうか。神話や儀式の時代には、リアルなものであれば何でも神々と直接に結びつくことができた。個人の苦悩は特権的な役割などもってはいなかった。この問いに一つの答えを出そう。

　その理由とは、「神話との直接の結びつき」というテーゼが少なくとも一貫したものに見えるようにするためには、われわれの苦悩やコンプレックス、症状のようなものを必要とするからである。今日、この世界における物事や出来事は、あまりにも明白で覆りようもなく、科学と実証主義的な論理の支配下にあって、それらを「再－神話化する」ことなど、まったく無理な話である。もし誰かが天空や稲光を指差し、ここがゼウスの生きている場所だと主張したとしても、比喩表現だととられるのがせいぜいだろうし、たいていの場合は、ナンセンスだと拒絶されるだろう。古代ギリシア・ローマの多神教の世界の終わりからロマン主義の時代を通して、ある種の神話的な論理の唯一の避難場所であった詩でさえも、説得力のある方法で天空とゼウスをつなげることはもはやできない。われわれの苦悩と体験だけが、主観的であることによって、科学の全面的な支配にいまだ下ることなく、それゆえにこの種の「再－神話化」に余地を与えているのだ。

　われわれの苦悩が主観的であるというのは、一つの側面にすぎない。もう一つの、そしてより一層重要な側面は、「われわれの苦悩」が「神々」を完璧に補填しているということである。われわれの苦悩が神話（神々）との直接的な結びつきを提供するという、元型的心理学のテーゼにおいては、この対の両側ともが形式

的な抽象物である。それゆえ、このテーゼは、0＋0＝1と主張しているに等しいと言えるのかもしれない。二つの死体が一人の生きた人間を形成しているのだ。だからこそ、もう一つの抽象（神話、神々）を補填できるような特性をもつ（われわれ自身を表象する）一つの抽象を見出し、そのようにして、それぞれが他方の抽象性を抹消できるようにすることが絶対的に必要だったのである。「われわれの苦悩」というのは、その意味で完璧な選択だった。「われわれの苦悩」は、絶対的に説得力のあるリアルさを伴い、われわれを情動性という高められた状態に置きながら、無意味で混沌とした原初のものとして体験される。他方で、ギリシア神話やギリシアの神々は、美しく、明確で精緻な形態をもっており、長きにわたり、大いに尊重されてきた伝統の要素であるという意味で、そして、神のイメージであるという意味で、気高きものと見なされている。

　今や、それら二つを性急に結びつけることによって、言い換えれば、その両者の間に直接的な結びつきがあると主張することによって、「われわれの苦悩」は、自らの情動性や説得力のあるリアルさを神々という死んだ形式に貸し与えることができ、他方で、古代の神々のイメージは、形式と意味という自らの価値をわれわれの苦悩に備えさせることができる。それぞれの側が自らに欠けていたものを獲得し、他方のもつ脆弱さを見えなくする。そして、双方の側が勝利するのだ——もはや、二つの抽象作用を互いのなかに映し出していたことなどわからない形で。双方の「0」は互いを支え合い押し上げ合っているので、（0＋0ではなく）1＋1から、本物の神々とわれわれの具体的な現実という二つの具体的な生きたリアリティーからスタートしているかのように見えるということである。しかし、これは、短絡的操作の帰結の外観にすぎない。

　当のヒルマン自身は、「世界の魂」に基づく心理学や1980年代には心理学的な宇宙論や生態学へと移行し、また後に、心理療法家としての実践を放棄して、より大きな集団や公共的な事柄に身を捧げることで、われわれを神々や神話に直接的に結びつけるのがわれわれの個人的苦悩や経験であるとするスタンスの欠陥を克服しようと試みた。このような動向は、事物をも含めた、可能な限り最も広い意味での「出来事」へと回帰しようとする試みだったのだろう。しかし、それではうまくいかない。科学技術から自然世界を自らの所有物としてもぎ取るだけの強さを備えた人間は誰もいない。われわれの時代において、自然世界は、実証主

義という論理の正当な所有物である。科学技術に正当性を認めるのは今日の魂だからだ。「いんちき」や「妄想」によってだけ、人は世界の魂に回帰することができる——あるいは、冗談やゲームによってもそれは可能だろう（「さあ、『神話の深みと人生の意味』をプレイしてみよう」、「さあ、古き神々はまだ生きていて、われわれの生活に立ち現れるのは本当に彼らだというふりをしよう」）。

　ここで問いたいのは、神話によって照らし出されるものが、われわれの苦悩やわれわれの置かれた現代的状況と、本当に交錯したりかかわったりしているのか、ということである。答えはこれまでに見てきたことから明らかだろう。二つの実体性が相互に互いを映し合っている限りにおいて、実体化された抽象的形式としての「神話」は、同じように実体化されたわれわれ個人の苦悩と実際に出会うことができる。しかしながら、神話という名の下に置かれているものが本物の神話や本物の神々に言及していない以上、それらは本当にはわれわれの苦悩に（実体的でないところまで）到達することはないし、言うまでもなく、われわれの置かれた現代的状況一般にも、近代科学、ヴァーチャル・リアリティー、国際的大型金融取引等のような、われわれの時代の大いなる文化的現象と苦境の大半にも到達することはない。二つだけ例を挙げると、元型的心理学は、近代科学の背後にアポロを、近代的（「英雄的」）自我の背後にヘラクレスを見ようとした。これは二つの点で間違っていたように思われる。第一に、アポロとヘラクレスが自ら姿を現していないにもかかわらず、彼ら自身が責任を負うものとは根本的に異なるリアリティーに汚染されてしまっているという点で、そのような元型的心理学の試みは、彼らにとって公正なものではないと言える。神話の登場人物として、彼らはわれわれの世界よりも、論理的にははるかに害のない世界に属している。彼らは二人とも、特定の行動というレベルにおいては恐怖の種を有していたかもしれないが、近代科学や近代的自我のもつ絶対的に無慈悲で残忍で「専制的な」一般的性質に比べれば、率直で気持ちのよい輩だろう。これが一つ目の不当である。もう一つの不当は、もしアポロやヘラクレス、あるいは他のギリシアの神々とのかかわりで解釈されるとすると、われわれの状況の孕む現実性が信じられないほど不十分な根拠で説明されることになるという点にある。彼らを振り返ることによって、われわれは完全に、自分たちの世界がもつ特殊な性質を見失い、自分たちの時代において本当に進行している事柄に対して盲目になってしまう。われわ

れは、アポロとヘラクレスにどうあっても彼らにはもたらし引き起こしえなかったものに対する責任をとらせ、われわれがその最中にいる心理学的苦境の次元に自覚的になる可能性を自分自身から奪うことになるのだ。

　われわれの現代世界に対して公正であろうとするなら、われわれは、いかなる古代の神話の登場人物やパターンにも頼ることはできない。それらは十分ではなく、たとえ特定の形式上の類似性を示したとしても、比べようのないものである。神話の内側から近代自我やその神経症を説明すること、ある元型的な視座から（ディオニュソス、ヘルメス、アフロディテのような）別の視座への移行によって、自我の病理を対症療法的に癒すことを試みることが過ちなのだ。たとえ神話そのものと、言い換えれば、真に神話的な体験が可能であった意識の全体的なレベルとが根本的に断交してしまったことこそが、「近代的自我」（同様に科学）のまさにポイントであったとしても、それが過ちであることには違いない。科学と自我は、あれやこれやの神話と断交したわけでも、あるいはすべての神話と断交したわけでもない。科学と自我は、まずもって神話を可能なものにしていた魂のステータスと断交したのだ。だからこそ、神話という楽園からの、世界における神話的で「イマジナルな」存在様式からの堕落や放逐を引き起こしたのである。ヘラクレスやアポロンのような神話の登場人物が、近代の諸現象の元型的背景として、意識を特徴づける優性形質としてその背後に存在していると宣言するのは範疇違いである。そこでは、次元の根本的な差異が見失われており、価値下げという罪が犯されている。まさにその存在と固有の論理的特性とが神話自体の体系的な否定に起因しているにもかかわらず、そのような状況があたかも神話内での変化であるかのように変形してしまっているのだ。

　これはある種の緩和政策である。つまり、そこに込められたメッセージは、次のようなものである。神話から自我へと、魂自体の内側で断絶が起きたとしても、そして、近代人が一つの意識のレベルから根本的に新しいレベルへと、以前のレベルを止揚することを通してのみもたらされるような、また、以前のレベルをうまく克服した場合にのみ存在するような新しいレベルへと放り出されたのだとしても、本当には何も生起しておらず、根本的な裂け目などなく、心理学的存在の基盤そのものが揺さぶられることもない、と。またさらなるメッセージは、近代的自我の形成（「デカルト」の名を挙げれば十分であろう）だけでなく、キリスト教（多

神教を異端として体系的に排除し、一神教へと置き換えたこと）によってももたらされた心理学的な切り込みが、たとえこれらの出来事が西洋人の意識において歴史上決定的な変化であることを認めるとしても、心理学的には痛烈なものではなく、それ自体多神教のパンテオンとのかかわりにおいて説明しうるものである、というものである。換言するなら、われわれは幸いなことに、心理学的には依然として、古代ギリシア人やその神々と同一の絶えざる連続体のなかで生きている、というのだ。ヒルマンはそれを「心理学的には、神々は決して死なない…」[170]と簡潔に述べている。これは致命的な幻想である。あるいは、魂を手つかずの状態に、すなわち、青白きアニマの恋歌として留め置くための、また「プラトン主義的」無時間性やユング派的な「元型それ自体」という領域に固定させることで、魂を時間の作用から守るための戦略である。このように言うことでヒルマンは、「イメージに従う」ことを、それぞれの状況に結びついた特異性（各々性）に付き添うことをしなくなった。彼は自らの意に反して、「心理学的には」という言葉によってこの主張のもつ形而上学的な本質を、不十分にではあるが覆い隠しながら、一つの形而上学的な領域を、すなわち、真の魂の現象の上に、そしてそれを超えて存在する自由に漂う魂の領域をつくり出したのだ。特に、自我意識にとって、すなわち、文学、あるいは知の伝統において、また隠喩という手段によって、何らかの種類の「異端の神々の復活」[171]は実際にあったし、依然としてありうるが、心理学的にこそ、神々は死んだのである。歴史上の暴力的な変革に従属する、それが魂である。魂はこれまで述べてきたような喪失や破裂に苛まれてきた。そして、実際につながりを断たれているゆえ、今日の魂はおそらく、神々とリアルなつながりをもつことはもはやできない。これこそが、心理学が本気で取り組まねばならない魂の苦境なのだ。

　ヒルマンは、われわれの現代文明の多くを占めている、限定のない空のスペースという抽象的な観念に抗い、その代わりに固有の場所という古い（そして確かに心地よい）観念を選択する。しかし彼は、このような動きによって自分自身が投

---

170) Hillman, *Re-Visioning*, p. 170.

171) これは、Jean Seznec の著書のタイトルである。原書はフランス語で、*La survivance des dieux antiques* (London, 1940).

げ込まれる矛盾に自覚的ではなかった。抽象的な空のスペースという概念や、それに伴う、ユニヴァーサルに活動する企業、サイバースペース、また統制に関する抽象的な諸概念を拒否することで、ヒルマンは（地理的にも時代的にも）彼自身に固有の場所、西暦2000年間近のアメリカ合衆国に背を向けることになる。それは、インターネット、サイバースペース、多国籍企業等といったユニヴァーサ・リズムの場所であるからだ。これが第一の矛盾である。また、古代の神々に、そして「場所」に対する古い評価に「回帰」し、それによって自分自身のいるリアルな場所を拒否することで、ヒルマンは自らが抗っているこの具体的な場所から本当には抜け出せないことになる。ユニヴァーサリズムを拒否しても、まさにそうすることで、彼の場所は、それがもつユニヴァーサリズム的なスタンスによって彼を捕らえてしまう。言い換えれば、彼の「神々」や「場所」という観念は、インターネットに文字通り組み入れられる必要はない。なぜなら、その論理的ステータスに従えば、それらの観念は最初からサイバースペースのなかに存在している・からだ。「インターネット」は、意識が目下のところどのように構成されているかに対する具象的で具現化された隠喩であり、自らのなかにある情報にはまったく関心を払わない。つまり、インターネットは、あらゆる種類の「ウェッブサイト」に門戸を開いており、したがって、多神教的な心理学のイメージを、そしてインターネット自体がもつユニヴァーサリズムに反する考えさえも進んで受け入れもするのだ。一神教に対抗して多神教を支持する戦い、そのすべてが「インターネット」の内側で起こっており、そしてインターネットこそがこの戦いであ・る。あらゆる可能な視座にその固有な場所（ウェッブサイト）を与えようとすること自体が、一神教的なユニヴァーサリズムなのだ。ある時代と場所に特有の本物の神は、不可避的なものである。われわれの選択は単に、意識的に承認するか、あるいは否認するか（否認しても、抑圧されたものは必ず秘かに戻ってくる）ということにすぎない。「招かれると招かれざるにかかわらず、神は顕現する」（この場合の「神」は、ヴァーチャル・リアリティーにおけるユニヴァーサリズムを意味する）。ヒルマンの多神教的心理学は、その自由に漂う異教信仰と根こぎにされた感覚・（aisthesis）というスタンスによって知らぬ間に、異端の神々と「固有の場所」への献身を犠牲の供物として、ヴァーチャル・リアリティー、マネー、情報、虚無主義…といった幾多の名をもつ今日の一なる普遍的な神の聖餐台に持参するのだ。

これが二つ目の矛盾である。

ヒルマンがそのように重要な問題で誤った理由には、おそらく以下の二つの可能性がある。まず、主観的なレベルにおいては、自らがギリシアの神々のイメージの美や威光を高く評価する深い思いに流されるのをよしとしていたこと、そして、理論的なレベルにおいては、「イメージ、あるいは隠喩＝魂＝心理学的に生きている」という等式で考えていたことが挙げられる。ヒルマンはそのことによって、「イメージ」という概念それ自体を貫いている根本的な分割を無視し、私の生活に、われわれの社会に、この時代に実際に根づいているイメージを（なぜなら私の生活とこの時代はそれらのイメージのなかに根づいているのだから）、他の人々の生活や以前の社会の生活と結びついていたかもしれないが、われわれにとっては心理学的なかかわりのない他のイメージとを切り離してしまうことになった。元型的イメージ、神々のイメージ、真性のイメージ（imaginatio vera）と、単なる娯楽、主観的、美的、文学的、あるいは教育的価値に関するイメージとの間の差異だけでなく、真に私のものであったりわれわれのものであったりする元型的イメージと、過去の、あるいは異国文化のものである他の元型的イメージとの間にも差異は存在している。ユングにとって「唯一の問いは、（ある物語、あるイメージが）私の神話、私の真理なのかどうかである」[172]。不死の神々にも、彼ら自身の時代がある。自らの時代が来た時に生まれ、そして死んでゆく。ホメロスにおいて、モイラやアイサはゼウスの上にいるし、またゲーテのプロメテウスは、ゼウスに対して語りかけるなかで、「全能の時／そして永遠の運命」を極めて正直に、「お前の主、そして俺の主」と呼ぶ。元型は、（ユングがかつて述べたように[173]）「永遠に、そして常に存在する」ものであり、真実は「永遠なる真実」であるのかもしれない。これは、潜在性としての元型の抽象的な側面である。それでも、それらが歴史上のある特定の時代に布置されることが問題になると、それ

---

172) Jung, *Memories*, p. 17. 改訳。

173) Jung, *Letters 2*, p. 394. ジョン・トリニックに1957年10月15日に宛てた手紙。しかしながら、これは、以下の言説とも比較対照される必要がある。すなわち、「その保守的な本質にもかかわらず、元型は静的でなく、連続的な劇的流転のなかにあるものである」（*Letters 2*, p. 165. ヴィクトール・ホワイト神父に1954年4月10日に宛てた手紙）。

らが自らの時代をもっていたのは過去のことであって、もはや (心理学的) 遺物以外の何ものでもないということもありうる。時が、ある元型的イメージが心理学的な現実というステータスをもつかどうかを決定する。元型は、単にその元型的本質によってのみリアルなわけではなく、イメージは、単にそのイマジナルな本質やそれがつくり出すヌミノースな感情によってのみリアルなわけではない。心理学的に意味のある (「心理学的にリアルな」) ものとそうでないものとを区分するのは、「私のもの」あるいは「われわれのもの」と、「過去の、あるいは異国の人々のもの」との差異なのである。ヒルマンは、比較文化的な次元に関しては、この差異に留意していた。ヒルマンは、彼以前にちょうどユングがしていたように、われわれの心理学を断固としてわれわれの西洋のイマジナルな伝統のなかに根づかせ、「東へ行くこと」を拒否した。けれども、ヒルマンは、そこにおいてこそ、心理学的に「時代遅れの」ものと「生きている」ものとを厳密に同等の感覚で区別することを学べるはずだったにもかかわらず、この差異を時間という意味では斟酌しなかったのだ。

　魂にできた裂け目について知らない心理学、まさに自らの思考のカテゴリーの構成の内にできている裂け目に反応しない心理学、それゆえそうした破損が自らの内に適切な表現を見出すことを許容しない心理学、それは魂の傷に対して公正たりえない心理学である。そのような心理学はおそらく、魂が今日実際に存在しているところで魂と出会うことはできない。心理学は、時代、歴史の感覚、すなわち、アニムスを必要とする。心理学が自らをイメージというプラトン主義的な領域に保護している限り、心理学の実際の主題である魂がその根本にもつ破られているという性質を見失うことになるだろう。心理学は可能態という抽象的な領域に住まうことに安んじており、その分、何らかの具体的な心理学的なリアリティーを取り扱うことを見合わせることになる。そうして心理学は、あたかも近代人が神々を喪失したのは、近代人が無視したためであるかのように、また、近代人が、本当の「ルネッサンス」を体験するためにイメージすることに回帰せねばならなかっただけであるかのように振る舞うことで、不可避的に自分自身が公式には克服しようと試みている自我へと落ち込むことになる。しかしながら、「ルネッサンス」という観念を弄んだところで、その裂け目は単に糊づけされるだけである。さらにまた、神々の復活をわれわれに負わせることによって、いくらそ

うしているふりをしても、もはやリアルな生の営みの究極の真理である神々を本当には考慮に入れていないのを露呈することになる。神々がわれわれ人間を必要とすることは間違いない。しかし、もし神々がまだ生きているなら、全世界が彼らに奉仕し、彼らの名前を讃えることだろう。われわれはそうせざるをえない。なぜなら、それこそが、神々が生きている証だからだ（ちょうど、すべての真実の喜びや愛が、本能的に言動に溢れ出ざるをえないように）。反対に、広く蔓延した意味の喪失や神の死という感覚は、神や神々が心理学的に時代遅れのものになったことの自然な自己顕現なのだろう。

　現代の魂の苦境に対する解答としてヒルマンが提示しなければならなかったことはすべて、「かの古き時代の（すなわち、異端の）宗教を我に与えよ。それで我は事足りる」という詩句に表現されうるものに行き着くように思える。そこには、デカルトやカント、グローバル化、サイバースペース等に対する純粋なる返答は何も見出すことができない。もし一つの返答があるとすれば、それはつまり、これらの現象に無条件に耳を傾け、それらを真摯に、すなわち、魂の歴史に自らの場所を有する現象として受け止めることから生まれるのだろう。そこには、単なる拒絶や対抗的プログラムが存在するばかりで、それによって魂の真の苦境は事実上回避され、意識的で魂のこもった付き添いなしに、自由に発展するままに放置されているのだ。

　イマジナルな心理学のプラトン主義は、穢れなき魂（*anima alba*）、純粋で手つかずの、どこまでも「アニマ」であるような（「アニムス」[174]によって汚されていない）魂という観念を映し出すイメージである。ここで、このプラトン主義という称号は元型的心理学にはなじまないのではないかと主張する人もいるだろう。この心理学は、「病理化」や魂の暗い冥界的な側面を強調しているのではなかったのか、と。確かにそうではあるが、だからといって、それは筆者の評価と矛盾しない。冥界という神話的領域や病理化は、「アニマでしかない」魂の無邪気さの一部である[175]。なぜなら、この無邪気な心理学にとって、近代的な生の営みの本質的な側面は、魂の領域から完全に排除されている。魂はもはやわれわれを取り囲んではいない、ということだ。このような一面的で字義的な理解における魂は、多

---

174) 拙著『アニムス心理学』を参照。

神論的な視座の側に、すなわち、環境保護論者、環境保護政党の支持者、熱帯雨林や絶滅の危機に瀕している動物種の保護を叫ぶ者の運動の側には存在している。けれども、それが一神論を、現代の科学技術を、多国籍企業や巨大金融機関の排他的利益至上主義やインターネットのユニヴァーサリズムなどと折り合いをつけていると見なすことはできない。魂づくり（soul-making）は、ある一連の行動、出来事、そして態度に限定されており、これらと反対のものは魂のこもっていないものとイメージされる。しかし、魂について豊かで魂のこもった理解というのは、魂を本来それ自身であり、またそれ自身の他者であるものとして捉えることだろう。熱帯雨林を破壊することもまた、魂の作業である。このように物事を見てゆくためには、思考と弁証法的な論理が必要であるのは明らかである。それにもかかわらず、イマジネーションは、魂や魂がこもっているということを字義通りに捉えており、この点において批判されて然るべきであろう。

　一方でヘラクレスとアポロによって示される、他方で近代的自我や科学に示される「特徴」に目をやるだけなら、実際そこには驚くべき類似性を見出すこともできるので、一方のなかに他方の元型的背景を見るのはもっともらしいことのように思われるかもしれない。しかしながら、古代の神話と近代の魂の苦境との間の差異は、それらの描写可能な「特徴」の一つではない。そして、そのように、「特

175）ここでの無邪気さは、「痛みを伴わない」こと、あるいは、文字通り「無傷である」ことを意味するわけではない。つまり、アニマの純白さとは、死や冥界の暗闇によって侵されていないことを意味するのでも、天使の絶対的な善良さや処女マリアの純粋さを意味するのでもない。神話における身の毛もよだつあらゆる戦慄のイメージ（例えば、タンタロスとメーディアが自分たちの子どもを虐殺する話）や自然の無慈悲も、アニマの無邪気さの内に属している。もっと言えば、生のあらゆる側面に対して絶対的に無批判に開かれていることが、この無邪気さの証明である（ユングいわく、「アニマは、『美しきものと善良なるもの（καλόν κάγαθόν）』、つまり美学と道徳の間の葛藤の発見に先立つ原初的な考えの存在を信じている」（CW 9i, par. 60）。そのような葛藤に陥ることは、この文脈では、無邪気さの喪失を意味するのだろう）。ここでの無邪気さは、アニムスやアニムスによる「省察」によって、その対立によって、矛盾の自覚によって、切断によって損なわれていないゆえの論理的な無邪気さである。われわれの無邪気さの概念はそれ自体、（論理的な無邪気さではないとしたら、文字通りの）無邪気でも素朴でも決してありえない。

徴」という範疇を越えては理解することができないことこそが、イマジナルなアプローチが孕む問題なのだ。イマジナルなアプローチは、「(現象学的な)特徴」と、それらの特徴が立ち現れ、それらに固有の意味を割り当てるところの「要因」(「論理的ステータス」)との間の差異や隔たりに無自覚である。心理学的連続体という幻想は、この差異を無視することによるものである。この差異は本質として、無邪気さや連続性の喪失を認めること、換言すれば、根本的な裂け目を認識することとすでに等価なのだ。ヘラクレスやアポロのような神話の登場人物と現代の魂の苦境との相容れなさは、この二つの魂の状況を構成し貫いている、不可視でイメージしえない論理のなかに、すなわち、そこに魂が埋め込まれていて、われわれ現代の苦悩と同じく、古きイメージもまた、そこから自らの役割や意味、そしてステータスを受け取っている「世界」の別々の構成のなかに存在している。あらゆる具体的な現実は、それ自体と、それらが帰属している所与の文化的状況における世界－内－存在の論理全体との結合である。イマジネーションは、このことを理解することができない。なぜなら、イマジネーションはまずもって理解することを望まないからだ。それは単に視覚化することだけを欲する。つまり、イマジネーションは、物事や登場人物そのもの(イマジナルな形態)だけを、それらが身を置いている「要素」とは切り離して、抽象的に見ているのだ。イマジネーションは、水は見ずに魚だけを、宙は見ずに鳥だけを見る(「視覚化する」「イメージする」)。これが、厳密にアニマに基づくものとしてのイマジネーションの物語るものである。構造的に言えば、イマジネーションは、形態や像が帰属している論理や要素、「世界」といったものに盲目である。抽象的なイメージ、あるいは文化的なコスモス全体の論理(つまり、意識のステータスやレベル)からの抽象物がイマジネーションを構成している。魂の論理に盲目でないなら、それは「イマジネーション」ではなく、止揚されたイマジネーション、すなわち、思考であろう。アニムスによって傷を受けたことのある魂だけが、視覚化されうるすべてのものがそこに居場所をもち、それで満たされ規定される論理的な要素と同じほど「微かな」ものに開かれているのである[176]。

　われわれの世界がもつ特定の心理学的性質は、イマジネーションという手段によっては一切把握されえないということをはっきり理解しなければならない。なぜなら、近代世界の構成と存立はまさに、多神論的で神話的で自然な世界全体と、

第5章　元型的心理学、あるいは…：　259
イマジナルなアプローチへの批判

それに呼応する意識の論理やステータスを体系的に破壊し、克服し、止揚することに拠って立っているからだ。アポロから科学を、ヘラクレスから自我を説明することは、弓矢や剣を使った古代の戦争の観点から20世紀の核戦争を説明するようなものである。あるいは、機械学や水力工学の観点から、電力や電気機器、あるいは、（「情報社会」という具合に）われわれが「情報」と呼んでいるリアリティーをイメージするようなものである。これはゆゆしき還元であろう。科学や自我といった現代の諸現象は、現象としてのそれら自体とそれらを引き起こす論理全体との結合なのである[177]。

　今述べたことは、アポロとヘラクレスだけではなく、他のすべての神々にも当てはまる。例えば、元型派のなかには、現代における生の体験について説明するためにアフロディテを再生させようとする者もいるが、これは、気の毒なアフロディテへのひどい虐待ではないだろうか。彼女はすでに死んでおり、このような虐待から自らを守る術をもたない。今日、性的虐待や児童虐待等ばかりが語られるが、元型的心理学においては、古代の神々もまた虐待されているのである。彼らはまず小道具へと価値下げされた上で、「ギリシア神話」という固有の部屋から引きずり出され、現代の生の営みのもつ凡庸さ、すなわち、われわれの個人的な苦悩と集合的な風潮や流行の双方を「身にまとわされる」。もし古代の神々に言及することで、現代の生の営みの現象を明るく照らすことができると信じるなら、それはそれらに固有の性質や論理に対する無神経さを示すものだろう。このことを示す一つの好例として、アフロディテに戻ろう。一体どうすれば、われわ

―――――――

176) イマジネーションがイメージの論理的ステータスに対して盲目であるのは、歴史的時間に対する盲目性のゆえである。ハイデガーがほのめかしたように、もしイマジネーションが時間であるなら、イマジネーションが時間に対して自覚的でありえないのは明白である。もしそうしようとすれば、自分自身を外側から見ることができなければならないからだ。これが、（止揚されたイマジネーションとしての）思考が必要とされる理由である。

177) もちろん、同じことが古代的で太古的な現象についても当てはまる。それらに対して公正に対処するためには、それらに満ちている「神話的な論理」を考慮に入れなければならない。こうした論理にかかわる問いを無視することによってこそ、元型的心理学は、古代の神々が現代的な生の営みの諸現象においてもいまだに生きているかのように装うことができたのである。

れの今日的な美的感覚、またエロス的あるいは性的ファンタジーや行動のなかに
アフロディテを認めたり、彼女との関連を見出したりしたいなどと真剣に願える
というのだろう。そうした領域はすべて、道徳主義や清教主義（アニムスの襲撃!）
に従属するだけでなく、まさに美やエロティシズムという感覚が、集合的なレベ
ルで体系的に操作する広告代理店やマーケティングの専門家、ファッションデザ
イナー、雑誌の編集者たちによってがっしりと握られることで、その無垢性をす
でに失ってしまった[178]。実際、別の奇妙な無垢性が必要とされていて、それは、
今日的な現象のもつ抽象的で形式的な類似性に、彼らがわれわれの時代において
有しているまったく異なる論理的ステータスを無視するよう唆され、また今日も
なお、広範な商業主義や消費主義——もちろん、性欲に関する20世紀の心理学
的な理論化（アニムスのもう一つの襲撃）も同様に——にはどういうわけか組み込
まれないエロティシズムが存在しうると信じ込むような無垢性である。ちょうど
先に述べた虐待とは、この場合、他ならぬこの非論理的な無邪気さにある。それ
は、最近よく使われているような派生的な意味で、「低俗な」無邪気さとさえ呼
びうるかもしれない。反省のあまりにもリアルな歴史的プロセス（心理学的な理論
化に加えて、道徳主義と清教徒的な非難と迫害の数世紀）を経て、決定的にその無邪気
さを失った美と性的な魅惑についての感覚は、アフロディテのもつ美とエロティ
シズムの感覚ではない。そして、もし抽象的に考えるなら、アフロディテの領域
であるかのように見えるが、一つの全体として金儲けのサービスにすでに組み込
まれてしまった生の領域は、アフロディテのものではない。「神経症の性欲理論」
や元型的心理学の本の主題に捻じ曲げられてしまったアフロディテは、まさにそ
の事実によって、もはや同じ名の女神ではないのだ。それは、止揚され道具化さ
れたアフロディテであり、それゆえアフロディテ自身が表象していたのとは正反
対のものである。

———

178）もちろん、この操作は全面的に専横的であるというわけではない。それは、大衆の嗜好
　　や願望の移ろいに応え、それゆえ広範なリサーチを必要ともする操作である。つまり、
　　操作と反応とが相俟った状態にあるわけだが、この反応性が広告やマーケティングの手
　　続きのもつ操作的な本質から立ち退くことは決してない。なぜなら、この反応性は、利
　　益を最大化するという究極の目的のもとに、先験的に、そして体系的に組み込まれたも
　　のであるからだ。

神々を過ぎ去った昔の神々と見なすのであれば、神々を単に神々として敬うことになる。われわれの今日的なリアリティーの論理においては、死んだ神だけが本物の神でありうる（本物の神として崇敬されうる）。神々を死の眠りから現代の生活へと引きずり出そうと望んだ瞬間、われわれは神々を（サイバースペースやインターネットのなかに具象的、「客観的」に存在するような）現代の意識の内容へと変換し、不可避的に神々の寓喩へと還元し、「心理学的消費主義」と呼びうるもののために道具化することになる。現代の意識、現代の魂は、「神」、とりわけ複数形の「古代の神々」と、本物の神（々）として直接的にかかわりをもつことはできない。それはただ単に、神々を止揚された神、すなわち、反省を通り抜けた神々として思考することができるだけである。魂は「歴史主義」（廃退の認識）を必要とする。神々もまた、自らが神々たりうるためにはそれを必要とするのだ。それ抜きに古代の神々について語るのは偶像崇拝、あるいは単なる唯名論であり、いずれにしても神々に対する冒涜であろう。現代の意識が身を置いている論理的ステータスへの対価は、何らかの方法で支払われなければならない。心理学的にいまだ生きているものとして神々にしがみつくことで、そのしがみつかれた神々を単に魂を愚弄するだけの（たとえ美しかったとしても）空っぽの形式にしてしまうか、あるいは、本物の神々としての性質を維持しようとするなら、彼らが心理学的な骨董品であることを認めなければならないという形で、その対価を支払うしかないのである。

3. 「似たもの」の関係、あるいは…:「マッチングという単純な行為」

ヒルマンは、以下のことをよく自覚していた。「魂の症状群を特定の神話に帰するという課題は複雑であり危険に満ちている。…主たる危険は、症状群を神話的に捉えようとする際に、神話を字義的に捉えてしまう点にある。なぜなら、もしマッチングという単純な行為として遡ることに取り組み、治療者の実践的知性をもって神話の主題と症状群を同一視し始めるならば、元型を病の寓喩へと還元することになる。つまり、単に新しい記号的言語、新しい唯名論をつくり出したにすぎないのだ」[179]。ヒルマンがすでに、まさにここで筆者が提起している類の批判を予期していたことは明白である。もし、先に示したように、関係の両端、すなわち神話とわれわれの苦悩とが単に、それらがそうであると仮定されている

ものの抽象物であるとしたら[180]、われわれのコンプレックスを神話に帰するという課題は結局のところ、形式的に類似したアイテムをマッチングするという単純な行為以外の何ものでもない、ということになる。「神話においてのみ、病理は適切な鏡を受け取る…」[181]。これまで見てきたことに従えば、ギリシア神話の鏡としての妥当性は実際、ヒルマンが理解し認識していたよりもはるかに、「新しい手話」のそれであったということである。

　ヒルマンは適切にも、症候群と神話を関係づけるというプロジェクトが「再神話化に対する哲学的・神学的な反論に出会うに違いない…」[182]と述べている。しかし、元型的心理学は、これらの反論に本当の意味で出会ったことがない——そして（「克服する」という意味で）それらの反論には出会えないのだ。ヒルマンは、厳密な哲学的議論を避け、心理学を明確に、従来の哲学と事実に基づく現実（科学の領域）との間の中間地帯に位置づけた。それには、はっきりと（先に引用した）危険に名前をつけ、症候群と神話を単純に等価に扱うことが自身の意図するような再神話化ではないと明言するだけで事足りると信じていたように思える。しかし、そのような意図だけでは十分でない。必要とされていたのは、どうすれば神話を病のアレゴリーへと格下げすることを本当に防ぎうるかを、そして、このような危険を実際に回避することがまさに元型的心理学の論理に内在していることを厳密に示すことだった。けれども、このことは同時に、そのような論理を体系的に実現するという献身的な仕事を要求しただろう。それは、イマジナルな心理学としてのイマジナルな心理学が拒絶し、免除されていると思っている課題であり、その解決が不可避的にイマジナルな心理学の自己止揚へと導くことになるであろう課題であった。

　そうする代わりに、元型的心理学は、神話とわれわれの症候群との間の「類似性」や「似像」という古代の哲学的観念に頼ろうとした。この二つの関係項の抽象性の問題に加えて、そこには関係それ自体に伴ういくつかの問題が存在している。

---

179) Hillman, *Re-Visioning*, p. 101.

180) それらに浸透し、それらを満たし、命を吹き込んでいるような論理からの抽象物。

181) Hillman, *Re-Visioning*, p. 99.

182) Ibid., p. 101.

神話は物語やイメージという実体的に付与されたものの集合体に言及するものであるゆえ（主としてギリシア神話）、この場合、われわれは、自らの苦悩が外在する鏡によってアプローチされていると理解する（これが「マッチングという単純な行為」にかかわっている）。われわれはここでは、「外在的反省」の領域に身を置いている。別々に付与された二つのリアリティー、すなわち、ギリシア神話とわれわれのコンプレックスは一所に集められ、ここで「類似」と呼ばれている関係のなかに押し込められる。

　言うまでもなく、そのような鏡映は役に立たないものではない。多くの場合（特に人格心理学において）、それは非常に啓発的であり、それゆえに有利な治療効果を明確にもちもするわけだが、ある一つの実体的なリアリティーは、別のものに対する外在的な鏡としてしか奉仕しないことになる。つまり、二つのものの関係は内在的なものではない。それは、偶発的で恣意的なものなのだ。そのような偶発性は、元型的心理学の「再神話化」という用語の使用によって確かめられ——そして、（軽率にも）認められる。明らかに神話的でない（神話的なものとして到来していない）ものの上に、神話的な視座をもとうと二次的にもち込むのだから、この鏡が唯一の「適切な鏡」であるわけではない。他の多様な心理学の学派が実際にしているように、同じ権利をもって何か他の鏡を使用することも可能である。「神話」であれ「自我の発達」であれフロイト派の *Triebschicksale*（本能の変遷、欲動の運命）であれ何であれ、どの鏡を使うべきかという問いは、実用上の功利主義的な判断基準の下で、あるいは単純に個人の主観的な偏愛（「個人的方程式」）によってのみ決定されうるのだ。

　これとは対照的に、真正の神話は、まったく違った論理によって特徴づけられる。神々や神話的存在についての語りは具体的で、かつ生き生きしており、そこで神話は一つの「内在的（あるいは内的）反省」を示していた。所与のリアリティー（一つの症状、ある人生の運命的な出来事、ある自然の事実）は、それ自体の内側から反省的な距離を生み出してゆく。ここで働いている鏡は、反省される症状や事実に付け加えられた二次的な（別の）リアリティーではないし、ギリシア神話がわれわれにとってそうであるように、既知の、実体的に付与されたリアリティーでもない。それは、マッチングという手続きを必要とするような、外側から病理にもち込まれるものではないだろう[183]。鏡として働く元型的なイメージは、元来

症状や出来事それ自体によって（そしてその内側で）産み出されているゆえ、その本質の内的展開や、その論理の内在的な運動として、本当は未知のものである。したがって、類似性や似姿などはありえない。そうではなく、それは（たとえ異なるものの同一性であったとしても）同一性なのだ。

　われわれは、自伝のなかのユングの報告に、この真正の神話の概念が生きていることを見て取ることができる[184]。彼は以下のような問いに襲われたという。「しかしそれではお前の神話は何だ──お前がそのなかに生きている神話は？」。ユングは、自分がいかなる既知の（ギリシアや伝統的なキリスト教の）神話のなかにも生きていないことを実感していた。この問いに答えるよう急き立てられるなかで、自分自身の人生に関する限り、われわれに伝えられている神話はすべて時代遅れのものであるという冷酷な認識から彼は出発することになる。後戻りする道はない[185]。ユングの骨身に徹したその問いは、彼が自らの本当の人生との類似性や親和性を見出すために既知の神話にもう一度彼が立ち戻ることを阻んだのだ。ユングはそのようなあらゆる希望をすでに乗り越えており、一つの幻想として見抜いていた。彼がこうしたあらゆる試みを「茶番劇」としていかに蔑んできたかについては、すでに見てきた通りである。ユングは、もしそこに何らかの答えがあるなら、自分自身が生きている神話についての問いへの回答を受け取るために、彼自身の今日的なリアリティーそのものに、まさに自らが本当に生きているこの生の空虚さ[186]に向き直ったのである。すでに見たように、彼はわれわれが「自分の着衣を自ら縫い上げる」べきであることを強調している。

　筆者がここで言いたいのは、真正の神話の概念が個人の人生を空虚なものとして体験することを要請しているということではない。これは単に、近代に特有の状況であるにすぎない[187]。大切なことは、付与されたリアリティーと別の文化

---

183) 例えば、人格主義的な心理学の「事例」を理論とマッチングさせるような方法に関して先に述べてきたようなこと。

184) Jung, *Memories*, p. 171.

185) 本書239頁において、ユングが、われわれをひと昔前の神々や象徴から引き離す深淵を容赦なく認めたことについても参照のこと。

186)「…そこでは、意識という冷たい光のなかで世界の空虚な不毛さが星々にまで届いている」（Jung, *CW* 9-i, par. 29）。

的・歴史的な文脈からもち込まれたどんなイメージをマッチングさせようと試みたところで、今ここでのリアルな生活を回避することはできないということである。唯一のリアリティー、彼の現実の生活こそが、彼の問いを生み出したものであり、かつ、その答えを提供しなければならないものだった。その唯一の現象が、神話的に照らし出されることを必要とするありのままの事実として、かつ、その現象がそれ自身を反省し知ることができるような、自分自身の内的な鏡として、その元型的イメージをそれ自身のうちに開示しなければならなかったものとして認識されたのだ。このような元型的イメージは（たとえそれが物質的にはイマジネーションの既知の歴史とは完全に無関係で、そこから切り離されたものであることがわかる必要はないとしても）、論理的には（必ずしも現実的である必要はない）未知のイメージであり、真に新しく生気ある神話である。

　類似性や似像というカテゴリーは、それとは対照的に、所与のリアリティーと神話が直接的に結びついていると主張しながら、それらを引き裂いてしまう。しかし、リアリティーは、もしそれが神話であるとしたら、唯一のリアリティー（ヘーゲルが言う意味で、実在性〔Realität〕ではなく、現実性〔Wirklichkeit〕）なのであり、もし神話がこの生活のリアリティーであり真実であるとしたら、神話は唯一のリアルで生きた神話である。それは、異なるものの同一性であり、類似性ではない。おそらく、われわれが神話と直接的に結びついているとする理論は、内在的な意味への接近を阻む既成の意味をわれわれに提供することで、リアルな神話に、われわれのリアリティーに内在されているリアルな意味に身を投げ出すのを防ぐと

---

187) この文脈においては、人生の無意味さと空虚さという近代の体験にかかわる重要な問いを詳しく探究することはできない。ただ、この空虚さが一つの「天然自然の」事実であるとは決して考えてはならない（「これが近代の生活が本当はどのようなものであるかということだ」）ということを簡単に示唆しておくだけで事足りるだろう。そうではなくむしろ、その措定性こそが見通されなければならない。無意味であるという感覚は、まさに筆者がここで批判している外在的な反省によって、すなわち、われわれが自らのリアリティーに元型的な深みと意味を備えうる何かを見出すために、神話のようなどこか他の場所に目を向けなければならない、そして、そのような深みと意味を感じるためにはそこに結びついていなければならない、という思い込みによって措定されている、または産み出されている。

いう、隠蔽された（無意識の）目的をもっている。別の言い方をすれば、以下のようになる。そうした理論はおそらく、われわれの人生の理解や自己理解が孕む虚無主義を保護する、あるいは促進する目的をもっている、ということである。本物の神話は、以前の文化においては当然のことであったように、所与のリアリティーの底知れない深みに身を投げ入れる揺るがざる覚悟として描写しうるような生の体験様式に依拠している。右にも左にも後ろにも目はくれないし、比較することもない。「これで十分」なのである。

　ヒルマンが、真に元型的な思考には不可欠な内在的な反省について知っていて、それを実際にも目指していたという示唆は多くある。例えば、元型的心理学は、唯一神が病の原因であり、かつ癒しであることを知っていた。しかしながら、われわれの症状群と特定のギリシア神話や神々との間の類同性という考えを用いる時、ヒルマンは構造的に、心理学的な作業を、まさに自らが明確に拒絶したはずの「マッチングという単純な行為」に仕立て上げることになった。元型的心理学において機能している類似という概念は、マッチングという方法論的スタンスに対する省略された定式以外の何ものでもない。

　ここで、心理学における類似という概念は、元型的心理学がそれを受け継いだ古代の伝統において、それと「同じ」概念が意味していたものではまったくない、ということを十分理解しなければならない。それは、「〈われらの〉像と似姿において」つくられた人間というユダヤ－キリスト教的な観念とも、似像という新プラトン主義的観念とも同じ「類似」ではない。それらの場合、そこにある種の存在の類比（*analogia entis*）、すなわち、存在論的な連続性が存在するゆえに、おそらく直接的な結びつきについて語ることが可能なのだろう。

　ユングもまた、新プラトン主義的な意味での類似という語を正当に使うことができたのかもしれない。なぜなら、彼は（問題含みではあるものの）元型それ自体という考えをもっていたからだ。われわれのイメージや生きられる体験はそのような元型それ自体の経験的な顕現であるとされており、彼にとって、「直接的な結びつき」とは、神話とわれわれの苦悩との間ではなく、元型それ自体とわれわれの苦悩に内在する元型的イメージとの間に存在していた。同じように、ユングがやはりしばしば存在を主張していた、神話とわれわれのコンプレックスとの間の関係もまた、同じ元型それ自体がその当時は神話を産み出し、今日にはわれわ

れの症状群を産み出しているという限りにおいて、彼にとっては非直接的な関係、すなわち、元型それ自体によって媒介される関係であったのだろう。新プラトン主義者と同様、このような思考方法は、垂直的な関係と存在論的な漸次的な変化や連続性をもってなされるものであった。これは、古代ギリシアの神話（すなわち、われわれの高等教育の内容になっているような、テキストとして実体的に与えられたお話）とわれわれの症状群との間の水平的な「直接的な結びつき」とはまったく異なるものである。ユングの「元型それ自体」という考え方は、元型的心理学からはっきりと除外されており、彼らの類似という観念の背後にある新プラトン主義者たちの形而上学は、拒絶、あるいは、少なくとも保留されたまま放置されているのである。

　イマジナルな心理学は、体系的な決断のもとで、「類似」という古代的な観念を自らが使用することを下支えするような何らかの哲学的（存在論的、形而上学的）立場をとることを回避する。そこで言われる「類同性」は、異なる存在の領野間にあるいかなる存在論的な連続性にも根を下ろしていないのだが、このことによって、イマジナルな心理学がこの理論の使用を止めることはない。イマジナルな心理学は、かつてそれを唯一認定することができた形而上学に賛同することなく、この理論が提供する利得、すなわち、この古き哲学的な概念に付着している厳かさと確かさという形而上学的（元型的）アウラと情調ばかりを享受するのである。それゆえ、イマジナルな心理学のこの理論の使用は、根拠を欠いたお遊びであり、曖昧で「ポストモダン的」な「言葉遊び」であると言えるだろう。かつてリアリティーに関する形而上学的な捉え方であったものは、実際に（in fact）（頭の中で〔in mente〕ではなく）、単なる形式的行為、すなわち、われわれが自らの苦悩を理解するという実用的な目的のために随意に適用されるような方法論へと価値下げされてしまった。つまりは、類同性の理論の「インターネット」版ということである。

i）「中間地帯」、あるいは…：間に合わせと隠蔽

　ここが、中間地帯としてのイマジネーションという理論が作用し始める場所である。心理学は事実と形而上学との間に立たなければならないと主張すること

で、イマジナルな心理学は、二重の戦略を用いうる位置に身を置くことになる。すなわち、類似性の理論の形而上学的背景について答えを迫られた時、イマジナルな心理学は一つの形而上学の体系を提供する（そして、そうすることを欲する）ものではないと、意図的にはぐらかした答え方をする。けれども、現代人の病に関連づけるべく、古代の神話の物語に遡る際には、これらの物語は、単なる経験的な歴史的データでも、実体的に付与されたテキストでも、記号的な言語でもなく、現代の魂の病の元型的で神的な背景を提供するものであると主張するのだ。

　換言すれば、中間地帯という概念によって、イマジナルな心理学は自らの地位をリンボ界に置き去りにし、自身の授権書を論理的に作動しないままに放置することが許されることになる。心理学は今や、自らが自身の出発点としての堅固な大地（中間地帯）にすでに到着しており、あとはそこから前進するのみであるかのようなふりをすることができる。「中間地帯」という考えによって、心理学は実際、ここでもあそこでもない、「中間にある」無人の土地に位置づけられる。先に、類似性の理論は根拠づけられていないと述べたが、ここで前言を訂正しなければならない。類似性の理論は根拠づけられている。すなわち、「中間地帯」の理論に根差しているのだ。ただ一つ、この根拠の問題点があるとすれば、そこに帰属した形而上学的重みのすべてをもってしても、それはまったくもって真面目に、真剣には取り扱われないに違いない、ということである。それはただおふざけで用いられうるのみであり、人の話を本当に、一意専心的に表すことはない。「根拠」とは言うが、それが意味するのが形而上学的、あるいは存在論的なコミットメントである以上、どう見ても、本当に根拠であるとは考えられない。先に述べたように、それは本来的に無根拠であり、無人の地であり、まったくもって、ただの言葉や言い回しであるに違いない。しかし、それは、ただの言い回しであるにもかかわらず、受け取る側にとっては、根拠づける力や存在論的威厳が示唆という形で断言されているのだ。

　ちょうど同じように、ユングの「こころの内なる存在（*esse in anima*）」や「イメージはこころである」[188]は、「存在」と「こころ」との組み合わせが用語矛盾であり、

188）英語訳では、"is" がイタリックになっているが、ユングのドイツ語では、"*Bild ist Seele*" と文全体がイタリックになっている。

また「存在」と傍点の「である」は双方とも形而上学的な用語であるゆえに、イマジナルな心理学にとっては禁じ手であるが、——筆者ではなく、イマジナルな心理学自体の基準によって禁じられている——それらが嬉しげに引用されている。

　このような概念化において、心理学が実証的な事実の側にも形而上学的な背景の側にもついていないという事実を攻撃しているわけではない。もちろん、本当の心理学は、実証的な事実（経験主義、科学主義）には根拠をもちえないし、形而上学（哲学）としても解釈されえない。もし心理学が自らの名が示すもの、すなわち、魂の原理であろうとするなら、心理学における科学主義的なアプローチと哲学的−神学的なアプローチ、双方ともが克服されなければならないとするヒルマンに、筆者は完全な賛意を表する。ただ、ここに包含される、ヒルマン自身によっても認識されていた哲学的な問題を、それらはすでに克服されたと思いたいからといって、単に避けるだけでは十分ではないと主張しているのである（例えば、イマジナルな心理学の義務は「再神話化に対する哲学的で神学的な反論に出会う」ことであるという彼の先の引用を見よ）。これらの問題には、十分な貢物が捧げられねばならない。すなわち、そこから救われるためには、それに見合う正当な対価を、厳密な哲学的な議論という対価を支払われねばならないのだ。その形而上学的な諸前提を事実上無視して、哲学における新プラトン主義的な伝統から選び取られた、いくつかの美しい概念への、文脈から外れたおふざけの何かしらのほのめかしによって回避を試みるのは、あまりにも安易である。

　別稿[189]において筆者は、心理学は（止揚された宗教／神学であり、止揚された科学であり医学であるのと同じく）止揚された哲学として認識されねばならないことを示そうとしたことがある。しかし、哲学が本当に止揚されるためには、その議論にしっかりと向き合わなければならない。つまり、哲学的な葛藤が抱えるすべての重荷を、われわれ自身の苦難として受け入れ、抱えなければならず、そしてその止揚は、そこに絶えず晒されることの当然の成果として、また内的に結果として生じる各々の問題や議論の発展として、内側から到来しなければならないのだ。ちょうど錬金術において、第一質料について思索するだけでは事足りないのと同様、長い過程に渡る多くの段階を経て何度もこの材料に取り組むことで、自

---

189) 特に拙著『アニムス心理学』、また本書第3章のc）を参照のこと。

分の手を汚して（たまたまそのような形で存在している、まさにその形態において）それと格闘しなければならない。だからこそ、その最終的な変容は、その材料自体の内的な救出でありうるのだ。

　筆者はむしろ、イマジナルな心理学のなかに、そして背後に存在している問題が思考されないままになっていること、すなわち、魂の論理が働いていないこと、もっと悪いことには、このような思考の欠如、あるいは回避が一つの美徳にまでなってしまっているという事実を非難している。つまり、厳密な「概念の仕事」の必要性に従うことを不本意とする姿勢ばかりが突出し、それが一つの理論や教義へと、すなわち、中間地帯としてのイマジネーションという理論へと転化してしまっているのだ。形而上学的な意味での根拠という概念としては理解されない以上、中間地帯という教義は、自らにコミットすることに対するイマジナルな心理学自身の迷いや失敗の、いや実際には、ここにある論理的な問題に参入することへの決然とした拒否の存在論化に他ならない。それは、イマジナルな心理学が実践する精神的な留保の実体化である。換言すれば、「中間地帯」は、心理学の基盤にある思考されなさの具象化なのだ。

　このような教義は、一種の間に合わせとしての役割を、あらゆる「デーモン」、すなわち矛盾や論理的問題が外に漏れ出たり、われわれに当然の支払いを要求してきたりするのを防ぐボトルの栓としての役割を果たしている。ちょうど「類似性」という観念と同じように、イマジネーションが「中間地帯」であるという考えは、古代の神話と現代の病的現象との関係、事実と形而上学との関係にかかわる難しいジレンマがそこにおいてすべて克服され、われわれはそこで正々堂々と休らうことができるという印象を与えうる、都合のよい公式としての務めを果たしているのだ。まさにそれと同じように、イマジネーションがそれ自体一つの根拠（あるいは唯一の根拠）であると見なされ、魂が一つの「存在 (esse)」であると主張される限り、そして、われわれが、知の犠牲に基づいて、この信条に揺るぎない信仰をもってしがみつく限り、心理学はイマジネーションという遊び場で自由に自分の好きなことをし、自分自身に内在する論理的問題に煩わされることはないのである。

　しかし今日、魂とイマジネーションはもはや、一つの「存在 (esse)」としても、対立物の間にある「第三の」、あるいは「中間の」要素としても、そして、一つの

「根拠」としても正当にはイメージされえない。われわれの時代は、そのような素朴さを超えているのだ。客観的に見て（単に主観的にではなく）絶対的に「シニカルな」時代において、すなわち、核兵器と核廃棄物、遺伝子操作、娯楽とサイバースペースの時代において、「イマジネーションという中間地帯」と呼ばれるお気楽なニッチに知的に留まっている余裕はない。われわれにはもはや、お遊びで（あるいは、真剣に）魂に実在（esse）を付与することはできないし、魂への単にイマジナルなアプローチで満足することもできない。それはあまりに無邪気であり、あまりに人畜無害であり、あまりに感傷的である。魂は、思考される（思考のなかで認識される）ことを欲しており、魂が思考される時、魂は何か（何らかのもの）としてではなく、対立物の一方から他方へと往き来する、矛盾した論理的な（時間的でも空間的でもない）運動として姿を見せるのだろう。

　〈第三のもの〉のでっち上げは、唯物的−実証的な態度や唯心論的な態度と結びついた哲学的難問を、そこへの拘束から本当に解放されるための対価を十分に支払うことなく、巧みに回避するという機能をもっている。〈第三のもの〉という態度によって、意識は他の二つのものの落とし穴を回避し、自らが現在いるのと同じ古いレベルの意識や論理的ステータスにしがみつくことを許される（〈第三のもの〉は、はっきりとそれら二つのものの中間に位置づけられるゆえ、それらと並んで同一平面上に置かれているのは明らかである）。意識のレベル全体が克服されることもなければ、止揚されることもありえないのだ。

　このように、第三の根拠（地面）としてのイマジネーションは、中立的な緩衝地としての役割も果たしている。心理学は、対立する哲学的な態度の間にある均衡によって与えられる平穏な生存条件のおかげで、実証主義と形而上学的な唯心論に貢物を捧げることから隠れ、いまだそれらと同じ基本的な精神の枠組みを共有し、すっかりそれらの影のなかで生息し続けることができる──それは政治史において、いくつかの中立的な国々が、ソ連崩壊以前の世界で超大国のいずれにも完全にコミットすることなくうまくやり抜き、「中間」に留まることで利益さえ得ることができたのと同じである。おそらく、イマジナルな心理学は、第二次世界大戦後の平和という幸福で無邪気で幻想に満ちた政治的状況の、すなわち、平和ではあるが、超大国の双方におけるまったくもって無邪気とは言えない過剰殺戮を可能にする核武装を基盤にした平和の、一つの作用であるということなの

だろう。

　実証主義と唯心論との間の哲学的論争や対立を超えてゆくための意識にとっての十分な対価とは、まずそれらに身を任せることによって、無条件に対立物の双方に貢物を差し出さねばならないということであり、そして、両者を同時に讃えることが矛盾である以上、必ずや根本的な論理的変革を体験し、それを通してまったく新しい意識の論理的ステータスへと放り出されねばならない、ということであろう。それは、完全なるコミットメントをもって、二つのものの間の根拠（地面）なき隔たりに容赦なく落ち込んでゆく経験である。その隔たりは、それが真に体験されれば、「間の隔たり」ではまったくないことが明らかになるだろうし（すなわち、たとえ「ゼロ」という価値をもつ何か、あるいは自らの否定、つまり隔たりの不在という形態にある何かであるとしても、それは依然として何かである）、それはむしろ弁証法のもつ流動性なのだ。弁証法が意味するのは、対立物のどちらかに身を置くことではないし、同時に中立的であったり中立化したりする第三のものをつくり出すことでもない。それが意味するのは、二者択一を真に乗り越えることであり、同時に、それにもかかわらず、「第三のものは与えられない（tertium non datur）」と知ることである。それは、思考、論理、〈概念〉は不可避であること、そして魂の生命を単にイメージしたり、絵画的に思い浮かべたりする（vorstellen）といった近道をしようとするのは計略であると知ることを意味しているのだ。

　中間における第三のものによって対立物を乗り越えることをイメージしているものこそ、イマジネーションに他ならない。中間地帯に自らを位置づけるという、まさにそのことによって、イマジネーションは自らをそれ自体静止した、あるいは固定されたもののなかに、すなわち、存在論的なもののなかに配置し、永遠の精神的留保に根を下ろす。あくまで凍結されたイメージに取り組み、自らを、自分自身の生命を宙づりの状態にするのだ。弁証法の流動性、あるいは、ディオニュソスの狂乱には近寄らない。第三のものを頼りとすることで、二者択一という観念的な内容から逃避するばかりで、それらが帰属している意識と同じ論理的ステータスに留まり、それを救済することになるゆえに、イマジネーションはまさに二者択一を乗り越えることができないのだ。思考は、三番目の可能性を示すものでも、「中間にある」と言われている「隔たり」に住まうものでもなく、根本的に新しいものである。二つの選択肢の間の隔たりや第三のものへと逃避するの

ではなく、思考は二つの対立物そのものを、それらの弁証法、それらの運動として、イマジナルには魂と呼ばれる自己矛盾した論理的な生命として、ただ思考するのみなのだ。

「中間地帯」や「第三のもの」というイメージは、中間的なものとしての魂と共に、二つの実体的な領域（物質、あるいは感覚 対 こころ、あるいは精神）を設える。しかし、魂とは、こちらからあちらへ、あちらからこちらへと往復する、論理的な（時間的でない）運動それ自体である。「中間」や「中間地帯」は、実際にはある種の橋として、第三の領域に入る純然たる運動であるものを凍結させる傾向があり、そのことによってそれを中間に固定し、向こう側へと赴くこともこちら側へ戻ることも決してできなくする。魂は、「間に」いることも、そこに閉じ込められていることも望まない。魂は、精神の頂きと地上（そして、地下の冥界にさえ）の双方にいるのと同様、同時に双方の「岸」にいることを望む、否、双方の「岸」にいる。そうでありうるのは、魂が（字義的でも空間的でも時間的でもなく）論理的で、弁証法的な往復運動であるからだ。

二つの対立物を結びつけるのを第三のものとする限り、第三のものは原理的にはそれらを切り離すものでもあり、間仕切りのようにそれらを別々に分けておくことになる。そこにおいて、二つの対立物は決して一つにはなりえない。そのように魂を概念化することによって、まさに心理学のイマジナルな概念化が乗り越えることを望んでいる、一面的な字義的精神主義や知性主義と、また同じように一面的な字義的物質主義との分裂が起こることになる。魂は、元型的心理学において正当に理解されているように、そのどちらでもない。しかし、「どちらでもない」ことは、その二つとは別に、二つの中間につけ足された第三のものであることを意味するわけではない。魂は一方でも他方でもない。なぜなら、魂はそれ自体、その二つの対立物の結合と差異であり、結合と差異の結合であるからだ。ユングが述べたように、それは心的対立物の分離と統合としての結合の神秘（*mysterium coniunctionis*）である。明らかに、魂は存在論的にはこのようにありえない。そのようなあり方は、論理的な「運動」としてだけ、言い換えれば、思考することとして、生きた思考として、実在する〈概念〉としてだけ可能である。対立物の結合と差異の結合はイメージされえないのだ。

イマジネーションは、日常生活の現実性という自我の世界もその様式も決して

本当には後にすることはなく、しかし、その向こう側への憧憬を放棄することもない。イマジネーションは、こちら側でも向こう側でもなく、中間地帯に橋として存在し続ける一方で、向こう側を切望し、期待して待っている。向こう側で起こっていること（元型的イメージ）をどうにか見よう（「想像しよう」）ともするのだが、あくまでこちら側からもち込んだ古い目やカテゴリーを通して見ているのだ（イマジネーションに縛られた絵画的思考、空間的表象、存在論的偏見）。

　筆者は先に、イマジネーションこそが字義的なものとイマジナルなものの分裂を引き起こしていると述べた。あるいは、イマジナルなアプローチのあり方としての分裂を、一つの魂の論理的な運動を以下の二つの側面へと分割するものとして描くこともできる。すなわち、静止した「中間にある」ものとしての橋と、この安定していて動かない橋を渡って移動する主体、あるいは精神という二つの側面への分割である。静止したイメージを取り扱うことが非難されたとしても、イマジネーションには言い訳が用意してある。運動は確かに存在する、精神はこちらからあちらへ渡っているではないか、と言うことができるのだ。しかし、安定したものとしての橋は、この運動を保証している、客体化され具象化された精神的留保である。そのような渡渉は、留保なき運動、すなわち、運動へと融解することのない第三のものとしての中間地帯にしがみつくことのない運動ではないゆえ、リアルなものでない。その本質的な「部分」（あるいはその一つ）が置き去りにされている。イマジネーションは、自らが建てた橋としての第三のものに、あらゆる運動を安全に行うことが可能な、揺らぐこともない折り返されることもない足場を置いているのだ。この動かない橋において、イマジネーションは無自覚のうちに、字義性、実体性、不動性、抽象的同一性といった——公然と拒絶しているはずの——諸原理にしっかりとしがみつき、それゆえに自我にもしがみつくことになる。可視的で、空間的で、存在論的なものにしがみついているのだ。けれども、こんなことをしているという事実は秘密にされている。なぜなら、その固定された橋は、その上で起こるわかりやすい運動（元型的心理学における脱－字義化すること、見通すこと）の背後に隠されているからだ。

j) 心理学を止揚することと心理学を見直すこと

　堅固な地面として、この可視的で空間的で存在論的なものにしがみつくことは、自我の立場を超えて本当の心理学であることを望む領域にとっては、真に許し難いことである。それは、研究対象としての魂の生命を受け入れているにもかかわらず、現象にかかわる際の実体化する様式（知覚、感覚的直観、絵画的思考）によって、「人々の心理」という形態において、心理学を自我の手から主体的に解放するつもりが単にない、ということである。

　見直し以上に、心理学を本当に止揚することが必要である。それは、イマジネーションに基づく心理学の根本的な自己否定、自己腐敗であり、魂の論理に賛同するものである。先に、心理学は止揚された科学であり、止揚された宗教であり、止揚された医学であると、さらに、本来の心理学は、それが止揚された直接的な心理学でもある限りにおいてのみ存在すると述べた。このように自己止揚したからといって、錬金術の場合と同様、心理学は崩壊しないし、何らかの〈他のもの〉に取って代わられることもない。自己止揚は、心理学の始まりであり、その創立の過程である。われわれは、非弁証法的な死として止揚を思い描きがちであるが、それは、死を体験しているものが存在し続けながら、自らの論理的な形式の変容に晒されるという意味での死である。止揚とは、「想起された」（なかに入れた〔er-innert〕）、内在化された死であり、行動化された死や字義通りの終わりではない。心理学の自己止揚は、それが単に故郷に戻ったということに他ならない。心理学の故郷とは、すでにわかる通り、「先在の領野」、あるいは「死」、すなわち、論理なのだ。

　そのように、まさに自身の前提条件を打ち崩すという点で、本当の意味での差異を産み出すような影響を受けることなしに、ヒルマンが語った橋（自我の世界から魂の国へ架けられた橋）は決して渡れない。ここで、橋のイメージについてもう少し取り組みたい。先に、自らの背後で橋を焼き落とすと述べたが、それではまだ十分ではない。このような述べ方（「自らの背後で」）ではまだ、弁証法的で、自己矛盾した一つの運動であるはずのものが二つの一連の行為として分離されてしまう。本当の渡渉とは、橋を焼き落とすことを前提としている。もっと言うなら、橋を焼き落とすことはそれ自体、本当の渡渉の始まりであり、渡渉の唯一の方法

なのだ！　自分の橋として機能することになっていたものを焼き落とすことによってだけ、渡渉することが可能になる。焼き落とすというまさにその行為が、橋を渡るという運動なのである。なぜなら、それは静止した橋というイメージから離れ、運動としての思考へと至る運動であるからだ。これこそ、魂のあり方がいかに矛盾を孕んだものであるか、「狂った」ものであるかを示している。これが、心理学的な論理の領域における矛盾である。魂は〈転倒した世界〉である。それは真に自然に反して（contra naturam）いるが、そのことは倒錯を意味するのではなく、反転していること、上下や裏表がひっくり返っていることを意味している。魂の心理学である心理学は、この転倒を遂行するために、さらに言えば、この転倒を永遠に遂行するものとして存在するために、思考の力を必要としているのだ。

　興味深いことに、ヒルマン自身もまた、自らが以前に行った心理学の見直しを超えてゆく必要性を感じていた。黄化することについて書かれた1989年の論文で[190]、彼は、心理学の止揚とも解釈しうることを論じている。彼は、「黄色い死、すなわち、分析の意識である精神の結合（unio mentalis）の腐敗が準備する、毒殺するイオシス」（p. 92）[191] について語る。彼はまた、錬金術の作業（あるいは、黄化と呼ばれる、毒殺や死と等しい特定の手続き）を「心理学それ自体に適用する」（p. 91）べきものとして理解しているとも明確に述べている。これは、見直し以上であり、かつ見直しとは異なっている。われわれの作業は、「それ自体を腐らせるものでなければならない」（p. 94）。これはまだ、心理学の自己止揚という概念にはほど遠い。そして、「錬金術の作業が個人の魂を救助するように、この作業は個人としての人間とのかかわりでのみ知覚される心理学のこころを救助しうるだろう」（p. 91）と言う時、彼は、人々の心理の学としての心理学という観念を乗り越えることを実践的に目指しているのだ。

---

190) Hillman, "The Yellowing of the Work," pp. 77-96.

191) 分析の意識と精神の結合（unio mentalis）とを同一視するのは正しくないように思われる。分析の意識は、いまだ自然の結合（unio naturalis）に包まれている。すなわち、そこでの外的な現実性への焦点づけから内省へという動きは、精神状態ではなく、対象の変化にすぎないものまでを含んでいるのだ。真の意味で自然の結合から精神の結合へと歩を進めたのは、イマジナルな心理学の意識に他ならない。

しかし、それでは、ヒルマンの論文では何が起こっていたのか。彼が導き出した結論や、黄化のプロセスの方向性や結果に付与した理解が示すのは、基本的には彼が真の止揚について考える（考え抜く）ことができず、黄化のプロセスへの自らの洞察に対して公正に対処しなかったということだろう。そのような過誤は、以下の文章によく表れている（p. 91）。「錬金術の視点から見れば、人間個人は必要であるかもしれないが、十分な焦点ではありえない。つまり、宇宙の救助が同じく重要なのだ」。

「宇宙の救助」と呼ばれる人間のプロジェクトが孕む問題については脇に置くとして、ヒルマンが実際にここで心に抱いているものが、黄化や毒殺というプロセスではまったくないことがわかる。むしろ、これは（たとえ彼がそう言わないとしても）単なるすげ替えの手続きであろう。そして、すげ替えられているのは、「心理学それ自体」ではなく、心理学が焦点を当てている対象にしかすぎない。錬金術の言葉で言えば、ヒルマンは、〈作業〉の新しい対象として、錬金術の器のなかにある伝統的な第一質料（人間個人）を別の第一質料（宇宙）と交換したのだ。それゆえ、その〈作業〉は、第一質料をさらにより以上に精妙な状態へと押し上げる目的で、同じ第一質料に対して行われる継続的な手続きではない。換言すれば、それは以前の作業に取って代わる、真の意味で新たな作業、異なるプロジェクトなのだ。それはまるで、（その昔、自分の唯一の本として聖書を所有していた人々が、この同じ本を生涯にわたって読むことを通して、その本についての、自分自身についての、そして人生についての理解を深め増そうとしたのと同じように、さらに深く同じ本を理解する代わりに）新しい本を開くようなものである。

心理学が焦点を当てる対象を置き換えれば、心理学それ自体は、黄化による死を被ることから救われる。心理学は、同じ古い心理学、今は新しい対象である宇宙に向き直っただけの同じ古い分析の意識であることができる、否、そうであらねばならない。なぜなら、その第一質料をすげ替えることで、あらゆる本物の発酵を、「心理学それ自体」の毒殺と腐敗とを防ぐことができるからだ。筆者の錬金術理解によれば、〈作業〉のすべての手続きが同じ材料に対してなされることが不可欠である。それこそがまさに、作業の、そして錬金術の器という観念のポイントであり、循環するプロセスのなかで、ある手続きの産物を常に従来の手続きへと改めて組み込んでゆく、「ペリカン」と呼ばれる特殊なタイプの器が具体

的に明らかにしているものである。同じことは止揚についても言える。止揚という概念は、取って代わられたものを同時に保持しているという類の克服や交代を意味している。そこには、交換もすげ替えもない。しかし、ヒルマンは、「鏡から窓へ」と移動することを望んだ。この表現にある「〜から〜へ」は、二つの選択肢の間の選択を含意している。それはあれかこれかを必然的に含んでおり、それゆえ、明らかに非弁証法的である。そして、公衆に向けた講演や大きな集団に対するワーク等を選び、字義的に、そして主義として[192]個人的な精神分析を放棄することで、彼は単純で非弁証法的な否定を実践してさえいる（次のように言うこともできるだろう。彼は人格主義的な心理学を乗り越えることを行動化したのだ、と）。「単純に歩み出て、面接室のドアを閉めてきたこと」(p. 95) について語る際、彼は自分自身を疑ってもいる。止揚の孕む保持するという契機がそこでは単純に欠落しているのだ。

　黄化を経た本物の死と、「心理学それ自体に適用する」黄化とは、筆者の理解するところでは、錬金術のイメージにおいて、そのプロセスを通して器自体がそこに引き込まれるようなプロセスに言及したものである。それはもはや、第一質料や、その材料が受けている崩壊のプロセスと相対している容器として、自らが手つかずのままでいることはできない。その器もまた崩壊を被るのであり、先に語っていた橋は、それ自体が渡渉という運動に融解してしまうのである。器とそれが包含する材料、あるいは、そのなかで起こる分解する過程との間の明確な区別、学理としての心理学それ自体と「人々がもっている心理」との区別は、もはや維持されえない。

　もちろん、ヒルマンは、個人分析から宇宙へ自らが移行したことを黄化という観念と結びつけようとしている。しかし彼は、一方で、自らが意図しているような交代がなにゆえ黄化のプロセスを必要としたのか、そして他方で、このプロセスがいかにして、まさに個人の治療から、彼の描く宇宙論的で生態学的な関心への移行という結果に至ることになりえたのか、あるいは必然的に至るものなのか、また彼のなかで実際に至ったのかということについて、その答えを提示できてはいない。〈作業〉の黄化についてヒルマンが述べていることは非常に重要で

───────

192) 単に何らかの個人的な理由によるものではない。それはまったく異なる問題であろう。

はあるが、それはあくまで彼の宇宙への転向につながることのない美しい観念に留まっている。読者としてのわれわれは、彼の宇宙への転向がどれだけ本当に人格主義的心理学の内的な自己毒殺の産物であったかを実際に再現できる立場にはいない。それは、心理学を批判するまったく異なる考察の、あるいは、個人的な興味の移ろいの産物だったのかもしれない。反対に、もしそのような毒殺が起こっていれば、他の諸々の気分や態度、動き、また単なる欲求不満やシニシズム、マルクス主義的な態度への転向に帰着するか、あるいは、極めて単純に、ヴォルテールの『カンディード』に描かれているように、庭を耕すために心理学と世界の双方から撤退することに帰着したのかもしれない。

　宇宙への彼の新たな興味が実際の黄化のプロセスの結果であるというのは、単なる仮定であって、この仮定はまた、さらなる事後的な合理化のようにも思える。そして、「宇宙」への彼の新たな焦点づけというのは、〈作業〉に内在されていたもののさらなる発展の成果というよりはずっと、自我のプログラムに近いもののように思えるのだ。もし作業の内的な力動に対して本当の信頼があったなら、「宇宙」への転向は、明示的なプログラムとして先取りされる必要はなかった。つまり、それはひとりでに到来しただろう。われわれは待って見ていればよかったはずである。白き精神の自己崩壊の過程において、心理学は、自分自身の内側から、「外側の世界へと赤化する」（p. 91）のだ。

　確かに、ヒルマンは、錬金術における黄化が、世界の魂（anima mundi）や宇宙に関する観念と結びついていることを示し、錬金術の洞察に依拠しつつ、「黄化は外側に向かう」と述べた。けっこうなことである。しかし、ヒルマンの興味の移ろいが本当に黄化のプロセスに由来するものかどうかわからないことは別にしても、錬金術師が黄化と結びつけた、この外側への転向は果たして行動化される必要があるのだろうか。それは、内側と外側という単純な非弁証法的対立とのかかわりで、それゆえに、知覚される空間とのかかわりで、字義通りに理解されなければならないのだろうか。そして、それは字義通りの「今日われわれの現実の心理学的な障害が生み出されるところの…外側の世界」（p. 91）を指しているのだろうか。個人から「宇宙」へという字義的な焦点の移行は本当に、第一質料に内在されている「外側の世界へと赤化すること」と同じものなのだろうか。

　さらに言えば、そのような行動化は、黄化のプロセスの内側にある意図のまさ

に妨害ではないのだろうか。その意図は、完全に化学的な（内的な、本来的な）「メルクリウスへの融解」という意味において、「想起すること」、記憶（内面化）のもつ否定性を必要としているからだ。窓を抜けて「宇宙」へと至る、字義的で実体的な外側への動き、すなわち、知覚とそれによる空間的な視覚化の価値を再確認するような動きは、本物の「外側」からの逃避に他ならない。

　本物の「外側」は、非弁証法的な対立物として自分自身の（内側の）外側に〈他者〉をもつものではありえない。今までいた部屋から単に歩み出て、そのドアを閉めることによって、あるいは、窓から外を眺めることによって到達できるようなものではありえないのだ。それではあまりに陳腐である。本物の「外側」に到達するには、まったく異なったレベルに移行し、同じ古いレベルにある字義的な内側と字義的な外側を超えてゆかねばならないのだが、人格主義的な心理学からコスモロジーに移行することで、実際には内側に留まることになる。いずれもがイマジネーションと知覚という同じ空間を共有しているからだ。それらは双方とも実体性というステータスにある。内省という字義的な内側も、外側の世界という字義的な外側も似たり寄ったりで、双方とも単なる互いの片割れであり、同一の全体を半分ずつ分け合っているにすぎない。それらは、意識の同じ構造や形式を前提としている。内省的な心理学からコスモロジーに移行したところで、独房から刑務所の中庭に移動するだけだろう。この刑務所から本物の屋外に出る唯一の方法は、内側と外側の分裂を乗り越えることである。片方を他方と交換しても仕方がない。換言すれば、本物の屋外は、心理学が自己崩壊を起こして深みを帯び、自分自身の内側で根本的に新しい、すなわち、弁証法的論理というレベルやステータスに開かれることによってだけ、開かれうるのだ。

　自分自身の内側！　これが意味するところを、動物から人間存在への進化における変化とのアナロジーによって説明してみたい。最初の人類は、動物の生態から外の世界に歩み出ることで、動物というあり方を後にしたわけではない。（保持された）動物の生態の内側で「絶対－否定的な想起」、すなわち、まったく新しい意識の次元を切り開くことによって、動物というあり方を後にしたのだ。より高い次元が字義通りにより高いわけではない。反対にそれは、（「絶対－否定的な想起」をイマジナルに翻訳するなら）第一質料がより深く自分自身のなかへと崩れ落ちてゆくことによってのみ到達される。本物の外側は、同じくより深い内側であ

り、それはあまりに深い（つまりは、根本的に、あるいは無条件に深い）ので、内省によって見出すことはできない。なぜなら、それは内側という字義的な概念を、そして、内側と外側という非弁証法的な対立を打破するからだ。

　意識は、内側である外側であり、外側である内側である。通常、意識は、世界の「なかに」、世界のなかの諸物と「共に」ある。意識は私の「なかに」あるのではない。あるいは、意識はまさに、意識が「外側に」ある時、そのぶんだけ私の「なかに」ある。それ自身の内側においてだけ、意識は本物の世界という外側にあるのだ。われわれが本物の外側の世界へと至る道はこの他にはない。意識とは、そのような矛盾を孕んだ弁証法的な組織である。本物の外側の世界にあるリアルな諸物や人々と真の意味で「共に」あるぶんだけ、それ自身の内側に留まるものであり、また外側にある何らかの企てや個人へとそれ自身を投げ出す時（例えば、人が恋愛している時）、最もそれ自身の内側にいることになるのだ。

　意識一般についてはこのようなものである。心理学主義的な意識から（知覚によって捉えた場合に、心理学主義的な意識が、空間的な意味での内側と外側が解離したものである限りにおいて、それを「神経症的」意識とも呼ぶことができるだろう）真に心理学的な意識への移行が問題になってくる際にも、必要な変更を加えて、同じことが言えるだろう。この真に心理学的な意識とは、弁証法の精神における意識であり、直接的な心理学の魂の論理としての心理学への自己止揚によって特徴づけられる意識なのだ。

　「宇宙」への移行というのは、根本的に間違っている。その論理的な形式ゆえ、「宇宙」という概念は弁証法を表現することができないし、正当に扱うこともできない。それはまずもって、対象としてイメージされる世界という概念であり、そのようなものとして、自分自身の外側に主体（例えば、意識という概念）をもっている。それはあくまでイメージされるべき対象、すなわち、魂のこもった方法でかかわることになっている対象なのである。このように、「宇宙」は本質的に、内側にあるという観念とは非弁証法的な対極にあるものであり、ヒルマンはこれを明確に、面接室や人間個人という内面性に対立する選択肢として掲げてさえいる。宇宙への移行は、左翼が1960年代や70年代に「中産階級」の個人心理を拒否し、その代わりに根本的な社会変革に立ち上がったことに（同一ではないまでも）相当する。彼らは、われわれが抱える問題の根源は不公平な社会システムにある

と言ったが、それはちょうど、ヒルマンが先の引用で、宇宙から「今日われわれの現実の心理学的な障害が生み出されている」と主張したのに似ている。それらはいずれも、近視眼的な説明であろう。われわれが抱える問題は、それがしばしば身体症状に現れるのと同じように、相当程度、外側の世界に姿を現す。しかしながら、それらの問題は、われわれの意識（と生きられた体験）、社会構造、そして「外側」にある諸物の世界（この世界が人間の操作と製造の結果である限りにおいて）、これら三者すべてに装備され、浸透している、非弁証法的で実体主義的な論理に由来するものなのだ。

「宇宙」というものは、ヒルマンが適切に感得し描写した問題への解答ではないことに加えて、ヒルマンの転向によって本当に到達されうるものでもない。「鏡から窓へ」、これがヒルマンの動きである。しかし、窓から外を見やっても、（ヒルマンの意図している「世界の魂 (anima mundi)」によって生命が与えられた世界という、魂のこもった意味において）本当に宇宙が見えるようなことはない。そこに見えているのが「宇宙」であるという考えは、美しい幻想であろう。現実には、それは他の何かであるにすぎない。実際には、世界のあの「部分」、あの「側面」を見ているだけで、それは操作されうるものであり、実体性であり、換言すれば、ヒルマンが別の論文で、宇宙との対比で「世界 (universe)」と呼んだものなのだ（それを「宇宙」として主張し、それを主観的にアニマの意味で膨らませる人がいるとしても）。それはまさに、その実体性を離れて乗り越えたいと望んだはずの人格主義的心理学と同じくらい実体的であると言えるだろう。鏡を拒否し、代わりに窓を選ぶことによって、この変化によって見出したいと望んでいたものをまさしく失うことになるのだ。

ヒルマンの言う意味での「宇宙」と本当にかかわろうとするなら、鏡が必要である。鏡のなかでだけ、窓を通して直接的にではなく、思索的にだけ、〈概念〉においてだけ、本物の世界（実在性〔Realität〕ではなく、現実性〔Wirklichkeit〕）に、初めて本当に出会うことができる。歴史的に言えば、われわれは、無媒介な方法で世界を覗き込むことができた素朴な状況を超えているし、またそれはとうの昔に超えてきたものである[193]。「宇宙」や「世界の魂」は、少なくとも二千年の間「外」にあったのであり、もう後戻りの道はない[194]。これがおそらく、宇宙について、「世界の救助」、世界の魂、都市、外側の現実の美学等について元型的心理学で言

第5章　元型的心理学、あるいは…：　283
イマジナルなアプローチへの批判

われてきたことが、迫力も説得力もまったくない理由だろう。美しく響くが、救いがたくノスタルジックであり、実際的な治療上の示唆としても役に立たない。すでに述べたように、「世界の魂 (anima mundi)」へと後戻りする道はない。個としての人間の魂と世界の魂との間の非弁証法的な対立を乗り越えて先に進む他に道はないのだ。それは、論理的な生命としての魂へと進む、止揚という道である。論理的な生命としての魂は、内側でも外側でもない。双方を包含し、満たしているのである。

　ヒルマンは、「黄化による死を避けること、すなわち、白から赤へと、魂から世界へとまっすぐ進む」(p. 92) ことを戒めた錬金術師たちの言葉を繰り返している。けれども、心理学の対象の交換とは、すでに示したように、無媒介（「まっすぐ」）な、あるいは実体的でプログラムに従った、魂から世界への移行によって、（発酵してゆく腐敗を通じて、やがて自分自身の内側から赤化をもたらすであろう）リアルでゆっくりとした黄化のプロセスを変えてしまうことである。これとは対照的に、直接的な心理学を魂の論理的生命の学としての真の（止揚された）心理学へと止揚することは、ヒルマンが求めていたもの、すなわち、「外側の世界へと赤化すること」をもたらしうる。それはまさに、世界が直接的には目指されないゆえに可能となる。意識全般が「外側に」ある時にこそ自らの内に留まるのとちょうど同じように、魂の論理としての止揚された心理学もまた、内側と外側という実体的な対立から放免されている。自分自身の内側にしっかりと留まること、自らを自分自身へと、自分自身の〈概念〉へと無条件に内面化することによって、ま

─────

193) この記述には修正が必要だろう。人間にとって、本物の世界への直接的な接近など、これまでに存在したことはない。世界を覗き込む無媒介な方法が見かけの上では可能だった「素朴な状況」についてここで語る際には、そのような定式化がわれわれの状況との相対のなかでなされていることが理解されねばならない。われわれの意識が経てきた、そしてまだ経ていかなければならない論理的な進化に比べれば、太古的な状況（世界と神話的、儀式的にかかわっていた時代）における意識は素朴であったが、それ自体としては、素朴さとは程遠いものであったはずである。意識はそれ自体、最初から論理的な否定性であり媒介である。それは「殺害」という論理的な行為によって成立しているのだ。

194) この点については、先に述べた拙論 "The Opposition of 'Individual' and 'Collective'" のなかで論じている。

さしく本物の世界に届くのだ。論理とは、高度に包括的なものであり、こうした外側にある本物の世界への到達を真に成し遂げるための道は、他にないように思われる。

　もう一つ、付加的な問題がある。焦点として、人間個人と世界とを置き換えることによって、人間個人という概念は、変化することも変容することもないままに置き去りにされ、その時点で手の届く範囲から出てしまうことになる。それゆえ、ヒルマンの移行によっても手つかずに残されているものこそが、まさしくその頽廃しゆくプロセスを最も被らねばならないものである。面接室を放棄することで、確かに彼は他のものへと踏み出した。しかし、彼の第一質料までもがそれに続いて新しい状態に入ることはない。彼の移行は、本質的には、「面接室」を宇宙へと変成したわけではない。人格主義的心理学の腐敗は言うまでもなく、心理学の「見直し」の必要性を理解することさえないだろう人たち皆の手のなかに、個人と面接室を不変のままに置き去りにしているのだ。このことが示すのは、彼の移行は単に個人的で主観的なもの、すなわち、字義的で類「物理的」な移行にすぎず、錬金術の作業という文脈において求められたであろう、「材料」（個人的人間）そのものの内在的で「化学的」で「客観的」な変成ではない、ということである。

　また、個人治療を拒否したとしても、それはむしろ無駄な企てであるように思われる。単純に、個人的な障害をもった人々による個人治療を通した援助の要請が個人分析を生かしておくであろうという理由で、その存続が予測されるからだ。ヒルマンの宇宙への転向は、この要請までも変えてはいない。このことはおそらく、この宇宙への移行が自らのなかに真理をもっていないことも示しているのだろう。言うまでもなく、たとえそれが理論的な転向として提示されるとしても、それは真に理論的であるというよりもむしろ、ある個人に特異的なものである。そして、個人分析への要請を変えるというよりもむしろ、その「宇宙論的な転向」は、個人という同じ古い概念を、それゆえ、人々が「私の個人的な問題」としての「個人の障害」を患うのを保護し、免疫を与え、凍結する。まさに個人分析から離れることによって、彼自身の意識は、「個人」と「宇宙」との間の対立に縛られたままになっているのである。

　心理学における人格主義的なアプローチの本当の問題は、それが広く世界に焦点を当てる代わりに、単に個人に焦点を当てているということではない。問題は、

この対立を生み出している意識の論理的なステータスであり、とりわけ、個人という概念に働いている論理である。それは、様々な意識を、様々な心理を「もっている」人間としての個人という、基体とされる性質のことである。心理学は、その焦点としての個人たち（複数!）に実際に背を向けることで黄化したり自己止揚したりするのではない。それでは、意識の同じ古いステータスの内側での移動にすぎないだろう。「実体、あるいは基体としての人間」というものに対する自らの無意識的で（これまでの）揺るぎない信仰が、完全に「メルクリウスへと」、すなわち、魂の論理的生命という概念の液状性へと解体し、融解される時にだけ、心理学は黄化する。これこそ、人格主義的な陥穽を乗り越える唯一本物の方途であろう。

　「黄化」論文において、ヒルマンは、「そしていずれ、職業的心理学を苦しめている問題——性的な不品行、倫理規定、訴訟、保険の支払い、資格制度、訓練規定、地域的な組織と国際的な組織——は、白きこころをその自己封入から解放するものとしての発酵してゆく腐敗に曝されているのを理解することになるだろう。…発酵してゆく腐敗は、治療の主たる仕事から脇道に逸れているように思えるが、実際には、いかにしてこころが宇宙へと黄化してゆくかということであるのかもしれない」(p. 94) と述べている。この引用によって顕わになるのは、腐敗のプロセスについてのいかにも害のない理解である。述べられている事柄がいずれも大きな規模における腐敗の徴候であることに疑いの余地はない。しかし、この腐敗のどれもが、錬金術師が「黄化」という文脈で腐敗について語る際に述べているような類のものなのだろうか。ヒルマンが例に挙げているような問題は、ある意味で、異なる環境に応じて異なるやり方で諸々の制度や組織を苦しめている瑣末な問題である。それは、人間的な、あまりに人間的なものに対する無邪気な賛辞であるように思われる。大いなる作業 (*magnum opus*) という表現のもつ高貴なステータスを与えるのは、行き過ぎた栄誉であろう。それは、ありふれた影の現象として解釈されるほうがより適切なのである。

　黄化という表現は間違いなく、大いなる作業の一つの位相として、事態の嘆かわしい外在的な状態より以上のもの、「治療の主たる仕事から脇道に逸れている」以上のもの、「われわれの方を、分析の方を向く被分析者、非難し、訴え、暴露し、信頼に背く被分析者」(p. 95) 以上のものを意味しているに違いない。これらはい

ずれも、あまりに「表面的」であり、この職業にかかわる外在的な不祥事である。それは、あくまで「行動」のレベルに留まっているにすぎない。これに対して、黄化とは、真に内的な解体であり、材料の核の解体であり、まさにその「化学」の、すなわち、その論理の発酵してゆく腐敗であり、そして、それらは、その同じ材料のメルクリウス的な論理の状態への（その論理的な性質が最終的に明らかになった状態への）腐敗でなければならない。黄化のプロセスは、リンゴの腐敗のようなものではない。腐ったリンゴは捨てればいいし、腐っていない果物と取り換えればいい。黄化のプロセスは、葡萄が発酵してワインになるようなものである。腐った葡萄は、注意を向けられるべき貴重な物である。葡萄からワインへの変化は、個別的な諸物の「物理」からその論理という「化学」への、そして、論理の液状性と霊性への変容のイメージである。これが実現されて初めて、黄化はひとりでに、自分自身の内側から、最終的に赤化した状態へと変わることができる。魂は、論理的生命の姿になった時、まさにそのことによって、あらゆる現実性のもつ性質であることが理解されるのである。

　なぜヒルマンは、見通すことに関してあれほど洞察していたにもかかわらず、とりわけ、ごく最近では〈作業〉の黄化への素晴らしい洞察をしていたにもかかわらず、「宇宙」に惚れ込んでしまったのだろうか。これはおそらく、彼がまだ到達していなかった（ここでは「論理というレベル」という意味での）論理的レベルのゆえ、つまりは、体系的な決断によって彼が自らそこに到達することに抵抗したゆえであろう。彼は、イマジネーションと知覚という（論理的）レベルに身を置き、そこに留まることばかりを強調し、イマジナルな態度に働きかける、黄化のゆっくりとした自己腐敗と発酵のプロセスを通して、自分自身が厳密で献身的な思考の道に引きずり込まれることを、そして、弁証法的な論理のレベルに投下されることを許さない。たとえ彼が、黄化は「とりわけ知性的」であると主張し、ドルネウスが「形態とは知性である。そして、作業の始まりであり、中間であり、終わりである。そして、この形態は、サフランの色によって明確になる」(p. 85) と述べているのを引用したところで、このことにはまったく変わりがない。人格主義的心理学をその本質から「救助」するには、そこから単純に「外側の世界」へと転向することだと信じさせ、「知性である」ような「形態」の昇華に本質を置くことがないよう唆しているものこそ、イマジネーションに他ならない。また、問題

は、心理学が向き合う対象が何であれその論理的な成り立ちにあるというよりも、心理学の対象やトピック（「個人」対「宇宙」）の具体性にあるとわれわれに思わせるのもまた、イマジネーションなのだ。

　「イマジネーションに反する錬金術の作業」について述べた先の節で、錬金術師たちの「材料」と「物質」という概念が、本物の思考や純理論的概念として見事に到達していたところがどのようなものであったかを示そうとした。彼らは我知らず、生命へのイマジナルなアプローチには根本的に接近不能である次元へ、知性的な形式というレベル、すなわち、リアリティーの論理的（弁証法的）な構成へと進んでいた。今や、ヒルマンが、主として「個々の人間」と「宇宙」という対立にかかわることで、この「材料」の「化学的な」レベルより下の、すでに形成された存在物という「物理的」次元へと再び退行しようとしたことがわかるだろう（彼が美学、美、感覚に固執しているのを見るだけでもよい。それらは心理学的にはずいぶん時代遅れなものである）。もしイマジナルなものが概念化の究極の地平であるならば、これとても避けられないのかもしれない。しかしそこでは、目指しているメルクリウスについに追いつくどころか、精神は体系的にそれより下（あるいは前）に位置づけられているのだ。

　止揚はイメージされえない。イマジナルな心理学という文脈の内側では、それは本当には起こりえない。止揚は、否定という実体的な行為ではない。それは、「化学的（錬金術的）」なものであり、論理的であり、絶対的−否定的[195]であり、「徹底的」であり、内在的である。それは、実体的な（単純な）否定よりも静穏であり、（たとえずっと力強いものだとしても）華々しいものではない。「心理学の止揚」は、分析実践を終わらせることも、別の領域（心理学的に高められた生態学や社会学）に入ってゆくことも求めない。それが意味するのは、自らの自己止揚（基体としての人間という概念の止揚も含む）として、心理学の本物の概念を獲得することなのだ。

　まとめに入ろう。神話へのイマジナルなアプローチは、真に魂と出会うには到来するのが遅すぎた、ということであろう。厩の鍵を締めようとした時には、馬はすでに逃げていた。つまり、（無限である）魂を神話のなかに求める頃には、（す

---

195) 否定の否定。

でに「終わっている」、「実体的な」、明瞭に区画分けされた）心理たちしか見出せず、特定の実体化された心理学的機能（「イマジネーション」）を主に用いて働きかけることになったのである。それは、神話的なイメージによって例証される様々な種類の心理をもつ「人々」や「元型的な像」しか見ていない。こうして、イマジナルな心理学は不可避的に、すでに実体的な心理学的行動、体験やファンタジーといったものから始めることになるし、またそれを決して超えることはない。イマジナルな心理学は、「先在」や「あの世」という、すなわち、魂の生命やその論理的な否定性という抽象的な領野へと真に越境してゆくというよりは、イマジナルな企てとして、体験され生きられた生命という経験的な領域に、また実在するものという目に見える世界に完全に位置づけられるのである——自分は魂を見出したのだと望み、そう主張すればするほどに。

第6章
アクタイオンとアルテミス：
概念の絵画的表象と神話の（魂の論理としての）心理学的解釈

　アクタイオンの神話の概要はすでに前章において示した通りである。本章では、この神話の解釈に専念したい。筆者が主張したのは、この話が〈概念〉の神話であるということである。それは、〈概念〉の神話であり、そのようなものとして、真理という〈概念〉の神話であり、──そして、真の心理学という〈概念〉の神話である。その理由については、この後の議論から明らかになるだろう。真理の概念、そして真の心理学の概念とは、狩猟と荒野のイメージに表象されている。ある物語を「解釈すること」が「その物語の概念を与えること」である以上、この神話を解釈することは、狩りという概念を与えることであり、同じ理由で、〈概念〉の概念を与えることである。

　先にイマジナルな心理学とその解釈原理に対する批判を行ったことで、われわれは、以下のような洞察を携えた上で解釈に入ることができる。すなわち、語りとしては、異なる様々な出来事や段階として、ある展開のなかで現れてくるものが、（魂の論理としての）心理学的に言えば、同一の「真理」についての非常に多くの異なる決定や「契機」として理解される必要があり、このアクタイオンの神話の場合においても、語りとして劇的な物語へと翻訳されてきた、この「真理」が、〈概念〉、すなわち〈観念〉という特定の真理、あるいは概念──〈真理〉それ自体の概念である、という洞察である。全体として、この物語には、注目すべき六つの「契機」が存在する。

1. 狩りをすること。狩人。
2. 見知らぬ森に足を踏み入れること。野生。
3. （第三の契機については、ひとまず伏せておかねばならないが、以下の議論のなかで明らかになるだろう）。

4. 裸の女神アルテミスを見ること。
5. 鹿への変容、そして最後には
6. 自分の猟犬たちにズタズタに引き裂かれること。

　以下において、この神話について思考する、すなわち、そのイメージに住み込み、その異なる契機同士の動きと結びつきを忠実に追うということをしてゆきたい。神話を思考すること、そのイメージに住み込むこと——これらの意味は、（このようなアナロジーが許されるなら）口腔内での消化という隠喩を用いて、神話の各々の決定が口のなかで溶けてゆくに任せるようなものであると言えばわかりやすいだろう。この隠喩によって強調したいのは、主として以下の二つの側面である。第一に、思考すること、理解することは、それぞれのモチーフを歯で噛み砕いてバラバラにすることとは違う。むしろそれぞれのモチーフがひとりでに解体し、そのことでその内的な意味を産み出すままにするという方が近いだろう。第二に、食べ物を丸呑みにするのとは対照的に、「口のなかで溶けてゆくに任せる」ということには、それがゆっくりとしたプロセスであることが含意されている。そこに焦りはなく、あるモチーフから次のモチーフへと急ぐことも、物語の最終的な結果に向かうプロットの力動に押し流されることもない。それぞれのモチーフや決定が、それ自体として評価される。それらは自らの（論理的）生命と独自の「目標」（結末〔finis〕、目的〔télos〕）を自分自身の内側にもっている。したがって、それらはいわば、枯渇するまで使い果たされなければならない。そして、次のモチーフへの移行があるのだとしたら、それはこの枯渇の結果として起こらなければならず、そうすれば、現在の決定は自分自身の内側から「自ずと」次のモチーフへと開かれてゆくはずである。

　これからわれわれが取り組むのは、一つの小さな神話である。われわれはその狭い範囲の内側に厳密に留まらねばならないだろう。しかし、われわれの側の狭量のゆえ、そうするのではない。この物語の内的な複雑性に一意専心するうちに、われわれは、そこからこれよりはるかに広い理論的な関心を導き出すことになる。われわれを導く問いの一つは、あらゆる心理学的、心理療法的な作業をも導くものに違いない。それは、心理学とは何か、魂とは何かという根本的な問いである。

第一の決定
狩人、あるいは…:〈他者〉への志向性

　概念とは、認識（に対する欲望）としての魂である。それは、魂が自らを認識し、知り、理解している自己関係という、あの「元型的」契機における魂である。〈概念〉、あるいは〈観念〉は、形式論理的な抽象概念と混同されてはならない。それは、自らの指示対象を自分自身の外側にもっているという意味で、静的であり、われわれが物に貼る単なるラベルと等価である。ここで理解されている〈概念〉はそれとは対照的に、それ自体動きであり、自分自身を見出し、知ろうとする魂の動き、あるいは方法である。魂は、自分自身へと向かう道の途上にいて、まだそこには至っていない。それゆえ、魂は、自分が向かっている先にあるものが「自分自身」だとは、まさにそれ自身だとは、その時点では理解できていない。つまり、（その時点では）自分自身とは別にある、隔たった目標としてイメージされているのだ。それは他として、〈他者〉として立ち現れるが、魂はそれに、激しく引きつけられる、あるいは駆り立てられるように感じる――魂の知らぬところで、この（見かけ上の）〈他者〉が自分自身である、あるいはその真の自己であるのだから[196]、そうなるのは必然であろう。これが、アクタイオンが狩人として表される理由である。その〈概念〉の第一の決定は、決然とした志向性であり、未知の〈他者〉[197]（獲物）を見つけ出し、捉え、理解しようという激しい欲望であ

---

196) ここでの「自己」は、ユングの特殊な用語法における意味では用いていない。

197) 何らかの他、何らかの獲物という形で存在するもの――（心理学的なものではないが）哲学的な狩り、「（真の）存在を求める狩り」（τοῦ ὄντος θήρα）という考えは、プラトンの、例えば『パイドン』66 c 2 に見られる。そこでは、〈観念〉へと思索的に到達しようとする試みについて述べられている。以下を参照のこと。C. J. Classen, *Untersuchungen zu Platons Jagdbildern*, Berlin 1960. クザーヌスも、知恵を求める狩り（*venation sapientiae*）について述べているし、またジョルダーノ・ブルーノは、『英雄的狂気（*Eroici furori*）』のなかでアクタイオンの神話に対する重要な哲学的解釈を行っているが、彼もまた、アクタイオンのなかに、裸の真実（*nuda veritas*）のイメージとしてのアルテミス／ディアナを狩ろうとする最も高度に合理的な能力としての知性を見ているという点で、この伝統に属していると言える。ブルーノのアクタイオン解釈については、以下を参照のこと。Werner Beierwaltes, "Actaeon. Zu einem mythologischen Symbol Giordano Brunos," in: idem, *Denken des Einen*, Frankfurt/Main (Klostermann) 1985, pp. 424-435.

り、情け容赦なく狙いを定めて、矢を放ち、命中させ、貫こうとする、すなわち殺そうとする意志である。ここでの「殺そう」という意志は、〈他者〉への絶対的なコミットメントの、すなわち、究極的な接触の瞬間において自分自身（自分の存在全体）を〈他者〉に分け与えたいという切望が孕む最初の直接性なのだ。

第二の決定
原初の森、あるいは…：〈他者性〉に自らを曝すこと

　しかし、アクタイオンは「見知らぬ森」を当てもなく彷徨する（オウィディウスは「おぼつかない足どりで」と描写している）。獲物について前もって思い描いた考え（どのようなものなのか、どこで見つかるのか）を何も携えないまま、出発するのである。その狩人はまだ、何か特定のものに接近したり、狙いを定めたりはしていない。〈他者〉への激しいコミットメントや、揺るぎない狙いはあるものの（第一の決定）、この〈他者〉が何であるのか、どこに、また何として顕現するのかについて、実体としてはあらかじめまったく定義されていない。それは真に未知なのである。（もし本当にいるなら）どのような獲物が姿を現すのかに対して、彼の側は完全に開かれており、受け身的である。そして、そこにあるのはまさに、獲物はひとりでに自ら姿を現すに違いないという考えである。もしそうでないなら、すなわち、もしアクタイオンが、何が起こるのかを予測していたなら、原初の森に進むという彼の目的に反する結果となってしまう。たとえ字義通り森にいたとしても、実際には飼い馴らされ、文明化された領域に行き着く（あるいは留まる）ことになる。そのような領域では、制御と予測可能性こそ、それを表すすべてだからだ。「〈概念〉」が意味するのは、（実際行うにせよ、イマジナルな次元で行うにせよ）すでに柵に囲われ家畜化されている「動物」の「屠殺」ではない。それは、「前もって用意された」対象の概念的な理解を意味していない。アクタイオンにとって、狩りとは単に、食物を得る、上首尾を得るという実際的な関心ではなく、真の出会いという冒険（adventure）（「到来」「降臨」〔advent〕が語源!）である。それは自由であり、それ自体として一つの主体性であり、真の機会を孕んでいる〈他者〉との出会いである。たとえそれが、あれやこれやの獲物がもつ特異的で予測不能な装いの真理であったとして、その時にだけ、狩りは、〈真理〉それ自体との、魂自身の真理との出会いでありうるのだ。

この文脈に照らすと、古代中国の皇帝が行ったという、大規模な狩り出し型の狩猟遠征は注目に値する。『易経』の一節への注釈では、これらの狩りについて次のように述べられている。「狩り出しが終わり、矢を射る準備ができたら、獲物が追い込まれている柵の一方が開かれ、護りが解かれた」[198]。『易経』のテキストによれば、皇帝は従者たちに三方からのみ狩り出しをさせ、獲物あるいは猟鳥がこの護りの解かれた側から逃げられるようにしていたことがわかる。古代の皇帝が、獲物が逃げられないように四方から取り囲んでおく必要はないと考えていたことは明らかである。このように、勢子と柵を用いるような狩りであるにもかかわらず！　動物たちは、本当の意味での機会を与えられるべきであると考えられていた。そこでは、何らかの種類の開放性が保たれなければならなかったのであり、全体の効率性は求められていなかったのだ。古代中国の皇帝のこの真に王的な寛大さは、冷酷な「効率性」信仰をもつ、われわれの科学技術文化の「野蛮さ」に光を投げかけるものであろう（熱帯雨林の開発、産業化された大規模な海洋の乱獲漁業、3グラムの金を得るために山1トン分を削るような採掘。露骨な例を三つだけ挙げたが、もちろん、そこには心理学の書物に見られる、心理療法における新しい「効率性」信仰も加えられるべきだろう）。

　われわれの神話には、ある材料が試験管から出ないよう留め置かれていたり、あるいは、実験動物が特別に育てられ、事前に定められた一連の問題設定に無力に従属させられ続けたりするような実験室状況は存在しない。証明すべき「仮説」などない。また、獲物を柵で囲いに追い込み、四方を取り囲むような狩りもここには存在しない。ここにあるのは反対に、無限に広がる原初の森に危険を冒して立ち入ること、「無人の土地へと」[199]勇んで進んでゆくことなのである。ユングの表現を借りれば、アクタイオンは「自らのダイモーンに駆り立てられ」、慣れ親しんだものの領域の「限界を超えて足を踏み入れる」男であり、それゆえ「地図に描かれた道はなく、頭上に防護用の屋根を広げるシェルターもない、そんな『前人未踏の通行不可能な領域』に本当に参入することになる。そこには、予想

198）James Legge, in: *I Ching Book of Changes*, New York (Bantam Book edition) 1969, note on hexagram 8, line 5.

199）Jung, *Memories*, p. 345.

もしない状況に出くわした時に彼を導くような指針は存在しない…」[200]。そのような参入は、未知のものやその危険に対して向こう見ずに自らを曝すことに等しい。このように自己を危険に曝すことで、アクタイオンは、事実的、字義的にだけではなく、本質的に（論理的に）、荒野に、無限性に、自らが実体化され、限定され、区切られる前の世界に身を置くことになる。荒野とは特定の場所ではない。それは、生命と世界とを見渡すような世界－内－存在の心理学的様式、あるいは論理的なステータスである。「荒野」は、無限性と予測不能性を伴った未知のものへの容赦ない自己暴露が生起する場所であり、それは魂の論理的否定性の隠喩であると言えるだろう。アクタイオンはいわば、前章において明らかにした意味で「先在」の領域へと参入したのである。

　そのようなものとして、アクタイオンは、本書冒頭に紹介した古いアイスランドの伝承の引きこもりとは正反対である。アクタイオンにとって、野生に参入することは、彼の本性である。母親に辛辣な言葉を浴びせられて目を覚ます必要など彼にはない。

　そうだとすれば、何らかの獲物を狩る時、アクタイオンが狩ろうとしているのは一体何なのだろうか。彼は、魂の論理的生命と論理の否定性を求めて狩っている。このことが、止むに止まれぬ熱情という力を狩りに付与するのだろう（今日でもなお、字義通りの意味での狩りにこうした止むに止まれぬ熱情をもっている人々はいる。ただし、何のために狩っているのかと問われても、「論理的な否定性を求めて」とは答えないだろうが）。もしアクタイオンが単に実体的なものの後を追っているだけであれば[201]、彼は荒野に入る必要はなかっただろう。牛やヤギを屠殺していればよかったのだ。荒野とは論理的否定性の領域である。まったく逆のことを言えば、実体性を付与されたものはすべて、実体性（実体的な現実、実在性〔Realität〕）の領域である「飼い馴らされた」領域に属するのだ。

―――――

200）Ibid., p. 344.

201）彼は実体的な物を追ってもいた。（字義的にであろうが隠喩的にであろうが）「獲物」は、実体的なものである。しかし、「獲物」は、自らの実体性に制限されているわけでも、そこに閉じ込められているわけでもない。それは常にそれ以上のものである。「獲物」はヌミノースな性質ももっており、そのことによってはじめて、それは「狩る」価値のあるものとなるのだ。

この神話に見出される〈概念〉の最初の二つの決定は、相矛盾している。絶対的な直接性と狙いを定め殺害しようとする意志が一方にあり、他者に対する受動性、非直接性、そして自己暴露が他方にあるからだ。しかし、これら二つの決定は双方とも、一つの概念、すなわち、狩りに内在されている。アクタイオン、すなわち狩人のイメージに表象されているのは、自らを取り囲む荒野から出て襲いかかってくるかもしれないものに対する、「〈他者〉に迫る」という態度か、もしくは「〈他者〉に自身を曝す」という態度かのいずれか一方ではない。そうではなく、他者に迫ることと他者に四方を囲まれることとの相矛盾する結合なのだ。それは、〈他者〉に狙いを定めることであり、殺害することでさえあるが、そうであるにもかかわらず、〈他者〉を完全に自由に、手つかずのままに放置することでもある（これについては、以下においてより明らかになるだろう）。このような絶対的な矛盾を思考することこそ、この神話の始まりがわれわれのために用意した課題なのだ。

　本来であれば、次は第三の決定について論じるはずなのだが、この後に明らかになる理由から、第三の決定は、第四の決定の後に論じるしかない。

第四の決定
裸のアルテミスの顕現、あるいは…：〈他者〉の最も内奥にある真理の啓示

　概念とは、単なる認識への意図、欲望、努力ではない。それは、この意図の成就、すなわち、現実の認識、あるいは〈真理〉という出来事である。換言すれば、概念は、憧れとその成就との相矛盾する結合であり、それは成就していない探求と成就した発見である。際限なき森で当て所なく彷徨するアクタイオンは、裸の女神に思いがけず出会うことになる。

　これは非常に重要なポイントであろう。物語が始まって直ちにわれわれが認識せざるをえないのは、この神話は、例えば、欲望は存在するが、その欲望は本質的に、そして必然的に充足されないものであると説くラカンの立場や、目標とは観念として重要であるだけで、本当に意味があるのはその道筋であるとするユングやヒルマンの立場には相反する、ということだからだ。われわれの神話が示しているのは、成就は存在しうる、あるいは存在するということである。これを敷衍すれば、目標というのは、それが実際に到達される限りにおいてのみ、重要で

あるとさえ言えるだろう。

　われわれに仕掛けられた、この物語の心理学的な読解への最初の問いは、アクタイオンとは「誰」なのか、女神とは「誰」なのか、というものであろう。すなわち、誰が誰に出会うのか、ということである。アクタイオンが誰なのかという問いは、第一の決定という表題の元で先に論じられるべきだったのかもしれない。しかし、先にはアクタイオンを単に自明のものと受け止めていた。今になって改めてこの問いを取り上げたり、それに答えたりするのは、アクタイオンが誰なのかということが、アルテミスとは誰なのかということと不可分であるからだ。彼らは相互に互いを規定する。だからこそ、誰が誰に出会うのか、ということなのだ。答えは以下の通りである。ここでの魂は、探求される〈他者〉として、自分自身に出会っている。それは狩人として、裸の真理（その処女性におけるアルテミス）としての自分自身に、ベールを脱いだサイス（Saïs）のイメージとしての、絶対的真理としての、カント的な意味での「物自体」（「仮象」に対置される）としての自分自身に出会い、それを把持するのだ。

　われわれにとって、アクタイオンとアルテミスは本当の意味で、まったく異なる二つの（正反対の）存在、すなわち、男性と女性、人間と女神ではない。双方が全体として一つの魂なのである。それらは同一無二の魂[202]でありながら、ここでは、〈概念〉として自分自身を実現するために、対立物のシジギーへと自らを展開するのだ。魂は、われわれが物を〈一つ〉とイメージするのと同じように〈一つ〉なのではない。また二面的でも、多面的でもない。魂はそれ自体が自己関係である[203]。したがって魂は、先にも強調したように、結合と差異の結合であり、（論理的な）生命である。われわれの神話は、魂の論理的生命における一つの元型的な契機である。それは、魂の「形をつくったり、形を変えたり、永遠なる意味の永遠なる遊び」（ユングが繰り返し、ゲーテから引用した表現を用いて表したように[204]）における一つの契機であり、「真理の契機」とも呼びうるものなのだ。同じ箇所でユングが述べているように、多様な神話や元型的イメージにおいてすべから

───────

202) あたかもいくつかの魂があるかのように、あるいはありうるかのように、同一無二の魂について語るのはおかしい。魂とは元より単一のものである（魂を複数形で語る時は、何かそれ以外のものが含意されている）。

く、魂は自分自身について語っている。それらはすべて同じものを、すなわち、魂の本質を呈示しているのだ。神話は、人間の生命のすでに実体化され、区分けされた領域について、われわれの性欲や権力コンプレックス、人間関係等について語っているのではない。魂は、同語反復的に自分自身について、自分自身の(自己同一的)本質について語るのである。魂は、その魂としての本質の論理——あるいは心理学を開陳するのだ。

　しかし、魂は「物」の類ではない。それは何か実体的なものではなく、論理的な生命である。その限りにおいて、魂はその十全たる本質を多くの神話やイメージにおいて開陳しなければならない。そのそれぞれは、魂の論理的生命の契機のうちの一つにおいて、そしてそれらの契機のうちの一つの観点から姿を見せる、同じ魂の本質を呈示する。魂の生命が孕むあらゆる「元型的契機」は、魂の本質についての真理全体を示しているのであり、単にこの特定の契機という観点から強調されたものにすぎない。「真理の契機」は、(魂についての真理全体を示すことに加えて)絶対的な真理、あるいは現実的に成就された認識、すなわち〈概念〉としての魂という特定の観点からもこの真理を示している元型的契機である。他にも数多くあるが、魂が自らの本質についての真理全体を描き出しうる契機として、以下にいくつかの例を挙げる。

- 絶対的な真理として自分自身を発見する(アクタイオンとアルテミス)。
- 魂はまた、自分自身を冥界の深みへと連れ去る(ハデスとコレー)。
- 自分自身を本能的な本質の自己反省へと追い込む(パンとその妖精たち)。
- 自分自身を自らの深みへと誘い込む(漁師と人魚)。
- 自分で自分を船のマストに縛りつけ、絶対的に抵抗不可能な魔法の呪文と

---

203)「それ自体が自己関係である」というのは、ここで語っているのが論理的な「構造」についてであって、経験的な心理学的行動についてでもなければ、私の私自身への関係についてでもない、ということを示唆している。自己関係というのは、最初に誰かがいて、あるいは何かがあって(「魂」と呼ばれる私や実在)、その次に、その人や物がそれ自身にかかわるということを意味しない。順番が逆で、魂が自己関係なのである。それは論理的な関係であって、実在ではないのだ。

204) 例えば、Jung, *CW* 9i, par. 400.

して自分自身を体験する（オデュッセウスとセイレーン）。

- 自分自身を打ち負かすべき怪物に仕立て、自らが英雄の意志を成長させ、自分自身を征服するよう挑む（ヘラクレスの難業）。
- 自分自身との永遠なる聖なる結婚を享受する（ウラノスとガイア）。
- 残酷にも自らの自分自身との聖なる結婚を中断させる（ウラノスに鋭い鎌を振り上げたクロノス）。
- 自分自身の自己完結性を祝う（神々のカップル。例えば、ゼウスとヘラ）。
- 自分自身を補完するものを大いに喜ぶ（美と戦い。アフロディテとアレス）。
- 自分自身との間に近親相姦的な禁断の関係を結ぶことで、自ら超越の次元を開く（結合の神秘。賢者の薔薇園における魂の子どもの誕生）。
- 自分自身を受胎させ、身ごもり、産む（例えば、ゼウスとセメレー／ダナエ／アルクメネー）。
- 荒々しく自分自身を駆り立て浸透する（ポセイドンとガイア）。
- 自分自身を失い回復する。ただし、自分自身に完全に打ち負かされたもの、換言すれば、止揚されたものとしてのみ回復する（詩人オルフェウスとエウリュディケ）。
- 自分自身に自らが止揚されたことに向き合わせ、無邪気な自己抱擁から叩き出す（青髭とその妻）。

等々である。

　先に、アクタイオンの神話は「真理の契機」の神話であると述べた。いずれの側にも、われわれは魂をもっている。人間の狩人の姿を借りて魂は、自分自身と、すなわち、神聖な裸の真実としての魂と出会う。そのようなものとして、これは真の心理学の概念を規定する神話なのだ。ここでようやくわれわれは、先にはアクタイオンの神話について主張するだけであったものに追いつくことになる。心理学とは、魂が自分自身を知ることである。より特定すれば、それは、魂が裸の真理としての自分自身に、その「処女性」において出会い、それを認識することである（すなわち、そのようなものとして、それは自ら、何か他のものに巻き込まれたりもつれあったりすることに先立ち、あらゆる先入観や偏見から離れている）。それは、（楽園や「先在」の領域における生命という概念と同様）「裸」である処女という概念に内在

されている。堕落して初めて、アダムとイヴは衣服を必要とした。アクタイオン
は、自分自身についての真理を知りたいという経験的な欲望として、そして、魂
が実際にそれまで、実在のなかで自分自身について発展させることが可能であっ
た理論として、人間の心理学としての魂のイメージである[205]。しかし、狩人で
あるアクタイオンは、単に何らかの心理学的な理論としての魂のイメージではな
い。それは、留保も体系的な制約（例えば、「科学的な客観主義」を保証するような制約）
もなく、自らの研究対象という容赦ない荒野に自分自身を全力で曝す学理
(theoria) の類である（すなわち、魂の具体的な顕現の仕方がどんなものであろうと、個々
の特定のケースにおいて、それに関する理論であるということだろう）。自分自身につ
いての学理としての魂は、この容赦ない自己暴露のゆえに、そして、処女の森へ
の冒険によって、純粋さと神聖性において魂自体と出会うのだ。そのことによっ
て、それは、完遂された、あるいは真の心理学となり、その概念を実現する。魂
が自己関係である限り、魂はそれ自体、自分自身と自分自身についての（心理学
的な）学理との結合である。魂は単なる心理学的な探求の対象ではない！　魂は単
なる自分自身の片割れでなく、同時に双方、すなわち、知る（あるいは、知ること
を欲する）ものであり、同時に知られるべきものでもあるのだ。魂が自分自身を
知ることは、事実の後に、その存在や本質の後に到来する、副次的な付加物では
ない。魂は自らの自己認識としてだけ存在するのだ（「魂は常に考えている」）。魂
の領域では、後に (hysteron) 到来するものが最初に (proteron) 到来する。魂が自分
自身を知ることこそが、知られるべきものの存在としての自らの存在をもたらす
のである。

　なぜ人間の心理学は狩りというイメージのなかに表象されるのだろうか。心理
学は、魂を探し求めているゆえに、魂の真理を狩りしているとも言える。最初の
うちは、まだ届かない。心理学は、知っているはずのものを知らないというとこ
ろから始める。心理学は、主として実践的で、その言葉の最も広い意味における
生存の問題にかかわる日常生活の実体性から、錬金術が自然の結合 (unio naturalis)
と呼んだものから出発し、そうした経験的で因果論的なアプローチから、イマジ

---

205) 先の脚注で指摘したように、ジョルダーノ・ブルーノは、アクタイオンを知性的なもの、
　　人間の至高の合理的能力と見なした。

ナルなもの（白化の段階）を経て、魂を知る心理学へという自らの道を進まねばならない。心理学は、実体的で（心理学的で錬金術的な意味において）「自然な」ものという「文明化された領域」を離れ、魂の論理的否定性という野生に参入しなければならないのだ。

　ここに述べたことから導かれる当然の帰結は、人間の心理学というのは自我の活動ではないということである。あるいは、それは自我心理学ではないということである。それは、魂自身の作業、すなわち、自分自身を探し求め、その容赦ない真理のなかで自らを発見する魂の作業なのだ[206]。ユングが言うように、「いかなる心理学的な議論においても、われわれがこころについて何かを語っているわけではない。…こころは常に（ユングのドイツ語では「不可避的に（unvermeidlicherweise）」）自分自身について語っているのだ」[207]。この言説に従えば、自我心理学や科学的心理学でさえも「不可避的に」、魂の自分自身についての語りであるということになる。しかし、言うまでもなく、科学的な自我が魂について語っていると見なされる心理学と、自らは魂の自分自身についての語りであることを知っている心理学との間には、大きな違いがある。前者の場合、自我は、単に魂のウロボロス的な自己反省の途上にある停留所か、あるいはその独白のための、「魂の自分自身への語らい（lógos tês psychês pròs hautén）」（プラトン[208]）のための代弁者にすぎないにもかかわらず、自らを、字義的な二重性としてイメージされる仮の「主体と客体との間の関係」における自律的な終点であると、妄想的に[209]思い込んでいる。しかしながら、後者の心理学の形式、すなわち、魂が自分自身を探し求め、その容赦ない真理において自らを発見するということは、われわれ人間の心理学的な試みが未踏の荒野への真の侵入であって初めて起こりうる。まさにその論理構成において、心理学は「野生の精神分析」でなければならない。それを科学と見なすことはできない。つまり、心理学は、飼い慣らされたり文明化されたりしえな

206）自我の活動としての心理学の名で通っているものがあるとしたら、それは、真の心理学ではまったくないし、自我を通して働く無意識的な魂でもない。

207）Jung, *CW* 9i, par. 483.

208）「魂の自分自身への語らい（lógos：語らい、対話）」。プラトンの『テアイテトス』と『ソピステス』（*Theaitetos* 189e and *Sophistes* 263e）を参照。

いものなのだ——それは、「人間のこころ」と呼ばれる、前もって仮定され、有限である現実という囲い込まれた領域を柵の外側から（この立場が保証する安全性と免責性から）眺めるようなものではありえない。心理学の場所は、先在の領域であり、経験的な時間の領野ではないのだ。

心理学はいつ野生へと分け入るのだろうか、そして、それはどのような種類の荒野なのだろうか。この問いに対しては、二つの答えを呈示しなければならない。

第一の答えは、心理学が心理学的な現実「についての」「客観的な」理論であることを望まず、その主題である魂に無条件に自分自身を曝す理論であろうとする時、ということになるだろう（それが姿を現す時、われわれの伝統における魂の偉大なる元型的記録において、あるいは何らかの具体的な生命の状況において現れる）。すなわち、心理学が著者という自らのスタンスを捨て、主体として無条件に、真に未知のものとしての対象（自分の主題）へと自分自身を従属させる時である。そこには、この主題という概念がわれわれを、やっかいな「形而上学的」次元とともに、迷信や「オカルト主義」への危険な親近性、「正気ではない」弁証法に巻き込む可能性があるという、あらゆるジレンマや矛盾が伴っている——すなわち、それは、心理学が自分自身の主題のもつ絶対的な否定性に従う時である。アクタイオンの神話の場合、アクタイオンが森へと入ってゆく（一人の人間というよりも）心理学（のためのイメージ）であることを認める時にこそ、心理学は荒野に身を置くことになるのだ。

もしアクタイオンが、〈真理〉としての自分自身にアプローチする（あるいは、自らの概念の予測不能な真理に自分自身を曝す）人間の心理として魂それ自体でないなら、荒野へと移動しているのは明らかに心理学ではないことになり、そこにはいかなる荒野も存在しないことになる。なぜなら、もしアクタイオンが単なる人

209）もちろん、この幻想もまた、魂自身によって目的をもって産み出されたものである。魂がその独白においてつくり出す「神話」やお話の一つが、自我、すなわち、その著者の主体である。そして、このファンタジーをつくり出すのは魂なので、「自我」というファンタジーは、確固たる信念と、リアリティーという最高度の意義とともに到来する。魂がなぜ、また何の目的で、この幻想を自分自身のためにつくり出すのかという問いは、この文脈においては取り上げないことにする（この問いについては、拙著『アニムス心理学』のなかで論じた）。

間であると見なされるなら、彼は確かに野生に分け入ったのかもしれないが、こ
の「野生」は本物の野生ではないからだ。それは単に、心理学が安全に背後に留
まり、彼がそこで体験したことをただ観察し記録しながら、アクタイオンをあく
まで危険を冒して前進するためのダミーとして用いる、そんな類の「野生」にす
ぎない。野生とは、所与の場所ではない。心理学が完全に（自らの背後にある隠さ
れた前提のすべて、すなわち、自らに内在する自己規定や、まさに魂という概念等も含め
て）自分自身を根本的な自己体験のプロセスに従わせる時にだけ、「野生」は存在
する。そこでは原理上、そのような前提のいくつか、もしくはすべてを打ち破る
ことが許されなければならない。何も免除されるものがあってはならない。もし
魂や心理学という概念それ自体が常に問題とされず、議論するべく取り上げられ
るあらゆる具体的な心理学的問題にも含まれていないのなら、そこには荒野など
存在しない。心理学（その論理的構成）が（それが人間学的な科学として捉えられてい
るような場合に）そうした議論から閉め出されている限り、心理学はまさにその事
実によって、すでに囲い込まれた心理学として慣れ親しんだ領野に留まる（ある
いはむしろ、慣れ親しんだ領野として自分自身を確立する）ことになる。それははっき
りとした矛盾である。ユングが知っていたように、心理学は「限界を定めた作業
領域」をもつことはできない[210]。荒野が含意するのは、自分たちの主人さえ狩っ
てしまうかもしれない、束縛から解き放たれた遠慮のない犬たちである。街中や
都市の公園では、犬たちは紐でつながれなければならないのだ。

　心理学的現象を「彼の心理」として人間存在に結びつけたままにする心理学は、
人間としてのこの人という紐につながれている。そのような心理学的現象は、た
とえ経験的な人間にとって病理的であり破壊的であっても、それでもなお、一人
の人間（存在）としての彼の存在論的ステータスに背を向け、それを引き裂くこ
とは決して許されない。なぜなら、彼が人間であることは、さもなければ荒れ
狂っていたかもしれない、破滅的でさえあるようなプロセスに対して、影響を受
けない、包み込む器として定義上機能するからだ。同じように、心理学それ自体
も、自分自身の主題によって引き裂かれることから、すなわち、論理的な否定性、
あるいは「先在」としての魂によって解体（止揚）されることから護られること に

---

210) Jung, *CW* 9i, par. 112.

なる。なぜなら、それは、「心理学的なリアリティー」にとっての影響を受けず、包み込む器と見なされるからだ。同じ理由で、科学であろうとする心理学も、自らの科学的方法を行使する際には、新たな経験に基づくデータに対して完全にオープンであるにもかかわらず、その根本的な論理的ステータスにおいては、自分自身を免責されるものとして仕立て上げてきた。

　もし荒野の意味するところを錬金術の用語で表現するなら、錬金術師自身が器のなかに入ることと言わなければならないだろう。一方での器（心理学的に言えば、器としての彼自身と、器としての心理学という領域の双方）と、他方での器の内側にあるものとの間の分離がそこでは乗り越えられる。第一質料は、元来は器が何としても封じ込める必要があると考えられていた、解体と蒸溜のプロセスにその当の器を引き入れる。私と「私のプロセス」「私の展開」「私の個人的問題」との区別は無効化され、一つの領域としての心理学と、この領域で研究されるべき「人々の心理」との解離は取り除かれるのだ。心理学は、「直接的な心理学」としての（「人々の心理」の学としての）自分自身を止揚し、そのことで自らのアルケー（arché）に居を定める。なぜなら、心理学のアルケー、すなわち始まりは、その自己止揚であるからだ。それは、「実在する存在」という考えの、換言すれば、「人間学的な偏見」の止揚である。

　人々のなかで進行しているものの学としての心理学という概念は、心理学が「野生の」精神分析であることを阻む。アクタイオンを人格主義的に解釈することを非難しているのは、このためである。そのような解釈は、この神話を矮小化し、その価値を貶める。他ならぬ自らの目的を挫折させるのだ。そのような解釈においてもなお、野生については語られるが、それは、われわれが居間の椅子という安全な場所にいながら、テレビに映る肉食獣たちの自然映画を鑑賞するのと大差ない。そんなものは、荒野の本物の現前などではなく、荒野の幻影、あるいはそのおもちゃ版にすぎない。荒野は、われわれ、すなわち、体験する主体が完全にそのリアリティーに曝されている時にのみ、真に現前する。否、それは、人としてのわれわれではなく、われわれの心理学それ自体であり、われわれの心理学の概念なのだ。

　そのような人格主義的な解釈はまったく機能しない。アクタイオンの神話は、アクタイオンの人格主義的解釈を歯牙にもかけない。「荒野」「裸の女神」「紐を解

かれた犬」は、そこに躊躇がないことを求めている。それらは、原初の森に足を踏み入れる者が、ある心理をもっている、あるいは（趣味としてであれ、職業としてであれ）心理学を「やっている」単なる抽象的な人ではなく、全体性としての心理学であるという認識を要求するのだ。さもなければ、われわれは、「行き詰まった」、あるいは「飼い馴らされた荒野」という観念に到達することになる——そのような観念は、まともに考えれば、自滅して然るべきものであろう。

　荒野のイメージに関する問いへの第二の答えは、第一のもの以上ではないにしても、同じだけ重要である。それは、留保なく真理についての問いを受け入れた瞬間、心理学は汚れなき荒野へと侵入する、ということだ。進んでこの問いにまっすぐに向き合おうとした、まさにその瞬間に、心理学は、囲い込まれた、文明化された世界という安全な領域を後にし、近代性という不文律を侵犯したことになる。ここでいう近代性とは、人間の不遜さに対する方法論的な警告や戒めという姿を装って、手を変え品を変え、真理についての問いを禁じているもののことを指す。しかし、われわれの「人間としての限界」や「人間存在の有限な本質」への謙虚な洞察として自分自身を呈示するのは、実際には一つの戒律である。それは、人間的、あまりに人間的なものという囲われた領域を立ち去ることを禁じる。荒野に分け入ってゆくことが意味するのは、まさに人間的、あまりに人間的なものから、そして、人間は本質として有限にすぎないとする教義から立ち去ることである。それは「無限」への、「永遠」への、絶対的なものの領域への侵入に他ならない。それが意味するのは、「全体」と直面すること、あるいは、生命を見つめ、「全人」としてそれを生きることである。荒野という用語が、他にどんな意味をもちうるというのか。酔っぱらうことだろうか。ドラッグを使うことだろうか。気が狂うことだろうか。それとも何か他の字義的な荒野なのだろうか。

　他の、実際には無限へと越境していない動きによっては、飼い馴らされた世界を本当に離れることはできない。われわれの存在が本質として有限なものにすぎないという教義は、われわれが自分自身を取り囲んでいる柵である。そして、その背後に身を隠すことで、われわれは、常に野生から護られた普通の生活という、論理的に（必ずしも実際にそうであるわけではない）安全で快適な領野をつくり出すことになる。〈真理〉、絶対的なもの、無限。これらは、生のもの、手を加えられていないものが始まる場所であり、われわれの辺境がある場所である。野生に分

第6章　アクタイオンとアルテミス：
概念の絵画的表象と神話の（魂の論理としての）心理学的解釈　305

け入るために、ブラジルの熱帯雨林に行く必要も、最高峰に登る必要も、バンジージャンプをする必要もない。ニューエイジの秘教に加入する必要もないし、幻覚剤を飲む必要もない。私は自分がいるところから、自分の現実状況から一歩も動かないでいられる。今述べたことはすべて、まさに国境が閉じられていると言えるような世界の外側に私を移すようなものでは決してない。国境は日々、ますますしっかりと閉じられてゆき、そのような極端で感覚的な体験は、そのさらなる閉鎖に寄与するにすぎない。けれども、そのような国境が閉じられてゆく一方で、われわれの今日的な国境は新たに開かれてゆくのだ。

　心理学がいかにして、そしていつ野生に進むのかという問いには、二つの答えがあると述べた。しかしおそらく、答えはたった一つしかなく、第二の答えはその内側に第一の答えを包含している。われわれが真理についての問いに自ら直面することを許した瞬間、そこにはもはや、心理学主義のための、すなわち、人々の感情、考え、イメージ等を研究するような、還元的で飼い馴らされた「心理学」のための余地はない。それらの感情の、考えの、ファンタジーの、そして（神のイメージといったような）イメージの真理にかかわる瞬間、森へと進むのは、単に一個人としてのアクタイオン（あるいは、あなたや私）なのではない。自らの内在的な必要性に、そして自らの内的な本質の複雑性に自分を従わせるのは、他でもないわれわれの心理学それ自体、すなわち、その論理である。絶対的な真理と相関するのは、それ自体として始まりから純粋思惟的なものでしかありえない。すなわち、それは心理学それ自体であり、人間個人ではないのだ。

　荒野において人は絶対的な真理と出会うが、逆に、人が分け入ってゆく、その領域を最初に汚れなき荒野に変えるものもまた、〈真理〉のみである。〈真理〉の絶対性、あるいは「全体」の全体性が、「荒野」を用意するものである。真理は相対的なものではないので、そこには、真理が安全に結びついたり、関係したりするような足がかりもなければ、実体性もない。真理は純然たる否定性である。先に指摘したように、この荒野は、どこかに存在する特定の地理的場所ではない。もしそれが〈真理〉の探求への妥協なきコミットメントという精神でアプローチされるなら、あるいはその時にのみ、何らかの場所であるのだ。それは、「先在」の領域である。達人としての、意識としての、私の心理学的理論としての私が身体を張ってレトルトのなかへと入ってゆくところなら、荒野はどこにでもあ

るのだ。

　このイメージは助けになる。それは、荒野が字義的な荒野ではないこと、すなわち、字義的な柵の「外側」でも、外側への字義的な無限の広がりでもないことを示している。私は、面接室を立ち去る必要はないし、ドアから歩み出て公衆の世界へと進む必要もない。子どもっぽく器を破壊する必要はないのだ。荒野（囲い込まれていないものの領野）は、柵の内側に、器の内側にだけ見出される。しかし、それは、私が私の存在論的な自己規定と、存在する人間としての自分自身の概念そのものをこの「内側」に容赦なく従属させる場合に限ったことであることは言うまでもない。無限は、器への封入の内側でだけ見出されるべきものである。この矛盾は、野生のもつ論理的な否定性に、われわれが魂と呼ぶ次元のもつ転倒した世界という性質に反映される。荒野は特定的であり、限定的であり、今ここであり、この瞬間であり、この状況である（キーワードは「各々性」）。それは、われわれが器のなかを見つめている時のような、器の周囲やわれわれの周囲への際限なき広がりがもつ曖昧なる一般性や、特徴なき抽象概念ではない。野生にとって実に本質的なものである「われわれを包囲する」という性質は、自分自身を、すなわち、自分自身の概念そのものを無条件に手元にある状況に従わせるという能動的な論理的動きの結果なのだ。これは、空間的な条件に関する描写ではない。荒野は、それが生成される程度においてだけ、あるいはその限りにおいてだけ存在する。その〈存在〉は〈生成〉という本質をもっている[211]。それは最初から、心理学的、あるいは論理的なものである。荒野は思考されなければならない。それは「知覚される」ことも「イメージされる」こともできないのである。

　〈真理〉と荒野の関係とは、どのようなものだろうか。〈真理〉は、荒野とは別の何か、すなわち、木々や鹿、池を見つけるように、荒野において見出されるような別の何かなのだろうか。〈真理〉は、荒野と同義のものではない。しかし、それは荒野である。空っぽで成就されていない潜在的なものとしてではなく、獲得され実現され遂行されたものとしての荒野であるのだ。われわれは、原初の森

---

211) このことは、芸術にも当てはまる。芸術作品は「存在」しない。自分自身の内側にそれをつくり出す誰か（読む人、聴く人、見る人）がいる限りにおいてのみ存在する。真の芸術が野生に属し、また野生を開くものでもあるのはこのためである。

とアルテミスの同一性と差異について考えなければならない。〈真理〉、あるいは荒野は、四方からアクタイオンを取り囲む無限の広がり（〈他者性〉）としてのそれ自身と、その〈他者〉、すなわち明確に定義された向き合う相手（体験の「対象」）としてのそれ自身との結合である。アルテミスは、無定形な野生そのものであるが、その具体的な姿や顔に凝縮されている。彼女はその具現化なのだ。彼女は、内的で隠された実現、荒野の内在的な真理であり、（アクタイオンにとって、本当に野生に分け入った彼にとって）内側から見た荒野が実際にいかなるものであるかを示すものである。あらゆるリアリティーや現象を内側から、そしてその最奥の真理において理解するためには、そこへ留保なく論理的に分け入ってゆく必要があり、そのことによってそれが野生のものとなるのを許すのである。

　広がりとしての荒野と裸のアルテミスとの差異については、以下のように言うことができるだろう。自分が曝されている、辺り一面の無限の広がりとしてだけ荒野が姿を現す限り、あなたは依然として、それをどことなく外側から見ている！逆説的なことに、（見かけ上は）荒野に侵入し、四方から荒野に取り囲まれているにもかかわらず、あなたはまだ本当にはそのなかにいないのだ。広大さとしての、〈他者性〉という外形なき壁としての荒野はいまだ一つの抽象概念である。それは、実体的で飼い馴らされた領野に対する単純な（非弁証法的な）否定であり、囲い込まれた領域の否定的な絶対無（ヘーゲル）（否定の否定）ではまだない。あなたは実体的に実体性の領域を後にし、実体的に（物理的に、あるいはイマジナルに）荒野に足を踏み入れはしたが、野生と呼ばれるもののなかにもち込んだ実体性という観点から依然としてそれを見ている。あなたが本当に野生のなかに入るなら、荒野もまた、自分自身をアルテミスとして呈示するだろう。アルテミスは、「荒野」の概念をさらに規定するもの、その内的なイメージ、あるいは神秘の啓示に他ならない。アルテミスは、a）殺害する女狩人、無慈悲な「自然」であり、b）手つかずの処女であり、汚れなく、絶対的で、c）ベールを脱いでいる。自分自身を無条件に荒野に従わせようとする時、魂は自分自身を荒野（開かれた広がり）として呈示する。荒野は、魂が無限であって、われわれを取り囲んでいること、そして底なしに未知であり、無慈悲な現実であるということを強調するイメージである。魂がこの形式で自分自身を呈示する限り、魂は、われわれが魂に対してさらに絶対的に、より否定的に自分自身を曝すことを要求する。確かに、アルテミ

スは、原初の森と同じくらい、野生的で無慈悲で処女的である。彼女は女神にふさわしい無限性を有している。しかし、彼女は、可知かつ既知であり、明瞭な輪郭と顔や名前をもって示された魂のイメージである。彼女は、野生に侵入した彼が勇気を出したのと同じだけの留保のなさをもって、その真理において自らを呈示する魂のイメージなのだ。ベールを取り去った真理の姿をどれだけ捉えたかによって、私は私自身（「私自身」という概念）を荒野に対してどれだけ無条件に曝したかという度合いについて語ることができるのだ[212]。

　四方から囲い込む荒野は、そのようなものとして広大で輪郭がなく、魂の論理的な否定性のいまだ実体的なイメージである。あるいは、それは、いまだ実体的にイメージされた論理的な否定性である。それとは対照的に、アルテミスはこの否定性の内的な秘密である。この秘密によって、否定性は、ありふれた単純な否定にすぎないもの、すなわち、実存主義的な思想における〈無〉（〈有〉の非弁証法的な対立物）のようなものではなく、絶対的なものとなる。アルテミスはこの否定性のもつ実体的な顔である。しかし、この実体的な顔は、否定性にとって、「同じコインの裏側」でも対立物でもない。先に述べたように、それは、否定性の内的な秘密、つまり、否定性が絶対的なものとなった時に（あるいはその時にのみ）現れる、論理的な否定性それ自体の隠された深み、あるいは核である。それはすなわち、否定性がもはや、自らの広大さや正体のわからなさとして、自らの四方を取り囲む〈他者性〉として、「外側に」すなわち対象に「投影される」ことがなくなった時であり、それは、否定的なものを知覚したりイメージしたりする自らの様式の否定として、主体へと帰還した時でもあるのだ。アルテミスは、否定的なものの否定的な体験であり、荒野についての絶対−否定的な内面化 (Er-innerung)[213] である。アルテミスにおいて、否定性は、もしそれが十分に深く（すなわち絶対的に）

---

212) いつものように、このような言説（「私が私自身を荒野に曝した」）を「人間の行動」、すなわち、自我人格として自由に選んだり拒絶したりすることができるかのような行動として読み取ろうとする自然な誘惑には抵抗しなければならない。いかなる自我の決断によっても、私は野生に入ることはかなわない。今語っているのは論理的な行為であり、どの程度まで私に選択の余地があり、野生に分け入ること、あるいはそれを思いとどまることに対する責任があるか、そしてどの程度、それが運命のようなものなのかという問題について答えることはできないのである。

見抜かれているならば、単なる無や、空虚、外形のなさとしてではなく、元来の存在として自らを示す。これこそが、否定性を絶対的なもの（絶対的な否定性）にするものである——そうした否定性は、否定性と実体性の対立から解放されている。アルテミスが絶対的な否定性のもつ実体的な深みであるという事実は、彼女が野生のものに比べて少しも「否定的」ではないとか、否定性ではないとかいうことを意味するわけではない。

　同じ理由で、荒野への参入も、単なる実体的な参入ではありえない。それもまた、止揚された参入、すなわち、野生への絶対−否定的な自己暴露でなければならない。さもなければ、それはそもそも荒野へと通じることはない。換言すれば、それはそれ自体、越境することとして、もう一度野生へと（自分自身の底なしの無限性、否定性へと）曝されるような荒野への越境でなければならないのだ。

　カントにおいて、物自体は知りえないものである。彼は、知ることという概念がもはや真の知を、あるいは真理を知ることを意味していないという結論をもって、知ることや認識という概念を仮象としての世界だけに限定した。それゆえ、カント派の概念についての概念は、心理学の〈概念〉についての概念ではありえない。心理学は、裸の真理という概念を放棄してはならない。そして、心理学は〈真理〉を、求めることはできるが決して達成することはできないような単なる理念へと貶めてはならない。それはちょうどユングが、目標は理念としてだけ重要であり、そこへと至る道こそ本当に意味あるものだと述べた時に含意されていたものであり、ヒルマンはこれを支持している。そのようなほとんどポパー的な見解が意味するのは、心理学の身売りであり、魂への裏切りであろう。筆者が主張したいのは、魂が自分自身を知ることを望んでおり、しかもそのような自己認識への憧れでは事足りず、裸の真理との本物の、すなわち、完遂された出会いを求めている、ということである。

---

213) 内面化とは論理的な概念であり、取り込みのようなものとして人格主義的に理解されるべきではないだろう。それまでその人を取り囲んでいた野生が突然、主体としての人間の内側に存在するようになるわけではない。絶対−否定的な内面化とはいわば、「外側の」「対象」（荒野）に対する論理的、あるいは錬金術的な手続きである。つまりそれは、蒸溜、煆焼、あるいは昇華といった手続きなのだ。

われわれの心理学は、非常に堕落しているゆえ、こうした魂の側の必要性についての認識を、われわれはわれわれ自身を知るべきであるという見当違いで、同時に慢心した考えで置き換えてきた[214]。それは、飼い馴らされ、実体化された人間たちとしてのわれわれ自身を知ること、すなわち、自己愛的な自己観察や内省を指す。このようにして、魂から逃避し、魂が本当に求めているもの、つまり、「自己認識」であるかのように見えるだけで、実際には別の何かを与えるにすぎないものを魂に差し出すことで、魂を欺いているのだ。なぜなら、本来であれば、（自己認識の主体と対象双方としての）魂に与えられるべき場所を自我が不法に占拠しているために、魂は寒空のもとに放り出されてしまうことになるからだ。これは巧妙なトリックである。つまり、自己認識という観念を保持しながら、「自己」を魂自身（を魂が知ること）ではなく、「私自身」を指すものとしているのだ。われわれは、「自己認識」という言葉において、「自己」を縛りから解き放つのではなく、それを自我に縛りつけている。「自己」を腰縄につないでいるのである。今語っているような「認識」は、裸の真理との出会いとはもはや何の関係もない。それは健全で有用ではあるが、幾分凡庸な企てでもある。あるいは、先に言及したように、自己愛的で慢心した自己の絡み合いである。双方の場合において、そのような「認識」は、原初の森という無限の荒野の外側に身を置くことになっている。

真理とは、究極的に抑圧されたものである。

心理学は、従来耳にしたことのない意味での**認知心理学**であらねばならない。あるいは、理論的心理学であらねばならないとも言えるだろう。ユングは（神については、信じていないが知っていると個人的に感じており、そのことをまれに認めていながら）、心理学が「形而上学的」真理に関して、カント譲りの経験主義－科学的な自己制限（自己去勢？）を保っていることを常にではないまでもしばしば誇って

---

214) このように批判したからといって、あたかもわれわれが自分自身を知ることに全面的に反対しているかのようには決して読み取らないでもらいたい。自己認識は極めて重要である。しかし、あえて言うなら、成熟、文明、そして分化にかかわるものとしての自己認識は、心理学にとっての一つの教育学的な前提条件ではありうるが、心理学的な課題そのものではない。

いたし、ヒルマンは、心理学は「かくして真理に関する学問ではない」[215]と明言していたが、筆者はそれでも、心理学は真理に関する学問であると強調したい。

「真理ある」心理学としてだけ、心理学は理論的学問のステータスを得ることができる。そして、理論的学問としてだけ、心理学は野生にいることができる。それがなければ、どんなに否認しようと、心理学は不可避的に単なるテクニック、すなわち、実践的な成果を上げるために行われるもの（行動！）となってしまう。先の第4章において筆者は、以下の言説を引用した。

> すべてではないにしてもたいていのユング派は単に、「善行」という宗教的な覆いを被った官僚そのものである、ということを認識しなければならない。彼らは本当には、社会というものに関心をもっていないし、かつてももっていなかった。思想については言わずもがなであり、ユングの思想の力、そしてそれがユングの後継者に要求するものに対しても事情は同じなのである。

真理についての問いをもたぬゆえ、ユング心理学は、管理的な精神の、実用主義者たちの、心的な障害や心的な「成長」の単なる管理者たちの遊技場へと堕落せざるをえなかった（たとえ、それが人道主義的な隠蔽を伴っていたり、ついでに言えば、「詩的な」隠蔽を伴っていたりしたとしても）。その本位として真理の観念にコミットしていないならば、「思想の力」というのは意味のない言い回しだろうし、それなしには、心理学にチャンスはない。

心理学は、科学と神学、あるいは形而上学がそうである（あるいは、伝統的にかってそう考えられていた）ような真理に関する学問ではないとしたヒルマンは、もちろん正しい。これはとりわけ、科学が真の意味で真理を求めるものではなく、正しささえも求めておらず、（非常に異なるものである）信憑性と予測可能性を求めているにすぎないという限りにおいて[216]、また、たとえ真理に方向づけられていたとしても、神学が真の意味で、知ることを通して真理と関係することを望んでいるのではなく、単に信仰を通してしか、真理に関係しようとしない、すなわ

---

215) Hillman, *Re-Visioning*, p. 160.

ち、野生に参入することを望んでいないという限りにおいて、正しいと言えるだろう。そうであるなら、一方の学問は真理の概念を放棄し、他方の学問は真理が唯一存在する様式を放棄したことになる。そして、私的な見解ではなく、公的な見解においては、ユングも精神的な留保をもって臆病に手続きを進めていた。彼は、心理学は本物の神ではなく、魂における神のイメージとだけかかわらねばならないと述べた。これは責任回避の口実である。しかしながら、より私的には、あるいは間接的には、ユングは神の認識（gnôsis toû theoû）について明らかに知っていた。もし〈真理〉の概念を奪われたなら、「個性化」というステータスとはいかなるものなのだろうか。そのような個性化のプロセスの最中にどんなに集合的無意識からイメージが湧き上がってくるとしても、それは、「われわれの内面」、われわれの主観性という遊戯場での、まがいものの、おもちゃの個性化でしかありえない。

　元型的心理学は、カントの立場に対して非常に批判的であった。しかし、その真理の拒絶そのものが、元型的心理学がいまだカントと同じ地平にいて、諸前提を共有していることを示している。元型的心理学は、その諸前提から引き出される結論を逆転させているにすぎない。それゆえ、カント的なレベルの反省は、元型的心理学にとっても依然として妥当なものであり続けている。カントは、自らのレベルの反省において、そして、彼の真理の概念によっては、本質的な問い（カントにとっては、神、自由、そして不死）について知ることなどありえないことを示した。これに対しイマジナルな心理学は、カントがしたような、「歓喜」（熱狂〔Schwärmerei〕）としての神についてのあらゆる空想を拒絶し、自らを制限された経験的知識へと律することの代替としてだけ、単純に、知ること[217]と本位としての真理という観念をもろとも消し去り、それによって再び自由に神について語ることに同意する。イマジナルな心理学は、われわれの伝統にある唯一神ばかりを（一神教的に）語るのではなく、「多神教的な心理学」のあらゆる神々についても自由に語ってよいと感じている。けれども、そうした神々は、真理の概念が体系的な意図によって排除されているゆえ、ただ単に「イマジナル」で「虚構」で「あたかも的」で「ヴァーチャル・リアリティー型」の「神々」であるにすぎないので

---

216) Pietschmann, *Phänomenologie der Naturwissenschaft*, chapter 8.3 "Die Sicherheit der Naturgesetze."

ある。

　しかし、もし神々が〈真理〉の抜け殻だとしたら、それは一体何なのだろうか。『心理学の見直し』のなかで、ヒルマンは「神学は神々を字義的に捉えるが、われわれ〔元型的心理学者〕はそうではない」と述べた。すでに第5章で見てきたように、神学において、神々が「信仰」されるのに対し、元型的心理学においては、「神々はイメージされる」ものであり、それらは「体験様式の隠喩」[218]である。確かに、何かを字義的に捉えることは、神霊に背くことであり、とりわけ、神を字義的に捉えることは、神への冒涜と紙一重である。神とは実体性ではない。しかし、「神をイメージすること」であればいくらかましなのだろうか。あるいはむしろ、信じることで神を字義的に捉えることよりも劣ってはいないのだろうか。「体験様式の隠喩」としての神々というのが、テレビ時代の「ポストモダン的な」精神性、すなわち、ニーチェの言うところの忌々しいおしまいの人間の精神性に匹敵する、神々についての当たり障りのない観念であると考えるからといって、神を信じるという様式を擁護する必要はないが、伝統的で字義的な信仰においては、それが誤りだったとしても、少なくとも神の真実性と真理の名残があった。単に神々を「イメージする」ことを望む時、豊かな心象を得ることはできるかもしれないが、本物の神々の概念がもつ最後の残滓は失われる。今や、神々という言葉を、そしてもちろん、この言葉がなおも与えているアウラを用いているにすぎないのだ（他方でユングは、神に関する自らの態度について「私は信じていない、知っている」と述べた時、神学を乗り越える決定的な一歩を踏み出したように思われる）。

217）このように述べる時、ヒルマンがしばしば、知ることへの、心理学的な知ることの方法としての観念への、「元型的な認識」への関心を表明していたことは当然踏まえている。彼の関心の程度は、ロバート・エーブンズが、『新たなるグノーシス』と呼ぶものにおいて、ヒルマンに特別な地位を与えたことからもよくわかる。ヒルマンは、心臓の思考を強調し、「人格化された概念」としてのアニマ「の解剖学」にも取り組んだ。彼はまた、不可知論的な立場にも異論を唱えた。しかし、言うまでもなく、真理の観念が心理学から排除される瞬間に、知るという言葉はその意味を失う。そのため、不可知論的な心理学に対する明確な拒絶は、ヒルマンの著作において、本当の意味では追究されていない。Roberts Avens, *The New Gnosis*, Dallas (Spring Publications) 1984.

218）Hillman, *Re-Visioning*, p. 169.

元型的心理学は、実体性（字義的なもの）を乗り越えようとする点においては正当である。しかし、それは、真理についての問いをもろとも消し去ることで、実体的で（字義的な）真理の概念をただ回避したにすぎない。それはあまりに安易であり、陳腐である。そして結局のところ、元型的心理学は、成し遂げることになっていたものを成し遂げてはいない。真理概念の実体性を乗り越えるどころか、それを固定化していると言えるだろう。なぜなら、真理を単純に無視することによって、元型的心理学はそれを棚上げにし、そのことで、大衆的な真理の観念がよって立つ誤った論理的なステータスを手つかずのままにしているからだ。精神はもはや真理概念を用いることはないが、図らずもその古くて誤った「定義」によって依然として力を与えられているのだ。そのような実体的な真理の消去（すなわち、その単純で非弁証法的な否定）の代わりに必要とされていたのは、実体性を特徴とする古い概念の（もちろんはるかに困難で繊細な）錬金術的腐敗（すなわち、その否定的な否定[219]）であり、そのことによる、実体的でない、否定的な真理の概念の発展であった。問題は、真理が心理学の内に姿を現すことではない。問題は、われわれが通常真理についてもっている（「科学的真理」や「教義」などのような）精神なき実体主義的な観念なのだ。

　ゴットホルト・エフライム・レッシングはかつて、真理全体の所有を任されるか、真理を求めて際限なく根本的に誤りがちな努力をするよう吹き込まれるかのいずれかで選択を迫られるなら、後者を選ぶと述べた[220]。ここでの彼は確かに、

―――――

219) 腐敗（*Corruptio*）は、論理的な止揚（*Aufhebung*）の一形態である。単純で実体的な否定が、否定されるべきものを明確に破壊し消去し、あるいは、無視するのに対して、錬金術的腐敗は、原料を腐敗させる一方で、まさにそれ自体を保存する。錬金術において生起する否定がそれ自体否定されるのはこのためである。それは弁証法的な否定なのだ。そして、この腐敗は物質自体ではなく、その化学的状態（あるいは、心理学的に言えば、その論理的なステータス）だけを目指している。つまり、錬金術的腐敗と論理的止揚は、同じ物質をより高次のステータスに押し上げるという意味での変容を目指しているのだ。しかし、そのようなより高次のステータスは、単に外在的に促そうとしても到達されえない。それは、物質の古いステータスの完全なる内在的解体を必要とする。錬金術と弁証法的な論理においては、上昇する道が下降する道でもあるのだ。

220) レッシング『第二抗弁（*Eine Duplik*）』（1778）において。

開かれた選択を好み、固定され閉じられた選択を拒絶している。それにもかかわらず、すでに彼の二者択一の選択肢は双方とも、真理概念の実体性と否定性をめぐる本物の選択肢の実体的な側に置かれている。真理を際限なく求めるというのは、生命についての真理を所有しようという考えとまさに同じほど実体的である。こうした選択の考え方を提示することによって、レッシングはわれわれに、彼の二番目の選択肢が、本物の開けであり、囲い込まれた領域（彼の時代における教会の教条主義）の本物の突破であるとわれわれに思い込ませようとするが、それは、教条主義の単純な否定以外の何ものでもなく、結局のところ心理学的存在を囲い込まれた領域に据え付けてしまうことに他ならない。まさに、囲いの突破に対する実体的で虚無的な代替物によって、その選択肢が真の開けを提供するかのような幻想的な印象を与えるために、野生への道を本当に開くというよりも、何とかして荒野へと参入しようという観念それ自体に精神を封じ込めてしまうのだ。しかし厳密に言うと、その選択肢が真の開けを提供するかのような印象を与えるというのは正しくない。それが与えるのはまさしく、元来決して達成されえない開けへの奉仕という観念を提供するかのような印象であろう。真理の際限なき探求という観念は、a) ただ監獄内部の中庭につながっているだけで、それゆえ、自由へとではなく、投獄のまさに中心へとつながっていて、b) 非常に厚く固いので、貫通するという仕事はおそらくどうあっても完遂されえないような、監獄の壁を削り始めるように吹き込み、囚人を自由という観念で弄ぶようなものである。

　元型的心理学が真理を十把一絡げに拒絶していることに対して、魂の観念とイメージという真理についての問いに自分の答えを出すという義務からは誰も逃れえないということを主張したい。観念とイメージをただもったり、考慮したり、取り組んだりするだけでは不十分である。真理についての問いは学問的なものではない。それは、教義や原理とはかかわりがない。いわゆる命題の「真理」とはかかわりがないのだ。意識の内容「に関する真理」という観念全体が棄却されねばならない。われわれの文脈における〈真理〉は、いかなる実体的なものでもなく、いわゆる「永遠の真理」（実際には、世界の以前の状態が孕む冷凍された以前の真理）の類のものでさえない。〈真理〉は否定的に、世界－内－存在の一つの形式であり、存在の一つの状態である。「受容される」必要もなければ、「疑義を呈される」

必要もない。なぜなら、受容（同意）しなければならない、あるいは、疑いをもちうると感じている限り、われわれは明らかに、飼い馴らされた領野という囲い込まれた空間の内側にいて、依然として実体的な「内容」にかかわっていることになるからだ。

　われわれの神話における裸の女神も、彼女自身が真理のイメージであるわけではない。このような見方はあまりに実体的であろう。むしろ、真理は、ベールを脱いだアルテミスを彼女の荒野において見るという出来事であり、それは、真理それ自体と私が私自身を真理に曝すこととの結合であり、私と〈真理〉それ自体との出会いなのだ。換言すれば、〈真理〉は単にそれ自体なのではない！[221]　その論理的「構造」はより複雑である。真理は、発見されるべき対象として「外側に」存在するのではない。また、「主観的に」「私のなかに」あるものでも、私の思考と客観的な現実との間の形式的な関係（等価性）であるわけでもない。〈真理〉は私が荒野に、すなわち、先在性と原初の始まりの領野に参入することの内側にだけ、あるいは、私が無条件に「全体」に直面することの内側にだけ存在するのだ。

　〈真理〉は、絶えず新たに生成され、正当性を再確認されねばならない！　それはどこかに転がっていて、偶然出くわした誰かによって見出されるようなものではない。それは本質的に心理学的なものである。適切に理解されるなら、〈真理〉は、われわれが進み出るよう求められ、われわれが自らの（本物の、すなわち、論理的な）傾注とコミットメントを行わねばならない不可避の地点であり、そこの場所でだけ、魂は本物であることを望み、そしてそうなりうる。〈真理〉とは決定的なものである。「霊の世界、鎖されたるにあらず、汝の官能塞がり、汝の心情死せるなり。いざや学徒、不退転の決意もて、俗塵の胸を曙の光に浴びせしめよ」[222]。天上の『立ち昇る曙光（*aurora consurgens*）』の無限性へと絶え間なく身を沈めるべきは、まさしく有限で地上的なものである。これが、対立物の結合という心理学的なプロジェクト（作業）に伴う非道さであり侵害である。わずかでも常

---

221) リルケは（ヘーゲルがずっと以前から知っていたように）「あらゆるものはそれ自身ではない」とさえ言っている。

222) Johann Wolfgang von Goethe, *Faust I*, lines 443-446.（相良守峯訳『ファウスト第一部』岩波書店　38頁）

識があれば、誰もが正気の沙汰ではないと言うだろう。

　今述べたコミットメントは、実存主義者が求めるようなコミットメントや決断と混同されてはならない。それは、論理的なコミットメントであって、経験的、情緒的、「心理学的」行為（あるいは態度）ではない。錬金術的な言い方をすれば、「メルクリウスにおける」、あるいはユングの言う「こころの後背地における」コミットメントであると言えるだろう。このことは、それが意志の問題ではないことの所以でもある。それは真理の問題であり、真理の認識の問題であり、そのコミットメントによって自分自身が自らのテロス（オナイアンズが言う意味での、王の王冠、奴隷のヘッドバンド、勝利者や詩人の花冠のように、人をそのステータスに〈必然性〉によって縛るような、頭上の「輪」や「帯」[223]）として定義されるのを許すかどうかという問題なのだ。

　真理についての問いをはぐらかすことは、防衛として、魂との距離を保つ試みであると理解しうる。つまり、それは、無慈悲な荒野としての魂の外側にあり続け、代わりに、単に諸物をイメージし、多神教的なイメージの無法地帯の全範囲を思い描くことにのみ自らを限定しようとする試みなのだ。確かに、このように思い描くことは、「先在」の領域を覗き込むことの一種であると評価できるには違いないが、それは単に、自我の国という安全な側からしていることにすぎない。かくして心理学は、サイバースペースやマルチ・メディア世界へと進んでゆくわれわれの文明の主流に加担することになる。しかし、われわれがそれで済ませることを魂は許さないように思う。もし、自らがイメージするものの真理に対して責任をもち、それによってそれらを認識と〈概念〉のレベルに押し上げることによって、われわれが要求されている十分な対価を進んで支払おうとしないなら、リアリティーは全力を振り絞って、はるかに高い対価の支払いを求めてくるだろう。リアリティーは、真理についての問いを消し去ることの対価がいかほどのものか、われわれに知らしめる（すでに知らしめている）ことだろう！

　ニーチェはわれわれに、「人生を危険にさらせ」「カオスを内に秘めよ」と訓告した。しかし、彼自身が真理の概念の最も偉大な破壊者の一人であったゆえに、

---

223) Richard Broxton Onians, *The Origins of European Thought*, New York (Arno Press) 1973 (reprint edition), esp. pp. 426-466.

自分がそのように要請していたことがまさしく、われわれが真理に十全にコミットできるかどうかの要であるということを、彼は理解し損ない、唱え損なうことになった。そここそが、本物の危険と真の「カオス」（野生）がある場所である。

　もし真理に出会っていないなら、これが意味するのは、野生にまだ参入していないということに他ならない。野生にいたのに、それがたまたま姿を見せていなかったということはありえない。宇宙に行った最初のソ連の宇宙飛行士は、地球に帰還した時、神の徴は宇宙のどこにも見当たらなかったと人類に語った。神が存在するならば見えるはずの場所、すなわち、天に自分はいたと彼は考えていた。しかし、彼は宇宙空間に参入したにもかかわらず、依然として地上に、実体的なリアリティーの内にいた。いかなる宇宙船も、天に、先在の領域に、野生に人を連れて行くことはできない。宇宙船は人を実体的に運ぶが、神は否定的に体験されなければならないからだ。先に述べたように、荒野への入口は元来、止揚された、あるいは絶対−否定的な参入でなければならない。神は知覚されえないし、イメージもされえない。本物の神のヴィジョンさえ、実体的に見られたものでもイメージされたものでもない。それらのヴィジョンは、そのような見ることの否定（止揚された知覚）なのである。

　ユングはこの問題を感得していた。イメージに対して純粋に美的な反応をすることに警鐘を鳴らしたのはこのためであろう。しかし、彼がこの問題への解答として、イメージに対する倫理的な反応を求めたのは誤りであった。このような解決はどのようにしても失敗に終わる。そこには、範疇の誤りがあり、（倫理が自らの正当な場所をもつ）人間の生命や行動の次元と、「先在」、すなわち魂の論理的生命の次元とが混同されているからだ。後者は、真理についての問いに対する（魂の論理としての）心理学的で「形而上学的」な答えを要請する。もしこのような表現がいかほどか意味をなすとすれば、「イメージの倫理」は、以下の唯一正当な要請のみによって成立するのだろう。すなわち、（われわれの「倫理」ではなく）"イメージ（そして広く魂）に、その真理についての問いに対する納得のゆく解を与えよ"と。

　ユングの解決を受け入れることはできないにせよ、自身の（誤った）解決を提供することで、この本質的な問題に関する認識を有効なものにし続けたという点では、彼は十分な信用に値する。倫理においてこそ、彼は真理についての問いに直面するべきだったのだろう。しかし、「形而上学者」として見られることへの根

深い恐れや、経験主義者として認知されたいという願望ゆえに、真理についての問いに直面すべきところを自ら倫理を選択したということそのものが、魂の視点から見れば「非倫理的」であり、イメージは自分自身の内側に必要なすべてをもっている、という自らの洞察に背くことを理解できていなかった。イメージに対するユングの倫理的な反応の問題点はまさに、それがイメージのもつ「メッセージ」を（自我が理解できるように）行動へと外在的に当てはめるのを目論んだことであり、そうすることで、そこにこそイメージの内在的な動機づけの力は包含されているにもかかわらず、イメージそれ自体からそのような自己充足と自己封入を奪うことになったのである。

　真理は、われわれが自ら進み出て、リストに加わることを求められる地点であると先に述べた。——それは、われわれがたまたまそこに置かれた、個々のリアルな状況の深みに対して、魂に対して、魂が顕現するイメージに対して進み出ることである。各々のリアルな状況、各々の夢、各々のイメージは、それに対して「まさにこれ！」「ここがロードスだ、ここで跳べ (hic Rhodus, hic salta)！」[224]と言えとわれわれを誘惑しながら訪れる。「まさにこれ！」には、次のような二重の存在が含意されている。1.「私はここにいる」といわば出頭するように、無条件に自らを差し出している。2. 私がいるこの状況は、どのようなものであれ、それ自身の内側にそれが必要とするものすべてを（それゆえ、その実現の潜在性をも）もっている[225]。今ここ、私のこの生命のなか、この世界のなかが、究極の実現の場所でなければならない。この本物の私の現前こそが、私の楽園と私の地獄への私の唯一本物の入口である。いかなる選択肢も出口もない。私自身に野生を開き、私自身を「全人」へと、そして、野生の内的な本質としての〈真理〉との出会いに向けて開くのは、この態度なのだ。

　ユングの心理学にも、われわれが自ら進み出て、能動的にイメージに参入しな

---

224)「私がいかに夢中になっていようと、たなびかされていようと、私が体験しているあらゆるものは、究極的にはこの私のリアルな生命に方向づけられていることはいつもわかっていた。私は何とか、その義務と向き合い、その意味を満たそうとしてきたのだ。私の座右の銘は『ここがロードスだ、ここで跳べ！』である」。Jung, *Memories*, p. 189.

225) これは、先の心理学的な神話解釈の「三番目の前提」に対応している。

ければならないという考えが表明される箇所がある。それは、アクティヴ・イマジネーションである。アクティヴ・イマジネーションによっても、ユングは、魂にとって重要な必要性についての認識を有効なものに保った。とは言うものの、それを解釈することによって、再びそれを取り消してしまうのだが。アクティヴ・イマジネーションにおけるイメージへの参入は、実体的な参入である。それは心理学的な技法なのだ。したがって、われわれの参入の必要性は、依然として、字義的な行動によって行動化されている（たとえイマジネーションの領域における行動であったとしても、字義的である）。それは、「想起される」（思い出される〔er-nnert〕、すなわち、魂という本拠地に召喚される、この意味で「内面化される」）のではない。しかしながら、われわれの参入の真に心理学的な様式は、イメージ（とりわけ神のイメージ）の真理についての問いへの傾注という論理的な様式でしかありえず、それは公式のユングにおいて一般的には見られない。ユングは、自らが魂における神のイメージについて語る時、それが神の存在を証明する試みであると受け取られないよう、多大な努力さえしたのである。

　この時代における心理学の課題とはまさに、真理の概念が本当に現前するための護りを提供することである。他のものはすべて、真理と手を切ってきたようだ。科学はもちろんのこと、神学や人格主義的心理学、ニューエイジの秘教、ポストモダン主義、原理主義、さらには、芸術や哲学さえもが、それぞれ異なったやり方と思惑とで、真理との関係を絶ってきたのだ。あらゆる価値観の崩壊と社会の凝集性の減弱が、われわれの現代社会において痛切に感じられているゆえ、一般には、以下の二つのどちらかをやってみるより他に、この崩壊に対するよい答えはないように見える。すなわち、反動的な原理主義者のスタンスに逃げ場を求め、以前の生きた真理をその人自身の主観的な狂信に置き換えることで、あれやこれやの生命なき教義を支持する。もしくは、ある一つの倫理は、それが真理についての問いへの本物の答えによって、究極的には神の存在の証明によって（もしここでの「証明」を、これとは比較にならないような、形式論理的な議論の意味で理解しないなら）支えられ権威づけられないのであれば、使い物にはならないということを認識せず、倫理学という哲学的な原理を甦らせ、倫理の研究のための様々な新しい原則をつくり出そうとする。このいずれかである。しかし、この時代は真理など欲してはいない。手っ取り早い利益とは別に、怒濤のような多くの情報、イ

メージ、刺激、感情、ハプニング、そして言うまでもなく、自動化されたプロセスを欲している。われわれの時代は、形而上学的（「論理中心的」）伝統全体と文化的な遺産との体系的な「脱構築」を楽しみ、喜んで「ヴァーチャル・リアリティー」へと進んでゆく。それは、絶対的に真理を免除されているゆえ、絶対的に囲い込まれたリアリティーなのである。

ユングが伝えているように[226)]、フロイトは、オカルト主義の「黒い泥流」を恐れ、この流れに対する「揺るぎない防波堤」とすべく、自らの性欲理論を一つの教義に仕立て上げることを望んだ。「黒い泥流」はもはやオカルト主義ではなく、〈ヴァーチャル・リアリティー〉へと向かう情報社会の流れである今日において、われわれはその正反対を体験していることになる。すなわち、「黒い泥流」そのものが、今日最も嫌悪されているもの、すなわち、〈真理〉に対するまさしく防波堤として機能しているのである。

現代社会における真理の不在は、（実際にはそこにいたとしても）人間がこの世界から姿をくらましたことを示唆するものである。人間はもはや姿を現そうとはしない。この世界の外側に留まり、あたかも本当にはここにいないかのように人生を送ることを望んでいるのだ[227)]。人間は自らを不在者として定義し、不在者としての知識を獲得することを欲する（科学の客観主義や哲学における存在論主義は、われわれ人間の不在者主義の徴候であろう）。人間は、生命とリアリティーに関する自らの概念から、自分自身を消し去ってしまった。生命や運命が家のドアをノックすれば、「誰もいません」と言う。今日ではもはや、自らの（あるいはわれわれの集合的な）リアルな状況に対して、「まさにこれ！」〈真理〉が、神が現れるのはここだ」と言える者は誰もいない。その代わりに、人は、現実的なものに対するよりよい選択肢を夢見て、ユートピアに憧れたり、虚無的であるか不可知論的な立場でないものはすべて素朴な幻想や神秘化であると非難したりする。現代人は、

---

226) Jung, *Memories*, p. 150.

227) まさしく、人間があたかも本当にはここにいないかのように生きることを欲しているからこそ、逆に、人間は時に、あたかも何事も変わりなく、神話、元型的な意味、神々がいまだ生きているかのように振る舞うのだ。最初の「あたかも」を、その帰結に耐えることなく、生きることができるように、人間は二番目の「あたかも」に、隠喩や皮肉、冗談、パロディに——あるいは「脱構築」に逃げ場を求めようとするのである。

生命とリアリティーに関する自らの概念からの自己消去を一つの理論のステータスにまで押し上げるようなことまでしている。そこでは、「自民族中心主義」や「欧州中心主義」と呼ばれるものをイデオロギー的に拒絶し、主義として「脱中心性」のうちに自らを打ち立てるという決断を公言しさえするのである。

このような不在者主義は、経験的－実際的なレベルにおいてさえ、集合的な行動にも示されている。自分の子どもに対して大人が何らかの方針をもつことを避けることが原因で起こる教育の崩壊や、以前のユーゴスラビアにおける残虐行為に対する西側諸国の逃避的な反応、西側諸国の中国に向かう姿勢に示されるような、自ら公言していた価値観に対する明らかな背信はその例であろう。それは、西側諸国の新しいモットーである「経済第一」に要約されうるが、このモットーこそ、今日における唯一現実的な信念なのだ。

これとは対照的に、〈真理〉は、偶然に実際そうである世界や生命であり、それに加えて、人間の断固とした現前、すなわち、生命への人間のひたむきな参入であり、論理的な自己暴露である。古の日、こうした生命への参入、究極の傾注は、（儀礼行為一般と同様）とりわけ生け贄の殺害や参入儀礼という慣習を通して行われていた。それらは、真に（主観的にでも情緒的にでもなく、「客観的に」、すなわち、論理的に）生命に対して自分自身を捧げ、それによって真理を生成し、再確認するための第一の方法であった。他方、「ヴァーチャル・リアリティー」は、自ら進み出る必要性からの、すなわち、真理を生成する必要性からの独立を宣言するものである。われわれの時代はアクタイオンを罷免した。彼は今や、本書の冒頭に紹介した古いアイスランド伝承の引きこもりのポジションへと退行し、家の周りをうろつき、自分の想像に耽溺するだけで、もはや荒野の無限の広がりに足を踏み入れてゆくことはない。しかし、それを行うのが彼の唯一の存在理由であるゆえ、彼がもはやその永遠なる課題を遂行できないということは、彼が完全に消滅すること、そして、彼と共にアルテミスが、それどころか、この神話全体が消滅することにも等しい。けれども、一つの神話が、とりわけ、魂が自らの〈真理〉と出会うことについて語るような神話が組織的に打ち切られるならば、すでに神話や神話学そのものもまた打ち切られていることになる。これが、今日われわれが「ヴァーチャル・リアリティー」をもっている所以である。そして、神話や神々を元型的心理学が利用することがかなりのペテンであるのもこのためであ

る。心理学から真理の概念を完全に捨て去ることはできない。そのことによって、魂が絶対的な真理としての自分自身に出会うために野生へと分け入ってゆくという永遠なる運動を中断させることになる——そして、以前と変わらず正当に神々や女神たちについて語ることもできない。事実上、このような特権は失われた。〈真理〉の概念がなければ——どんなに意識的に否認したとしても——、イメージは不可避的に、イメージ「でしか」ないのである。

　「イマジナルなもの」というのは、一つの妥協形成である。イマジナルな心理学は、イメージとフィクションを真剣に受け止めることで、世界に関するわれわれの科学的、実体主義的な理解の通常の限界を超えることを某か行うが、そこで真理についての問いを立てるのを控えてしまうために、結局は自らが他ならぬそのような理解の前提を受け入れていることを露呈している。イマジナルな心理学は、自らの意図に関しては今一歩真剣味がなく、そのアプローチが究極的に行き着くところに到達することはない。それはもはや事実上、われわれの現代的な世界−内−存在を論理的に規定するという本格的な革命などではなく、単にその小さな刺激程度のものしか意図していなかったかのように今では思われる。確かに、イマジナルなものは野生のものであるが、あくまでここから、すなわち、囲いの安全な側から思い描かれたものとしてそうであるにすぎない。それは、否定的なものであるが、「外側に」投影されたものとして、対象（見られたイメージ）としてそうであるにすぎない。すなわち、絶対的な否定性ではないのだ。元型的心理学は、実体性の単純な否定へと歩を進めたにすぎない。しかし、この単純な否定は、それが否定するものによっていまだ縛られたままである。意図せずして、（「字義主義」というラベルのもとに攻撃するという）実体性との戦いにもかかわらず、あるいはむしろその戦いによって、元型的心理学は実体性を保存し、保護してさえいる。隠喩的でイマジナルなものに固執することで、元型的心理学は、実体性を乗り越えることを約束し、論理的な否定性を示唆、あるいは意図するが、それを実現することはしないのだ。元型的心理学が達成する否定性は、個人のレトリックと主観的な理解の方法に留まっている。元型的心理学は自らを、個人がリアリティーとかかわるという客観的な論理的形式へともち込むことはしない。字義主義（実体性）に屈しないようにするためには、繰り返し個人的な努力をしなければならない。なぜなら、意識のステータスの根本的な止揚（否定の否定）がこれ

まで回避されてきたからだ。もし、イメージする意識から思考される意識へという意識の変成が起こっていたなら、この個人的な努力は必要なかっただろう。そのような意識が体験する諸物や出来事は、私がそれらをどのように見るかにかかわらず、論理的な否定性というステータスにあるものとして到来するのだ。

　人間はこの世界から姿をくらました。このことは何を意味するのだろうか。あらゆる形而上学や、所謂伝統的な「論理中心主義」を蔑み、その真剣なリアリズムと有限にすぎない自らの存在の本質とを誇りにしながらも、人間は実際には、この世界の上方に、すなわち、自らが了見違いに忌み嫌っているはずの、まさに「形而上学的なあの世」に住まっている。あの世の存在を信じていないにもかかわらず、あの世（あるいは、形而上学）こそが、人間が現実に住み込んでいるところである。事実、あの世を否定する、まさにそのことによって、自らをあの世から区別する機会を失い、あの世と同化されてしまうのだ（そして、彼と共に彼の世界も）。こうして、人間のすべての努力が、ますます字義的なあの世、すなわち、あらゆる真理を奪われた、しかしまさにそのことによってあらゆる「大地」と時間性をも奪われた、絶対的に抽象的で、ヴァーチャルで、あたかも的な「リアリティー」へと移行し、そこにおいて自らを確立するという目標へと方向づけられてゆくかのようである。もちろん、実際には依然としてこの世界に生きているとしても、人間は心理学的には、あるいは、論理的には、しっかりと、そしておそらくは元には戻れない形で、自分自身をこのあの世（すなわち、あの世としてのこの世）に包み込もうとしている。あらゆる技術的発展は結局のところ、人間がそこに自らを確立し隔離した、このあの世の壁を客観的に拡大し強化するという目的に奉仕しているように思える。

　（とりわけ20世紀の）神学と哲学において、啓示された神に対置されるものとしての隠れたる神（*deus absconditus*）について、多くのことが語られてきた。隠れたる神の究極的な形態は、「神は死んだ」と言われている神であると言えるだろう。しかし、おそらく隠れたる神は、真正の体験というよりは文明の産物である。隠れたる神という観念は、隠れたる人間（*homo absconditus*）の鏡像でしかないのかもしれない。おそらくこの神のイメージは、現代人がそれにおいて自分自身を知ることができる、自らの自己定義を知ることができるためのイメージであり、人間がそこに自分自身を確立した、すなわち、たとえ見かけの上ではまだこの世界に

第6章　アクタイオンとアルテミス：
概念の絵画的表象と神話の（魂の論理としての）心理学的解釈　325

生きているとしても、その〈存在〉の深みにおいてこの世界から姿をくらました
論理的ステータスを意味するのであろう。「神は死んだ」というのは、決して神
のことではなく、人間のことを言っているのではないだろうか。つまり、人間は
「死んだ」（ギュンター・アンダースは『時代遅れの人間』について語った）ということを。
なぜなら、人間はその人間性を捨て、代わりに、字義的な意味での「職務」として、
（たとえ非常に複雑なものであるとしても）作動する機械として自分自身を定義し、
自分を取り囲む機械やロボット、自動販売機に自分自身をどんどん同化させてゆ
くことに至上の目的を見出しているように思えるからだ。「神は死んだ」はそれ
ゆえ、理論的な洞察やテーゼではなく、意図せざる自己表現であるとは言えない
だろうか。

　ヘラクレイトスは、「自然は隠すことを愛する (phýsis krýptesthai philei)」（断片123）
と言った。ヘラクレイトスが言わんとしたことについては多くの解釈が存在す
る[228]。しかし、この断片をハイデガーの覆蔵性という着想のもつ意味において
捉えるなら、われわれの文脈では以下のように問わねばならないだろう。すなわ
ち、自然は本当に隠すことを愛するのか。自然は、フィシス（ハイデガーは自己開
花する露現、すなわち、展開と訳している）は本当に、まさに自らの露現において、
またそれによって、自分自身を隠してもいるのか。われわれの神話に耳を傾け
れば、自然はむしろ、絶対的にベールを剥がれたものとして自らを示すことを
はるかに欲するのではないか[229]。その覆蔵に関する理論は単に、（言うまでもな
く、古代ギリシア哲学の時代、すなわち、儀式と生け贄の殺害によって特徴づけられる、
世界−内−存在の儀礼的な様式が根本的に新しいものと置き換えられた時まで遡るもので
ある[230]）隠れたる人間 (homo absconditus) というスタンスの反映でもあるのではない
だろうか。

228）カール・ケレニイが行っている解釈は、非常に要を得ている。Kerényi, "Die Göttin Natur,"
　　in: *Apollon und Niobe* (Werke in Einzelausgaben, vol. IV), München, Wien (Lagen Müller) 1980,
　　esp. p.326f.（自然〔phýsis〕、すなわち、諸物が真にある様は、それらが常にそのようになっ
　　てしまうゆえに、そのことを知り、かつ凡庸な人間に示すことができるような特別な賢
　　人を必要とするという意味で隠すことを愛する、というものである。ケレニイは断片1
　　を、ヘラクレイトス自らが、その自然に従ってあらゆるものを見分け、それが何である
　　かを言うことができるという自負を示したものであると指摘している）。

アクタイオンの神話が示すのは、魂の真理との直接的な関係（そして、その関係の直接性）である。魂と真理は相互に補完し合っている。魚にとっての水のように、真理は魂にとっての本来的な要素である。（結局のところ、魂の記録文書であり、魂の元型的な「契機」における魂の自己表現である）われわれの神話は、絶対的な〈真理〉に対する魂の憧れを強調し、かつ、この憧れが実際に遂行されること、すなわち、絶対的な〈真理〉との実際の出会いを強調している。われわれの神話におけるアルテミスはいわば、カントにおける現象としての本体であり、仮象としての物自体である（もちろん、アルテミスは、彼女が絶対的な否定性であり、その啓示もまた、それ自体否定的、あるいは止揚された啓示であるという一点においてのみ、そうした裸の真理〔nuda veritas〕の無制限の啓示でありうる）。

この神話の観点から見れば、この（魂それ自体の[231]）本位のレベル以下に落ち込んでいる、あるいは、体系的な自覚をもって、その下位に定住しているような心理学はすべて、本当の意味では「魂ある」心理学ではなく、それゆえ、真の心理学ではない。そして、われわれの心理学は、われわれの文化全般と共に、この本位の下方に身を落ち着けてきた。われわれの心理学にとっては、真理ではなく人間こそが、魂の住まう「要素」であると考えられているのだ。自我としての、人格としての、自らの意識（そして無意識）としての人間は、魂を安全に投獄しておく容器である。この監獄の内側で、魂は時に荒れ狂い、錯乱しさえする。それが

---

229) 興味深いことに、ヘラクレイトスは自らの作品をアルテミスの神殿に託している！——自然は絶対的にベールを剥がれたものとして自らを示すことを欲するということについては、言うまでもなく、この考えに関する実体的な理解から自由にならなければならない。ベールを剥がれた自然というのは、決して実体的な事実ではない。それは、論理的な否定性というステータスにおいて生起するものである。もし思考が存在論的なままに留まり、露現という概念が最初から論理的に否定的なものでないなら、露現と覆蔵という対立物のペアを取り扱わなければならないことになるだろう。

230) 文化の主な四段階の根本的な差異や、ある段階から別の段階への革命的な変化の意義については、ハイノ・ゲールツが、彼の著作のいくつかで、最も洞察にあふれる形で明らかにしてきた。例えば、彼の『おとぎ話の現実性から』の第1章「時間という脈絡における真珠のおとぎ話」。Gehrts, *Von der Wirklichkeit der Märchen*, Regensburg (Röth) 1992.

231) なぜなら、アクタイオンとアルテミスの神話は、魂が自分自身について語る、魂の記録であるからだ。

あらゆる痛ましい障害の原因となり、人を自殺に駆り立てることまであるのだ
が、（魂の論理としての）心理学的には、魂は、個人の内側にある限りは封じ込め
られている。個人という概念は、野生のものやその〈真理〉を立ち入らせないた
めの囲いである。荒野の開かれた広がりなどあってはならない。〈真理〉は生じ
てはならないのだ。絶対的な真理は、悪魔のように恐れられており、あまりにそ
うであるために、われわれはそれが恐れられていることを知りさえもしない。そ
して、魂が論理的に封じ込められていることこそが、明らかに、今日において意
味をもつ唯一の事柄である。魂が経験的には決して封じ込められていないという
ことは、それに比べればあまり重要ではない。もしわれわれの論理的な目的が達
成されるなら、つまり、もしわれわれの原理が保持されるなら、われわれは、経
験的なレベルでの大いなる困難や苦痛に耐えることを常に厭いはしない[232]。し
かし、前文における「われわれは」や「われわれの」は、自我人格としてのわれわ
れを指すわけではない。われわれの究極の目的は、本当の意味では「われわれの
もの」ではないのだ。本物の決断や本物の行為は、「われわれの背後にある」魂の
論理のレベルで起こるのであって、われわれの行動や感情という経験的なレベル
で起こるのではない。そして、ここで追い求められる利益は、思い違いをしがち
だが、われわれの個人的で実際的な生活利害などではない。われわれは、必ずし
もわれわれにとってよりよいものを考慮する必然性のないような利益のための、
行為や顕在化の場所なのである。

　隠れたる人間（*homo absconditus*）は、「裸の真理」は「精神的な世界に張りめぐら
された防壁」の向こう側にあるものであり、それゆえそれに到達することは、「思
索という最も大胆な飛翔にとってさえも不可能」[233]であると当然主張することだ
ろう。「裸の真理」という観念を単にもてなそうとするのはおこがましい。しか
し、「裸の真理」は、どんな防壁も超えず、また人間の体験の領域を超えること
もない。もしそのような防壁があるとすれば、これまで語ってきた〈真理〉は、

232）これは、われわれの文化が抱える集合的な神経症を公式化したものである。ユングが述
　　べたように、神経症は、正当な苦悩の代替物である。神経症者は、自らが直面している
　　一つの苦痛に満ちた本物の葛藤を経験するよりも、際限なき不当な苦悩を好むのだ。

233）この表現は、以下からの引用である。Jung, *CW* 18, par. 1734.

防壁のこちら側に、われわれの側にあるだろう。それは、人間の体験に内在する深みである。途方もなく離れたどこかへ出立しなければならないのではなく、われわれは、手元にあるリアリティーにより深く入り込まなければならない。〈真理〉がそれを超えた向こう側に位置するであろう、乗り越えられない防壁という観念において、隠れたる人間（homo absconditus）は自分自身を、すなわち、自分自身が今ここのもつ深みから認識論的に逃避しようともがいていて、向こう側を目指しているということを知ることができるのだ。

　筆者が批判しているのはむろん、心理学が、アクタイオンのしたようなやり方で、絶対的な〈真理〉を見ることをし損なったということではない。こんなことを実際いかにして、この「形而上学的」拒食症の時代[234]という条件下で成し遂げることができるのか、というのは未解決の問題である。筆者の批判は、心理学が自ら進んで、しかも方法的な自覚をもって、自分自身からこの次元全体を除去し、理論から〈真理〉を駆逐するという教義をつくり、現在ここにある真理についての問いを保持する、あるいは、少なくとも、そのための開かれた場所を取っておくことをしなかったことに向けられている。言うまでもなく、このことは、ユング派と元型的心理学だけでなく、現代の心理学一般についても言える（それが近代性それ自体についても言えることは、言うまでもない）。現代の心理学は（その多様なブランドのすべてにおいて）、考え、感情、体験、そしてイメージについての学問であり、それらが真実か否かという問いとは明確に切り離されている。真理についての問いを括弧に入れるということが、現代の心理学を構成している。例えば、ゼウスは、彼が真実であるか否かとは別に、単なる宗教的な観念や宗教的な感情、人々のこころへの信仰、コンプレックスとして理解されるなら、一つの心理学的現象になってしまうだろう。

　真理についての問いから完全な撤収は、ゼウスから本物の神としてのステータスを奪い、自我の表象、すなわち、「こころ」のなかの神という単なる観念やイメージという、彼の（あるいは、今や「その」と言うべきか）新しいステータスへと彼を移行させうる道具である（「なかの」というのは、ゼウスが今や、囲い込まれ、包

234）個々人にとっての個人的な障害としての拒食症と、われわれの時代の多くの文化的な現象との間の関連は、ドーリス・リエによって知的に論考されている。

第6章　アクタイオンとアルテミス：
概念の絵画的表象と神話の〈魂の論理としての〉心理学的解釈 329

み込まれ、弱らされていて、もはや、地図で示された道のない、頭上に防護屋根を広げる
避難所もない、野生のものや絶対的なもの、すなわち、「前人未踏の通行不可能な領域」に
おける神ではないことを示している）。ちょうど同じように、あらゆるリアリティー
は「意識の内容」へと還元的に翻訳されてゆく。それゆえ、この種の心理学は、
本物の現象を去勢するものであると言えるだろう。ここで、元型的心理学はこれ
とは違う立場にあると考える人もいるかもしれない。元型的心理学は確かに、ゼ
ウスや他のあらゆる神々のイメージのなかに単なる意識の内容を見ているわけで
はない。それらは意識を超越し、「イマジナルなもの」に属するものとして、存
在論的なステータスをもつイメージである。しかし、この期に及んで、イメージ
（あるいは、コルバンの言う意味での、イマジナルなもの全般）が（「単なる」われわれの「な
かの」イメージではなく）心理学的な現実であると主張し、心理学的な現実こそが
第一義であると宣言したところで、この去勢を取り消すことはできない。なぜな
ら、この去勢は、その宣言に先立って起こっているものであり、依然としてその
基盤となっているからだ。そのような宣言は遅きに失している。それが拒もうと
しているのは、とっくの昔からすでに事実であったものである。「心理学的な現
実」という特別な定義は、去勢を再確認するにすぎない。イマジナルなものは、
それが真理についての問いを再び認めない以上、心理学主義的な「表象」（自我が
自分自身に対して提示するもの）に遡るその起源を払いのけることは決してできな
いだろう（そして、このように述べるのは、「ルネッサンス」という意味で、以前の神々
に回帰し、それらを蘇らせるという懐古的な企図をもっているのではないことを明確にす
るために、われわれにとって、そうした以前の神々がもう一度絶対的な〈真理〉の集結点に、
また、そのようなものとして野生への開けになることは決してないということを強調して
おきたい。以前の神々が「いまだ無知だった頃の人々」の迷信であると軽視する必要はな
い。その神々は、絶対的な〈真理〉が以前の時代に、当時の意識の論理的なレベルに対応
する形で自分自身を示したものとして、すなわち、当時の実際の社会的、政治的、文化的
な生活条件のもとで、その時代に本当に生きられていた生命の絶対的な〈真理〉として敬
うに値するものである。しかし、われわれにとって、それらの神々が〈真理〉の歴史的な
形式であるに他ならないことを、そして、われわれの国境はどこか他にあることを知って
おかねばならない）。
　真理についての問いを消し去ることは、心理学が人々の心理の学として仕立て

上げられることを許す装置であるとも言えるだろう。このような言い回しから、（人々の）心理の学としての心理学は、すでに飼い馴らされ、「調理され」、処理され、そして囲い込まれたものという牢獄の内側に、すなわち、魂が凝固した歴史的過去という牢獄の内側に留まるものであることがわかる。（人々の）心理の学は、人々の心理が凝固し凍結した魂の履歴である限りにおいて、常に歴史主義的である。真理についての問いから切り離された、魂のトピックは、どれもまさにその事実によって単に歴史的であり、芸術におけるネオ・ゴチック様式のもの（あるいは、以前の芸術様式を真似たあらゆるもの）に相当する。心理学的な現在（「その行為が存在する場所」）とは、その真理へと間違いなくコミットするように、われわれをいつも執拗に駆り立ててくるあらゆる問いや所与の状況として定義されうる。ちょうどアクタイオンが手つかずの無限の荒野に足を踏み入れることで裸の真理と出会ったように、われわれが真理についての問いを認め、正直にそれと直面すれば、逆に心理学は無限の荒野に蘇り、われわれは現在に位置づけられる。そこでは、人々の心理（すでに服を着た魂）ではなく、魂それ自体の、その論理の生々しい生命に出会うのである。

　心理学という領域は、全体として一つの巨大な防衛機制であると考えられる。諸現象は、解き放たれ、野生の無限の広がりへと展開することが許される時に危険を孕むものとなるが、心理学は、現象を人々のなかに、人の意識や無意識のなかに閉じ込めることで、そのような危険からわれわれを護っているのだ。

　魂がこもっているか、あるいは、真理（そして、論理）かという選択をしなければならないという主張は、誤った二者択一である。イマジナルな心理学がこの選択肢を設定しているかのようであるという事実は、それがいまだ（例えば、カント的な）抽象的な観念や概念と（形式論理という意味で）結びつき、それに特徴づけられたままに留まっているということを示している。たとえ、敵としてにせよ、それに対する反動形成という形であるにせよ、その事実が変わることはない。魂と真理とを二者択一に仕立て上げることによって、論理の概念、すなわち、真理の概念がいかにして魂のこもったものになりうるかという欠くべからざる問いを発し、それに答えるという課題から解放されるのだ。真理はただ、心理学の外側へと追いやられ、そこでの心理学は、真理について説明する必要がない。このようにして、陳腐で反省されていない、すなわち、非心理学的な真理の概念が居座る

のが許されることになる。そしてこのことは、問われることのない非心理学的な真理の観念が図らずも心理学を支配している、ということを意味している。またそれは一方で、この心理学（非心理学的な真理の概念に無意識的に支配された心理学）が本当の心理学ではありえないことを暗に示している。心理学は、真理の概念に対する責任を受け入れなければならないのだ。

　しかし、アクタイオンの神話はまた、真理の概念が素朴な（思考なき、すなわち、単にイメージされただけの）概念ではありえないことを示している。そのような素朴な概念における真理は、科学や宗教、一般的な思想においてそうであるように、見せかけ、嘘、あるいは虚構の単なる非弁証法的な対立物である——これに対して、魂にとっての見せかけや虚構、過ち、そして嘘は、真理が自らを示す一つの形式である。それは絶対的な〈真理〉（真理と虚構との間の差異から解放された真理）である。アルテミスが野生の具現化であり、処女的で手つかずの状態に留まる以上、彼女が表象する〈真理〉を、あれやこれやの「実体的な真理」として固定的に定義することはできない。彼女が表象する〈真理〉が何であるのかは、範疇的に開かれたままにされる。それは知られうるが、実際に無条件に野生へと分け入ってくる者にしか知ることはできない。しかし、それを知ることができたとしても、〈真理〉のもつ本質としての神秘の性質は保持される。その神話は、それゆえ、魂がもつ真理の概念は、命題や判断、あるいは科学的仮説といった等しく思考なき抽象的な真理でもなければ、教義や原理の真理、あるいは実証主義的に原理主義者が真理を理解する、他のいかなる形式でもない、ということを示している。それは（「永遠の真理〔eternal truths〕」という場合のような）複数形をもたない。もう一度言うが、それは、絶対的な真理であるが、今や〈絶対性〉に関する真理という意味における真理である（繰り返しになるが、「絶対的な」ものというのは、抽象的に、あるいは実体的に理解されてはならない）。それは、絶対的な否定性としての、そして、実際の生きた、親密な出会いや出来事としての真理であり、存在さえ知られておらず、「新鮮で」処女的で無垢である。それは一つの啓示なのだ。

　先に、魂と真理は相互に補完していると述べた。われわれにとって、このことが（〈真理〉を魂の構成要素として認識する理論的な必要性を超えて）意味するのは、魂のなかにいること、あるいは、本当の意味で心理学的な知覚に成功することは、真理のカーペット（ヘルダーリンを参照）の上を歩いていることに、あるいは、錬

金術師が生命の精髄を、永遠なる水（*aqua permanens*）を懸命に探し求めたように、〈真理〉と名づけられた要素に「浸かる」のにも等しい、ということである。

　ヒルマンが心理学に真理の学問を見るのを拒んだというところに立ち戻れば、このような拒絶は、論理的な否定性（絶対的な否定性）としての真理の概念を彼が自分で使えるものとしてもっていなかったことに起因すると推察できるだろう。もし真理が実体的な真理、教条的な真理、科学的な「真理」を意味するなら、ヒルマンが心理学から真理の概念を排除したのは正しかった。しかし、たとえ彼がイマジナルなものを強調したのが（「字義主義」というラベルのもとに彼の理論に入り込んでいる）実体性を乗り越える試みであったと見なしうるとしても、彼は真理の実体的な（「字義的な」）概念にしがみついていたように思える。先に指摘したように、イマジナルな心理学が斟酌しているのは、自らの論理それ自体ではなく、真理の概念が属する、あらゆる個別的な内容の脱字義化である。先の第5章では、イマジナルなアプローチが不可避的に、たとえ意に反したことであったとしても、自らがイメージするものをどんなものでも指し示すことを見てきた。

　この点において、ヒルマンはこの時代の精神に追従している。ポストモダンの哲学もまた、形而上学と、真理、無限、永遠、絶対的なものという概念を同じ理由で拒絶する。すなわち、第一に真理がどこか（洞察、結果）で見出されうる「何か」として実体化され、想像されて（*vorgestellt*：前に置かれて）おり、彼らはそのために真理を攻撃するのだが、そうした攻撃によってこの誤った概念が強化されてしまうことに気づいてはいない。その攻撃は実際には自分自身に、自らの誤解に対して向けられているのだ。

　ではここで、先ほど後回しにしておいた「第三の決定」についての議論に入ろう。

第三の決定
殺害と顕現の同一性、あるいは…：〈他者〉を理解すること

　アクタイオンは狩りに出かけた。彼は、何らかの獲物を見つける代わりに、沐浴する裸婦たちに遭遇したのだろうか。彼は元々の目的から逸らされたのだろうか。もし、女神の代わりに何か獲物を見つけていたとしたら、彼は違った運命を辿ったのだろうか。以下に示すのは、われわれの物語がそれをどのように呈示し

第6章　アクタイオンとアルテミス：
概念の絵画的表象と神話の（魂の論理としての）心理学的解釈 　333

ていると考えられるか、ということであって、どのように理解されるべきか、ということではない。

　神話のなかの人物像としてのアクタイオンは、狩人、すなわち、狩人という概念の具現化である。そもそも、彼は元型的な教師であるケイローンに狩りの技術を教えられた。その時代（illud tempus）において、あるいは、神話的な文脈において、「教えられる」ことが意味するのは、今日とは異なり、「技術的な訓練」ではなかったことをわれわれは思い出さなければならない。それはイニシエーションを意味していた。アクタイオンは何よりもまず、彼が通常のリアリティーにおけるように、多くの他のもののなかで狩りに行くことも時には好むといった人間存在なのではない。もしそう考えるなら、われわれは依然として、アクタイオンを思考しているというよりもむしろ、イメージしているのだろう。神話のなかの登場人物は「先在」の領域に住んでいる。それゆえ、われわれの通常のリアリティーを特徴づける存在と本質との分離は適用されない。通常の実体的なリアリティーは、実在する存在（本体）とその本質や属性との解離によって成り立っている。「実質」や「基質」としての「主体」は先験的に、自らの属性に対して、すなわち、その力動、その運動、その本質の内的なテロスに対して免疫化されている。これに対して、神話と「先在」の領域、〈概念〉の領域は、存在と本質の同一性によって決定される。神話の人物像は、自らの本質に完全に従属しており、神話のなかで描かれる彼らの行動こそが、彼らの唯一の存在理由なのだ。狩人であることがその本質である者として、アクタイオンは選択権をもたず、他の選択肢も存在しない。彼は脇道に逸れることができない。本来の目的を忘れて、例えば、窃視に耽ることなどないのである。もし自らの目的から外れたとしたら、彼は〈狩人〉ではなく、もはやアクタイオンでもないのだろう。換言すれば、彼はその瞬間、直ちに存在するのを止めることになる（三番目の角をもたない三角形を想像した途端に三角形の概念が壊れてしまうのとちょうど同じように。その途端、それはただの一本の線になってしまう）。同語反復的な解釈というわれわれの原則とのかかわりで言えば、アクタイオンの窃視と彼の狩りとが、二つの別個の選択肢であると考えることはできない。それらは同一のものである。このことはいかに理解すればよいのだろうか。彼がアルテミスに遭遇したことは、いかに理解されるべきなのだろうか。

　もしいわゆる窃視と狩りという活動が同一のものなら、成功した狩りはいわ

ば、アクタイオンが裸のアルテミスを目撃したことが、内側から、その本質、意味、内的なイメージから見た時、一体何なのかについて経験的、あるいは外的に表現したものであるということになるだろう。それゆえ、経験的に言えば、アクタイオンは一頭の鹿に遭遇し、確かにそれを殺害することに成功したと見なさなければならない。しかしながら、われわれの神話は、狩りという出来事の内的なヴィジョンだけを、あるいはその真理だけを呈示する。そして、この内的なヴィジョンが、外側から見れば、殺害という出来事であるものを内側から眺めたものに他ならないことをわれわれに理解させるために、それをそのままにしておくのだ。殺害という契機は、沐浴する女神が本当の姿を現す契機である[235]。狩られる鹿の殺害を通して以外、他にどのようにしてアルテミスを、女狩人を目撃しうるというのか。狩人であることなしに、そして、そのようなものとして〈彼女〉の同類であることなしに、すなわち、彼女を相補する者や補完する者であることなしに、ただ都会の人間として森に偶然立ち入ったところで、決して裸の女神を目撃することはできないだろう。もっぱら似たものによってしか似たものは見出されないのだ。

　また、語り部のオウィディウスが示唆するままに、アルテミスと妖精たちが（たとえアクタイオンが立ち寄らなかったとしても）どこかにある「いつもの池」で沐浴していたとイメージしてはならない。アルテミスは実体性ではないし、経験的−事実的なリアリティーでもない。アクタイオンなしには、アルテミスも、沐浴する女神も、裸の真理も存在しない。〈真理〉や神々は、「存在する」実体、あるいは世界の独立的要因ではなく、アルテミスもまた、偶然そこに立ち寄った誰かに発見されるべきものではない。ベールを脱いで沐浴する女狩人アルテミスは、狩人の殺害という契機においてしか、またそれを通してしか存在することはない。実

———

235) こうした殺害の全貌は、われわれの神話についてジョルダーノ・ブルーノが行っている洞察と情熱に満ちた解釈では見落とされている。彼は、アクタイオンが自分の犬たちにバラバラに引き裂かれることにしか関心を抱いていない。言い換えれば、彼は一面的に、魂が達成した〈一〉との結合、すなわち、熱狂的な溶解という出来事の受動的な側面だけを見ていて、能動的なコミットメントというもう一方の側（もし決定性〔determinateness〕という契機が、この神話の伝える真理に含まれるはずならば必要とされることになる側面）については見ていないのである。

在的な本体や現実の人々であれば、自らが観察されているか否かにかかわらず存在し、事をなす。しかしこの神話のアルテミスは、アクタイオンが彼女を観察する限りにおいてのみ、またその時間においてのみ存在するのだ（そして、アクタイオンは、その裸の女神を目撃する者としてだけ存在する。彼ら双方が同一の元型的リアリティーの両側なのである。「正の電気」をもとうとするなら、電気の負極を除去できないのとちょうど同じで、アルテミスをもとうとするなら、この神話におけるアクタイオンを取り去ることはできないし、その逆もまた真である）。アルテミスの沐浴はアクタイオンの目撃によって構成されており、アクタイオンの目撃はアルテミスの沐浴によって構成されている。神話においてわれわれが「先在」の領域にいる以上、その陳述はすべて、叙述の主部と術部が互いを完璧に映し合う、ヘーゲルの言う「思弁的叙述」として読まれなければならないのだ。

　われわれはここで、真理への、神（々）への人間の参与という観念を受け入れなければならない。神は「物自体」、すなわち、それだけとして存在するものではない。神は「物自体」と、われわれが産み出す行為との結合である（神は〈神〉自身が意識的になるために人間を必要とするというユングの考えも参照のこと）。

　しかしながら、アクタイオンの目撃は、映画ファンや覗き部屋の客のそれではないし、入浴しているスザンナを覗いた旧約聖書の老人たちのそれとも異なる。彼の目撃は、字義的な（目で）見ることではまったくない。それは、致命的な矢を射るという手段によって、また、そこにおいて見ることである。狩りのクライマックスにおいて、狩人はこの元型的な契機の内的な本質を目撃する。クライマックスでは、この契機が従属している神が、すなわち、狩りの女神が完全に姿を現す。同じ理由で、オウィディウスの牧歌的な「いつもの池」は、殺害された獲物とは別に、森のなかのどこかにある字義的な池としてイメージされてはならない。それは致命的な傷なのである。血の滴る傷のなかで、堂々たる背丈の女神と妖精たちは、自らの神性を顕現し正体を明かす。われわれの物語においては、このことが、彼らが一糸まとわず池で沐浴する姿として絵画的に表現されているのだ。

　それゆえ、ここには、プエル的な窃視やプエル的な厭世は存在しない。プエル的な窃視など、この物語には存在してはいないのだ。プエル的な窃視者としてのアクタイオンという解釈は、元型的心理学のスタンスの反映であろう。逆に、ア

クタイオンの態度には、生命への親密で献身的な関与の究極の形態を、〈他者〉を能動的に貫通する力の究極の形態を、すなわち、殺害を見出すことができる。アクタイオンによる殺害は、彼が原初の荒野に侵入したことから始まった動きの論理的な結論や到達点に他ならない。それは、彼が未知なるものへと侵入したという概念にすでに内在されていたもののさらなる決定である。そして、同じ理由で、アクタイオンによって示されるスタンスは、科学(「純粋科学」)のそれに擬えることはできない[236]。科学が行うのは、「処女なる自然への」移動などではない。このことは、それがカント的な「物自体」を探究するということを意味するのだろう。否、当然のごとく、科学は囲いの内側に留まる。これが科学の語ることのすべてである。確率。証明。信頼性。妥当性。他にもあるだろうが、科学とは、すべてのリアリティーを徐々にその囲いの内側に引き入れようとする巨大なプロジェクトである。その仕事は、あらゆる荒野を根本的に無効にすることである。「ワールド・フォーミュラー」という有名な目標は、単にこの目的を露骨に示したものの一つであろう。アクタイオンによる殺害は、そのような科学的なアプローチとは正反対のものなのだ。

　しかしながら、この殺害はそれ自身のなかにある、そして、それゆえ弁証法的に自分自身の対立物、すなわち、裸の真理を受動的に、つまり完全に受容的に見ることであり、処女なる女神という圧倒的な光景に敬意を表して距離をとることでもある。経験的な生においては(「存在」や実体性の領域においては)、(性的な)貫通が意味するのは、処女性の終わりである。そして、性的な「行為」(!)は、受動的で距離をとった「窃視」とは反対のものを意味する。これに対し、この「先在的な」魂という〈転倒した世界〉では、「男根的な」武器による貫通は、その貫通自体の内的な真理としての〈処女的なもの〉や〈触れられないもの〉の解放、あるいは啓示である。殺害という行為こそが、〈処女なる女神〉を第一に産み出すものなのだ。ここでの能動的な貫通は、純粋に受容的に見るという体験である。われわれは、二つの対立物を同一のものであると考えるという難問に立ち向かわなければならない(それは、イメージする代わりに考える時にだけ可能である)。認識することは、的を射ること、すなわち、「傷つけること」「殺すこと」であり、容

---

236) Moore, op. cit., p. 177. ムーアはアクタイオンと科学の間に類似性を見て取っている。

赦なく自分自身（自らの本質）を分割し、〈他者〉に押しつけようとする意志である。それこそが、貫通である。本物の（すなわち、究極の）貫通とは、裸の真理の啓示へと、触れられざる処女なる女神へと貫通することなのだ。

　すでに承知の通り、この女神は「鹿のアルテミス」、雄鹿（あるいは、雌鹿）[237]のアルテミスとも呼ばれている。彼女は雄鹿である。アクタイオンが殺さねばならなかった雄鹿とアルテミスは、二つの別々の存在や現象ではない。アルテミスは野生それ自体ではあるが、ある姿や顔に凝縮され、名前を与えられていると先に述べた。その雄鹿についても同じことが当てはまる。その雄鹿において、荒野が具象化している、すなわち、無限の広がりが一つの焦点に収斂し、相対して明確に定義されるものとして目に見えるものとなっている。野生のもつ無限性や理解不能性が、理解可能なものとなるのだ。この凝縮という契機は、われわれが世界とか宇宙と呼ぶものが野生という名づけえぬ混沌から誕生する瞬間である。「獲物が現れる瞬間、荒野は意味と方向性を獲得する。槍の一突きによって負わされた傷は、命を与えるつかの間の中心を打ち立てるのだ」[238]。その目標を射抜く矢を放つ瞬間はカイロス（kairós）である。本章の前のセクションで、「自分が曝されている、辺り一面の無限の広がりとしてだけ荒野が姿を現す限り、あなたは依然として、それをどことなく外側から見ている！　逆説的なことに、見かけ上は荒野に侵入し〔…〕ているにもかかわらず、あなたはまだ本当にはそのなかにいないのだ。〔…〕あなたが本当に野生のなかに入るなら、荒野もまた、アルテミスとして姿を現すだろう」と述べた。獲物が現れ、武器が放たれる、あるいは突かれる瞬間は、野生を外側から見ていたのが突然、内側から見ることになる、どんでん返しの瞬間である。野生に行き着くことがその最も内奥にある神秘と出会うことである以上、殺害を通してだけ、アクタイオンは本当の意味で野生に行き着くことになるのである。

　真の狩人としてのアクタイオンは、その経験的な雄鹿が、そしてその実際の傷が、殺害された雄鹿の内的イメージとしての狩りをする女神、すなわち、手つか

---

237) Martin P. Nilsson, *Geschichte der griechischen Religion*, vol.1 (= Handbuch der Altertumswissenschaft V.2.1), München (Beck) 1967, p. 491. with reference to Strabon (VIII, p. 343).

238) Gehrts, "Vom Wesen des Speeres," p. 95f. 筆者訳。

ずの荒野の女神であると「見通す」能力をもっている。

　〈触れられないもの〉が触れられたのである。処女の女神が、その剥き出しの姿をアクタイオンという人間の眼によって見られたのだ。これこそが「〈真理〉の契機」の意味するところである。しかし、〈真理〉はまた、〈触れられないもの〉が〈触れられないもの〉として触れられたということも示している。〈触れられないもの〉は、触れられることによってその不可触性を失うことはない。処女が、一人の男に見られることによって穢されることはなく、神聖なるものが、人間に侵入されることによって、人間的な－あまりに人間的なものの文脈のなかに落としめられることはない。これは一つの矛盾ではあるが、〈真理〉がそうとしてだけ存在する矛盾である。この神話に関する議論の最初から、「囲い込むこと」と「完全に自由に解き放つこと」の弁証法を強調してきた。この物語やこの物語が描き出しているリアリティーに公正であるためには、〈処女なる女神〉を殺害することと、「〈処女なる女神〉を触れないままにしておく」こととが同一のものであると思考することができなければならない。アクタイオンの神話は、魂をいかにして「先在」という理念的な領域から引きずり下ろし、われわれ人間の情動や関心という文脈における何らかの実際的でありふれた「リアリティー」、すなわち、それゆえ「効率的に」取り扱うことができるリアリティーへと翻訳しうるかを示すものではない。アクタイオンの神話は、そのような還元的で陳腐化した動きを支持するものではないが、にもかかわらず、それこそ今日の心理学がほとんど独占的に、強く追い求めている目標であるように思われる。われわれの神話は、意識がそれに対して公正であり、野生に分け入るアクタイオンに従って、日常的なレベルを後にし、魂の、すなわち、絶対的な〈真理〉のレベルへと――いかなる退路も断って！――立ち上ることを強いる。知っての通り、アクタイオンは戻って来ない[239]。それこそが、この神話のポイントなのだ。

　アクタイオンが裸の真理を見たというまさにその事実が、彼が殺害を遂行したに違いないということを示している。それ以外にいかにして彼は実際に、本当に、

---

239) この言説と、われわれの物語の結末がどのように理解されるべきかという問いとの関連性については、六番目の決定の最後、アクタイオンがバラバラに引き裂かれることが議論される際に明らかになるだろう。

ベールに覆われていないものそれ自体を、絶対的なものを見ることができるだろうか。ただ見ていたり眺めたりしているだけでは、絶対的な〈真理〉を「見通す」ことなどできない。「見通すこと」というのは、単なる知覚ではないし、受動的に見たり思い描いたりすることでもない。もしそう考えるなら、われわれこそ人生から距離をとった無邪気なプエルであろう。絶対的なものは、絶対的な決定にのみ、すなわちその人の全力をかけた傾注やコミットメントをしてのみ、容赦のない貫通をしてのみ、接近が可能なものである。女神を実際に「見通す」ためには、鋭利な何かが必要なのだ。アルテミスは見世物やショーではない。彼女が姿を表すのは、無礼に侵入してゆくこと、すなわち、存在するものに自らを情け容赦なく能動的に明け渡すことの結果である。魂はつくられることを望んでいる。ユングが呼ぶ[240]ところの「人間の介入」が、必要不可欠な「こころの協働」、すなわち、人間の主観性との協働が、実際に起こらなければならないのだ。絶対的な〈真理〉という出来事が生起するためには、ある種の暴力という契機が必要である。〈真理〉は、純粋現象学や現象学における本質看取、形相的還元、受動的受容性に対して自らを開示しない。〈真理〉は殺害の精神を欲する。〈真理〉は、私がそのなかにいる具体的な現象や所与の状況を「獲物」（「まさにこれ！」）として認識する能力を欲している。「獲物」とは、私によって、すなわち、私がそれにかかわるよう自らを「暴力的に」仕向けること（つまり、私が私自身を容赦なく曝け出し、身を賭すること）によって仕留められることを欲するものなのだ。このような「暴力」がなければ、荒野の内奥や〈触られないもの〉への貫通は成功しないし、「全体」と向き合うこともありえない。アルテミスの不可触の本質のもつ容赦なさと狩人の本能のもつ容赦なさは、完全なる等価物なのだ。

　しかし、〈真理〉は、純粋な暴力と曖昧なところのない能動的な侵入／貫通の結果というわけでもない。アルテミスの側の不可触性は、アクタイオンの側の純然たる受容性を鏡映してもいる。ムーアがアクタイオンの行動を「窃視症」として解釈した所以はここにある。〈真理〉という出来事、あるいはその〈概念〉は、これらの対立物の結合である。アクタイオンが槍か矢を使ったと決めてかかりがちだが、否定性の領域では、これらの武器は、実体的な武器のように一方向的で

---

240) Jung, *CW* 10, par. 498.

はないし、ここにいる加害者とあちらにいる犠牲者とを非弁証法的に分け隔てる
ものでもない。それらは、「紐の付いた」捕鯨用の銛により近い。致命的な一撃が、
狩人と獲物とを運命的に結びつける。親密で、究極的な結びつきが確立されるの
だ。そしてこれこそが、生と死の境界域での出会いというカイロス（元型的な契機）
において、経験的な領域から元型的なものへの、永遠への、先在への突破が起こ
る理由である。

　殺害、すなわち、今この文脈で語っている殺害とは、全精力を注いで絶対的に
自己を捧げることであり、絶対的に自己を暴露することであり、絶対的に自己を
危険に曝すことである。なぜなら、それは常に、一つの絶対的なタブーを侵犯す
ることだからだ。殺害こそが、本物の接触を欲し、真の存在を示すための唯一の
方法である。プエル的な距離をとっていたなら、アクタイオンにチャンスはな
かっただろう。逆に言えば、真理には接近することができないとか、真理は理念
としてだけ重要であると宣言するような理論、あるいは、まさに〈真理〉という
概念そのものが「論理中心主義的な」観念として捨て去られるべきであると宣言
するような理論はすべて、この絶対的な決定を欠いているということを、すなわ
ち、自ら決意したものに対して（論理的な、行動化されたのではない）自己暴露と自
己放棄を行うことを含むような決定を欠いているということを反映している。真
理が接近不能であるという考えは、「物事は実際のところいかにして存在してい
るのか」に対する洞察であるというよりも、（プエル的であろうとなかろうと）主義
として距離をとったままでいようという（意識的、あるいは無意識的な）決断の結果
であろう。それは、何としてでも本物の接触を回避しようという、あるいは、避
妊具を用いてだけ「接触」をもとうという決意を露わにする。そして副次的には、
それはわれわれを生かしている現代の「神話」でもあるのだ。

　〈概念〉とは、そして魂の論理的生命とはこのようなものである。〈概念〉は、
能動的な把握であり、殺害する貫通であり、なおかつ、それは触れられないもの
や触れえないものに対する敬意であり、その根本的な解放でもある。しかし、そ
れは、何らかの形の妥協を通して、あるいは、体系的な区分（今はこれ、次にはあれ）
を通して媒介される二つの別々の行為ではない。また、何らかの形でもう一方が
随伴してくるような一方の態度というわけでもない。むしろ〈概念〉は、それ自
体のなかで反対方向に動き、それゆえ自己矛盾的であるような、単一の行為や態

度である。狩人による殺害を「窃視症」として、また彼の「窃視症」を殺害として語ることもできれば、殺害することと触れられなさとの同一性について語ることもできるのである。

この三番目と四番目の決定の間の矛盾は、前に一番目と二番目の決定との間に見出した矛盾（殺すという意図がはっきりしているにもかかわらず、アクタイオンが野生の無限の広がりを当て所なく彷徨うという矛盾、古代中国の皇帝の狩りにおいて、四つ目の側面を閉じずに解放しておくという矛盾）の単なる反復である。

この点こそ、イマジナルなアプローチの限界が明確になるところである。現代人は（科学者でもないなら）程度の差こそあれ、完全にイマジネーションや知覚、絵画的思考の呪いにかかっているので、一緒になっているものを分離しなければならない。殺害とは単なる行為（能動的）にすぎず、ヴィジョンを見ることは単なる受容性にすぎない。あるものがそれ自体自らの対立物である、ということは、イメージすることができないゆえに、現代人には理解できない（できるのはせいぜい、それは「逆説」であると言うことくらいである）。殺害は単に悪であり、単に破壊であり、他者を滅ぼすことである。つまり、殺害という契機が絶対的な真理の顕現の契機などではありえないし、あってはならない——それでは市民社会においては正しくないだろう。現代人がこれら二つの思考を再び結びつけることができないということはおそらく、以下の二つの事実、すなわち、（1）絶対的に無分別の（神性の顕現のない）ままに留まる、字義的な殺害が今日あまりに多く見られること、（2）絶対的な〈真理〉に決して出会うことのないような瞑想や意味の探究があまりに多く行われていることも説明しうるだろう。

イマジナルなスタンスには特有の欠点がもう一つある。現象学と同じく、それは体系的に、「暴力」と能動的な侵入という契機を遠ざける。イメージに対する純粋に受容的な態度を好み、それを賞賛することに拘泥する傾向があるのだ。また、イマジナルなスタンスは、錬金術において非常に明白な側面であるが、魂づくりがもつ暴力的な側面に無自覚である。彼らにとって「見通すこと」は、単に事後的に見ることにすぎず、それは一つの解釈のようなものである。元型的心理学は、神々がイメージされうることや、その時イメージするものが本当に神々であることを信じている。野生に踏み入り、眼の前に現れた獲物を殺すという不遜さをもつ冷酷な精神にだけ、本物の神々は自らの姿を示すということがわかって

いない。神々は、単に「対象」としてそこにある（手元にある〔*vorhanden*〕）わけではないので、単に想像されることも、心に思い描かれることもない。イ・メ・ー・ジ・することができるのは、ただ単に、かつて神々であったものの凍てついた抽象概念にすぎない。われわれは神々の生成創造への人間参与という考えを受け入れなければならない、と筆者は先に述べた。われわれには今や、このことが含意するのが（経験的ではなく、論理的な）暴力であることがわかる。それは、個人が自分自身をその現象や状況にぶつけることによって本当の意味で差異を産み出す暴力である。「殺害」という観念を欠いている限り、元型的心理学は、主体と客体との分離を維持することになる。殺害とは、一方から他方へと突破し、これらの対立を結びつけるものである。それはまた、双方に関する実体的で表面的な見方を突破し、それらの内的な真理をそれら自身の内側から解放するものでもある。だからこそ、それらの究極的な真理、それらの内的で神的なイメージのレベルにおいて結合が起きるのだ。主体が神々を自らの対象（それがわれわれに影響を与えることはあっても、われわれがそれに影響を与えることはないような対象）としてイメージすることを止めて初めて、すなわち、純粋な主体性と呼んでも差し支えない純粋な客体性（これらは同じコインの両面である）が克服されて初めて、心理学は始まるのだ。純粋な「見通すこと」だけでは、いまだ「心理学化」ではない。それではまだ、私は依然として自分自身を留保し、安全な側に留まっているからだ。それゆえ、実体的な事実という経験的なレベルから元型的、あるいは神的なレベルへの本物の突破という意味で、本当に神や女神を見・通・し・て・い・る・ことにはならない。単に、「ギリシア神話」と呼ばれる宝の部屋から取ってきた支柱を、また形態的な類似という意味で経験的な現象にぴったりの背景を提供するように思える支柱を見通しているにすぎないのだ。換言すれば、本当に見通す代わりに、第5章で批判したマッチングという外在的な行為をしているだけなのである。

　獲物において、野生の無限の広がりは、一つの中心点に凝縮する。殺害という行為において、アクタイオンはこの焦点化に反応し、対応するのだ。以前は彼を四方から取り囲む無限の森——絶対的に形がなく拡散した輪郭なき諸印象の「散乱」——であったものが、雄鹿という姿によって、彼にとっての今ここだけが存在するようになる。獲物は、「客体的に」（野生の凝縮物として）そして「主体的に」（この一つの焦点に対するアクタイオンの全力をかけた集中として）絶対的な中心であ

り、絶対的な現前である。この中心はそれ自体として、ある一つの、またはその「世界」全体に、一つの全体性となったのだ。今や全体性が浸透している。現在は完全に自らの内に囲い込まれ、自己充足的なものになる。現在の外側にあるもののためにはいかなる余地もなく、現在を欠いた過去も未来も存在しない。アクタイオンには、過去の生活についてのいかなる悔いや恨みも、明日到来する可能性のあるものへのいかなる望みもない。彼は自らにそのような贅沢を許さず、彼の狙う動物の右や左にあるかもしれないものに対して一瞥をくれることもない。槍を投げるか、矢を放つことを通して、彼は留保なく「まさにこれ!」と言う。この(単数形!)契機において、彼は「全体」に直面する。このように一擲にすべてを賭けることによって、アクタイオンは、この状況がその内奥の本質を彼に開示するよう強いるのである。彼は完全にこの現在の「なかに」おり、非道な行為を通して、留保なく自分自身を論理的にその中心に確立したことで、今やそれを内側から見ている。ここで、神話解釈の第三の前提として先に提示されたものを思い出してもらいたい。「とりわけ、それが属していない外側からは何ものももち込まないこと。そこに入り込むこと。なぜなら、ファンタジー・イメージは『自らが必要とするものすべて』をもっているのだから」。アクタイオンによる殺害は、この原則に従って、実際に、そしていわば、「実存的に」(すなわち、単に知的にということではなく、〔魂の〕論理としての心理学的に)その状況(彼が本当にそのなかにいる状況)を読み、そうすることによって、それを単にイメージされたものではなく、元型的なイメージに、すなわち、女神の本物のイメージに変換するという行為なのである。

　しかし、殺害という行為は単に、この現在への絶対的なコミットメントにはとどまらない。それは、この瞬間への、〈他者〉への、アクタイオンの絶対的な自己投企でもある。彼は自らの全存在を、自らの最大限の本質をその一撃に凝縮させ、いわばそれを動物の心臓に向けて飛ばす槍や矢に込めることによって、元々の同一性を(同一性の概念それ自体、および、彼の「獲物」、あるいはこの現在と彼自身の同一性の双方の意味において)産み出す。彼の投げた武器が雄鹿を突き刺し貫き通すことによって、アクタイオン自身が自らの本質をその動物に伝えることにもなるゆえに、今や彼はそのなかに自己をもつことになる。槍や矢は、彼の魂の運び手、彼の同一性の運び手である。それが本物の「転移」としての、本物の対立

物の結合としての殺害という行為なのだ。

　絶対的な自己投企としての殺害、〈他者〉への自己放棄でさえある殺害は、われわれの実体的な思考とはまったく異質な観念ではあるが、そのような殺害という否定的な概念を取り戻すことこそ、最も重要であろう。われわれの意識にその余地がない限り、われわれが殺害を単に、〈他者〉を撲滅するという意図を伴った明確な実体的行為として理解する限り、殺害への魂の欲求はおそらく、この時代に溢れかえっているような実体的で字義的な殺害において表現されなければならなくなるだろう。われわれの殺害の概念が絶対的な否定性としての殺害を許すものである時にのみ、殺害が必ずしも殺すという字義的な行為を通して生起する必要はないということが明らかになりうる。

　しかし、殺害という形態で顕現すると考えられる自己投企や自己放棄の概念はまさしく、われわれの意識にとって異質なものである。われわれが抱いている自己を危険に曝すこと (self-risk)、自己投企、自己放棄についての概念は、概してもっぱら実体的なものである。われわれにとって、それらは、愛における服従、利他主義、ある責務に対する私心なき献身、瞑想でこころを無にすること、謙虚になること、すべてに寛大であること、受容性等といった形態をとる必要がある。そのような形態において、自己放棄は明らかに実体的なものである。これらの形態は、自分本位であることや自己主張の非弁証法的な対立物であり、そのようなものとして依然として自己放棄の不完全な様式なのだ。個人の自己投企は、それが絶対的に否定的なものとなって初めて完成へと至り、それ自体絶対的なものとなる。このことは、アクタイオンによる殺害の場合にも当てはまる。アクタイオンはこの殺害において、〈他者〉の意志や関心のために字義通り屈服するのでも、字義通り自らを明け渡すのでも、実体的に自己の意志を捨てるのでもない。殺害という明らかに断固たる行為において、まさに自分自身（あるいは彼の〈自己〉）を〈他者〉に負わせることによって、彼は否定的に自分自身を〈他者〉に対して放棄する。彼は、言わば槍や矢を雄鹿に命中させるとともに、自分自身にも「穴を開ける」ことで絶対的に〈他者〉に自らを委ねるのだ。だからこそ、彼は完全にその「なかに」いて、今やその本質に従属していることになる。アクタイオンによる殺害が、実際にどれほどに、絶対的な自己放棄となっており、〈他者〉の実体的な破壊ではないかということについては、5番目の決定において明らかになる

第6章　アクタイオンとアルテミス：
概念の絵画的表象と神話の（魂の論理としての）心理学的解釈　345

だろう。

　絶対的な〈真理〉との出会いに至るとは思われないような瞑想が今日あまりに
も多いと先に述べ、これはわれわれの社会における字義的な暴力と瞑想との間の
分裂のゆえではないかということを示唆した。ここへ至っては、瞑想がなぜ「構
造的に」（論理的に）不完全であるかということがもう少しよく理解できるだろう。
瞑想は、明らかに実体的な受容を実践している。その否定性は論理的ではなく、
実体的な方法（こころを無にする方法）である。瞑想が絶対−否定的な概念、（した
がって絶対的な）受容性の概念へと進むことはなく、そのため、自分自身の外側に
自分自身の対立物（すなわち、能動的な自己主張、暴力）をもつことになり（そして、
常に保持しなければならず）、それを実体性という様式に押し込めるのである。

　これまで再三にわたり、ユングの神に関する「私は信じていない、知っている」
という言説に言及してきた。少なくともこの一つの言説において、自らが確かに
野生のなかにいたことを、自らが雄鹿を殺し、裸の〈真理〉を見ていたというこ
とをユングは明かしている。そして、「単なる意味のない機械としての」世界と、
創造主の側にある「役に立たない気まぐれ屋としての人間存在」という考えに触
れた手紙のなかで、ユングが、「私の知性は後者の可能性を想定することができ
るが、私の存在全体はそれに対して『否』と言う」[241]と述べる時、われわれはそ
こに、「存在を示すこと」という出来事の目立ちはしないが間違いようのない例
を見る。ユングは自らの存在全体によって意味という観念を裏打ちしている。彼
は、知的な可能性に直面した時、「それに対して『否』と言う」自らの本能的反応
のもつ重みのすべてをかけ、そのように自分自身を賭すことによって、真理とリ
アリティーを産み出すのである。自然が不完全なままに残したものをアート（人
間の貢献）が完全なものとする（*Quod natura relinquit imperfectum, ars perficit*）。ユングは別
のところで、「絶対的な言説を述べることは人間の領分を超えている。ただし、
人間が自らの主観的な真理に対して絶対的な信頼を置くことは倫理的に必要不可
欠であるが…」[242]とも述べている。

　「中心」「存在」「同一性」「全体性」「集中」、これらの言葉が、デリダのようなポ
ストモダンの思想家にとって絶対性の呪文であるのは一目瞭然である。彼は、現

───────
241) Jung, *Letters 2*, p. 597, to Miguel Serrano, 14 Sep 1960.

在の瞬間に現れた雄鹿を撃つ代わりに、「存在」や「中心」という概念それ自体を根本的に攻撃していると言えるだろう。いかなる焦点も、集中も、その瞬間に対するがむしゃらな自己放棄も、魂づくりもない。その代わりにあるのが、「散種」と「差延」である。彼が言うのは、「まさにこれではない」ということに等しい。「それは単なる『ある痕跡の痕跡』、あるいは、ある『痕跡とその痕跡を消した痕跡』にすぎない」。デリダのスタンスはいわば、アクタイオンの神話を打ち消す。その動きを逆転させるのだ。雄鹿を殺害することによってアクタイオンが野生に辿り着き（その中心に、その核心に辿り着いたゆえに、それを内側から見ることもできる）、そのことによって荒野という無形性にある女神の顔を与えたのに対して、デリダのしていることは、あらゆる内的なイメージの抹消であり、その体系的な無効力化であり、絶え間ない置き換えである（われわれが知るように、精神分析によれば、それは一つの防衛機制である）。彼の関心は、（われわれに訴えかけ、コミットしてくる可能性のある）具体的な存在として姿を現しうるものは何であれ拡散状態に差し戻し、そのことで彼自身をも消散させることであるように思える。散種はまた、薄く広げ、自分自身を留保し、現象を入り江に留めておくことも意味している。それは、自分自身を散逸させ、絶え間なく視点を移行すること、すなわち、回避を意味するのだ。

　デリダは、「中心」に関する多種多様な考えがもつ絶対的な根拠となる権威を理解し損ねていた。「中心」というのは、思想史の過程において意味を構成しなければならないものだが、彼は間違った場所、すなわち、抽象的な原理そのものとしての「複数の中心」を覗き込んでいたのだ。しかしながら、権威や真理は、出会いから寄り来るものであり、これまでに見てきたように、われわれが存在を示すことを必要とする。先のユングからの引用に戻れば、デリダは、想定しうる

---

242) Jung, *CW* 18, par. 1584. 個人が自らの真理に信頼を置かなければならない、というこの言明の欠陥は、よくあることだが、ユングがこの文章において不適切な論理を駆使している点にある（「絶対的な〔言説〕」と「主観的な〔真理〕」という素朴で非弁証法的な概念は、あたかもそれらが単純な対立物であるかのようであり、またあたかも、通常は絶対的なものが主観的でもあることはないかのようである…）。すでに議論したが、もう一つの問題は、ユングがはるかにより根本的な、すなわち、論理的な必要不可欠性を倫理的なものに価値下げしていることである。

第6章 アクタイオンとアルテミス：
概念の絵画的表象と神話の〈魂の論理としての〉心理学的解釈 347

知的な可能性に関する分析に満足し、リアリティーのもう一方の側全体を、すなわち、個人が自分自身を賭し、自らの全存在の重みをかけることを、体系的に無視することになった。ここで言う自分自身を賭すということは、不合理な行為ではない。それは、人が理性と呼ばれるものを、その言葉の最高の意味において用いることである。それは芸術に関する場合と似ている。ある詩の印刷されたテキスト、ある彫像、ある絵画、ある交響楽の楽譜、これらは、それ自体としては芸術作品ではない。それらが芸術作品になるためにはまず、自らをそれらに捧げる誰かが、すなわち、創造的に読んだり、鑑賞したり、演奏したり、あるいは聴いたりする誰かが必要なのだ。

　デリダの「テキストの外側には何も存在しない」という言明は、先に神話解釈の第三の前提によって定式化したものと大なり小なり同じ考えを表しているかのように見える（「イメージはそれ自体の内側に自らが必要とするものすべてをもっている…」）。しかし、見た目はそうであっても、これらは正反対のスタンスを表している。問題となる言葉は、「テキスト」である。デリダのコミットメントは、テキストに、書かれたものに、グランメ（grammé）に向けられている。これが彼の出発点である。しかし、「書くこと」、あるいは「書かれたテキスト」は、われわれの隠喩では、すでに囲い込まれたものであり、ただの現象全体の実体的な片側にすぎない。荒野への踏み越えなど存在しない。テキストの外側には何も存在しないと言うことによって、デリダは、囲いのこちら側のすでに固定化されたものに、実体的に（その言葉の字義通りの意味で「字義的に」）措定されるものの確かさに身を置くことになる。そして、実体的なものが彼の参照点であるゆえ、彼が思索者であり、そのようなものとして実体的なものでは満足することができない以上、それを克服しなければならないことになる。彼はそれをテキストのレベルにおいて、脱構築、すなわち、意味の無限の差延と散種によって実行する。この脱構築、差延、散種は、筆者が「荒野」と呼ぶもののデリダにおける等価物として、一つの開けをもたらすはずのものである。結局のところこれらの技法によって彼は、ある意味でテキストの外側へ出ようとしているのだが、無限の代替を用いる時、そのテキストのレベル、あるいは地平は決して後にされないことを示している。荒野と無限性の体験（参入することと自分自身を曝すことを通してだけ到達されうるもの）を、彼は実体的な何かで、すなわち、「技術的な」行動や戦略を実践すること

で代替しているのだ。つまり、それは、脱構築、代替、そして差延という（明確に転覆的な）手続きであり、無限に（ad infinitum）反復しうるのである。（決して本当に超越されることはない）テキストに行使される戦略的な手続きの際限なき反復可能性は、彼において無限性に相当するものである。このやり方では、荒野とその無限性を目にすることは決してできない——なぜならそこでは、計画通りにグランメや、記号、テキストと共に囲いのこちら側に身を置くことになり、また方法論的自覚をもって常に荒野を差延し、「意味」「存在」「真理」を差延し、それによって囲いを超えて野生へと越境してゆくことを自らのアプローチから除外するのを決断することになるからだ。脱構築の取り組みのすべては、a）真理などというものは存在しないに違いないと判断を下し、b）にもかかわらず哲学的な関心を保持している場合にだけ、意味をもつのである。

　これとは対照的に、本書における神話へのアプローチは、「字義的な」テキストをその基盤として始めるものではない。そこではまさに最初から、その神話に、そのイメージに、すなわち「テキスト」としての神話やイメージと、その内的な深みとしての神話やイメージとの結合と差異としての〈概念〉に焦点が当てられる。神話は「真実の言葉」であると見なされ、〈真理〉への問いを念頭にアプローチが行われる。「飼い慣らされた領域」を超え出て行く超越や越境は、その神話についての議論が開始される前にすでに起こっている。デリダが「散種」と際限なき「代替」を通して諸物を開いてゆく必要を感じているのに対して、筆者のアプローチは、外側にある何かに出て行くことなく、自分自身をそのイメージのなかに（あるいは、現在の状況のなかに）絶対的に閉じ込めねばならないという考えから始まる。デリダがテキストの外側には何も存在しないと主張するのに対して、筆者は、もし今ここにある状況へと十分に深く入ってゆくなら、真の「外側」（無限性、永遠性、絶対的な〈真理〉）への本当の意味での突破は確かに存在しうると主張する。しかし、この真の外側は、現在の状況の内側にだけ見出しうる外側であり、その内側に留まる外側である。ある状況（私のリアルな状況）のなかに踏み入り、その内側に留まることによってだけ、永遠性へと踏み出すことができるのであり、〈概念〉の内側においてだけ、私は現実性（実体的な Realität ではなく、Wirklichkeit）を見出すことができる。そしてこれこそ、人がどんなものであれ現在の内側へと絶対−否定的に内面化（Er-innerung）することが不可欠である所

以なのだ。

　われわれの神話の見方からデリダの考えを突き詰めれば、彼が「テキスト」から始めることが、柵のこちら側に定住し、現象全体の抽象概念（「テキスト」の側面）のみを取り扱うのに等しいことが明らかになる。デリダは、例えば、彼にとって「一つが他を代替しながら、記号は常に記号をもたらす」[243] ものであるゆえに、記号と意味とは決して自己同一的にはなりえないと考える。言葉から言葉へと移動するほど、常に記号の側に留まることになり、「意味に」本当に到達することは決してない。理解しようとすればするほど、自分自身をより一層「自由活動の」領域、「すなわち、閉じられた有限の総体のなかにある無限の代替の領域」[244] に囲い込むだけになるのだ（ここでも、無限性ではなく、単なる無限の代替しかない）。われわれの神話は、「記号」（狩人アクタイオン）と「意味」（狩りの女神アルテミス）とは確かに同一のものになりうる（このテーマについては次項でさらに述べなければならない）と教えている。そこには、（デリダが「真理という非真理」について語ったのに対して）人間にとっての絶対的な〈真理〉が存在しうる。中心に到達することは可能である。しかし言うまでもなく、これは自由活動の領域において生起するのではなく、完遂する運命として生起する。そしてそれは、「殺害」という根本的な越境とこの殺害が引き起こすものを対価として支払うことによってのみ可能なのである（それが引き起こすものは、この物語の残りの部分で示される）。

　「魂の記録文書」という表現は、また別の問題へと筆者を導く。デリダは、主体、すなわち、著者をも脱構築する。彼の手にかかれば、著者は跡形もなく解体されてしまうのだ。しかし、もし神話が魂や精神の記録文書であるとすれば、そこには著者が存在している。神話、あるいは、さらに言えば、あらゆる本、あらゆる言明は、人間主体の表現と魂の自己表現との結合である。ここでも、デリダが柵のこちら側に、この（言うならば自我人格としての）人間主体の側に身を置いていることに注意しなければならない。デリダにおいて、このことは、彼が単なる「署名」と呼ぶものへと気化されねばならない。なぜなら、彼は線を越えておらず、

243）Gayatri Chakravorty Spivak, "Translator's Preface," in: Jacques Derrida, *Of Grammatology*, Baltimore (Johns Hopkins Paperback) 1976, p. XIX.

244）引用はデリダから。Spivak, ibid.

それゆえ、著者としての魂について知ることもなければ、それゆえそれに賭けることもないからだ。ここでの「魂」とは、絶対的な否定性に実体的な呼び名を与えたものに他ならない。

柵の向こう側への踏み越えを徹底的に排除した後にはもはや不可能である、実際に意図された「殺害」を、「脱構築」が柵のこちら側における戦略（テクニック、形式的行為）で置き換える、ということはありうるのだろうか。そして、それは、終わりなく（無限に）反復可能な人間の行為による真の無限性の代替である、ということなのだろうか。

デリダはいわば、ハイデガーがいまだ待ちわびていた、「ゴドーを待ちわびて」はいない。ハイデガーは「神だけがわれわれを救いうる」と信じており、神の到来する未来に希望を託していた。そうする代わりに、デリダは、ハイデガーがなおも苦しみ続けたことをやってのけた。つまり、言うならば、彼は能動的に、一貫して「ゴドー」を差延するという手段に出たのであり、これらすべては、存在論的な傾向を救助し、論理の領域に足を踏み入れる必要がないようにするための目論みであった。思想の領域における存在論的な傾向とは、まさに心理学におけるイマジナルなスタンスである。双方とも実体性を超えようとする重要なステップではあるが、柵を踏み越えるという本質的な段階へ進むのを差し控えている。

疑いもなく、われわれの神話の立場とこのポストモダンの立場との間の差異という問題は、真の心理学を構成するものとは何かという問いと直接的に関連している。あらゆる意味を捨て去ることが歴史的な必然性であると言う時、デリダは正しいのかもしれない。この捨て去ることはまさに、われわれの文明が歩んできた道であるということには賛同できる。好むと好まざるとに限らず、われわれはこの旅の途上にいるし、それは信じがたいエネルギーをもっていることを認めないわけにはゆかない。後戻りする道はない。また、デリダがあらゆるノスタルジーを拒絶することにも賛同する。しかし、それは、人が単に時代精神を受け入れなければならないということを意味しているのだろうか。あるいは、このプロセスに意識的に、すなわち、魂を込めて付き添い、その〈概念〉のレベルにまで昇らなくてもよいのだろうか。――いずれにせよ、心理学／心理療法は不可欠のものとして、〈真理〉、中心[245]、意味、（人間と魂との結合と差異としての）主体という概念を、われわれのイニシエーション（inire）が必要であるという考え方を――

そして、それゆえに一定の勇気を──求める。そしておそらくは、ここで問題となっているポストモダンの思考と、いわば古典的な形而上学との間の問題は、理論上のものではなく、「いかに生きるべきか（ρōs biōteúein?）」という古くからの倫理学の問いに主にかかわっているということをわれわれは理解する必要がある。もっとはっきり言えば、それらは次の問いに集約されている。すなわち、われわれが前に進み出ることなしに済ますことなどできるのか。

　心理学的に言えば、われわれには「形而上学」、真理、絶対的なもの、そして同一性への恐れに屈している余裕はない。確かに、ニーチェやハイデガー、デリダ、そして他の多くの思想家が古典的な形而上学に対して提起してきた批判は、多くの点で妥当なものである。とは言うものの、擁護しがたい数多の欠陥をもってしてもなお、古典的な形而上学は、好ましくない条件下でも、いくつかの必要不可欠な立場を保持してきた。われわれは、形而上学で問題となる究極の魂の問題を見通さなければならないし、形而上学的な伝統において、たとえ不適切な手段を用いてもなお保持され、定式化されてきた潜在的な心理学的要求が、形而上学の時代のはるか以前、哲学そのものより以前にまで遡るものであることを理解しなければならない。それは、アクタイオンの神話にも示されるように、早期の狩猟時代、シャーマニズムや儀式的文化の時代に及んでいるのである。

　それゆえ、デリダのようなポストモダンの思想の意義は、事物が究極的にはどのようにしてあるのかを学ぶことよりも小さいのかもしれない。むしろ、それが提供するのは、未来へのプログラムのようなものであり、到来する世界にとっての哲学的基盤や根拠なのだろう。それは、以前は主体や中心であったものの場所がコンピューターによって占められる世界である。コンピューターは、意味を構成するはずの一つの中心と結びつくことなく、すべてのリアリティーをデジタル化された差異へと還元し、無限の置換という自律的な自由活動をし続けるものの

───────

245)「中心」なしに、巡回（circumambulatio）はありえない。ユングの言う意味での自己（Self）もありえないし、イメージや現象が必要なものすべてをそれ自身の内側に含んでいるという知に至ることもなかっただろう。また、過去を振り返れば、中心なしには、神話、儀礼、寺院はありえなかったと言える。各々の儀式は、宇宙の中心を確立するものであり、寺院は世界の臍（omphalos）である。「まさにこれ！」。

典型である。

　一神教と多神教との差異という問題は、元型的心理学では際立った役割を果たしていたが、殺害という観点から事物を見るならば取るに足らないものとなるだろう。ここで言う殺害とは、その瞬間、私のこの生命、私が生きるこの状況、私のこの身体、私の国や私の世紀等々、「まさにこれ!」、すなわち、「これこそが天国あるいは地獄への私の入口、究極の〈真理〉への私の通路、そこにある唯一の通路は私のために存在する」と告げるもので、一と多の対立という問題にはかかわりがない。殺害は、ハイデガーが「各々性 (Jeweiligkeit)」と「各自性 (Jemeinigkeit)」と呼んだものとかかわっている。殺害はこの具体的な状況への今ここでの絶対的なコミットメントであるゆえ、この状況の内的なイメージ、あるいは〈概念〉として姿を現す絶対的なものへの排他的なコミットメントでもある。原理的には、この (排他的な) 体験は、われわれの伝統における一神教の神の体験でも、多神教のいかなる神々の体験でもありうる。現実にはむろん、多神教の神々は心理学的には時代遅れのものである。彼らは、二千年以上も前にとうに顧みられなくなっているのだ。

　われわれの神話は、殺害には言及していない。それは、あくまで推し量るしかない。しかしだからと言って、それは物語に殺害を投影したということではない。殺害はそこにある。その論理 (狩人と狩猟の女神という論理) に内在されているのだ。われわれが目撃する行為として物語のなかに認められないのは、それが知覚されえないものであり、イメージさえないものであり、思考されなければならないものであることによるのだろう。つまり、殺害は、(単なる) 字義的な殺害ではないし、(単なる) 実体的な行動ではないし、攻撃的な情動でさえもないことの示唆として理解しなければならないだろう。それはより以上の、別の何かである。事実、それは現代的な言葉の意味での攻撃的な情調とは遠くかけ離れている。すでに述べたように、触れられたことのない処女とは、殺害された雄鹿 (殺されるものとしての雄鹿) である。殺害という行為は、実在する生き物としての雄鹿を (単に) 字義的に殺したのではなく、雄鹿をめぐる天然自然でしかなく、実体的であるものを (も) 論理的に「殺した」のである。それは、雄鹿という自然現象が元々知覚されていた実証主義的なステータスを「殺した」のであり、そのようにして、それが裸の〈真理〉として、あるいは、〈真理〉として姿を現すようなより高度な論理的

なステータスにおいて、自らを開示するよう解き放ったのである。それゆえ、殺害は止揚を意味する。それが意味するのは、事物が天然自然の（すなわち、実証可能な）ものとしてだけ現れるよう仕向けている論理的ステータスの「暴力的な」死をもたらすことである。しかし逆に言えば、われわれはここから、止揚がリアルなものとなるのは、（たとえ字義通りのものでないとしても）現実の殺害を伴う場合に限られる、ということを推し量らねばならないのだ。

第五の決定
変容、あるいは…：〈他者〉との同一性を理解すること
（＝〈他者〉によってすでに理解されていること）

アルテミスはアクタイオンを雄鹿に変える。ケレニイはこの場面への注解として、雄鹿は、通常はアルテミスのお気に入りの動物だが、この場合は彼女の生け贄となっていると述べた[246]。これは大いに問題のある言述であろう。確かに、雄鹿はアルテミスのお気に入りの動物である。それもさることながら、雄鹿はアルテミス自身であり、彼女の顕現の一つの（神が獣の姿をした）形態である[247]。アルテミスがアローアダイたちの間で雄鹿に姿を変え、どのようにして彼らを欺いたかを、あるいは、彼女が「雄鹿のアルテミス（Artemis Elaphia）」として知られていたことを思い起こすだけで十分だろう。また、アクタイオンの物語では、雄鹿は確かにアルテミスの生け贄となっている。ここまでの時点では、ケレニイの言ったことは正しい。彼の言述の誤りは、「お気に入り」か「生け贄」かの二者択一であるかのように示唆している点にある。たとえ雄鹿が生け贄になったとしても、それはアルテミスのお気に入りの動物であることを、すなわち彼女のお気に入りの顕現の仕方であることを止めたりはしない。もしアルテミスが雄鹿なら、彼女は獲物でもあることになる。「雄鹿」の本質と意味はまさに、それが狩りの極上の獲物であるということである。つまり、古代において、鹿との唯一ではないにせよ最も基本的な関係とは、狩人との関係に他ならず、自然保護区域で群れを見守る撮影ツアーの観光客や野生動物保護基金の支援者によるものではなかっ

---

246) Kerényi, *Die Mythologie der Griechen*, vol. 1, München (dtv) 1979, p. 116.
247) *Der kleine Pauly*, vol. 1, col. 621; *Lexikon der Alten Welt*, Zürich (Artemis-Verlag) 1965, s.v. "Hirsch."

たのだ。アルテミス自身が狩猟と汚れなき〈野生〉の女神である以上、彼女の領域では、そのような柔順で飼い慣らされた雄鹿の見方には何の意味もない。女狩人のお気に入りの動物として、雄鹿はむろん、彼女のお気に入りの獲物である。『オデュッセイア』(6, 102ff) には、アルテミスが雄鹿を追いかけることをいかに好んでいたかが描かれている。それゆえ、まさに雄鹿の供犠がアルテミス信仰[248]の一部として起こったとの記録もあるように、人間にとって、雄鹿を狩り殺すことこそが、アルテミスを讃え、彼女に仕えるための最も正当な方法だったのである。

　この物語の要点は、狩りの行為者と犠牲者との同一性、〈偉大なる女狩人〉と狩られる動物との同一性に他ならない。アルテミスにおいて、(自己関係としての)魂は、自分自身を狩る者として (第一の自己矛盾)、かつ、自分が狩った獲物からの狩る者の最初の立ち現れとして (第二の自己矛盾、つまり、結果が原因を引き起こす!)、相矛盾する方法で自分自身を提示する。このようなあり方と、今日の様々な自助回復グループや心理学理論における犠牲に関する考え方とを比較してみよう。後者では、犠牲者と行為者との間の抽象的な (非弁証法的な) 差異 (すなわち、分裂) を強調し、時に称賛さえしながら、意識におけるこうした分裂を確かなものとし、この分裂のなかで、そしてこの分裂として——言い換えれば神経症的な意識として——意識を確立するために儀式的な試みが行われている。傷ついた癒し手という元型において言われるのとちょうど同じように、それは一つの逆説でも、よく言われることだが、一つの元型の二側面でもなく、そこには厳密な同一性があるのであって、それはここでも変わりがない。傷ついた癒し手という考えが逆説として立ち現れたり、対立物をそれぞれの側にきっちりと分けておくことを好んだりするのは、われわれが元型的な真理に本当には到達していないことを示しているに他ならない。それを思考しているのではなく、イメージしているにすぎないのだ (これは、以下に述べることとはまったく別の事柄である。われわれは人間としての有限性を重んじなければならず、それゆえに、少なくとも実際的な生活では、経験的－事実的なレベルに留まらねばならず、元型的なレベルへと完全に上昇することはできない。もしそうできるなら、元型的な真理を概念的に思考することが本当にできるな

───────

248) *Lexikon der Alten Welt*, s.v. "Hirsch."

第6章　アクタイオンとアルテミス：
概念の絵画的表象と神話の〈魂の論理としての〉心理学的解釈　355

ら、傷や病と癒しは、現実の生活においてもわれわれにとって、二つの連続した出来事ではなくなるだろう。まず病気になって、その後回復するのではなく、病と癒やしは、同時に生起する一つの真理であることになる。しかし、われわれが病と健康の同一性という実在する〈概念〉であることができないのなら、少なくともわれわれの思考においては、このような同一性の概念や、行為者と犠牲者との同一性の概念をできる限り公正に扱うべきである）。

　アクタイオンは今や雄鹿に姿を変えられる。オウィディウスをはじめ、この物語のたいていの古代の語り手が描き出し、たいていの現代の解釈者が繰り返してきたことだが、これは決して、罪（女神に対する侮辱とされているもの）に対する罰などではない。そうではなくむしろ、アルテミスは、アクタイオンを彼女自身の位と本性へと、すなわち雄鹿としての彼女の顕現へと引き上げることで、彼に最高の栄誉を授けている。アルテミスは、自分自身のものでもないような運命にアクタイオンを曝したりはしない。

　トム・ムーアもまた、アルテミスの行為が罰として道徳的に解釈されるべきではないことを理解していた (p. 178)。しかし、「危険なしに…手つかずの荒野のあまりに奥深くまで迷い込むようなことはない」(p. 174)、あるいは「迷い込んだアクタイオンが裸のアルテミスにあまりに近くまで行きすぎたのは、まるで蛾が光に引き寄せられ、ランプの熱に焼き消されたかのようである」(p. 183) と述べ、「自らが最も無垢で、最も無防備である瞬間に、人間の目に曝されたことに戸惑い、腹を立てた」(p. 180) とアルテミスについてムーアが語る時、たとえ罪と罰という道徳主義的なパターンではないにしても、そこには、少なくとも原因とその結果、危険とその帰結というパターンが働いていることがわかる。「あまりに奥深く」、「あまりに近く」という表現は価値を暗に示しており、そこには、アクタイオンはもっと距離をとっておくべきだったという含みがある。アクタイオンの運命が、外在的な反省という観点から見られているのだ。

　われわれは分断したがる。対立するものをきっちりと別々にして取り置きたい。アルテミスが触れられたことがなく、触れることができず、いや、そもそも女神であるゆえに、アルテミス、そして雄鹿として顕現した彼女の姿は触れられないまま、見られないままにしておかねばならないと考え、そして、彼女のところに侵入し、その雄鹿まで殺してしまうアクタイオンは、彼女に対して恐ろしい

罪を犯したのであり、それを贖わなければならないと考える。これはすべて誤りである。そうした考え方は、われわれの日常的な推論やイメージに基づく説明、すなわち、対立するものをそれぞれ一方の側に安全に取り置くことで矛盾を回避するような社会的なリアリティーの文脈の範囲内での自我の関心に基づく説明にすぎない。それに対して、神話はあくまで、「真実の言葉」あるいは「真実の語り(vera narratio)」として、元型的なリアリティーの真理の全容(すなわち、完全なる弁証法)を提示するからだ。ここでは両者が混同されている。

　先に述べた神話解釈における第四の前提を思い出してもらいたい。そこで述べられたのは、物語や夢といった所与のテキストでは、一つの根本的な差異がその物語の一つの(あるいはいくつかの)要素を貫流している可能性があるということである。今述べているのは、テキストのもつ意味とそれについて解釈者が示す二次的な見解との差異のことでもなければ、その物語の元型的な核心と、手元にあるこの版の実際の著者によって挿入された、より表層的で恣意的な詩的装飾との差異のことでもない(これは物語のもついくつかの要素間の差異であろう)。ここで述べている差異とは、同一のモチーフの内側に存在し、一方は明白で他方は隠れているような、二つの対立する意味をもろとも携えている可能性のあるもののことである。一方の側には、その物語の語り手にとっての「主観的」意味がある。オウィディウスは、雄鹿の変身というモチーフを、それが自分にとって何を意味しているか、自分がどのような意味で理解することができたかに従って提示している。しかし、この意味は、そのテキストがわれわれに古い神話的なモチーフを顕在的に提示する方法をなお透き通ってくる客観的な元型的意味とはひどく異なっている。それゆえ、手元にあるテキストの版がそのモチーフを表向き提示する方法に内在する、それぞれのモチーフの暗示的、あるいは明示的な解釈に迷わされないことが非常に重要なのだ。

　確かに、裸の真理を見ることは、一つの「越境」である。越境であり侵犯であるということは、認識というもののまさに本質であることを理解しなければならない。しかし、この越境は、われわれの道徳主義的な、あるいは法律的な意味での違反ではない。「越境」という言葉は、魂の「致死的な(killing)」自己認識というこの元型的契機の、衝撃的で畏怖を喚起するような性質を表現するものに他ならない。厳密に言えば、越境はすでに、アクタイオンが文明の領域を離れ、汚れ

なき野生へと分け入った（踏み越えた！）時に始まっていた。後に起こるのは、同一の踏み越えを詳述したものにすぎない。この踏み越えこそ、この神話の語るものである。それは起こるべく意図されている。魂は認識されることを欲する。そもそもこの出会いが起こったのは、魂自身の為せる業なのだ。それゆえ、この越境は、道徳的に「あってはならないこと」なのではない。それは「汝〜するなかれ（Thou shalt not…）」に違反することではない。そうではなく、この越境は、論理的には、つまり端的にわれわれが認識と呼ぶものの内的な本質なのである。われわれが語っている差異は、外側から付着したラベルや評価（道徳性）と、一つのモチーフや元型的なリアリティーという内在的な論理の解釈の間にある。もし越境という言葉を、少しでもそれがもつ道徳的な含みも込めて使いたいのなら、「越境」が起こるのは折り込み済みであると言わねばならない。けれども、それが起こるべくして起こるものであったとしても、その事実は、衝撃的な「侵犯」という越境の性格を取り去るものではない。これをアクタイオンの神話に当てはめて考えてみると、雄鹿を殺すことは、アルテミスを敬い、彼女に仕えるための正当な方法である。しかし、まさにある女神（あるいは神）に本当の意味で仕えるという行為はそれ自体、一つの蹂躙、越境、侵犯である。われわれがいるのは、神に仕えることが明々白々に素朴に「善きこと」とされる日曜学校ではないのだ。

　罪と罰という言葉は、この「とてつもない」出来事を、人間的な、あまりに人間的なものの領域へと引き下げ、不可分にして〈一〉であるはずのものを、女神と人間、狩人と獲物、殺害者と犠牲者、裸の真理としての女神を目撃することと雄鹿として犬に狩られることというように、きちんと安全に別々にしておくための道具である。この言葉によって、意識は、無害なものに留まることを、越境を回避することを、対立するものが一つになるのを認めることに存するあの「殺害」という暴力に無自覚なままでいることを許されるのだ。罪と罰は、一つの弁証法的な元型的真理が二つのもの、先と後、原因とそれに続く効果や帰結とに、明確に分化あるいは分裂されるよう誘導し、そのことによってこの「先在」あるいは元型的領域の契機を、時間的な次元へと、線形的な時間様式へと押し込めてしまう。それらはまた、この契機を思考の領域から取り去り、われわれがイメージするもの（絵画的な思考）の領域に押し込める。これらのカテゴリーは、ここで起こっている物事からわれわれを引き離し、女神の処女性と不可触性はどうにか取り戻

されたという印象を首尾よくつくり出す。なぜなら、侵犯者はすでに罰せられた
からだ（犯罪者を罰することで、犯罪によって脅かされた世界の道徳秩序が取り戻された
と言うのと同じことである）。突き詰めて考えてみれば、何も本当には起こらなかっ
た、それは単なる面白いお話だった、ということである。

　しかし実際には、アクタイオンの雄鹿への変身とは、アルテミスを通して、彼
らの間に起こった真の認識を肯定し、承認することである。その変身は、それを
罰だとした場合に考えられるような、以前の秩序を回復し、アクタイオンを元の
場所に戻すという試みではない。反対に、それは、アクタイオンが始めた踏み越
えという行為を一貫して続け、完遂することである。罰ではなく成就 (teleté) なの
だ。アルテミスは侮辱されたわけではない。彼女はアクタイオンを拒絶していな
いし、はねつけてもいない。彼がしたことを否定しても非難してもいない。彼女
はアクタイオンに栄誉を授ける。彼と結合するのだ。最初は単なる覗き見である
かに見えたものが今や、アルテミス自身の運命に参与することをアクタイオンに
許すことで、アルテミス式のある種の「結婚」とも呼べるものとして完遂される
（自分が沐浴していた水を彼に浴びせることによって、彼女は自分自身の清らかさと純粋
さをいくらか彼に分け与える）。これが本当の結合でないなら、この神話はいかに
「〈真理〉の契機」についての神話、すなわち、真の認識についての神話でありう
ると言えるのか。

　もう一度言おう。「罪と罰」というカテゴリーは必然的に、この物語の一つの
出来事を二つの連続した出来事として仕立て上げる。なぜなら、その行いと報い
は根本的に別々の出来事として設えられているからだ。そうである限り、われわ
れは外在的な反省の領域にいることになる。そうではなく反対に、ここで論じて
いるのは、そこにはたった一つの出来事しかないということ、それ自体の内側に
ある、固有の極点を目指す一つの出来事しかないということである。沐浴してい
るアルテミスを目撃することはすなわち、彼女に同化されることであり、彼女が
今そうであるものへと姿を変えられるということである[249]。アクタイオンは彼
が見ているものになる。ここでの見ることは、知るという「避妊用」理論に沿っ
た単なる中立的な観察でも、何らかの外的なリアリティーの一種の複製（こころ
のなかの鏡像）でもない。双方の出来事は同一であり、ただ一つであり、同一の契
機を二つの異なる側から示しているにすぎない。先に記した「姿を変えられる」

や「なる」という言葉でさえ、前と後という意味を暗に含んでいるという点で、すでに誤りであると言える。ここでの要点はまさに、前も後も存在しないということに他ならない。そこにあるのは、唯一の、極めて小さな瞬間、あるいは元型的真理という（非時間的な）〈今〉のみである。しかしながら、それは、内在的な論理的複雑性、すなわち、時間的ではなく、内的で論理的な生命の展開を伴ってもいる。そこには、時間経過としての、いかなる進展も、移行も、字義通りのイニシエーションも、変容も存在しない。魂の論理的生命におけるこの特別な瞬間、すなわち、「認識」という瞬間について特別な見方をすれば、われわれの神話は、異なるものの同一性と同一なるものの差異とを明らかにしている。われわれの神話が示すのは、同一性と差異の同一性としての、それゆえに論理的生命としての魂なのである。

　一つの出来事の相矛盾する二つの「側面」を巧妙に別々に取り置き、それらを二つの継起する出来事に仕立てることで、外在的な反省は、何とかこの一つの出来事の機先を制そうとする。心理学的には、たとえ字義通りではないとしても、二番目の出来事（罰）は、最初の出来事（違反）への反作用どころか、それを取り消す機能をもっている。罪に対する罰を演じることで、同一の出来事の内側に開いた裂け目は、この出来事を行き詰まらせ、そこに内在する力動、そのテロスを妨げる。弁証法的な緊張は失われ、論理的には、常識のもつ無害さが救い出されるのだ。

---

249) このことは、ブルーノが非常に明確に次のように表現している。「愛する者が愛されるものに変えられる」(Giordano Bruno, *De gli eroici furori*, in: *Dialoghi Italiani*, ed. Giovanni Gentile/ Giovanni Aquilecchia, Firenze, no date (1958), 1008, 1124)。他の多くのルネッサンス期の哲学者（たとえばピコ・デラ・ミランドラやフィチーノ）と同じように、ブルーノもまた、次のヘルメス・トリスメギストス (*Asclepius* 6) から引用することによって、その基本的な考えを表明した。「この偉大な奇跡にはトリスメギストスによって人間と名付けられるだろう。人間はあたかも神であるかのように神に変えられる…」(Bruno, *De immenso et innumerabilibus*, in: *Opera latine conscripta*, ed. Francesco Fiorentino et al., reprinted 1962, I 1, 206)。これについては、Pico Della Mirandola, *On the Dignity of Man*, transl. Charles Glenn Wallis et al., Indianapolis, New York, Kansas City (Bobbs-Merrill, The Library of Liberal Arts) 1965, p. 3の冒頭部分と、Marsilio Ficino, *Theologia Platonica*, XIV 3 (Marcel edition vol. II, p. 257) を参照のこと。

われわれの神話における同一性と差異の同一性は、次のように描き出すことができるだろう。

- 〈狩人〉として、アクタイオンはすでに、狩りの女神であるアルテミスを知っている。もしそうでなかったなら、彼は狩人であることはないだろう。内側から理解すれば、この狩りとは、留保なく啓示された裸の真理を狩ることであり、その絶対的な真理の啓示を実際に体験する能力である。それゆえ、後に起こっているように見える、彼が沐浴する妖精たちを不意打ちするという出来事は、狩人としての彼の本性に内在しているものをただ単に明るみに出すものにすぎない。
- しかし、アルテミスを知ること、あるいは認識することは、雄鹿を殺害するという情け容赦ない決心をすることを意味している。なぜならこれこそが、その元型的イメージや真理を看破し、アルテミスという女神の顕現を解き放つための唯一の方法であるからだ。
- そして、アルテミスを真に知ることが意味するのは、その〈女狩人〉が雄鹿であるのを、瀕死の傷を負った実体的存在としての雄鹿こそが、覆いを剥がれた女神の顕現であるのを知るということである。それはまた、瀕死の傷を負い、死にかけた動物の実体性のなかに覆いを剥がれた女神を見る能力をもつことを意味する。真理を本当に知ることが意味するのは、アルテミスが、狩られる雄鹿に整然と向き合っているような、ただの非弁証法的な対立物ではなく、彼女自身と彼女の〈他者〉との、殺害する女狩人と犠牲者との結合であるのを知るということである。彼女は〈偉大なる女狩人〉であると同時に、殺害される雄鹿なのだ。
- けれども、アルテミスが彼女自身、すなわち女狩人と、彼女の〈他者〉、すなわち獲物としての雄鹿との結合であるのを真に知ることは直ちに、私、すなわち狩人アクタイオンが、私の〈他者〉、すなわち私の獲物、雄鹿、女神と同一であるという認識をも含意する。私は私が殺した雄鹿である。それが意味するのは、私が裸のアルテミスを見た瞬間、私は単に、私自身に向き合う完全に他である誰かとして彼女に出会うのではなく、むしろ、他ならぬ私自身の〈他者〉、私自身の真理としての彼女に結合するということであ

る。それゆえ、そのように彼女を見る時、私は今や雄鹿、女神である彼女の顕現である。私は私が見るものに「なる」（抽象的な分離や分裂という手段で人為的に回避することさえなければ）。〈真理〉とは、論理的な距離をとって眺めることができる以上のものである。それは私の下に帰還することを欲する。なぜなら、その時にだけ、それは真理であり、知ることであるからだ。けれども厳密に言えば、その〈他者〉（私の〈他者〉）は私の下には帰還しない。反対に、アクタイオンとしての私は、それに向かって動かなければならず、そのことによって私が帰還するのである。〈他者〉が私に戻るのではなく、私が〈他者〉に追いつくことによって、〈他者〉は〈自己〉として姿を現す。私が留保なく私の体験に自らを投げ出すことによって、〈他者〉の他者性は止揚される。アクタイオンが魂なのだとすれば、魂は自らの狩ろうとしていたものに達していたとも言えるだろう。

　人とその人の「もつ」心理とを依然として別々に取り置くことができるなどという信念をもち続けるという可能性はもはやなくなるのだ。

　この物語の語り方では、またわれわれが最初に陥りがちな読み方では、雄鹿への変身は一つの絶対的な奇跡のように見える。しかし、この変態は、アクタイオンの殺害という行為が、〈他者〉の単なる実体的な破壊ではなく、絶対－否定的な自己放棄であったということの明確な可視化であるにすぎない。その動物めがけて自らの槍を投げることによって、彼はそこに自らの〈自己〉を、同一性を、無条件に投げ入れた──そして、完全に雄鹿の「なかに」入った、あるいは、自分自身を雄鹿へと完全に「内面化」したので、彼は直ちに雄鹿となったのだ。彼が雄鹿に「変えられた」ということは、殺害という彼の行為の論理的なステータスがすでに最初からそうであったものを、回顧的にわれわれに示しているにすぎない。

　さらに言えば、彼の変身は、自らが最初からそうであったものについて、アクタイオンが理解する、あるいは認識するということのイメージに他ならない。自分自身の現実のステータスが自らに対する意識へともち上げられたのだ。それは「裸の女神を見ること」を超えた新たな展開なのではない。彼女を知っているということ、そして彼女を見たということの概念にすでに内在されているものがわ

かりやすく可視化されたにすぎない。ここでも、新たな出来事であるかに見える
ものは、同じ概念のさらなる、あるいはより明示的な決定に他ならない。すでに
述べたように、われわれは分断することを好む。すなわち、われわれは、最初に
ある洞察や認識を得た後、次にその洞察を「受け入れ」、そして「それを実践に移
す」かどうか、という問題があると考えたがる。われわれは、「理論」と「実践」、
「頭」と「内臓」とを別々に分けておく。理論において正しいことが実践において
は適切であるとは限らないと信じることができる。患者であれば、理論上の解釈
は理解したけれども、実生活には「なぜか」何の変化も起きていないと、主張す
るのかもしれない。このことはまさに、われわれがどれほど神経症的な罠には
まっているかを示している。ある真理に対して自由がある、つまり、それを受け
入れるか拒否するかの選択の自由が存在するという幻想を抱いているのだ。こ
の幻想は、知ることに関する神経症的で分裂した概念を通して形成されるのだ
が、次には反対に、そうした幻想がこの去勢された概念、つまり表面上はそうで
あると主張しているものを自ら否定するような概念に働く場所を与え、あるいは
それをより強めてゆく。人は知ることを望むが、あくまで「避妊具をつけた上で」
ある場合に限定されているのだ。このような類の知識に付された名が「情報」で
ある。

　人は、あたかも知るということがある考えを受け入れる類のことに他ならない
かのように振る舞う。しかし、知ることとは、比喩的に言えば、「身体的な」「残
酷な」出来事であり、真に決定的な変化である。それゆえ、もしそのように言っ
ているとしたら、その人は、それが知るということにまったく当てはまっていな
いことを暴露していることになる。われわれは、自らの雛形や基準としてのテレ
ビを見るという状況から、「知ること」の概念を受け取っているように思える。
テレビとは実に、鵺的なつかみどころのないものであり、見るものを受け入れる
か拒絶するかはまったくもって自由である（それは、オン／オフのボタンに客観的に
視覚化されている）。この自由が存在するのは、われわれがテレビのなかに見てい
るのが真理ではなく、真でも偽でもありうる見世物であるからだ。しかし、どち
らでもありうるようなものは真理ではない。テレビを見るということは、われわ
れが時折とる特定の行動の一つに留まるものではなく、テレビの発明それ自体
が、科学技術の歴史における一現象以上のものなのだろう。テレビとは、現代人

が知らず知らずのうちに、しかし、公然と自らの本質的なスタンスを明らかにするような、象徴的なイメージである。テレビは、本書の冒頭で引いたアイスランドの伝承のなかの引きこもりが行動の水準において呈していたスタンスを心理学的、あるいは形而上学的な水準において呈している。テレビを見るという行為は、現代人が隠れたる人間（homo absconditus）としての自らのステータスを祝福し、それを常に自分自身に保証する儀式なのだ。テレビという技術機器や社会的慣習はおそらく、形而上学的に人間が生起するあらゆるものの外側にいるものとして、換言すれば、無限と「先在」の領域である野生とはかかわりをもたないようにしていなければならないものとして定義されるこの時代においてのみ、そしてこのような社会によってのみ発明されうるものだったのだろう[250]。そこでは覗き見るだけ、心に描くだけ、イメージするだけということが許されるのだ。

　もしアクタイオンがたちどころに彼が見たものに「なる」ことがなかったとしたら、彼がアルテミスを見ることは、真に見ること、真に知ることではなかったということだろう（そして、アルテミスを見ることでもなかったのだろう）。真の知ることは即時的に、そして不可避的に一つの差異をつくり出す。それは即時的な強制であり、それを知った側を義務や運命の下に置くことになる。それが現実にまさに一つの差異をつくり出した場合にのみ、また、理論と実践との間の分裂を完全に無視し、殲滅しさえした場合にのみ、真の知識を獲得したことになるのだ。これこそ、アクタイオンが雄鹿になるということによって表現されているものである。雄鹿に「なること」は、アルテミスを知ることそれ自体に包含されている帰結なのだ。

　先に、知るという「避妊用」理論について述べた。そこでは、知ること、あるいは知識への切望は、「避妊具」が使われる場合にのみ、知られるべきものとの接触を許される。反対に、この避妊用の知ることの観念は、不可避的に現象を釘

250）「そのような発明のために必要な科学的知識や技術的な手段が利用可能であればこその話だが」と付け足したい人もいるかもしれない。しかし、それでは順序が逆ではないだろうか。人間の心理学的、形而上学的な定義が今述べた通りのものであるからこそ、テレビの発明のために必要なあらゆる科学的、技術的な前提条件がそもそも確立されなければならなかったのだ。すべての科学史は、このような人間の定義づけの結果なのであり、テレビとは単に科学技術の歴史の結果や副産物ではない。

付けにし、それらを箱（定式、診断等々）に押し込み、それによって人間の操作がたやすくなるような実証主義的な知識に帰着する。この種の釘付けを許すのがまさに、「避妊具」の使用である。われわれの神話では、いかなる避妊具も使われていない。このことが、アクタイオンが雄鹿に姿を変えた理由である。彼は自らを「犯した」のだ。そこには、リアルな「受胎（conception）」がある。しかし、興味深いのは、受胎したのが女性側のアルテミスではないということだ。「受胎」は、他方の側、貫通する男性であるアクタイオンに起こる。彼が「存在する〈観念（Concept）〉」になるのである。

　先にまた、アルテミス式のある種の「結婚」として、アクタイオンの変身について語った。アルテミスがアクタイオンに水を浴びせたことを考えるなら、彼女が彼に「受精する」とも言えるかもしれない。彼女は彼に対して自らの精髄（essence）を分け与えたのだ。受胎の自然なあり方のこのような逆転や反転は、われわれがここでは、〈概念〉あるいは魂の論理的生命という「転倒した世界」（ヘーゲル）に最初からいるということの別の形での示唆であろう。そこで問題となっているのは、身体的な受胎ではなく、論理的な〈受胎／概念〉なのだ。新たな生命の誕生につながる妊娠ではなく、同じ存在の内的な変容が起きる。それは自然な性的な接触でも、避妊具を用いた性的な接触でもなく、止揚された性的な接触としての認識なのだ。アクタイオンは、愛人でも子をなす者でもない。ここでの魂の作業は、より高い（より深い）レベルの魂の子どもとして自分自身を再生産するために、自分自身と自分自身の〈他者〉との近親相姦的な結合（錬金術における王と王妃）を目論んでいるのではない。オルフェウスの流の詩や音楽、あるいは芸術といった作品を創作するために、アニマの喪失と永遠に失われたものとしての彼女を再び見出すことを目論んでいるのでもない。ここでは、知識、認識、意識がその目指されているところである。魂は真に自分自身を知ることを欲しているのだ。

　真の認識は、自制や窃視、「客観性」を意味しない。それが含意するのは、反転した受胎、反転した受精、すなわち、絶対－否定的な内面化である。絶対的否定性の本質は、妥協せず前に進むこと（殺害という瞬間への絶対的な侵入）がそれ自体、自分自身の対立物であるということにある。そこにあるのは、殺害される犠牲者から感染し妊娠させられることであり、殺害される犠牲者はいつのまに

第6章　アクタイオンとアルテミス：
概念の絵画的表象と神話の（魂の論理としての）心理学的解釈　365

か自らを彼の内なるものとし、そのことによって自らに彼を「馴染ませる」。彼
がより強く貫通すればするほど、殺害される側がより深く自らに彼を同化させる
のだ。

　このことによって、アルテミスがなぜ処女のまま、触れられぬままでいるのか
ということが説明されるだろう。その男性の侵入はここでは、処女の受胎をもっ
てそれが成就するような、自然で実体的な侵入ではない。それは最初から論理的
であり、それゆえ、自己矛盾的で弁証法的な侵入である。そこでは、侵入者が自
然に反して（contra naturam）「受胎」を被る、あるいは、存在する〈受胎／概念〉と
なる必要がある。このことはまた、処女なる女神アルテミスが、あのように見る
からに男性的で、男根的で、威勢のよい雄鹿[251]と関連づけられているという別
の驚くべき事実をも説明する。すでに承知のことと思うが、認識という転倒した
世界では、その獲物に殺害の精神をもって肉迫したとしても、その（獲物の）損な
われていない処女性の最も深い部分にある真理は手つかずのままにされる。処女
としてのアルテミスは、真の接触が起こってもなお触れられないままであり、彼
女の元型的な領域の内側で起こるあらゆる行為（あるいは苦しみ）は、男性の側に、
すなわち、処女としてではなく、雄鹿としての彼女自身の側に起こるのである。

　この神話が物語る今述べたような内的な関係性は、現代の学者だけでなく、オ
ウィディウスをはじめ、アクタイオン神話の語り手である古代の著者たちの神話
解釈においても明確に示されてはいない。罪と罰、変身と変化、理論と実践と
いった概念は、自己矛盾する一つの真理のもつ側面をきっちりと切り離し、それ
ぞれの側にしっかりと取り置くことによって、物事を「整頓」しておくための手
段である。主体と客体、人間と神、殺害者と犠牲者、原因と結果、これらの概念
は、弁証法や矛盾から意識を保護する。イマジネーションは、この神話を支配し
ている複雑な論理的関係のあらゆる側面を完全に覆い隠し、それらを極めて柔軟
に生き生きと描き出すことに成功している。その結果、それはあたかも真理の全
容に注意を払っているかのように、すなわち、両側面のいずれも抑制したり、省
略したりしていないかのように見える。けれども、イマジネーションというのは、
個々に切り離された二つの状況、存在、行為として、前と後、主体と客体、犠牲

───────
251）雌鹿だけなく。

者と行為者、罰と違反とを分離することを通して、互いに対して免疫性を与え合い、互いを隔離し合うような形で、それらの側面を媒介するものなのである。

それゆえ、心理学的には、何も本当には起こらなかった——まさしく奇跡であり、まさしく変身であり、まさしく驚くべき、あるいは衝撃的な、何か華々しい劇的な出来事ではあるが、そこには（論理的なものでしかありえないような）いかなる短絡もない。精神の健全さは保たれ、意識の革命は起きない。違反はあったが、しかるべく罰せられている。物事の日常的な秩序は回復された。これ以上何を望むというのか。われわれは再びくつろぐことができる。精神は再び、ひどい結末の映画のようなものを見るかもしれないが、テレビを見る肘掛け椅子にいて安全は保たれうる。これが物事へのイマジナルなアプローチの成し遂げたことである。それは、内容のレベルでは元型的な真理のあらゆる側面を公正に扱うが、その内的な論理的関係のレベルにおいては、これらの側面をそれぞれ別々に取り置くことで、この真理を無害なものにしてしまう。プエル的な隔たりを呈しているのは、物語の主人公であるアクタイオンではない。そうしているのは、この物語を読むイマジナルな様式の側である。「プエル的な」隔たりが、まさにその「構造」（つまり、その論理）に内在しているのだ。

心理学的には、本当には何も起こっていないと述べたが、これは、心理学は生起しない、そして、魂のレベルには到達しないと言っているのに等しい。物事をイメージすることによって、われわれは心理学の前庭に、いまだどこか日常的なリアリティーに、三面記事的な物語のレベルに、そして、せいぜい魂の地を夢見ることに留まるのである——決して本当には約束の地に辿り着かなかったモーセのように。ここでの約束の地、それは、魂の生命それ自体であり、論理的な生命なのだ。

第六の決定
解体、あるいは…：〈自己〉（狩人）と〈他者〉（獲物）の〈他者性〉それ自体（狩人という〈概念〉／心理学）への溶解

われわれの神話に例証されている〈概念〉の最後の決定は、結末におけるディオニュソス的体験である。アクタイオンは自分自身の犬に狩られ、バラバラに引き裂かれる。

第6章　アクタイオンとアルテミス：
概念の絵画的表象と神話の（魂の論理としての）心理学的解釈　367

　アクタイオンは絶対的な真理を見た。真理が完全に彼の下にもたらされるのは、自らのディオニュソス的な解体においてである。絶対的な真理は、「外側から」観察するだけでは十分ではないとすでに述べてきた。崇拝の眼差しをした見物人と対峙する、単なる「より高次の」原理、理想、女神である限り、それは絶対的でも真理でもない。軽薄な物言いをするなら、その見物人は、「覗き部屋」に対して情動的に、主観的に、非常な「興奮」を感じるだけで、現実には（すなわち、論理的には）何の影響も受けないままでいることになる。実際に影響を受けることが、論理的に影響を受けることを意味するということは、「影響を受けること」がもっぱら情動的に動かされることと同一視されている時代においては、むろん理解されにくい。「情緒（affect）」という言葉がすでに、今日では「情動（emotion）」と同義であると見なされている。しかし、われわれがもっている諸々の感情（feelings）は、われわれが今そうである状況や状態のみを指し示すものである。感情は、「人間学的差異（実体としての人間と、その属性としての様々な状況や性質との差異や分裂）」の存在を支持する。状態が変化するという考えは、その実体としての個人の変わらぬ安定性、否、免疫性を確実に保証する。しかし真の変容とは、本当に影響を受けるということであり、それゆえ、情動的なものではありえないし、単に人の状態や「属性」にかかわるものでもありえない。それが意味するのは、その「実体」や同一性におけるその人自身の変化、あるいはその人自身の論理の変革である（そして、論理とは分割しえないものであることを考えれば、その人の論理とはむろん、世界と生命の論理でもある）[252]。これは、歴史上のたいていの革命に常につきまとってきた問題であった。在職の官吏や支配者層を交替させるだけではなかったにしても、多くは経験的な構造や社会の組織を変えることに満足するに留まり、論理までが変革されることはなかった。それゆえに、それらは失敗に終わったのである。

　全面的に（単に形式的ではなく）精神を「対象」に適合化したり同化したりするのは、〈真理〉に最初から内在されている性質である。〈真理〉は、向こう側に取り残されることも、追いやられることも望まない。それは、単なる情動的な体験であることも、主体における感情であることも望まない。単に人の意識の「内容」

―――――

[252] 先の定式化によれば、それは「全人」への突破にかかわっているとも言えるだろう。

であることを望まないのである。それは、主体に切実に受け取られることを、実際にこの世に住まうことを欲する。われわれの物語では、アクタイオンの生命のなかに居を構えることを欲している（われわれにとっては、われわれの心理のなかにということを意味する）。そのようなものとして、〈真理〉とは、アクタイオンがもっている一つの信条でも、感情でも、洞察でもありえない。「彼のなかに存在し、住まっていること」とは、ダイヤの指輪が宝石箱のなかにあるとか、一定の情報が頭のなかにあるとかいうのと同じように、真理が彼の「なかに」存在しうることを意味するわけではない。むしろ、真理が彼の存在全体に浸透し、彼の存在全体、すなわち、彼の存在の論理を決定するのだ。

　そして、このことが、解体というディオニュソス的体験が伝えるものである。人の存在全体（全人〔totus homo〕）が、〈真理〉によって内側から分解され再構成されなければならない、あるいは〈真理〉に同化されなければならないのだ。このディオニュソス的体験は、〈真理〉が、主体と対峙していた「外側」への追放状態から帰還するための方途である。主体は、それ自体〈真理〉、すなわち、存在する〈概念〉になる、あるいはそうであらねばならない。

　むろん、アクタイオンの真理への適合化は、主体としての彼を、科学的な用語で言うところの「対象」（「客観的リアリティー」という実体的なリアリティー）への同化として考えられてはならない。決してそうではない。アクタイオンは野生へと、否定性のトポスへと移行したのであり、彼が同化するのはそれゆえ、否定性としての〈真理〉でもあるのだ。

　前節で、アクタイオンが処女なる森へと分け入ることによって示される男性的な侵入は実体的なものではないということに注目した。ここでもまた、アクタイオンの〈真理〉への適合化は実体的なものではないと言っておかねばならない。〈真理〉の認識は、漸進的で能動的な把握（征服）ではないし、撤退的で受動的な知覚でもない。それらはいずれもいまだ実体的なものと言えるだろう。そうではなく、その認識は、「絶対－否定的な想起／内面化（Er-innerung）」という方法で展開する。それは、これまで自分の外側に、すなわち、自分の目の前にあって、追い求め、恐れ、争っていたものが意外なことに、自分自身の「背後から」、いやむしろ、自分自身の内側から、自分自身に追いつくようなプロセスである。それが知らぬ間にこっそりと、自分の深みから到来していたことに突然気づくのだ。

あるいは、こう言うほうがいいだろう。それは、自分は最初からずっと、知らず知らずのうちにそれであったという洞察が芽生え始めるような意識のレベルへと上昇するプロセスである。このディオニュソス的体験が、アクタイオンを犠牲にすることはない。それはちょうど、アルテミスがアクタイオンの犠牲にはならなかったのと同様である。ディオニュソス的な解体は、私の意識、すなわち、私の存在全体を変革するような、一つの真理、一つの知識、一つの洞察によって浸透されることを表すイメージである。そこにはいかなる暴力もない。そこにいる犬たちによって私がされるように見えるものは、私自身の真理の私への働きかけなのだ（この犬は私の犬である！）。魂という「転倒した世界」において生起するゆえ、そのような解体は、外向きの体験でも内向きの体験でもないが、とにかく「強烈な」ものである。それは、一つの内的な精錬であり、昇華であり、自分自身や自分の世界が立つ論理的ステータスの変化なのだ。

　主体が〈真理〉にならねばならない、〈真理〉であらねばならぬゆえ、知の諸理論が提起してきた問いは、まず第一に、真の知識や〈真理〉に関する知識なしで済ましているということになる。それらの理論はすべて、主体の踏み越えや〈真理〉の必要不可欠な条件としての解体という一点に対して容赦なく自己を曝け出すことなど考えようとせずに、ただ真理を突きとめることを望むからだ。科学や学習というのは、真理への道ではない。〈真理〉は、われわれがそこへとイニシエート（inire）される、そして容赦なくそれによって同化されるという対価を支払うことなしには、決して得られることはできないものなのだ。

　自らが知るはずのものがもつ解体する力に対して、主体が留保なく自らを曝け出すことが〈真理〉に不可欠な構成要件であることからは、知識や科学の諸理論が去勢され二分された真理の概念によって作動していることは明らかである。主体とその解体なしには、いかなる〈真理〉もありえない。このことが、この世紀［訳注：20世紀］において「主体の哲学から抜け出す道」を見出そうする試みを多く目にするにつけ、非常な憂慮を抱く理由である。心理学的には、これは間違った動きであるように思われる。すべての「〜から抜け出す道」がそうであるように、それらはおそらく、なお一層〈真理〉から逃げ出し、より深く神経症へと陥る試みなのだろう。主体の哲学を克服する様々な努力は、心理学的に言えば、先に「人間がこの世界から姿を消した」と表現したような展開に対する一つの哲学的な根

拠を提供するという目的に奉仕するものであるように思われる。われわれは、主体と主体の哲学とを必要としている——それは、「自我を強化する」ためでも、主観主義を促進し、主体と客体との間の裂け目を大きくするためでもない。そうではなく、〈真理〉にかかわる出来事をもたらすべく、ディオニュソス的な解体に身を捧げる（subjected）という任務に仕える人が現れるようにするためである。

　われわれの神話のいくつかの特徴から明らかになる別の側面もある。アクタイオンは、狩人の原イメージである。彼は真正の狩人だ。なぜなら彼は、狩りの絶対的な真理であるアルテミスを見る能力をもっており、実際に目撃するからだ。しかし、狩りの真理はただ単に、抽象的に分割した狩りの片側半分、すなわち、狩人の視点からだけ見られたものとしての狩りなのではない。狩りの真理は、狩られる獲物の体験でもある。それは同時に両側を、真理全体を意味する。真理は、自分自身の片割れではありえない。それゆえ、その〈狩人〉は、彼がそうであるものであるために、獲物の運命を自分自身において自ら体験しなければならない。ディオニュソスにしばしば与えられる別名、ザグレウス（Zagreus）が、字義的には「偉大なる狩人」[253]であるということを思い出すことがここでは助けになるかもしれない（これは再度、ディオニュソス的な解体と結びつく）。アルテミスをめぐって、われわれは彼女が同時に両方の側であることを学んだが、ちょうどそれと同じように、アクタイオンは、狩人としての自分自身と自分自身の他者である獲物との結合でなければならない。自分が狩った雄鹿になった後、アクタイオンは雄鹿の運命を被ることにもなる。そして、このような展開によってのみ、野生に分け入ることの概念が完全に確定されるのである。もし彼が解体を体験しなかったなら、彼は本当にはまったく野生のなかにいなかったことになるだろう。森を訪れて、自分の外的形態（条件）を変えただけで、その他は無傷で戻る旅行者のままだったかもしれないのだ。それゆえ、ここで最後になってようやく、この神話は自らの始まりに追いついたことになる。ディオニュソス的な解体は、野生の最終的な決定に他ならない（それは新しい出来事ではない）。すなわち、野生としての野生のなかにいることが意味するのは、自分自身がある「存在」であるこ

---

253) Henry George Liddel & R. Scott, *A Greek-English Lexicon*, Oxford (Oxford University Press) 1961 を参照のこと。

とが溶解し、存在論が論理へと溶解し、人間学が魂の論理（psycho-logic）へと溶解する体験なのだ[254]。

　そして、われわれの神話の最後のモチーフもまた、雄鹿を殺すことを通して生起した神の顕現をアクタイオンに深く思い知らせるものである。彼の身に起きた変容は、犬たちに切り裂かれなければ完成されなかっただろうし、そうであるとすれば、彼の変態（アルテミスとの同一化）が意味していた神成もまた、未完のもの、リアルでないものに留まっていたことになるだろう。アルテミスは今や自分自身を真に彼へと伝え届けた。彼は彼女の具現化であり、もはや彼女と対峙する存在ではない。それはおそらく、アルテミス自身が今や姿を消したこと、つまり彼のなかに消滅したことをも意味しているのだろう。

　（そのような記述を耳にすると、直ちに「精神病」や「肥大」といった診断名を与えがちであるが、それは完全に的外れである。そのような物事の見方は、この神話に本当には付き添っておらず、ディオニュソス的な解体を思考することをしていなかったことを単に意味するだけであろう。第5の決定〔変態〕の間であれば、まだ解体は起こっていなかったので、もしかしたらそのような診断にも意味があったのかもしれない。肥大というのは、元型的な内容の同化を伴いつつ、実在する存在としての個人の論理がしっかりと把持されるところにのみ起こりうる。しかしここでは、肥大するはずの「同一性」が溶解されていて、何もしっかりとは把持されない。あらゆるものが論理的な運動へと、流動性へと溶解して

----

254) ここで再び、ブルーノによるこの神話の別の解釈を取り上げる。彼の解釈は賞賛に値するが、ある問題を孕んでいる。彼は本当に「人間学的過誤」を回避していたのだろうか。ブルーノは、アクタイオンが自分の犬たちによって切り裂かれることのなかに、神性との結合の成就が内在していることを正しく理解してはいたが、自らの熱狂的な精神にひたすら付き従っていたために、それを思惟のなかで、哲学や心理学、すなわち、われわれの論理ではなく、個人としての哲学者の魂（ヘルメス・トリスメギストスの言う大いなる奇跡〔miraculum magnum〕としての人間〔homo〕に）と関連づけてしまったように思われる。ディオニュソス的な解体は、歓喜の神秘体験として見られているが、それはこのリアリティーの片側にすぎない。同じだけ重要なもう片側、この熱狂としての歓喜は、冷めたものであり、論理的であって、心理的な（情動的で個人的な）性質のものではないという事実が見失われているように思えるのだ。つまり、ここで見失われているのは、アクタイオンの神話に描かれている、真理に特有の矛盾する性質である、ということになるだろう。

いるのだ。精神病は、人格の溶解を含意するが、ここで論じているディオニュソス的な解体が含意するのは、「人格」という定義や概念の溶解なのである）。

では、犬は誰、あるいは何なのだろうか。これまでのところ、主人公としてのアクタイオンとアルテミスだけを考えていたが、この犬たちは、アクタイオン（心理学）自身の解き放たれた狩りの衝動であろう。その衝動によって、アクタイオンはそもそも森に分け入ったのであり、それは解き放たれたものとして、その概念の完遂まで一貫して、そして執拗に、狩りの論理的な結末へと向かうのである。後戻りはない。錬金術の用語では、その犬たちは、至高の完遂へと向かうプロセスを推し進めるメルクリウス的な要素であると言えるのかもしれない。犬たちは、アクタイオン自身の狩りの衝動を、客体的な、すなわち客体化された狩りの本能として示すものであり、単にアクタイオンの主観的な欲望や意図を示しているのではない。この狩りの衝動は、自分自身は狩られまいと思っていたであろう、その狩りの主体であり主人である狩人の前でさえ止まることをしない。それは、全てのものが自らにひれ伏し、（ユングであれば「自律的」と言うだろう）狩りの本能それ自体だけが生き残るまで満足することはない（言わば、狩り、すなわち狩りという純粋な動きは存在するが、この活動を遂行している実体としての狩人は消滅する〔*fiat venatio sed pereat venator*〕）。あるいはまた、狩りの論理や概念が、元々狩りを統御しているつもりであった人に対してさえ、自分こそが狩りの絶対の主人であるということを示すまで、という言い方もできるだろう。最初は自我の活動、あるいは意図であったものが、今や自我の手から奪われ、自我人格は自らの目的に従属することになる。自我は今や自らの薬を飲まねばならない。器（人格）そのものが、錬金術的なプロセスのなかに引きずり込まれ、自らの内側で生起するもの、自らによって抱えられるものとして始まるのである。プロセスは、それを始めた者のところに立ち戻り、完全に彼をその内側に包摂する。この物語において、アクタイオン、すなわち、人間の心理としての魂が、彼の／その対象、すなわち、魂は自己関係であることを認識する瞬間に、われわれは今やいる（ここでの「認識する」は、「理解する」と「〔彼自身、すなわち、彼自身の生命において〕具体的な実在とする」の双方を意味している）。

アクタイオンが自らを差し出す解体というディオニュソス的体験について語ってきた。しかし、ディオニュソス的体験として確かに描かれているものは、本当

第6章　アクタイオンとアルテミス：
概念の絵画的表象と神話の（魂の論理としての）心理学的解釈 373

に体験なのだろうか。それは、ケレニイが言うように、アクタイオンの受難（彼の苦難と死、すなわち、彼の受難）なのだろうか[255]。これがイマジネーションの好む見方なのだろうが、それはおそらく誤解であろう。

　この神話に描かれているものが一つの「体験」としてイメージされるなら、それは、われわれをドラマの外側に閉め出しておくという、苦痛を緩和する効果がある。苦難としてそれを苦しんでいる人をはっきりと特定することができるからだ。それは、アクタイオンである。彼がこの受難を体験しなければならないのであって、われわれではない。あるいは、アクタイオンの「苦難」に丸ごと呑み込まれ、このような主情主義に堕することをもし望まないなら、彼の物語はただの狩人の話ではなく、イニシエーションとしての解体を経験するシャーマンの話で、容赦なく体験された狩りは、シャーマン的なイニシエーションの一つの様相として立ち現れたもの、すなわち、アクタイオンはシャーマンとしての真の狩人だ、と言うこともできるだろう。ここでも、彼が新たにシャーマンになろうとする者であって、それはわれわれではない。もちろん、読み手としてのわれわれは、彼の運命に情動的に動かされ、悲惨な状況にある彼に憐れみを感じるかもしれない。しかし、まさにその憐れみこそ、実際に苦難に苛まれている者としての彼と、傍観者としてのわれわれとの間の明確な区別を強めるものとなっているのだ。

　このように、最後のシーンをイマジナルに理解することで、神話の結末がまずもって、われわれに、すなわち、われわれの思考に影響を与えているという現実から目を逸らすよう仕向けられる。われわれはまず、アクタイオン自身が彼の見たものに変わったということを認識しなければならなかった。そこでは、主体と客体、加害者と被害者との明確な分離や見たものと見る者との距離は維持されえない。そして次にわれわれが認識したのは、彼が見たものに変容するということが、彼の存在全体が解体される、あるいは溶解されることを通して起こる、絶対的な浸透を意味するのだ、ということであった。しかし、これで終わりなのではない。さらにわれわれは、この物語でアクタイオンの身に起こることが、「向こう側」にいる彼にだけ起こるわけではない、ということを認識しなければならない。それは根本的に、われわれに影響を及ぼすのだ。

――――――
255）Kerényi, *Die Mythologie der Griechen*, vol. 1, p. 116.

彼の解体のイメージを知覚することによってたちまち、われわれの足下から床が引き剥がされることになる。イメージとしての、すなわち、像、視覚的形態、触れることのできる身体、実在する人としてのアクタイオンが、われわれの手から奪われるのだ。形態や実在する存在としてのイマジナルな像はバラバラにされ、廃棄される。そして、この出来事は、物語の主人公に限局されえない、すなわち、この話の内側に安全に包摂されえないものであるゆえ、直ちにわれわれの思考する方法に影響を及ぼすことになる。ここでバラバラにされるのは、この一つの人物像の形態のみではありえず、「形態」というもの自体、形態の概念でなければならない。そこでは、「物事をイメージする」という様式全体が解体される。この神話の結末は、イメージ、というよりイマジナルな様式への徹底的な攻撃なのだ。

解体というディオニュソス的体験が、人間の悲劇として、特定の人に降りかかった恐ろしい運命として、あるいは、われわれ皆が自らの「プロセス」においてある特定の時期に体験しなければならないものとしてイメージされうる、あるいはそのようなものに縮減されうるならば、どんなに心地のよいことだろう。しかし、それはまずもって、存在のイメージや概念、一個人という概念の溶解である。ディオニュソス的「体験」の「標的」は、（時間や存在という領域にすでにいるような）人々ではない。それは、われわれの心理という論理なのだ！ 存在（アクタイオン）の明白な殲滅を通して、われわれははるかに変革的なものを目撃することになる——もし留保も防衛もなしに物語の動きに従うのであれば、という条件つきの話であるが。つまり、そこでは、（アクタイオンではなく）われわれが、自らの存在論的・人間学的な偏見と、物事へのイマジナルなアプローチが解体、あるいは溶解される苦難を経験することになる。われわれは、この神話の結末が、世界の内側での、生命の内側での一つの孤立した出来事であると考えようとする。しかしそれは、世界と生命があまねく広く、根本的に新たな論理へと歩み出す革命的な移行なのだ。

そのような革命的な移行としての神話の結末は、神話自体を呈示しているイマジナルな様式をすべて撤収するようわれわれに指示している。つまり、二つの主たる像が別々のものであることを、実在する存在としての彼らの姿を、出来事の継起を脱イメージすること、すなわち、「狩人」、「沐浴する裸体」、「変身」、「罰」

をすべて脱イメージすることを命ずるのだ――そして、「解体」自体さえも！　それは、この神話の「存在論的」な、すなわち、物語的な形態を今こそ分解し、もう一度読み直すようにという指令である――その目的は、神話をもろとも廃棄するのではなく、一つの概念的な思惟として、われわれの思考として、〈概念〉として、「昇華され」、「発酵され」、止揚された形でそれを理解することである。われわれは、ある観念や概念を、一つの考え、内容、主題のようなものとして捉えがちだが、〈概念（Begriff）〉は、ある活動やプロセスとして把握する（begreifen）ことそのものであり、かつ、われわれの神話が示すように、把握されることや解体されることから生じる、把握という行為なのだ。

　「人の存在全体が、〈真理〉によって内側から分解され再構成されなければならない、あるいは、〈真理〉に同化されなければならない」ということを先に述べたが、今やこの言葉を研ぎ澄まし、次のように言わなければならないだろう。それは、単にその人の存在の再構成であるだけでなく、「存在」から「〈真理〉」への、存在論から論理への再構成である、と。存在する〈概念〉というのは、ある概念をもっている存在のことではなく、私やあなたとして、生命のなかに、（われわれがリアルな状況や世界に存在するように）具体的な実在を現実にもつ概念のことである。

　アクタイオンは、（狩りの）専門家や技術者としてではなく、すでにイニシエートされた狩人として森に入ったからこそ、絶対的な真理を目にすることができた。本当の渡渉は、渡られるべきこの橋を（先に）焼き落とすことを前提としていると先に述べたのとちょうど同じように、最後に語られる解体こそが、最初の徹底した体験を可能にしている。これは明らかな矛盾である。しかし、この矛盾、すなわち、この前にある後（hysteron proteron）が、以下のような意味でのまさに「橋」なのである。それは、魂を本当に渡し（そして戻し）、そして、本当に渡すことで最初に魂をつくることができる、実際の唯一の「橋」なのだ。結局のところ、魂は実在物の世界にある何かではなく、向こう側に実際に渡渉すること、つまり、こちらからあちらへと、あるいは存在論から論理へと伸びてゆく実際的な力なのである。

　ディオニュソス的な解体は、実在する存在の溶解として、「存在」という領域や通常のリアリティーから「先在」への革命的な移行（を絵画的に表象したもの）で

ある。それは、魂の論理的運動というステータスへと、〈真理〉というステータスへと精神が運ばれることなのだ。（それ自体が魂のイメージしたものであるような〈真理〉の神話として）われわれの神話が示すのは、ある元型的な契機についてのイマジネーションがそれ自体、もし絶えずその結末へと運ばれるなら、それは間違いなく自らの分解へと向かうということである。アクタイオン自身の犬たちが、アクタイオンを八つ裂きにする。彼の運命は、外側から彼に降りかかるものではない。まさにその狩りの衝動の論理が、狩人に追いつくのだ。猟犬たちを所有している、狩りの衝動をもっている（あるいは、狩人の心理や意識をもっている）実在としての狩人はもはやそこにはいない。容赦ない狩りという動きそのものやその〈概念〉だけが生き残るまで、狩りそれ自体がそのまさに基盤を打ち消すのである。神話は、自分自身の内側で、自らの前提を回収し、破壊する。これはもちろん、そのメッセージを抽象的に取り消すことを意味するのではない。それが含意するのは、そのメッセージが最初に生起した論理的な形式やステータスの昇華であり、止揚である。ここでの「止揚」は、以下のような、ヘーゲルが言う意味でのAufhebung（止揚のドイツ語）の三要素において理解されるべきだろう。1. それまで言われてきたすべてのことを保持するものとして、2. しかし、それがそれまで言われていたり、理解されていたりしていた（語りの、イマジナルな）方法によってではなく、もっぱら分解されたイマジネーション、あるいは思考として、3. 物語のメッセージを魂のレベルへと押し上げること。すなわち、それは、存在する実体や存在論のレベルから「先在」、あるいは論理的生命のレベルへと、そして、イマジネーションのなかでなおも密かに働いている（字義的にでなく、イマジナルにその内容について言っているにすぎないと公言するという防御壁の陰で働いている）抽象的な観念のレベルから〈概念〉のレベルへと押し上げることなのだ。

　「狩りそれ自体がそのまさに基盤を打ち消す」――これは心理学が従わなければならない方法でもある。心理学もまた、実体的な、あるいは経験的な「事実」についての報告、あるいはイマジナルな素材から始めて、〈概念〉を認識するために、経験的な精神やイマジネーションによって措定されてきた堅固な基盤を分解するという長いプロセスを経験しなければならない。しかし、これはそれほど大した活動ではない。イメージされたものから始めたとして、正しく取り扱ってさえいれば、それらはひとりでに自らの究極の結末に向かうからだ。イメージは

自分自身の内側で自らを破壊する。イメージが自己止揚するので、われわれがイメージに対してそうする必要はない。アクタイオンの神話の場合とまさに同じように、それは最初にイマジナルな人間を設え（措定し）、そして次には、彼らの内的生活の過程における彼らの「存在」が、どのように神話の内側で回収され、打ち消されるかを示すのである。イメージは自らの内的な運命をもっている。

　元型的心理学は、英雄元型の一表現としての自我を克服しようとしたが、基盤としての自我を克服する必要性については理解していなかった。そして、自我イメージが自らの内的運命をもっていることを認めなかった、あるいはその運命を、すなわち、それ自体の力動に任せていれば、自我は自己止揚することを信頼しなかった。それゆえに、元型的心理学は、自我に抗わねばならなかったのである。

　〈概念〉とは、存在する概念のことである。それは、われわれのなかに、われわれとして、この生命のなかにリアルな実在を見出した「先在している」、あるいは存在していない論理的生命である。存在する「先在」、あるいは非存在という自己矛盾。これこそがリアルな心理学であろう。存在しない論理的生命は、存在する実体（あるいは、存在する実体によってリアリティーを解釈するスタンス）を打ち消すことでしか、実在を見出すことができない。考え、原理、教義、洞察、これらは何者かによって「保持され」「所有され」うる。それらは、存在、あるいは主体の所有物でありうる。それらは具象化され凍らされた生命であり、存在あるいは実在という概念もまたそうである。われわれがなお原理や教義を扱っていたならば、魂の論理的生命、〈真理〉、〈概念〉、これらは現世に実在をもつことはないだろう。魂の論理的生命は、存在の生命ではなく、その運動を行う、あるいは動いている存在なしの運動であり、流動性そのものである。それは、先に述べた橋の溶解に等しい。そこでは、信頼してその上を動ける基盤としての橋を「もつ」ことなく、架橋する、あるいは渡渉するという運動が選ばれる。それはそれ自身の橋である。これは完全に自己矛盾した考えなのだ。

　字義的な人としてのアクタイオンは溶解するが、アルテミスもまたそうである。これまでに見てきたように、彼女はアクタイオンと結合を果たした。主体と客体、人間と女神はまず一つになり、今や気化されている。残っているのは、魂の論理的生命それ自体であり、二つの像はそのなかに止揚されたのだ。

アクタイオンの神話は、絶対的な真理との遭遇が実際に可能であるということを語っていると、先に述べた（そして、何より神話〔mythos〕という言葉自体が、「真の言葉」を意味する）。しかし、われわれの神話はまた、真理と実際に遭遇することの対価がどのようなものであるかということも示している。その代償こそが解体である。それは、論理の、魂の論理〔訳注：としての心理学〕のディオニュソス的な狂気や熱狂に加担し、イマジナルなスタンスを容赦なく止揚することである。もはや単に「物事をイメージする」こと、つまり、イメージを単に心に描いたり、見たり、受け入れたりすることはできない。それはあまりに陳腐である。字義的なもの、そして〈存在〉や諸々の存在という範疇が要求する代償をすべて支払わなければならない。それが、ディオニュソス的で錬金術的な発酵（fermentatio）という意味での容赦ない分解である。私自身のイマジネーションはもちろん、世界のイマジネーション（Vorstellung）もまた、物事をイメージすることと同様、完全に溶解されねばならない。単純に真理という考えもろともを放棄したり、「あたかも」というのを付してそれを「棚上げ」したりすることは、あまりにも安易な抜け道である。それは、ディオニュソス的解体や結果として起こる狂乱を避けることを意味している。すなわち、それは、a) 論理に軸足を置き存在論をすでに克服していることと、b) 同一性と差異の同一性、あるいは、橋なしでの架橋という動きが孕む完全な矛盾の内側で自らの思考をすでに確立していることに本質をもつ（脱字義化された、あるいは止揚された）狂気を避けることなのだ。ディオニュソス的な熱狂とは、対立物が互いに完全に浸透し合うがゆえ、もはやそれぞれが別々ではいられないような、まったき流動性である。心理学が真理の概念なしでも可能であるという信念は、密やかにイマジネーションに生気を吹き込む、形式論理学的な意味での抽象的観念のもつ穏健さにしがみつくことを意味している。

　イマジナルな心理学においては、ディオニュソス的なものや、それが魂にとってもつ典型的な重要性について語ることが流行している。しかしながら、何かに多くの注意を払うことは、その語られているものに従属することを回避するという目的をもちうる。例えば、教会は、しばしば本物の生きた神の手に——そのように見えるのだが——落ちないために神について語る。このことは、イマジナルな心理学におけるディオニュソス的なものにもおおむね当てはまる。ディオニュ

ソス的なものへのイマジナルなアプローチは、以下に挙げるようないくつかの点でディオニュソス的なものを価値下げし、縮減し、そのことによってディオニュソス的なものに対して自らを免疫化するのである。

- われわれはすでに防衛の一つの主要な方法を示した。アクタイオンの物語のような神話を読む際、それについてのイマジナルなアプローチは、ディオニュソス的な体験を物語の主人公に押し付け、そのようにして、読み手としての私がディオニュソス的体験の実際の受け手、あるいは「標的」であるという認識から自らを解放する。この点において、ディオニュソス的なものは、何らかの客体という「向こう側」に取り置かれ、主体は責任を免れることができる。

  この防衛は、思考からの脱走と呼びうるだろう。アクタイオンの神話を聞いたり読んだりする際、もしも思考のなかに身を置こうとするなら、そして、もしも思考のなかで、すなわち、結末まで続く一連の思考として、アクタイオンに誠実に付き添おうとするなら、この結末は自然とあなたに働きかける。それは先に述べたように、あなたの足下から床を引き剥がしたり、あなたにとっての「存在する実体」という概念を破壊したりするような仕方で、あなたに影響を及ぼすのである。思考を離れ、その代わりに物語られる出来事をイメージした瞬間、あなたは誰か他の人の運命を見物している人以外の何者でもなくなるだろう。

- しかし、実際の主体は何なのだろうか。それは人としての私、読み手ではない。実際の主体は、私によるイマジナルなアプローチそのものである。第二のタイプの防衛は、人としてのわれわれが経るべき体験として、ディオニュソス的なものを解釈することである。今日のディオニュソス的体験が意味するのは、思考のイマジナルなスタイルの解体、あるいは脱字義化であろう。イマジナルなものは、脱字義化され止揚された体験（出来事、モチーフ、現象、意識の内容）であり、思考は、脱字義化され止揚されたイマジネーションである。イマジナルな心理学は、イマジネーションの内容を脱字義化することには成功した。しかし、一つの思考様式としてのイマジネーションを脱字義化することはしなかった。そしておそらく、思考の一様式

としての自らがディオニュソス的な溶解を被ることがないよう、内容の脱字義化に懸命に専心したのだろう。イマジナルな心理学はいまだ、（自分自身がイメージするという）イマジネーションの形式を字義通りに受け入れているのである。

- イマジネーションは、ディオニュソス的なものを、われわれに降りかかりうる特別な現象や体験として解釈することで、それを客観視する傾向がある。そこでは、それは誰かの生涯における特殊な出来事である。それは、本来そうあるべき、心理学的生命それ自体という論理的なステータスや形式ではなく、生の特定の契機のために留め置かれている。それゆえこの場合、われわれは、生に関するすでに区分けされた概念のなかで、すべてのものを詰め込んだ箱のなかで動いていることになる。ディオニュソス的なものが、われわれが（あるいは誰もが）必ず体験しなければならないものである限り、そこでは、ディオニュソス的なものが実際に意味するもの、すなわち、存在する実体としての主体の溶解は決して生起することができない。「体験する」という概念に私がしがみついている限り、私は、実体や基盤として（そのような体験を「もつ」）主体を維持し続ける。存在する主体という概念、そうした概念の形式を維持するのだ。主体はその時、解体という体験をするのかもしれないが、事実上、それに対して免責されたままに留まっている。主体は単にそれを眺めていて、経験的に情動的に「それに耐えている」——しかし、心理学的には（論理的には）、何も本当には起こっていない。ディオニュソス的解体は、それが体験されない時にだけ、生起することが可能なのだ。それは情動的な出来事でなく、論理的な出来事でなければならない。

- さらに詳しく言うなら、イマジナルな心理学は、ディオニュソス的なものを病理化との関連で理解しようとする傾向がある。そして、とりわけ、ヒステリー、ある種の心理学的な女々しさ、「女性」、あるいは身体と、ディオニュソス的なものとを結びつける。その病に神を見出すことを望んでいると宣言したところで、ディオニュソス的なものが特定の情動状態や病理に押し込められている限り、本当のところは、神々は病へと姿を変えたとユングが描いているような、それとは逆の歴史的な動きを反復し肯定して

いることになる。ディオニュソスはもはや、あまねく広く世界を、すなわちその論理を変革することはない。彼は単に、人々、個々人に影響を与えるだけである。このようにして、彼は個人的なもののなかに住まうことになる。それはちょうど、ゼウスはもはやオリンポス山を統治せず、人間の肚にいるとユングが述べているのと同じことである。しかし同時に、このような動きは、ディオニュソス的なイニシエーションに対して乗り越えがたい障壁を設定する。なぜなら、（人としての）私が経験しなければならないものとしての解体というのは、耐え難い考えだからだ。それは、自動的に情動化されたものとなり、そのようなものとして、あまりに残酷で恐ろしく、とても自らの身を守ることなどできないものなのだ。

　むろん、元型的心理学は、元型が視座であり思考のスタイルであると常に主張してきた。そのようなものとして、元型は普遍的であり、個人的なものではない。これは、人格主義的な心理学を超えてゆく正しい方向への動きである。しかしながら、思考のイマジナルなスタイルが解体されたり、腐敗させられたりするのを避けることで、元型的心理学は、自らがその自らの宣言に対して真摯ではないことを示している。それは、個人の病理を通して顕現し、せいぜいのところ、個人的で偶発的な意識の変化を生み出すばかりであるような、つまり決して論理的な意識の変化やわれわれの世界の論理の変化を生み出すことのないような、柵に入れられ、ミニチュア化されたディオニュソスのみを認める。ディオニュソス的なものは、心理学の心理主義を打ち破り、（論理的に普遍的である）論理へと開かれるはずなのだが、イマジナルな心理学は、自己理解に反して、心理学的な思考を心理主義的な罠に強制的に陥れ、そこから逃れられないようにするのである。

　もし特別な出来事や現象として解釈されるなら、ディオニュソス的なものは常に、実体化され、心理学はすでに、飼い慣らされた領域（自我の国）を志向し、野生を後にしている。もしディオニュソス的なものを「出来事」と「論理」の中間的な位置にあるような、意識のスタイルの一つとして見るならば、心理学はいまだ「自我心理学」であり、人間学的過誤の下に留まることになる。意識のスタイルというのは、主体としての人に不可避的に結びつけられており、外側の「客体的」世界を置き去りにしている。それゆえ、

われわれは、「出来事」を、そして「意識のスタイル」を超えてゆかねばならない——一つの「論理」としてのディオニュソス的なものの概念に向かうのである。一つの論理として、それは包括的である。それは、見るという方法（われわれの精神における意識のスタイルであり、主観的なもの）と、リアルな世界に本来的に備わっている論理的な構成との結合なのである。

　ディオニュソス的なものと病理化を本質的に結びつけることは誤りである（そして、病や症状を神々へと至る主たる連絡通路と見なすことも）。それは、あまりに情動的で心理主義的（存在論－経験論的）であり、人々が置かれている特定の個人的状態への過度な関連づけである。しかし、ディオニュソス的な熱狂は、脱字義化された、非情動的、あるいは冷めた熱狂であり、心理学的で弁証法的な論理の熱狂である。病のなかに神を見出すことができることを筆者は否定しているわけではない。しかし、そのように見られている神は、小型の神、神の歪曲、以前の神の遺物以外の何ものでもない。そして、このようにして心理学は、今日の心理学的な戦場に馳せ参じることを回避しながら、ノスタルジックに過ぎた時代の闘いを再現（「再演」）しているのではないだろうか。今日の最前線は他の場所にある。

　今日の「シャーマニズム」は、〈概念〉のレベルで行われる。世界やわれわれの存在についての絶対的な決断が下され、大いなる作業だけが執行されるような、〈存在〉以前の領域に帰還するためには、このレベルが必要である。われわれはもはや、先在の領域への侵入が、個人の原体験（*Urerfahrung*：根源的、あるいは原初的な体験）の形態で起こりうるような意識のステータスにはいない。そのような体験がいまだ起こるとしても、それは今日ではもはや、「大いなる謎」が居を構える次元まで達することはない。そして、ユングや錬金術師が〈作業〉のために必要であるとする「全人」もまた、今日では〈概念〉のレベルへの突破が起こった程度によってのみ、存在するのだ。

　ディオニュソス的なものが登場しなければならない——それは、私の個人的状況としての私、すなわち私の意識のスタイルでもなければ、われわれのもつ諸概念や世界観でもなく、われわれが現実に生命や世界を把握する概念や範疇それ自体の論理的形式、すなわち、〈概念〉においてなされねばならないのだ。

- イマジナルな心理学は、様々な元型的な構造物を別々に取り置いておくことを好む。そこでは、ディオニュソス的なものが、他の元型的な構造物とは分離された、場合によっては（アポロの例のように）正反対にある特定の構造、あるいは体験とされる。イマジナルな心理学は、われわれの神話における出来事の継起を、そこにおいて優勢になっている元型としてのアルテミスから新しく優勢になった元型としてのディオニュソスへ、という意識の側の動きとして解釈するだろう。この分離を通して、ディオニュソス的なものは再び囲い込まれ、箱のなかに押し込められる。数多くのなかの一つの自己充足的な体験になってしまうのだ。われわれは再び、すでにきっちりと区分けされた心理のなかで動くことになる。このようにして、ディオニュソス的なもののまさに要点は失われる。すなわち、どのような元型的な真理であれ、どのようなイメージであれ、それが容赦なく、徹底して体験されるなら、そこには（われわれ自身ではなく）それ自体のディオニュソス的な溶解や止揚が含まれているという事実が見失われてしまうのだ。われわれの神話で言えば、ディオニュソスは、魂のアルテミス的な真理をその論理的な帰結へと、その成就へと運ぶためにこそ、必要とされている。ディオニュソスは、あらゆる元型的な状況の自己実現をもたらすのだ。これが、われわれの神話において、ディオニュソスが「アルテミス」に付加される（ただ単に）一つの分離した新たな体験ではないことの所以である。アクタイオンの神話が、魂が狩りというイメージにおいて、心理学的な真理それ自体という自らの概念を開示するような神話である限り、あらゆる元型的な真理は、真理の形式、論理的な否定性という形式をも獲得し、それによって真に心理学的になるために、それ自身の解体、あるいは自己止揚を必要とすると、われわれは結論づけなければならない。そして、このディオニュソス的なテロスはあらゆる元型的な状況やイメージに内在している、つまりディオニュソス的な「運命」は、外側から到来するわけではない、とも結論づけなければならない。この自己止揚がなければ、元型的な真理はいまだ、意識の単なる内容、すなわち、「向こう側にある」何らかの考え、理想、メッセージという論理的形式をもつことになるだろう。それはいまだ、どこか「具体化」されており、字義的で、抽象的──「実体的」である。

それは存在する〈概念〉ではない。存在する〈概念〉は、内容が溶解されている（脱存在論化され、脱イメージ化された、すなわち、存在の領域から「先在」「非存在」の領域へ運ばれている）からこそ、存在することが可能なのだ。

アクタイオンは字義通り消え去るのではない。彼はイメージする精神にとってのみ消え去るのであって、アクタイオンが、「狩人」が、この神話全体が思考される（思考的に受け取られる）なら、消え去ることはないのだ。解体は抽象的な殲滅を意味するのではない。それが意味するのは、非存在の領域に存在を付与することである（それは弁証法的に言えば、「存在する実体」という概念の腐敗を通してのみ生起しうる）。それは、「リアリティーに関する私の概念のこころの領域への」[256]リアルな（単に知的であるだけでない）移行を意味する。「非存在」の「領域」（あるいは領野）というのはむろん、否定性という論理的形式について語る神話的な方法である。そして、これこそが、もう一つの神話的表現である魂によって筆者が言わんとするものなのだ。それゆえ、われわれが取り組んでいるのは、決して領域でも領野でもない（いずれも存在論的な用語である！）。われわれの時代、また、われわれやわれわれの世界が現在身を置いている論理的なステータスにおいて、ディオニュソス的なものは、情動、欲動、身体、女性性にかかわるものである必要はまったくなく、厳密な思考への、「論理的形式」という概念へのイニシエーションなのである。

自分自身を止揚することは、真理に内在している。もっと正確に言えば、真理は、それが真理であるゆえ、初めから止揚されたものとして出立する、ということになるだろう。そうでなければ、それは真理ではない。アクタイオンの物語の結末が新たな発展をもたらさないのはそのためである。語りとしての結末は単に、最初から真なるものであった真理の究極的な真理を明るみに出すにすぎない。それは自らのアルケー（*arché*）を、自らの起源を開示する。われわれの神話の心象を用いてこれを説明すると、アクタイオンの解体が起こるのは、実は神話の結末においてではない、ということになる。追い詰められ八つ裂きにされることが狩りの概念全体を完成することであるゆえ、そして、アクタイオンが狩人と

---

256) Jung, *CW* 8, par. 681.

いうものの原初的なイメージ、というより、その概念であるゆえ、彼は最初から解体されたものとして森に分け入ったのだ。アクタイオンは、その正確な射撃によって、そしてそこにおいて裸の真理を見たと先に述べた。しかし、今やそれを超えて、解体されることこそ、ベールを脱いだ女神を見るための実際の唯一の方法である、と言わねばならないだろう。この啓示を受けるための他の容易な道はない。解体は、狩りのアルファであり、かつオメガである。そして、裸の真理の啓示だけでなく、殺害もまた、解体それ自体の中心や魂として、あるいは、解体が花開いたものとして、その内側で起こる。それゆえ、殺害は、解体という最後の場面に先立つ出来事でも、その前提条件でもない。

　これが、〈概念〉(狩りというイメージに照らして見られたものとしての〈概念〉)と呼ばれるある単一の元型的状況に内在する(論理的であって、時間的ではない)「諸契機」の(物語の時間のなかでの)展開として、この神話を見なければならないと、先に述べた理由である。神話は循環的であり、ウロボロス的である。われわれはこのことを、神話解釈の同語反復的な前提について考察した際、すでに学んだ。先にプロティノスから引いたように、その物語という形態や、それに対するイマジナルな理解、神話をここからあそこへと線形的に進む一連の出来事として見させるにすぎないのだ。アクタイオンの神話を議論する際、その語りの順序を追うことによって、それが最初の状態から出発して最後の結末へと至る一方向的な動きであるという印象を強めることになる。けれども、われわれの神話を思考し、〈概念〉として理解するなら、それは意識の内容や対象であることを止めるだろう。そして、そこで語られるすべての「出来事」は共に、〈概念〉の内的な論理的運動のもつ非常に多くの契機が折り重なった、振動する自己矛盾的な複雑性を表すイメージとして立ち現れる。この元型的真理の内なる魂の往還運動は、すべて「同時に」あちらこちらで「起こる」。われわれが部屋や階を想像のなかで一つずつ辿らなくても、家の図面をすべて一度に掴むことができるのとちょうど同じように、モーツァルトは、交響曲やオペラを瞬間的かつ同時生起的に聞くことができたと述べている。彼には、拍子や旋律の流れとしてとりとめなく一つの楽曲を体験する必要がなかった。彼の聞き取りは、止揚された聞き取り——あるいは、思考である。彼には、楽曲を思考する、あるいは概念的に把握することができた。俗人とは異なり、(イマジネーションのなかでも、文字通りにも)曲に耳を傾ける必要

がなかったのだ。このような思考は、論理的な（感覚的でない）聞き取りである。そして、それは情動的でなく、魂のこもったものである（止揚された情動、すなわち、冷めた熱狂）。モーツァルトが交響曲全体を瞬間に聞くことができたと言う時、それが意味するのは、その交響曲が未分化なものへと溶かされてしまったということではない。そして、彼が一つの楽曲を概念的に理解することができたと言う時、それが意味するのは、彼が曲を抽象的な観念の下に組み入れてしまったということでもない。むろん、内的な複雑性とすべての緊張（対立物の同一性と差異の同一性）がそこでは保持される。それは、経験的な時間という媒体ではなく、思考という魂に固有の媒体において、魂の豊かで流動する生命が振動することだったのだろう。

　この神話を読む際に存在する唯一の「リアルな」動きは、われわれの精神のなか、われわれの理解のなかの運動である。そこでは、「野生に分け入る」という概念が、さらに規定され、深められ続ける。われわれの概念作用は豊かになり、洗練される。ただ暗示的であっただけのものが、明示的に提示されるが、その結末には、物語の始まりと異なるような新しいものは何もない。そこには、ムーアが「そのような無邪気さがもたらす数多の危険と宿命的な解体にもかかわらず、アクタイオンは、新たなヴィジョンと新鮮な視座を授けられた」（p.186）と述べたような、「無邪気さ」から人生の悲劇的次元の成熟した体験へといった動きは存在しない。筆者の目から見れば、結末において新鮮な視座など存在していない。この神話全体はそのすべての「局面」もろとも、「根源的な視座」の、すなわち狩人の概念をもっぱら探求している。あるいは、一つの探求であるに留まらず、この概念をリアルにするような、その完全なる実現である。いわばこの神話は、「狩人」（あるいは「野生」）という一つの言葉の詳細を明らかにするもの以外の何ものでもない。結末における「新鮮な視座」などありえない。この神話の眼目は、自らが初めに携えていた「視座」にアクタイオンが「内面化される (er-innert)」ことであり、これが深く一貫してなされることで、主体としての彼が、自らが最初に「もって」いたと言われるだろう「視座」や意図のなかに完全に沈められ溶解されることなのだ。彼はこの視座のなかに沈み込んでいった。視座をもつことのできるアクタイオンはもはや存在しない。なぜなら、彼こそが今やこの「視座」であるからだ。この「視座」が今や取って代わり、存在する〈概念〉となった。アクタ

イオンは、自分がそうであるものに真に**ならねばならなかった**[257]。否定的に言い換えたいなら、アクタイオンは、好むと好まざるとにかかわらず、自らの最初の「視座」に絶対的に（不可逆的に）「はまって」いたとも言えるだろう。そこには、視座が複数あるということなどないし、ある視座から別の視座への移行もない。心理学的な「多神教」などありえない。選択肢もないし、逃げ道もない。まさに一つの石、石でない石のようなのだ。

　われわれが心理学的に立っている場所で――20世紀末において、すなわち、情報革命で人間がサイバースペースへ移行している只中、地球という惑星の破滅だけでなく、核による、そして生態学的な人間の自己破壊がありえないことではなくなった時代において――、われわれはもはや、以前の、（魂の論理としての）心理学的にははるかに無害な時代に適切であった様式で、われわれの主題にアプローチしている余裕はない。ディオニュソス的なものや神話全体を「絵画的思考」によってイメージしているような状況ではないのだ。われわれは、ディオニュソス的なものを**思考**しなければならない。

　イマジナルな心理学が、真理の学問としての自分自身という考えを拒否しなければならなかった理由がこれで明らかになるだろう。真理へのコミットメントは、心理学の自己止揚、すなわち、そのイマジナルなスタイルの解体（腐敗）の必要性――言葉を換えれば、イマジネーションという「中間地帯」の楽園からの追放を意味している。元型的心理学はその楽園で、リアリティー（*Wirklichkeit*）からの素晴らしき孤立を享受していた。独自に分離された構造物や体験としてディ

---

257) これが、ユングがどのように個性化を定義していたかということであろう。ユングの「個性化」の概念が意味するのは、アクタイオンの物語とまったく同じように、主体（自我人格）と主体が実際にそうであるもの（自己）との間に起こる、**ステータスの相互交換**である。はじめ、自我人格は存在する主体であるがゆえに、経験的な実体を所有しており、自己（セルフ）は、理念のステータスにある（いわば、いまだ天上に、ユングの用語で言えば無意識にある）。個性化のプロセスとは、自我人格が自己のなかに沈み込み、その特性（経験的なリアリティー）を自己へと譲り渡すプロセスである。そのことによって、自己は、現世における具体的な「存在」を獲得する。自己はこうして天上から地上へと降りて来る。一方の自我人格は、その存在論的なステータスを失い、純粋なる「霊」、すなわち論理的な原理へと昇華され、蒸留されるのだ。

オニュソス的なものを別に取り置くことによって、何が達成されるのかということも今や明らかであろう。そのようなものとして、ディオニュソス的なものは単に、多神教的な心理学のイマジネーションの一つ、多くのなかの一つの内容である。それは省みられることはできようが、意識の形式としてのイマジネーション自体に作用することは決して許されない。それは、そのような体験（あるいは、そのような元型的な意識の視座）をもっていると想定される個人や、誰かの生涯の特別な機会に投影される。ディオニュソス的なものは決して、イマジナルな心理学そのものに深く突き刺さるような脅威を与えてはならない——（モーツァルトが音楽を「聞いた」ように）思考の形式へと到達するためには、ディオニュソス的な解体や腐敗に自らを晒すことこそが、（「アポロ」のようなものまで含め）ありとあらゆるイマジネーションに内在するテロスであるということが理解されていたならば、そのようにはならないはずである。イマジナルな心理学は、イマジネーションそのものの論理的な溶解ではなく、個人の体験や元型的視座としてディオニュソス的なものをイメージすることで、自らが自我にしがみつき、心理学を人々の心理の学問として理解する傾向があることをここでもやはり示しているのである。

　イマジナルな心理学は、「魂ある」心理学である。しかし、イマジネーションとは、魂の亡命である。それは、実証主義的な文明の全体主義的独裁という状況下における亡命なのだ。この亡命において、魂は「冷凍された」状態にある。もし絵画的思考によってイマジナルに理解するなら、神話はいわば「亡命文学」ということになる。魂は永遠に亡命状態に留まるべきではない。なぜなら、そのことによって、そのような独裁が支持されることになるからだ。音楽がモーツァルトのためにそうしたように、魂は帰還する必要がある。しかしながら、その帰還は、容赦なく解体に自身を差し出すことも、心理学は真理の学問であるのを知るという重荷を全面的に背負うこともなく、与えられるものではない。双方は不可分にして同一なのだ。ディオニュソス的なものは、真理への、〈概念〉への、論理的生命としての魂への道である。そして、あらゆる元型的な状況の真理に、あらゆる神話やイメージの真理に至る道である。しかし、それは、それらが自分自身のもとに帰還する時、あるいは、自分自身に影響を及ぼすべく供される時にだけ、完全に真なるものとなる。ユングの言葉で言えば、それこそが、イメージが

「完成される（'*völlig' gemacht*）」道である。ディオニュソス的なものは、ある特殊な情動的体験や、数多あるイマジナルな視座のなかの一つへと引き下げられてはならないのだ。

　アクタイオンの神話の結末は、イマジネーションそのものへの攻撃であると先に述べた。すでに明らかなように、本書ではこのような態度をとってきたわけだが、これを、筆者がイメージやファンタジー、神話を十把一絡げに拒否していると受け取られては困る。まさにこのテキストで、直感や知識の源として好んで神話を用いてきたのは明らかであるし、そのイメージを用いて自らの考察を表現してもいる。われわれはイメージを必要とする。なぜなら、それなしには何も考えられないからだ——それでは、精神はただのもぬけの殻となる。しかし、われわれがイメージを必要とするのは、それを止揚するためである。それゆえ、そこには、いかなる聖像破壊も、イマジネーションの産物に対する聖戦もない。あらゆるイメージから精神を一掃することによって、意識のイマジナルなスタンスを止揚することを字義的に行動化するわけでもない。そのような行動化は、自分自身が、否、自分の心理が支払うべき対価をイメージに支払わせることになるだろう。止揚は、心理学の形式へと「想起され」（なかに入れ〔*er-innert*〕）、内面化されるものでなければならない。それは、実体や基盤としての主体の分解であり、それ自身が所有していたものへと（主体が本来「もっている」はずだった心理のなかへと）沈み込むことである。実在の個人としての主体の字義通りの解体ではなく、存在論的な意味での主体の概念の解体なのである。

　この分解は、（先に批判した）「主体から抜け出す手段」というよりは、むしろ確固たる主体を前提としている。

　もしイマジナルな心理学が「魂ある」心理学であるなら、イマジナルなアプローチに対する筆者の攻撃は、この反省のレベルに逆戻りすることを意味していないし、（それと類似した選択肢として）その針路から脱線することを意味しているわけでもない。逆に、それが含意するのは、同じ針路の延長線上にあるその現在のスタンスを、一貫して超えてゆくことである。なぜならば、ここで提示しようとしているのは、魂が自分自身を（初めからずっと知らぬ間にそうであった）論理的生命として知ることになるような、魂のイマジナルな概念の止揚や昇華を含意しているからだ。換言すれば、「魂ある」心理学の代わりに「〈概念〉ある」心理学を、と

いうことではなく、魂ある心理学ではありながら、それは、自分自身を見通すことで、自分自身を〈概念〉として把握し、そのようにして、自らに帰還する心理学である。魂はイメージであるとイメージされる限り、不十分な根拠によって、ひどく粗雑に説明されることになるからだ。

　あらゆる聖像破壊は、意識があくまで、抽象的な概念（形式論理）に導かれるまま、神話やイメージの〈第一の〉反省のレベルにしか達していないことを証明するものである。〈第一の〉反省は、ソクラテス以前の哲学者たちやプラトンによる神話批判や、啓蒙主義による宗教や俗信の批判によって最もよく例証される。必要とされているのは、〈第二の〉反省（反省の反省）であり、存在する〈概念〉なのだ[258]。

　われわれの神話全体を振り返ると、この神話の前半部（第一、第二、第四の決定からアクタイオンが女神を目撃するまで）だけでも、イマジナルな心理学の方法論的、あるいは理論的なポジションが明らかにされていると言えるだろう。イマジナルな心理学は、（元型的な）「見通すこと」や結句反復（epistrophé）という意味において、自らを〈他者〉、すなわち、元型的なイメージを狩る狩人として確立しようとする。しかし、そこ止まりである。神話の後半を解釈する時でさえ、まだそこで停止している。なぜなら、アクタイオンの女神の目撃に示されているような方法論的なスタンスによって、イマジナルな心理学はそうせざるをえないからだ。プエル的なスタンスに自らのポジションを定めており、そのようなスタンスは、（先に示したように、いかなる時も無邪気なプエルでなかった）アクタイオンに投影される。元型的なイメージと距離を保ち、自分自身と向き合うイメージを仰ぎ見て賞賛するが、想像可能な向き合うものとしてそれらを保持することで、イマジナルな心理学は、それらに内在されているディオニュソス的なテロスに向かうエネルギーをせき止め、凍結してしまう。プラトン的な〈イデア（Forms）〉としてイメージを永遠化するだけでなく、それらに内在する運命という側面を無視することで、イメージを動けなくする。もし凍結されていないなら、すでに見てきたよう

───────

258）この主題については、以下を参照のこと。Bruno Liebrucks, *Sprache und Bewußtsein*, 7 (in 9) vols., Frankfurt (Akademische Verlagsanstalt, later Peter Lang) 1964-79.

に、イメージは自らの分解へと向かうはずであるからだ[259]。自らのアプローチにおいて、イマジナルな心理学は、アクタイオンと彼がもっているプエル的な心理や視座との分離のみならず、主体（アクタイオン）と対象（イメージ、アルテミス）の分離という無邪気さも維持しようとする。われわれの神話（あるいは、他の現象）を論じる際に、この神話がそのような分離を打ち消すことは認めているにもかかわらず、イマジナルな心理学は、この打ち消し自体をイメージし（vorstellen）、そのようにして、自らの無邪気さを失わねばならないというプエルの避けえない運命として、それを害のない仕方で読解するのである。イマジナルな心理学自身のプエル的な無邪気さは手つかずのままである一方で、そして、自らがそのまま手つかずのままでいるために、打ち消しをイメージすることによって、この運命は、プエル的な像としての、その意識の内容としてのアクタイオンに投影され委ねられることになるのだ。

　このようにして、神話の後半部、とりわけ解体のモチーフは、以前の視座から次の「新鮮な」視座、あるいは「新たなヴィジョン」への移行に他ならないと読解されることになる。それが報酬としてアクタイオンに「授けられた」ものである。このことによって、ディオニュソス的な溶解は、安全にカプセルに入れられ、囲い込まれる。それは程度の差こそあれ、着替えのようなものである。そして、「ディオニュソス的のもの」が何を意味するかという問いに関しては、それが恍惚と苦痛のなかで生を肯定するということへと、ニーチェ風に価値下げされているのがわかる（ムーア p. 173）。「ディオニュソス的なものを肯うことは、生における痛みや死の場所を認識し評価することである」（p. 176）。ディオニュソス的なものが無邪気さの喪失であるとは、何と無邪気な見方であろう！　主体は手つかずのままである。われわれは、生における要素として痛みや死を認識し、肯定し、そして評価しなければならないと言う時、これらの要素は、われわれの意識や感情体験の内容でしかないままに留まることになる。意識のステータスは手つかずのままである。ここで起こっているのは、同じ一つの絵のなかで（人の生について

---

259) 例えば、アルテミスのイメージを彼女が見られた瞬間に固定することは、元型的心理学で主体が留保されているということのもう片側であろう（それは真理に対していかなるコミットメントも示さないし、関心ももたないに違いない）。

の考えのなかで）バラ色にいくらかの暗色が付け足される程度のことにしかすぎない。その絵自体の根本的な腐敗も再構成もそこには起こらない。そこでは、ディオニュソス的なものはただ単に、恍惚と苦痛がそうであるような高揚した情動状態にすぎないのだ。

　その理論的なポジションにおいて、元型的心理学は、アクタイオンがアルテミスを目撃した時点で停止していると述べた。しかし、もし方法論的なポジションにおいて、女神が独立した向かい合うものとして目撃されうるという神話の局面で停止しているのだとしたら、アクタイオンと共に野生にはまだ決して分け入っていないし、それゆえ、アルテミスを本当には見ていないことになる。そこで見たものは、せいぜいのところ、抽象的で凍結されたイメージ、おそらく彼女のアレゴリー、あるいは生命のない博物館の複製品であるのに、それがあたかもリアルな女神であるかのように装うのだ。イマジナルな心理学は、アクタイオンがアルテミスを目撃するという局面にすら達していない。その神話的な出来事をあれやこれやとイメージしながら、心地よく家にいて、アクタイオンの後を追って原初の森に分け入ることをイメージしたり、夢見たりしているにすぎないのだ。あたかもテレビの画面上のことであるかのように、それらのイメージをいくらか眺めているだけである。アクタイオンの冒険の前半部の終わりで停止しているというのは、アクタイオンの物語それ自体の半ばではなく、そのテレビ・イマジネーションの半ばで停止しているということなのだ。

　このような神話は、順方向にも、そして逆方向にも読んでゆく必要がある。ここからあそこへの線形的な発展の両端として、始まりと終わりを別々に取り置いてはならない。アクタイオンの神話においては、その結末が始まりを最初に可能にするものだった。（物語のまさに結末で語られる）ディオニュソス的解体は、最初に野生が存在すること、そして、この野生の内的な真理として女神を見ること（物語のなかでは、逆にディオニュソス的な解体へと連なってゆくことになるもの）にとっての前提条件である。無邪気な夢見るプエルであっては、野生に分け入ることも、裸のアルテミスをそこで実際に見ることもできない。この解体がなければ、ただの旅行客にすぎないし、そうである限り、どこに行こうと、野生がいかなるものか、アルテミスとは誰かを決して知ることはないだろう。イマジナルな心理学の言う元型的なイメージや「多神教的な心理学」の神々がおおかた紛いものである

と述べたのはこのためである。それはテレビの神々なのだ。

　それでは、われわれの神話のディオニュソス的な結末は、その本当の始まりなのだろうか。このような物事の見方もまた正しくない。イマジナルな心理学にとって、ディオニュソス的なものとは、恍惚と苦痛との結合であるが、これは受動的な解釈であるに留まっている。苦（*páthos*）、苦しむ（*pathein*）というのは、あくまで人が苛まれている一つの状態にすぎないからだ。こうしたディオニュソス的なものの情動的な解釈は、ディオニュソス的な現象を説明しながら、プエル的なスタンスでそれを遠ざけておく方法であり、あるいは、どのようにすれば、それを錬金術の器のなかに安全に閉じ込めておくことができるかということでもある。このことは、ディオニュソス的なものが「客観的なリアリティー」でもないことを示している。それもまた、自らが本当にそうであるものであるために、他の何かに依拠しているのだ。何に依拠しているのだろうか。それは殺害という行為である。神話のテキストが実際に言及していない以上、ムーアが、アクタイオンの殺害について議論しなかったことはあまり重要ではない。しかし、ヒルマンがその主義として、魂づくりの最も重要な様式としての殺害という考えを拒絶したことは重要であろう[260]。一般論は別として、少なくともわれわれの神話において、殺害は、それを通して野生への入口がリアルなものになるような、そして、それを通してディオニュソスの精神において解体されうる何者かが実際に存在することになるような動きである。犬によってバラバラにされることがすべて、心理学的に、論理的に妥当な意味でのディオニュソス的解体であるわけではない。なぜなら、実体的な事実である限りにおいて、それは単なるありきたりの災難、あるいは破局にすぎない。そうではなく、ディオニュソスは、言ってみれば、あえて危険を冒し、容赦なく自らを曝し、この自己暴露に紛れもないリアリティーを託す主体を必要とする。これこそが殺害を通じて起こることである。それによって、アクタイオンは自分自身を明らかにしたのだ。今や彼は本当に野生に、無限性に現前しており、もはや後戻りする道はない。殺害は、自らのディオニュソス的な運命に対する捨て身の自己服従を決定的なものにする。殺害がなければ、イマジナルなテレビ番組のようなものとして、自らの解体という「白昼夢を

260）Hillman, "Once More into the Fray," pp. 1-18.

見ている」のが彼にはせいぜいだっただろう。元型的心理学は、「殺害」がその理論と方法から失われているゆえ、本当にはリアリティーに結びつかない。そのアプローチは、自らのイメージするもののなかに自らを包み込んでいるのだ。

　それでは、殺害はわれわれの神話の実際の始まりであろうか。これも違うだろう。そうではなく、殺害と解体は、互いが互いの構成要素となっている。解体がなければ、殺害は単に実体的な事実、おそらくはありきたりな屠殺にすぎない。殺害するという能動的な決意はそれ自体、その人が分解のプロセスに受動的に圧倒されることである。反対方向に進みながらも、双方の運動は同一の運動であり、その二つの相矛盾する側面は相互に浸透し合っている。また、同一である時にだけ、それらは論理的否定性というステータスにおいて生起し、そして、論理的否定性の場を開く。われわれの神話のすべての要素は相互に依拠し合っている。そこには、字義通りの始まりも終わりもなく、一つの元型的な真理がもつ多様な契機の同時性だけが存在しているのだ。

　今述べたような意味で、筆者が主体を強調することが、自我心理学への回帰であると考えるのは誤解である。筆者は「自我」の必要性について語っているわけではない。まず自我を措定し、それが次には発達し、その発達の過程（個性化のプロセス）においておそらく、ディオニュソス的な解体を被ることになる、そんなことを言っているのではない。筆者がここで述べているのは、主体、あるいは私である。それは、解体され、発酵され、止揚されたものとして出立し、殺害によってその解体された状態のなかで、自らにリアリティーを付与するのだ。野生に分け入る私は、そこに入るために、すでにそこに、すなわち、野生にいなければならない。それはすでに、ディオニュソス的な狂乱に参入する私であらねばならないのだ。ここでわれわれは、分け入ることの前にある後（hysteron proteron）について最初に述べたことを思い出す必要がある。実体的なリアリティーから野生、あるいは無限性へという実体的な移行が存在しないのと同じく、実体的な自我からディオニュソス的な体験へという実体的な道はない。そして、心理学への実体的な入口も存在しない。「元型的な」、それ以上還元しえない始まりにすでに陣取った（完了形）ところから始めなければ、そこに辿り着けない。「殺害」とは、非道さに自分のすべての精力を傾けることである。そのことによって、アルケー（arché）に、永遠性に、絶対的なものに、成就に、自分がこうして「先験的に自分

の立ち位置をもっていること」を自分自身のために改めて申し立て、そのことを通して、この申し立てをリアルなものにするのだ。

この神話は、順方向にも逆方向にも読んでゆかねばならないと指摘した。始まりも終わりも、その間にあるものもすべて、振動すべく供されなければならない。心理学は、ウロボロスにおいて、すなわち、対立物の同一性と差異の結合として自らを確立する必要がある。しかし、ウロボロスは同一性と差異の双方を包含するゆえ、われわれの神話は、いずれか一つの元型的な実例の記述として一面的に見てはならない。それは、出来事の線形的な継起と弁証法的な同時性との結合、媒体とメッセージとの結合でもある。だからこそ、この神話はこのようにもあのようにも読解することが可能なのだ。どの方法で読むべきかというのは、主として倫理的、心理学的な問題なのだろう。ユングならこう言ったかもしれない。それは同時に、人には真と偽のどちらかを選択する自由があることの証明でもある、と[261]。

われわれの神話は、〈概念〉の神話、そして〈真理〉（それ自身の〈真理〉）と魂の関係についての神話として、単なる最終結果としてだけでない〈概念〉を示している。〈概念〉は、最終結果とこの結果に至る動き全体との結合である。それは、魂に内在する論理的運動の内側で起こるあらゆる契機の同時性である。〈概念〉は、〈真理〉にディオニュソス的に同化されたアクタイオンから、〈真理〉からはまだ遠く、野生に向かって出立したばかりのアクタイオンへと至る、範囲や広がりの全体である。それは、イメージすること（人格化すること、客体化すること、具体化すること、存在論化すること）と脱イメージすること（論理的運動への止揚、溶解、腐敗）との完全なる弁証法なのだ。〈概念〉や〈真理〉は、その成就とそれに至る様々な段階との結合である。弁証法的な洞察においては、不十分な予備的認識が〈概念〉の内側に包摂され、その完全なる認識の一部とならねばならない。何も失われないし、まったく何も取り残されない。疎外から〈真理〉の成就へと向かう運動全体が〈真理〉の内側で起こる。そして、より重要なことに、この神話の内側でのそれぞれの契機（家からまだ出発していないアクタイオン、当て所なく森に迷い込むアクタイオン、女神の沐浴を目撃するアクタイオン、雄鹿に姿を変えられるアクタ

---

261) Cf. Jung, *Memories*, p. 354.

イオン、自分の犬たちにバラバラにされるアクタイオン）は、真理全体の一つの契機で
もあるし、かつ、すでにそれ自体として真理全体でもあるのだ。疎外さえもが〈真
理〉の一つの形態である。これが、なぜ心理療法が、そして糞から黄金を作り出
す錬金術というプロジェクトがそもそも可能かということの所以である。非真理
の顕著な形態としての神経症的な状態さえも、その始まりから、自らにはわから
ない形で、真理の内側に自らの場所をもっている。われわれは自らの神経症から
「抜け出す」ことを試みるべきではない——なぜなら、この試みこそがまさに神
経症であり、〈真理〉から逃避する試みであるからだ。われわれは、自らの神経
症をあらゆる矛盾も併せて真剣に受け取り、それ自身の結論へと至らしめるべき
であり、そこにおいて、神経症は自らを止揚するだろう。神経症は「自分自身の
内側に」〈真理〉となるために「必要なすべてをもっている」。実際、それを拒否
するという形式、それを回避するという形式であっても、それはすでにその人自
身の真理なのである。〈真理〉とは、避けられないものなのだ。

＊　＊　＊

　ここに示してきた立場に対しては、主に以下のような二つの反論があるだろ
う。第一の反論は、論理的生命としての魂という概念に基づく心理学には市場が
ないというものである。そんなものはあまり売れないのではないか、と。単に論
理という言葉でさえ人々は興味を失う。思惟に専心するのはたいへん骨の折れる
ことであり、あまりにも多くの努力と集中力を要する。メディア時代にあって、
人々の興味は、感覚、情動、単純な原理主義的な考えに向けられがちである。も
ちろん、全員ではないが、こうした興味は、お粗末なテレビ番組や大規模な音楽
祭、「恍惚」をもたらすドラッグ、単純で偏狭な信仰体系のようなものによって
満たされている。同じ興味が、より繊細な、より洗練された、より精妙な、そし
てより教養ある種類のものに向かう人たちもいる。そうした人たちの間では、イ
マジナルな心理学は、刺激的で、かつ、簡単に理解できる（イメージ可能な）洞察
として迎え入れられ、（相対的に言えば）大きな市場の対象となるだろう。
　しかし、この反論は明らかに、外在的な反省という観点からの反論であり、そ
れ自体、心理学にとって信頼に足るものではない。

第二の反論は、ここで提示された立場が法に背くというものである。それは、単なる法律のことではなく、われわれの社会を統べている最上、あるいは中心となる法、すなわち、「汝、真理について問うなかれ」[262] に背いているということだ。

これに対しては、まさにそれこそが要点であるとしか言いようがない。筆者の論考がもしそのような根本的な意味で正真正銘違法でないものだったとしたら──アクタイオンを追って野生へと分け入ってゆくことができただろうか。

---

262) この法は、われわれの時代における、以下の四つの決定的な価値観（とリアリティー）を可能にする。すなわち、「情報」、「技術上の効率」、「娯楽」（感覚、強い感情体験、「ハイ」な状態）、そして「即時的な利益」である。これらは、われわれの時代の至上のプロジェクトが実現されるための、絶対的に真理から免除された存在を成立させるための手段なのだ。それがまさに、サイバースペースである。

第7章
結びの問い

　本書の議論は、われわれを一見するとはるか高遠の地へと導いてきたように思
える。しかし、われわれは大地との接触を失ってしまったのだろうか。理論的
であることを明確に主張する心理学は、治療的なリアリティーとのつながりを、
そして、日々の心理療法の面接室のなかで人々が直面するような問題にかかわ
りをもちうるのか。魂の論理的生命という考えや認知心理学という考えはそも
そも実践的なものとなりうるのか。野生において生起し、ディオニュソス的な狂
乱から生まれる、本当の意味での「野生の精神分析」などありえるのか。もし心
理学の課題が、自分自身の〈概念〉への絶対－否定的な内面化として理解される
なら、向こう側にいる字義通りの患者、悩める人間を見失わざるをえないのでは
ないのか。

　問いは尽きない。本書の議論の過程を思考的に追ってきた読者にとって、それ
らに対する答えの大筋は、すでに述べてきた内容から明らかであるとしても、ど
れも広範な議論に値するものであろう。ここでは、二つのことを簡潔に述べてお
きたい。まず一つ目は、近いうちに公刊を予定しているもう一冊の本のことであ
る。そこでは、本書において提示した魂の論理的生命に関する考えを基盤にして、
今度は実践的な心理学という低地に目をやること、すなわち、神経症について考
えることを試みたい。内側から神経症を理解する時、そこでは何が本当に起こっ
ているかについてのより洞察的な理解を、魂の論理という観点がいかにして開き
うるのかを示すことができればと思っている[263]。

　二つ目に述べることは、心理学の著述の目的と、心理学や心理療法の領域にお
ける訓練の本質についての理解にかかわっている。本来は詳細な検討が必要であ
るトピックであろうが、われわれの意識がどれほど科学や科学技術の基本原理に
よって呪いにかかっているかを考えてみることで、ここでもまたそれに対して、

非常にわずかな示唆だけを提示しておきたい。心理学の著述は、筆者が思うに、心理学者や心理療法家の精神を教化し啓発する以外の目的をもち合わせていない。人類の歴史に現れた魂の生命の現象学についての包括的な知識とは別に、候補生たちが訓練として取り組むべきは、自らの精神の分化（精神の処理過程！）である。真に心理学的な理解をしたり、魂の論理的なレベルに少しでも到達したりするには、そのために必要とされる複雑で論理的、弁証法的な運動を、精神が造作なくつくり出せるようになる必要がある。精神は、思考の真に心理学的な範疇や形式を獲得し、それを用いて作業を行うという徹底した実践を必要としているのだ。候補生は、心理学的現象を捕まえるための技術的な策略を学ぶ必要はないし、学ぶべきではない。心理学の著述に提示されている考えや観念は、実践家が後で現象を箱に押し込めるために適用するための道具であってはならない。それらは、人を陥れる罠として用いられるべきではないし、技術的な手続きに関する知識は重要ではない。今日のセラピストたちの「効率性」という問題への関心は、心理学的な未熟さの一つの兆候であろう。セラピーは、行為ではないし、行動（心理学者の側の行動化）でもない。そして、それはそれゆえ、「効率的」ではありえない（たとえ、それがどんなに役に立つとしても）。セラピーとは、「記憶」であり、「想起」である。すなわち、生起するあらゆることを自分自身へと、魂の〈概念〉へと絶対 − 否定的に内面化すること（*Er-innerung*）なのだ。確かに、セラピストは狩人である。しかし、狩人であることはまずもって、自身の犬によって狩られることを意味する。面接室において真のセラピストであろうとすれば、ある理論やテクニックを適用するわけにはゆかない。彼はいかなる時にも即興しなければならない。さもなければ、彼は野生にいることにはならないし、「全人」でもない。彼は即興しなければならない。なぜなら、いかなるテクニックも理論も差し挟むことなく、自分の患者と対峙しなければならないからだ。ただし、その即興は、

---

263) Giegerich, *Der Jungsche Begriff der Neurose*（未公刊）。この本の続編にも取り組んでいて、それには、*Die Neurose als metaphysische Krankheit* という仮のタイトルがつけられている［訳注：前者はすでにドイツ語で公刊され（*Der Jungsche Begriff der Neurose*, Peter Lang, 1991）、後者も英語で公刊されている（*Neurosis: The Logic of a Metaphysical Illness*, Spring Journal Books, 2013)］。

心理学的に十分に洗練された精神によって行われるものでなければならないわけだが…。

　最後にもう一つ、まったく別の問題にも触れておかねばならない。それは、本書のなかで提示された心理学に付されるべき名称に関する問いである。(「元型的」あるいは「イマジナルな」心理学の代わりに)「論理的」あるいは「弁証法的」心理学と呼ぶべきだろうか。むろんそうではない。本書の目的は、他でもなく、心理学の厳密な概念に向かって作業することだった。心理学は弁証法的であらねばならないし、思考というステータスに進まねばならない。これがわれわれの洞察の一つであり、それは真実である。しかし、弁証法的であり、思考というステータスにあるなら、それは単純明快に心理学である。心理学の名に「弁証法的」を含めるのは、この心理学を柵に入れることを意味している。つまり、そのことで、他の亜種とは違う一つの種として自らを確立することになるのかもしれないが、まさにこの瞬間、心理学はもはや、真の意味で弁証法的であることができなくなる。弁証法が意味するのは、柵の溶解、止揚である。心理学とは、そこにいくつかの種類の心理学があるようなものではない。なぜなら、特定のいかなる問題にかかわろうと、いかなる切り口でその問題に向き合おうと、誰かが遂行しているいかなる「個人的方程式」であろうと、心理学は常に同じ一つのものであるからだ。心理学とは、あらゆる第一質料の、それ自身(第一質料自身)への、そしてそれ自身の〈概念〉、魂への、すなわち、〈多〉において現れる一なる〈概念〉への絶対－否定的な内面化なのだ。

文献

ARISTOTLE, *Politics*.

ARISTOTLE, *Metaphysics*.

AUGUSTINE, *De Trinitate*.

Roberts AVENS, *The New Gnosis*, Dallas (Spring Publications) 1984.

Matthias BALTES, *Die Weltentstehung des Platonischen Timaios nach den antiken Interpreten*, Leiden (Brill) 1976.

Werner BEIERWALTES, "Actaeon. Zu einem mythologischen Symbol Giordano Brunos," in: idem, *Denken des Einen*, Frankfurt/Main (Klostermann) 1985, pp. 424-435.

George BERKELEY, *A Treatise Concerning the Principles of Human Knowledge*.

Giordano BRUNO, *De gli eroici furori*, in: *Dialoghi Italiani*, ed. Giovanni GENTILE / Giovanni AQUILECCHIA, Firenze, no date (1958).

Giordano BRUNO, *De immenso et innumerabilibus*, in: *Opera latine conscripta*, ed. Francesco FIORENTINO et al., reprinted 1962.

Edward CASEY, "Reality in Representations," in: *Spring 54* (1993), pp. 32-41.

C. J. CLASSEN, *Untersuchungen zu Platons Jagdbildern*, Berlin 1960.

Samuel Taylor COLERIDGE, *Aids to Reflection in the Formation of a Manly Character*, 1825.

Der kleine Pauly. Lexikon der Antike, 5 vols., München (Deutscher Taschenbuch Verlag) 1979.

DIOGENES LAERTIUS, *Lives of Eminent Philosophers*.

Marsilio FICINO, *Theologia Platonica*, XIV 3 (Marcel edition vol. II).

B. FIGULUS, *A Golden and Blessed Casket of Nature's Marvels*, London (Vincent Stuart) 1963.

Albrecht FÖSING, "Was kostet E = mc²?" in: *Süddeutsche Zeitung* No. 300, 30 Dec. 1995, p. III.

Umberto GALIMBERTI, "Analytische Psychologie im Zeitalter der Technologie," in: *Analytische Psychologie* 1989; 20: 87-120.

Heino GEHRTS, "Die Perle Märchen auf dem Faden der Zeit," in: idem, *Von der Wirklichkeit der Märchen*, Regensburg (Röth) 1992.

Heino GEHRTS, "Vom Wesen des Speeres," in: *Hestia* 1984/85 (Bonn, Bouvier Verlag Herbert Grundmann, 1985).

Wolfgang GIEGERICH, *Animus-Psychologie*, Frankfurt et al. (Peter Lang) 1994.

Wolfgang GIEGERICH, *Der Jungsche Begriff der Neurose*, Frankfurt et al. (Peter Lang) 1999.

Wolfgang GIEGERICH, "The Opposition of 'Individual' and 'Collective' - Psychology's Basic Fault. Reflections on Today's *Magnum Opus* of the Soul," in: *Harvest 1996*, vol. 42, no. 2, pp. 7-27.

Wolfgang GIEGERICH, "The 'Patriarchal Neglect of the Feminine Principle': A Psychological Fallacy in Jungian Theory," in: *Harvest 1999*, vol. 45, no. 1, pp. 7-30.

Wolfgang GIEGERICH, "Der Sprung nach dem Wurf. Über das Einholen der Projektion und den Ursprung der Psychologie," in: *GORGO* 1/1979, pp. 49-71.

Johann Wolfgang von GOETHE, *Faust I and II*.

Robert GRINNELL, "Reflections on the Archetype of Consciousness - Personality and Psychological Faith," in: *Spring 1970*, 1970, pp. 30-39.

Grönländer und Färinger Geschichten, Thule vol. 13, Düsseldorf (Diederich) 1965.

G. W. F. HEGEL, *Differenz des Fichteschen und Schellingschen Systems der Philosophie*, in: HEGEL, *Werke in zwanzig Bänden*, Theorie Werkausgabe, vol. 2, Frankfurt (Suhrkamp) 1970.

G. W. F. HEGEL, *Grundlinien der Philosophie des Rechts*, Theorie Werkausgabe, vol. 7, Frankfurt (Suhrkamp) 1970.

G. W. F. HEGEL, *Phenomenology of Spirit*, transl. A. V. MILLER, Oxford et al. (Oxford University Press) 1977.

G. W. F. HEGEL, *Vorlesungen über die Geschichte der Philosophie II*, Theorie Werkausgabe, vol. 19, Frankfurt (Suhrkamp) 1971.

James HILLMAN, *Archetypal Psychology: A Brief Account*, Dallas (Spring Publications) 1983.

James HILLMAN, *Healing Fiction*, Barrytown, New York (Station Hill Press) 1983.

James HILLMAN, *The Myth of Analysis*, Evanston (Northwestern University Press) 1972.

James HILLMAN, "Once More into the Fray. A Response to Wolfgang GIEGERICH's 'Killings,' " in: *Spring 56*, 1994, pp. 1-18.

Jamaes HILLMAN, " 'Psychology - Monotheistic Or Polytheistic': Twenty-Five Years Later," in: *Spring 60*, Fall 1996, pp. 111-125.

James HILLMAN, *Re-Visioning Psychology*, New York et al. (Harper & Row) 1975.

James HILLMAN, *The Soul's Code. In Search of Character and Calling*. New York (Random House) 1996.

James HILLMAN, "The Yellowing of the Work," in: *Paris 89*, Proceedings of the Eleventh International Congress for Analytical Psychology August 28 - September 2, 1989, ed. Mary Ann MATTOON, Einsiedeln (Daimon) 1991, pp. 77-96.

IAMBLICHUS, *Protrepticus*, ed. H. PISTELLI, Stuttgart (Teubner) 1967.

Aniela JAFFÉ, *Der Mythus vom Sinn im Werk von C. G. JUNG*, Zürich and Stuttgart (Rascher) 1967.

C. G. JUNG, *Briefe*, ed. A. JAFFÉ, vols. II and III, Olten and Freiburg i.Br. (Walter) 1972-73.

C. G. JUNG, *The Collected Works*, Bollington Series XX, Princeton (Princeton University Press, formerly Pantheon Books) 1953ff.

C. G. JUNG, *Erinnerungen, Träume, Gedanken*, ed. A. JAFFÉ, Zürich and Stuttgart (Rascher) 1967.

C. G. JUNG, *Gesammelte Werke*, Zürich and Stuttgart (Rascher), now Olten and Freiburg i.Br. (Walter), 1958ff.

C. G. JUNG, *Letters*, ed. Gerhard ADLER, 2 vols., Princeton University Press (Bollingen Series XCV: 2) 1975.

C. G. JUNG, *Memories, Dreams, Reflections*, recorded and edited by A. JAFFÉ, translated by Richard and Clara WINSTON, revised edition, New York (Vintage Books) 1989.

Immanuel KANT, *Kritik der reinen Vernunft*.

Karl KERÉNYI, "Die Göttin Natur," in: *Apollon und Niobe* (Werke in Einzelausgaben, vol. IV), München, Wien (Langen Müller) 1980.

Karl KERÉNYI, "Kontakte mit C. G. Jung," in: *Wege und Weggenossen*, vol. 2, München (Langen Müller) 1988.

Karl KERÉNYI, *Die Mythologie der Griechen*, vol. 1, München (dtv) 1979.

Friedrich Albert LANGE, *Geschichte des Materialismus und Kritik seiner Bedeutung in der Gegenwart*, 1866.

James LEGGE, in: *I Ching. Book of Changes*, New York (Bantam Book edition) 1969.

Gotthold Ephraim LESSING, *Eine Duplik*, 1778.

Lexikon der Alten Welt, Zürich (Artemis-Verlag) 1965.

Henry George LIDDEL & R. SCOTT, *A Greek-English Lexicon*, Oxford (Oxford University Press) 1961.

Bruno LIEBRUCKS, *Sprache und Bewußtsein*, 7 (in 9) vols., Frankfurt (Akademische Verlagsanstalt, later Peter Lang) 1964-79.

Greg MOGENSON, "Re-Constructing Jung," in: *Harvest 42*, no. 2, 1996, pp. 28-34.

Tom MOORE, "Artemis and the Puer," in: James HILLMAN et al., *Puer Papers*, Irving, Texas (Spring Publications) 1979, pp. 169-204.

Friedrich NIETZSCHE, *Werke in drei Bänden*, ed. K. SCHLECHTA, München (Hanser) 1958.

Martin P. NILSSON, *Geschichte der griechischen Religion*, vol. 1 (= Handbuch der Altertumswissenschaft V. 2.1), München (Beck) 1967.

Richard Broxton ONIANS, *The Origins of European Thought*, New York (Arno Press) 1973 (reprint edition).

Walter F. OTTO, "Der ursprüngliche Mythos im Lichte der Sympathie von Mensch und Welt," in: idem, *Mythos und Welt*, Darmstadt (Wissenschaftliche Buchgesellschaft) 1963, pp. 230-266.

Walter F. OTTO, "Gesetz, Urbild, Mythos," in: idem, *Die Gestalt und das Sein*, Darmstadt (Wissenschaftliche Buchgesellschaft) 1975, pp. 25-90.

OVID, *Metamorphoses*.

PICO DELLA MIRANDOLA, *On the Dignity of Man, On Being and the One, Heptaplus*, transl. Charles Glenn WALLIS et al., Indianapolis, New York, Kansas City (Bobbs-Merrill, The Library of Liberal Arts) 1965.

Herbert PIETSCHMANN, *Phänomenologie der Naturwissenschaft. Wissenstheoretische und philosophische Probleme der Physik*, Berlin et al. (Springer) 1996.

Herbert PIETSCHMANN, "Die Sicherheit der Naturgesetze - Polarität von Mensch und Kosmos," in: *Eranos 55-1986*, Frankfurt/M. (Insel) 1988, pp. 85-108.

PLATO, *Phaidon*.

PLATO, *Sophistes*.

PLATO, *Theaitetos*.

PLOTINUS, *Enneads*.

SALUSTIOS: SALLUSTIUS, *Concerning the Gods and the Universe*, ed. A. D. NOCK, Cambridge 1926; or: SALOUSTIOS, *Des dieux et du monde*, ed. Gabriel ROCHEFORT, Paris (Société d'Édition "Les Belles Lettres") 1983.

F. W. J. SCHELLING, *Philosophy of Mythology*, 1842.

Jean SEZNEC, *La survivance des dieux antiques*, London 1940.

Gayatri Chakravorty SPIVAK, "Translator's Preface," in: Jacques DERRIDA, *Of Grammatology*, Baltimore (Johns Hopkins Paperback) 1976, pp. ix-lxxxvii.

Murray STEIN, "*Solutio* and *Coagulatio* in Analytical Psychology. One Man's View of Where Our Field is Today," in: *The Analytic Life* (Papers from a conference held in 1985), Boston (Sigo Press) 1988, pp. 1-9.

Giambattista VICO, *The New Science*, transl. Thomas Goddard BERGIN and Max Harold FISCH, revised and abridged, Ithaca (Cornell University Press) 1970.

人名索引

[あ行]

アインシュタイン（Einstein, Albert） 9, 10, 28, 29

アウグスティヌス（Augustine） 163

アリストテレス（Aristotle） 182, 248

イアンブリコス（Iamblichus） 71, 168

ヴィーコ（Vico, Giambattista） 245

ヴィトゲンシュタイン（Wittgenstein, Ludwig） 38

ウィニコット（Winnicott, Donald） 64, 135

ヴィルケ（Wilke, Hans-Joachim） 125-127

ウェーバー（Weber, Max） 3

ヴォルテール（Voltaire, François Marie Arouet de） 279

エリアーデ（Eliade, Mircea） 161

オウィディウス（Ovid） 145, 292, 334, 335, 355, 356, 365

オナイアンズ（Onians, Richard Broxton） 160, 317

オリゲネス（Origines（Origenes）） 55

[か行]

カッシーラー（Cassirer, Ernst） 232

カフカ（Kafka, Franz） 13, 17, 38, 39

ガリンベルティ（Galimberti, Umberto） 124-127

カント（Kant, Immanuel） 136, 155, 158, 183, 184, 186, 190, 225, 256, 296, 309, 310, 312, 326, 330, 336

キャンベル（Campbell, Joseph） 245

クーン（Kuhn, Thomas） 112

クザーヌス（Cusanus） 291

クライン（Klein, Melanie） 47, 64, 135, 136

グリンネル（Grinnell, Robert） 51, 139

ゲーテ（Goethe, Johann Wolfgang von） 55, 100, 105, 107, 136, 171, 214, 215, 219, 254, 296

ゲールツ（Gehrts, Heino） 326

ケレニイ（Kerényi, Karl） 48-50, 52, 97, 245, 325, 353, 373

コールリッジ（Coleridge, Samuel Taylor） 165

コフート（Kohut, Heinz） 47, 64, 135, 136

コルバン（Corbin, Henri） 147, 156, 329

[さ行]

サルスティウス（Salustios） 169

シェリング（Schelling, F. W. J., von） 157, 165

シラー（Schiller, J. C. F., von） 55

スタイン（Stein, Murray） 64, 65, 135, 141, 142, 144

ゼンメルヴァイス（Semmelweis, Ignaz） 29

[た行]

ツヴィングリ（Zwingli, Ulrich） 55

デカルト（Descartes, René） 251, 256

デリダ（Derrida, Jacques） 345-351

テルトゥリアヌス（Tertullian） 55

人名索引　407

ドルネウス（Dorneus（Gerhard Dorn））
286

[な行]

ニーチェ（Nietzsche, Friedrich）　55,
105, 107, 119, 183, 214, 313, 317, 351, 391

ノイマン（Neumann, Erich）　108

[は行]

バークリー（Berkeley, George）　141,
158, 173

ハイデガー（Heidegger, Martin）　54, 68,
82, 87, 100, 172, 259, 325, 350, 351, 352

パウザニアス（Pausanias）　46

バッハ（Bach, Johann Sebastian）　174

ヒルマン（Hillman, James）　16, 51, 63, 72,
141, 142, 143, 160, 163, 178, 185, 232, 234,
235, 240, 241, 243, 244, 246-249, 252-256,
261, 262, 266, 269, 275-279, 281-287, 295,
309, 311, 313, 332, 393

フィチーノ（Ficino, Marsilio）　359

プラトン（Plato）　13, 18, 19, 191, 291, 300,
390

ブルーノ（Bruno, Giordano）　291, 299,
334, 359, 371

フロイト（Freud, Sigmund）　40-42, 47, 51,
55, 57, 60, 64, 66-70, 129, 135, 143, 151, 321

プロクルス（Proclus）　168

プロティヌス（Plotinus）　168

ベーコン（Bacon, Francis）　83

ヘーゲル（Hegel, G. W. F.）　12, 21, 22, 29,
33, 56, 58, 60, 62, 68, 88, 90, 94, 102, 119, 132,
134, 156, 158, 173, 174, 193, 194, 202, 203,
211, 212, 233, 246, 265, 307, 316, 335, 364,
376

ヘラクレイトス（Heraclitus）　40, 325,
326

ヘルダーリン（Hölderlin, Friedrich）　45,
332

ヘロドトス（Herodotus）　46

ボス（Boss, Medard）　67, 68

ボビン（Bobin, Christian）　43

ホメロス（Homer）　105, 243, 254

ホワイト（White, Father Victor）　254

[ま行]

マイヤー（Meier, C. A.）　134

ムーア（Moore, Tom）　145, 146, 148, 149,
152, 165, 166, 182, 235, 240, 336, 339, 355,
386, 391, 393

モーツァルト（Mozart, Wolfgang
Amadeus）　13, 174, 385, 386, 388

モゲンソン（Mogenson, Greg）　51, 75, 76

[や行]

ヤッフェ（Jaffé, Aniela）　58

ユング（Jung, Carl Gustav）　9, 47, 71, 107,
141, 291, 他多数

[ら行]

ラカン（Lacan, Jacques）　47, 67, 68, 295

ランゲ（Lange, F. A.）　39

リルケ（Rilke, Rainer Maria）　316

ルター（Luther, Martin）　55

レッシング（Lessing, Gotthold Ephraim）
314, 315

事項索引

[あ行]

アイサ　254

アイスランドの伝承　1, 47, 294, 322, 363

青髭　298

アクティヴ・イマジネーション　43, 61, 201, 215, 217, 222, 320

アトラス　24

アニマ　60, 142, 143, 194, 252, 256-258, 282, 313, 364

アニムス　255-258, 260

アフロディテ　236, 251, 259, 260, 298

アポロ　236, 250, 251, 257-259, 383, 388

「生きた」〈概念〉　50, 136

一なる世界　210

一神教　104, 252, 253, 312, 352

イド　57

イニシエーション　14, 19, 95, 100, 333, 350, 359, 373, 381, 384

犬、猟犬　145, 149, 290, 302, 304, 334, 357, 366, 369, 371, 372, 376, 393, 396, 400

意味の喪失　116, 223, 256

インターネット　253, 257, 261, 267

ヴァーチャル・リアリティ　31, 250, 253, 312, 321, 322

ウトガルド　71, 73, 74, 79, 92, 96, 100, 101, 109, 111-113, 117, 120, 121

　ウトガルド・ロキ　71, 73, 78-80, 88, 92, 102, 109

ウラノス　298

ウロボロス　72, 74, 76, 78, 100, 300, 385,

395

永遠の少年　142

永遠の水　189, 192, 207-209, 332

エウリュディケ　298

液化　121, 128

『易経』　293

越境　18, 20, 21, 53, 163, 217, 288, 304, 309, 348, 349, 356, 357

『エッダ』　71

エレウシス　46

エロス　168, 260

大いなる作業　109, 111, 144, 213-217, 224, 285, 382

オケアヌス　74

『オデュッセイア』　354

各々性　252, 306, 352

オリンポス山　381

オルフェウス　298, 364

〈女狩人〉　307, 334, 354, 360

[か行]

ガイア　298

解体　156, 166, 225, 286, 303, 314, 366-375, 378-381, 383, 384-389, 391-394

概念の仕事　29, 170, 194, 270

解離　26, 27, 83, 180, 181, 186, 221, 303, 333

カオス理論　32, 208

各自性　352

拡充　59, 176, 211

核兵器　271

隠れたる神　324

隠れたる人間　324, 325, 327, 328, 363

〈狩人〉　30, 289, 291, 292, 295, 296, 298, 299,

事項索引　409

333-335, 337, 339-341, 349, 352-354, 357, 360, 366, 370, 372-376, 384, 386, 390, 400

気化　156, 193, 200, 350, 378

傷ついた癒し手　354

逆説　205, 209, 341, 354

逆転移　43, 95

ギリシア神話　24, 249, 259, 262, 263, 266, 342

キリスト　93-95, 200

　キリスト教　12, 14, 17, 93-96, 102-104, 114-116, 138, 197, 200, 201, 204, 239, 243, 252, 264, 266

近代性　304, 328

寓意　149, 150, 152, 165, 167, 168, 170, 175, 178, 179, 183, 201, 240

　寓意的原理　169, 170

グノーシス主義　187, 195, 214

クロノス　298

形式論理　29, 181, 192, 221, 291, 320, 330, 390

啓蒙　89, 230, 235

ゲシュタルト　137, 188

結合　19, 20, 27, 40, 51, 85, 92, 104, 121, 128, 138, 167, 177, 179, 181, 191, 193, 210, 220, 222, 238, 242, 258, 259, 273, 276, 295, 296, 298, 299, 307, 316, 334, 335, 340, 342, 344, 348, 350, 351, 358, 360, 364, 370, 371, 377, 381, 393, 395

　結合と差異の結合　273

　結合の神秘　273, 298

元型的イメージ　35, 157, 158, 189, 190, 214, 235, 239-241, 254, 255, 265, 266, 274, 297, 360

元型的（な）真理　77, 354, 357, 359, 366, 383, 385, 394

賢者の石　62, 150, 153, 204, 207, 208

賢者の薔薇園　219, 298

現象学　97, 99, 134, 144, 258, 339, 341, 400

原初の森　162, 184, 230, 292, 293, 304, 306, 308, 310, 392

現存在分析　68, 69

こころの内なる存在　75, 234, 268

個人的方程式　263, 401

コスモロジー　280

個性化　16, 19, 95, 117, 120, 154, 213, 215, 222-224, 312, 387, 394

固体化　82, 128

コレー　297

コンプレックス　61, 113, 114, 162, 184, 232, 235, 236, 238, 244, 247, 248, 262, 263, 297, 328

［さ行］

最後の審判　22-24, 26

再神話化　245, 262, 263, 269

サイバースペース　31, 75, 253, 256, 261, 271, 317, 387, 397

自我心理学　17, 172, 183, 184, 300, 381, 394

字義主義　159, 229, 232, 323, 332

思考機能　165, 174

自己関係　157, 180, 181, 291, 296, 297, 299, 354, 372

シジギー　296

自然に反する作業　20, 195, 201, 227

自然の結合　20, 276, 299

時代精神　350

実体性、実体主義　27, 39, 41, 43, 69, 73,
　77, 88, 89, 96, 133, 138, 162, 189, 205, 211,
　221, 228, 229, 232-234, 246, 250, 274, 280,
　282, 294, 299, 305, 307, 309, 313-315, 323,
　324, 332, 334, 336, 345, 350, 360

シャーマニズム　103, 104, 114, 351, 382

集合的無意識　96, 112, 154, 223, 224

昇華　156, 193, 200, 227, 286, 309, 369, 375,
　376, 387, 390

止揚された医学　88, 275

止揚された科学　88, 90, 91, 269, 275

止揚された宗教　88, 103, 269, 275

止揚された心理学　185, 222, 283

止揚された哲学　269

情報社会　259, 321

情報理論　208

処女なる女神　336-338, 365

人格主義的心理学　43, 45, 172, 221, 248,
　279, 282, 284, 286, 320

神経症　26, 27, 54, 98, 120, 181, 221, 251,
　260, 281, 327, 354, 362, 369, 396, 399

深層心理学　43, 108, 112, 113, 141

新プラトン主義　168-170, 187, 195, 236,
　266, 267, 269

心理学的差異　151, 165, 167, 172, 185, 186

心理学の見直し　143, 236, 247, 276, 313

真理の概念　289, 312, 314, 317, 320, 323,
　330-332, 369, 378

心理療法 [→セラピー]　4, 92, 95-99,
　110-112, 116, 125, 212, 290, 293, 351, 396,
　399

聖書　14, 15, 18, 20, 38, 73, 93, 94, 277, 335

精神の結合　276

精神病　95, 371, 372

性欲　40-42, 54, 68, 129, 151, 260, 297, 321

聖霊　115, 116, 204, 205

セイレーン　298

ゼウス　199, 236, 240-243, 248, 254, 298,
　328, 329, 381

世界観　50, 69, 80, 84, 114, 116, 117, 382

世界の魂　249, 250, 279, 282, 283

窃視症　149, 339, 341

絶対的（な）真理　230, 245, 296, 297, 305,
　323, 326-329, 331, 338, 339, 341, 345, 348,
　349, 360, 367, 370, 375, 378

絶対的（な）否定性　24, 138, 139, 301,
　309, 323, 326, 331, 344, 350, 364

セメレー　298

セラピー [→心理療法]　400

禅　13

先在　160-162, 164, 167, 169, 174, 178, 192,
　275, 288, 294, 298, 301, 302, 305, 316-318,
　333, 335, 336, 338, 340, 357, 363, 375-377,
　382, 384

全人　162, 304, 319, 367, 368, 382, 400

戦争　30, 31, 127, 238, 248, 259

創造性　19, 139, 217

存在論的過誤　186

[た行]

第一質料　62, 80, 82, 84, 86, 96, 97, 103, 128,
　130, 187, 193, 195, 200, 202, 203, 227, 269,
　277-280, 284, 303, 401

第三のもの　203, 205, 220, 271-274

ダイモーン　16, 17, 20, 22, 24-28, 40, 51, 63,
　67, 293

事項索引　411

〈他者〉　124, 159, 175, 179, 181, 280, 291, 292, 295, 296, 307, 332, 336, 337, 343, 344, 353, 360, 361, 364, 366, 390

〈他者性〉　292, 307, 308, 366

多神教　104, 115, 236, 244, 248, 252, 253, 312, 317, 352, 387, 388, 392

立ち昇る曙光　196, 197, 199, 208, 316

脱構築　45, 74, 75, 321, 347, 348, 349, 350

ダナエ　298

ダフネ　199

魂ある心理学　326, 388-390

魂づくり　257, 346, 393

タルムード　175

治療的心理学　10, 26, 60

『ツァラトゥストラ』　105-107, 214

ディオニュソス　236, 242, 251, 370, 381, 383, 393

ディオニュソス的　2, 166, 366, 368, 369, 373, 374, 378-384, 387-395

ディオニュソス的な狂乱　209, 272, 394, 399

ディオニュソス的（な）解体　367, 369-372, 375, 378, 388, 392-394

デルフォイ　40

テレビ　19, 25, 28, 45, 115, 244, 303, 313, 362, 363, 366, 392-394, 396

転移　36, 43, 54, 66, 95, 343

転倒した世界　21, 24, 134, 202, 207, 209, 276, 306, 336, 364, 365, 369

同一性　15, 18, 27, 28, 94, 120, 124, 127, 133, 159, 166, 168, 179-181, 237, 242, 264, 265, 274, 307, 332, 333, 341, 343, 345, 351, 353-355, 359-361, 367, 371, 378, 386, 395

同一性と差異の同一性　180, 359, 360, 378, 386

投影　27, 99, 154, 182, 206-208, 224, 308, 323, 352, 388, 390, 391

同語反復　165, 167, 168, 175, 179, 183, 297, 333, 385

同語反復的原理　168, 170

動物保護基金　353

トール　71-74, 76-79, 88, 92-94, 96, 100, 109, 120, 121

虜　40-42, 51, 83

[な行]

内包的な思考　56, 58, 66, 210

内面化　4, 61, 113, 132, 134, 207, 209, 231, 246, 280, 283, 308, 309, 320, 348, 361, 364, 368, 386, 389, 399, 400, 401

内面性　4, 133, 281

No. 1人格とNo. 2人格　63, 109, 213

ニューエイジ心理学　38

ニュートン物理学　35

人間学的過誤　186, 210, 371, 381

人間学的差異　367

認知心理学　310, 399

ヌミノース　41, 68, 190, 215, 240, 255, 294

[は行]

箱庭療法　56, 201

恥知らずさ　42, 43, 45

裸のアルテミス　295, 307, 334, 355, 360, 392

裸の真理　296, 298, 309, 310, 326, 327, 330, 334, 336-338, 345, 352, 356, 357, 360, 385

発酵 193, 200, 277, 283, 285, 286, 375, 378, 394

ハデス 160, 297

パン 297

ヒステリー 380

非－存在 233

肥大 45, 371, 372

否定の否定 22, 37, 39, 287, 307, 323

『ファウスト』 105-107, 171, 214, 316

フィレモン 51

プエブロ・インディアン 45, 196

プエル 141, 148, 149, 153, 165, 183, 184, 335, 339, 340, 366, 390-393

仏教 103

プラトン主義 256

フランス革命 35

プロテスタント主義 12

プロメテウス 254

分析心理学［→ユング心理学］ 65, 112, 115-117, 119, 120, 124, 125, 134, 135, 137, 141

分離 121, 123, 128, 164, 168-170, 180, 181, 193, 202, 273, 275, 303, 333, 341, 342, 361, 366, 373, 383, 388, 391

ヘラ 298

ヘラクレス 250, 251, 257-259, 298

ペルセウス 132

ヘルメス 84, 142, 188, 251

　ヘルメス・トリスメギストス 105, 359, 371

弁証法的（な）論理 29, 95, 157, 188, 196, 208, 209, 212, 225, 257, 280, 286, 314, 382

ポセイドン 298

［ま行］

前にある後 21, 22, 375, 394

マタイによる福音書 19, 95

「魔笛」 13

マリア被昇天 115

マンダラ 99, 100, 117, 219

ミッドガルド 73, 74, 78, 79, 92, 96, 109, 111-113, 116, 126

ミッドガルドの蛇 72, 73, 77, 78, 86, 88, 92, 94, 116, 121

見通す 72, 73, 77, 78, 146, 150, 153, 178, 179, 201, 229, 274, 286, 338, 339, 341, 342, 390

〈無〉 308

無限 45, 76-78, 88, 131-134, 136, 139, 163, 164, 219, 288, 293, 294, 304, 306-310, 316, 322, 330, 332, 337, 341, 342, 347-351, 363, 393, 394

明示的思考 56, 58, 210

瞑想 341, 344, 345

メタファー 93, 130, 143

メドゥサ 133

メルクリウス 88, 150, 153, 154, 188, 192-194, 196, 198, 204-208, 215, 217, 224, 225, 233, 280, 285-287, 317, 372

モイラ 254

ものそれ自体 158, 339

門番 13, 14, 21-24, 34, 35, 37-40

［や行］

野生 289, 294, 300-309, 311, 312, 315, 318, 319, 323, 327, 329, 330, 331, 337, 338, 341, 342, 345, 346, 348, 354, 357, 363, 368, 370,

371, 381, 386, 392-395, 397, 399, 400

野生の精神分析　300, 303, 399

ユング心理学 [→分析心理学]　87, 111,
116, 119, 124, 129, 136, 178, 216, 222, 311

溶岩　80, 81, 83, 102, 105, 121-124, 128, 135,
138

[ら行]

ラピス　138, 208

ルネッサンス　255, 329, 359

錬金術師　48, 62, 105, 150-154, 156, 157,
189-191, 193-196, 198-200, 202, 206-210,
213, 216, 220-227, 279, 283, 285, 287, 303,
331, 382

論理的 (な) 否定性　73, 78, 89, 92, 96, 101,
102, 112, 133, 160, 172, 202, 219, 283, 288,
294, 300, 302, 306, 308, 323, 324, 326, 332,
383, 394

[わ行]

ワールド・ワイド・ウェッブ　75, 77

われらの金　150

訳者あとがき

　本書は、Wolfgang Giegerich の初めての英語による著書、*The Soul's Logical Life: Towards a Rigorous Notion of Psychology* の全訳である。

　巻末の著者略歴にもある通り、ヴォルフガング・ギーゲリッヒは、ドイツのベルリンに住むユング派分析家で、日本ではすでに、彼の論文をまとめた「ギーゲリッヒ論集」2冊（『魂と歴史性』『神話と意識』、いずれも日本評論社刊）に加えて、心理療法の経過のなかで報告された夢に心理学的にアプローチするセミナーの内容を収めた『ギーゲリッヒ　夢セミナー』（創元社刊）が公刊されている。

　この「夢セミナー」は現在、日本人が参加するものだけでも数グループがベルリンで継続的に開催されており、このことは、理論家としてよく知られる彼の実際の事例に則した徹底した心理学的態度や臨床的感覚がいかに多くの心理療法家に支持されているかの証左と言えるだろう（ドイツ国内や日本だけでなく、彼のレクチュアやセミナーに参加するため、また、個人スーパーヴィジョンや個人分析を受けるため、心理療法家が世界各国から彼のもとを訪れている）。

　そのような彼の心理学や思想の世界的な拡がりの口火を切ったのが本書の出版である。1998年初版時には、自費出版でごく少ない部数しか印刷されなかったと聞いているが、この出版は、ドイツ語でしか読めなかった彼の著作が多くの人に読まれる端緒となり（もちろん、それまでも英語で発表されている論文はあった）、彼自身、その後、自らが英訳を行った論文集（*The Collected English Papers of Wolfgang Giegerich, vol. 1-6*）、*What is Soul?* や *Neurosis: The Logic of a Metaphysical Illness* 等の英語の著作を発表してゆく。

　そして本書は、今紹介したような時間的経緯のみならず、その内容という意味でも、以下の4点において、ギーゲリッヒの思想の「原論」に当たるものであるように思われる。

　第一に挙げられるのは、心理学において、誰が、どのように、何を語るのかを論じ、副題にある「心理学の厳密な概念」へと向かって歩を進める際、その「アルケー（*arché*）」（無理に訳せば、「原基」となるだろうか）としてユングの心理学こそ

がふさわしいことを明らかにしている点である。

　魂の〈概念〉に根ざした真の心理学を語るのは、「もうすでに死んだ者」である。その意味するところは、心理学の語らいが「自我の否定」としてあらねばならないということであり、「心理学者は（むろん、彼が真に心理学者であり、心理学的に語るという限りにおいて）、自我人格としてははるか以前に死んだ者として語らねばならない」（本書26頁）。別稿でも著者が指摘しているように、古代ギリシアにおいては、魂が活動を始めるのは、個人の死後であり、魂の概念、冥界において息を吹き返した死者の概念、祖先という観念は、まざまざと「死体」を見ることによってはじめて命あるものとなった。このことは、ギリシア語の *psychê* の語源にもよく示されており、*psychê* は、死者の魂、「自由な魂」である。さらに、その動詞形である *psýchô* は、「吹くこと」「冷ますこと」を意味し、そこからは、*psychê* の真の語源的な意味が、「冷たくなる」過程であり、そこから派生した「冷たくなった」状態、すなわち、死んだ人間の「冷たさ」であることがわかる。*psychê* は、「死体」を意味するギリシア語なのだ（本書160頁以下の "魂の「先在性」" についての議論も参照のこと）。

　本書で紹介されているように、ユングは「魂の大部分は身体の外側にある」と考えていた。「身体の外側にある」ということが含意するのは、上記のような死後の過程でもある。すなわち、「魂」は、主体に従属するものではないという意味で、生きている「身体」の外側にあると同時に、死後に「冷たくなった」「冷たくなる」という意味で、生（身体）の外側にある過程なのだ。そして、このような魂の〈概念〉に根ざす心理学は、今流行のマインドフルでもポジティブでもありえない。魂は、ただ単に否定性（negativity）であり、論理的な「無」であり、ひらすら「冷たい」、あるいは「冷たくなる」過程であるからだ。

　魂の論理的生命とは、そのような「触れることのできない、おそらくは影のような現実性のなかに存在」（本書105頁）しており、古代において、「神やオシリス、死んだファラオの魂のために、正当で、かつ真正の家を建てることが意味したのは、魂の論理的生命がもつ否定性に対して本当の場所を与えることであった」（本書97頁）。ここでの「生命」とはそれゆえ、生物学的な含意を超えて、本文中にもふれられているギリシア語の *bios* が指す「生の様式」をも包摂するものと理解してもらいたい。

ユングは、このような「魂の〈概念〉によって到達され、触れられ、それどころか確かに『捕らえられていた』」（本書50頁）。彼が「魂」のリアルな〈概念〉をもっていたこと、それが「心理学の厳密な概念」へと向かう際の起点として、ユングの心理学が選ばれる理由である。にもかかわらず、ユング以降のユング派たちは、この起点よりもはるかに後退し、ユングが捕らえられていた魂の〈概念〉からの免疫を目論み、それを遠ざけておくために「自己」「魂」「ダイモーン」等について語り（これらについての説教をするだけで、自らにその切っ先を向けようとしない、すなわち、自身の論理的形式の変革を成し遂げようとしない）、ユング以外の心理学理論によってユングの心理学に不足している（と彼らが思い込む）何かを補おうとさえする嘆かわしい状況が生じているのだ。

第二に挙げられるのは、心理学や心理療法を取り巻く今日的な状況とも深くかかわるが、心理学と科学の関係を明らかにした点である。

1990年代に拡がりを見せたエビデンス・ベーストという潮流は、心理学が科学的であることを求めるが、本書におけるギーゲリッヒの論から言えば、それは筋違いも甚だしい。科学は、決して心理学を包摂するものではなく、「あらゆる科学的研究が人間の魂の活動に由来しているという限りにおいて、心理学の内側の『止揚された契機』である」（本書91頁）からだ。その意味で、心理学は「止揚された科学」である。つまり、現実を特定の領域に区分けし、その区画された形式において世界や生と対峙しようとする、いわゆる「科学的なスタンス」なるものを作り上げ、それら個々別々の科学によって世界が進歩・発展してゆくとわれわれは考えるが、それらのスタンスや考えもまた心理学的な現象であり、その意味で心理学的省察の主題や対象であるということだ。

本書には、上述の「止揚」という言葉が何度も登場するが、それはヘーゲル的な意味で用いられており、a) 否定すること、そして無効化すること、b) 取り戻すこと、そして保持すること、c) 新しいレベルへと高めること、あるいはもち上げることを同時的に含意する。この文脈で言えば、心理学は「止揚された宗教」「止揚された医学」でもあり、このような論考によって著者は、心理学がいかに論理的により高度な反省のレベルにあるべきかを示そうとしているのだ。

第三に挙げられるのは、先にふれた著者の「ユング以降のユング派たち」への批判にも連なることだが、ユングの心理学を前進させた唯一の「ユング以降のユ

ング派」と著者が評価するヒルマンの元型的心理学やそのイマジナルなアプローチに対する透徹した批判を行った点である。このことによって、著者の考える真の心理学の在り方がより明瞭にわれわれに認識されることになる。

ヒルマンは自身の主著のタイトルでもある「心理学を見直すこと (re-visioning psychology)」を行ったが、それでは未だ不十分であり、「心理学を止揚すること (sublating psychology)」が必要であると、ギーゲリッヒは主張する。心理学は、止揚された科学／宗教／医学であるという先の言述からすれば、違和感を抱く読者もいるかもしれないが、本文中にも述べられているように、「心理学は自分自身のなかに自らの論理的な止揚をもたねばならない。あるいは、自分自身の自己止揚として存在する必要がある。…ここで言わんとするのは、自分自身の自己止揚として到来し、自分自身の内側に直接的な心理学を止揚された契機としてもつものとしてスタートする心理学である」（本書172頁）。

しかし、否定という実体的な行為ではない止揚をイメージすることはできない。そのような止揚は、論理的であり、絶対的－否定的であり、内在的であるゆえ、自らの文脈の内側では起こりえないにもかかわらず、イマジナルな心理学は、歴史的な存在として自分自身を本当の意味で省みることなく、「（無限である）魂を神話のなかに求める頃には、（すでに『終わっている』、『実体的な』、明瞭に区画分けされた）心理たちしか見出せず、特定の実体化された心理学的機能（『イマジネーション』）を主に用いて働きかけることになったのである」（本書288頁）。著者の「アポロから科学を、ヘラクレスから自我を説明することは、弓矢や剣を使った古代の戦争の観点から20世紀の核戦争を説明するようなもの」（本書259頁）という言葉は、第5章において展開される論からよく実感することができるだろう。

第四に挙げられるのは、第6章に最も顕著であるが、現代思想のなかで打ち捨てられようとしていた「真理」の概念を今一度心理学の中心に据え、そのような真の心理学を「魂自身の作業、すなわち、自分自身を探し求め、その容赦ない真理のなかで自らを発見する魂の作業」（本書300頁）として捉え直そうとした点である。

彼自身、本文中でも読者に注意を促しているが、ギーゲリッヒは決して神話を軽んじておらず、それを「魂が自らの本質についての真理全体を描き出しうる契機」（本書297頁）として心理学的に極めて正当に重んじている。イマジナルな心理

学がそうであったように、アポロに科学的な精神を、ヘラクレスに自我を、そして、アクタイオンにプエルをといった具合に、神話に登場する神々に人間の精神の諸属性を割り振り、神話を人間のもつ「云々の心理」の「二重写し」として、要素分解的に（外側から）解釈しようとするのではなく、神話が一つの全体として描き出している「真理との出会い」を心理学的に（内側から）開示しようとするのだ。

　第6章で取り上げられるアクタイオンとアルテミスの神話において、そのような真理の概念、そして真の心理学の概念は、狩猟と荒野のイメージに表象されており、そこに想定される6つの「契機」について論じることで、それらの概念を明らかにすることが試みられる。真の狩人であったからこそアクタイオンは原初の森に分け入ることができたこと、そしてニンフたちとアルテミスの沐浴を彼が目撃したのは、世俗的な意味での「窃視」などではなく、それ自体として狩人が槍を投じ、矢を射る「殺害」という契機であったこと、そのような「殺害」は決して字義通りのものではなく、自らの槍や矢を命中させることで自らの存在を獲物に注入するような究極の同一化（内面化）でもあること、アルテミスがアクタイオンを雄鹿に変えるのは、触れてはならない真理に触れたことに対する罰などではなく、自分自身（雄鹿のアルテミス）に変えることによる結合であり祝福であり聖婚であり、沐浴している泉の水をアクタイオンに浴びせるのは、自身の精髄を分け与えるという意味で、アルテミス（女）によるアクタイオン（男）の受精であり、結果として起こるのはアクタイオンの受胎であること、そして、物語の上では最後の場面として見られる、雄鹿に変えられたアクタイオンの自らの猟犬たちによるディオニュソス的な解体は、自らのもつ狩人という本性が自らの属性であることを止め、自らを狩ることでそのテロスを果たそうとすることであること等が（魂の論理としての）心理学的解釈として開示される様は、圧巻である。

　これらの解釈を通して著者がわれわれの眼前に呈示しようとするのは、本当の意味での「野生の精神分析（wild psychoanalysis）」とでも呼ぶべきものであろう。この「野生」であることは、最終章である第7章の終わりに、本書で論じられた心理学に付されるべき名称について、「論理的心理学」「弁証法的心理学」であるべきかどうかを吟味する際、「心理学は弁証法的であらねばならないし、思考というステータスに進まねばならない。これがわれわれの洞察の一つであり、それは真実である。しかし、弁証法的であり、思考というステータスにあるなら、それ

は単純明快に心理学である。心理学の名に『弁証法的』を含めるのは、この心理学を柵に入れることを意味している」（本書401頁）と述べたこととも通じている。「弁証法が意味するのは、柵の溶解、止揚」（同上）であり、心理学はそうであることからしか、すなわち、区切られた柵を溶解し止揚し、「野生」であることからしかスタートできないからだ。

　次に翻訳の作業について述べる。本書の翻訳においては、筆者がまず全文を訳出し、東京大学学生相談ネットワーク本部特任助教の小木曽由佳氏にそれをチェックしてもらい、書き込まれた訂正や提案をすべて確認した上で、筆者が最終稿を作成した。彼女の確かな翻訳能力とそれに基づく献身的な作業がなければ、この訳業は完成しなかっただろう。ここに記して深く感謝したい。

　本書の翻訳は、十数年前に着手したものであり、筆者の仕事の遅さによって、版元である創元社には大変迷惑をかけた。ここにお詫びする次第である。また、この翻訳の完成を長い間待っていてくれたヴォルフガング・ギーゲリッヒ博士には、翻訳権についての便宜をはじめ、訳稿の仕上げの過程でも筆者からの細々とした質問に丁寧に応じてもらう等、様々な配慮をしていただいた。この訳書をギーゲリッヒ博士に捧げたい。

　最後になったが、複雑で難解な本書の編集を担当してもらった創元社の柏原隆宏さんには、いつものことながら、いろいろと無理を聞いてもらった。柏原さんをはじめ、この出版にかかわったすべての方々に心より感謝し、本書の翻訳がわが国におけるギーゲリッヒの心理学についての理解の深まりに貢献できることを祈って、筆を置くことにする。

2018年4月

田中康裕

著者略歴

ヴォルフガング・ギーゲリッヒ (Wolfgang Giegerich)

1942年生まれ。米国で独文学を教えた後、シュトゥットガルトのユング研究所で訓練を受け、ユング派分析家資格を取得。1976年にシュトゥットガルトで分析家として開業し、その後はミュンヘン近郊にオフィスを移し、現在はベルリン在住。故ジェイムズ・ヒルマンとともに元型的心理学の旗手と見なされ、エラノス会議での講演をはじめ、世界中の様々な国で講義や講演を行い、200以上に上る著作や論文は、日本語、イタリア語、ポルトガル語などを含め、数か国語に翻訳されている。代表的な英語での著書に、*The Soul's Logical Life: Towards a Rigorous Notion of Psychology* (Peter Lang, 1998)、*The Collected English Papers of Wolfgang Giegerich, vol. 1-6* (Spring Journal Books, 2005-2014)、*What is Soul?* (Spring Journal Books, 2012)、*Neurosis: The Logic of a Metaphysical Illness* (Spring Journal Books, 2013) などがある。

訳者略歴

田中康裕 (たなか・やすひろ)

1963年生まれ。上智大学大学院文学研究科博士後期課程単位取得満期退学。博士（心理学）、ユング派分析家、臨床心理士。現在、京都大学大学院教育学研究科准教授。専攻は臨床心理学。主な著書に『魂のロジック』（日本評論社）、『心理療法の未来』（創元社）、『大人の発達障害の見立てと心理療法』（創元社、共編著）、『発達の非定型化と心理療法』（創元社、共編著）、『発達障害への心理療法的アプローチ』（創元社、共著）、『「発達障害」と心理臨床』（創元社、共著）、『心理療法の交差点2』（新曜社、共著）などがある。

翻訳協力＝小木曽由佳 (東京大学学生相談ネットワーク本部)

魂の論理的生命
心理学の厳密な概念に向けて

2018年6月20日　第1版第1刷発行

著　者———ヴォルフガング・ギーゲリッヒ
訳　者———田中康裕
発行者———矢部敬一
発行所———株式会社 創元社

〈本　　社〉
〒541-0047 大阪市中央区淡路町4-3-6
TEL.06-6231-9010（代）　FAX.06-6233-3111（代）
〈東京支店〉
〒101-0051 東京都千代田区神田神保町1-2 田辺ビル
TEL.03-6811-0662（代）
http://www.sogensha.co.jp/

印刷所———株式会社 太洋社

©2018, Printed in Japan
ISBN978-4-422-11679-2 C3011
〈検印廃止〉
落丁・乱丁のときはお取り替えいたします。

装丁・本文デザイン　長井究衡

JCOPY 〈出版者著作権管理機構 委託出版物〉
本書の無断複写は著作権法上での例外を除き禁じられています。複写
される場合は、そのつど事前に、出版者著作権管理機構（電話03-3513-
6969、FAX 03-3513-6979、e-mail: info@jcopy.or.jp）の許諾を得てください。